21 世纪职业院校规划教材

体育与健康新教程

主　编　刘海光　荀凤元

苏州大学出版社

图书在版编目(CIP)数据

体育与健康新教程 / 刘海光,荀凤元主编. —苏州:苏州大学出版社,2016.5(2024.9重印)
21世纪职业院校规划教材
ISBN 978-7-5672-1743-0

Ⅰ.①体… Ⅱ.①刘… ②荀… Ⅲ.①体育-高等职业教育-教材②健康教育-高等职业教育-教材 Ⅳ.①G807.4

中国版本图书馆CIP数据核字(2016)第120917号

体育与健康新教程
刘海光　荀凤元　主编
责任编辑　陈孝康　周建兰

苏州大学出版社出版发行
(地址:苏州市十梓街1号　邮编:215006)
广东虎彩云印刷有限公司印装
(地址:东莞市虎门镇黄村社区厚虎路20号C幢一楼　邮编:523898)

开本 787 mm×1 092 mm　1/16　印张 18.5　字数 462 千
2016年6月第1版　2024年9月第7次修订印刷
ISBN 978-7-5672-1743-0　定价:38.00元

苏州大学版图书若有印装错误,本社负责调换
苏州大学出版社营销部　电话:0512-67481020
苏州大学出版社网址　http://www.sudapress.com

《体育与健康新教程》
编　委　会

主　编　刘海光　荀凤元

副主编　尼勃斐　周光耀　张敬恒　宿彦军
　　　　孟祥波　殷鸣飞　王福男

编　委　冯　敏　张宏成　张衍兴　孙庆余　李艳阳
　　　　杨中华　张文伟　丁素兰　尹海明　李建强
　　　　刘如强　赵　克　崔志翔　缪　雪　张天宏
　　　　姜大宁　牛志宁　庄　亮　陈小波　陈思聪
　　　　王　坚　余国兵

前言

为了加强职业院校的体育课程建设，落实《国家学生体质健康标准》，提高体育教育质量，实现体育课程教学的目标，针对职业院校体育课程教学的现实状况，我们组织了广东、江苏的专家、教授编写了公体教材《体育与健康新教程》。

职业院校的目标是为社会培养适应生产、建设、管理、服务等第一线需要的，德、智、体、美等方面全面发展的高等技术应用型专门人才。健康的体魄对院校学生胜任未来的工作尤为重要，而编写出合适的体育教材是保证学生上好体育课和积极进行体育锻炼，实现培养目标的重要措施。

本教材在编写过程中突出了职业院校学生在体育锻炼中的主体地位和健康主题，把体育运动与体育文化有机结合，以实现"健康第一"和终身体育为目标，以科学的锻炼方法为依据，把运动、竞技项目与学生健康锻炼和健康教育有机地结合起来，注重学生运动兴趣的培养和运动能力的提高，突出培养学生自我锻炼能力和良好的锻炼习惯。在教材内容上，我们注重体育理论知识与体育锻炼实践相结合，现代体育与民族传统体育相结合，学校体育教育与终身体育技能和体育兴趣培养相结合，突出学生健康锻炼、安全锻炼理念，推进"阳光工程"。全书力求突出科学性、先进性、时效性，突出以职业院校学生为本的基本理念，体现个体差异。本教材图文并茂，内容通俗易懂，便于学生理解和动作模仿，有较强的知识性和可操作性。

本书由刘海光、荀凤元主编。本教材在编写过程中吸收、借鉴了国内许多专家与学者的研究成果，得到了多所职业院校领导的大力支持和帮助，在此一并表示感谢！

由于编者水平有限，书中不妥之处在所难免，敬请读者指正。

编　者

2016 年 3 月

目录

理论部分

实践部分

第五章　乒乓球

第六章　羽毛球

第七章　网球

第八章　中华武术

第九章　跆拳道

第十章　形体健身

第一章

体育概述

第一节　体育的概念及功能

自改革开放以来，随着社会主义市场经济的飞速发展，全民健身活动蓬勃开展，人们的生活观念发生了巨大变化。在一些大中城市，为健康而消费成为新时代提高生活质量的一种时尚。群众生活水平的不断提高，推动了我国体育事业的发展。如何科学地认识和利用体育，提高人民综合素质，为社会主义精神文明做贡献，是近年来人们共同探讨的问题。

一、体育的概念释义

（一）体育的含义

"体育"一词，其英文是"physical education"，指的是以身体活动为手段的教育，直译为身体的教育，简称为体育。具体来说，体育是人类在社会发展中，根据生产和生活的需要，遵循人体身心的发展规律，以身体练习为基本手段，达到增强体质，提高运动技术水平，进行思想品德教育，丰富社会文化生活而进行的一种有目的、有意识、有组织的社会活动，是伴随人类社会的发展而逐步建立和发展起来的一个专门的科学领域。体育的概念有广义和狭义之分。体育的广义概念是指以身体练习为基本手段，以增强人的体质，促进人的全面发展，丰富社会文化生活和促进精神文明为目的的一种有意识、有组织的社会活动。它是社会总文化的一部分，其发展受一定社会的政治和经济的制约，并为一定社会的政治和经济服务。从狭义概念而言，体育是一个发展身体，增强体质，传授锻炼身体的知识、技能，培养道德和意志品质的教育过程；是对人体进行培育和塑造的过程；是教育的重要组成部分；是培养全面发展的人的一个重要方面。

由上可知，体育是一种复杂的社会文化现象。现代体育受社会经济、政治发展水平的影响和制约，是文化教育事业中的一个重要组成部分。随着国际交往日益扩大、增多，体育事业发展的规模和水平已是衡量一个国家和社会发展、进步的重要标志之一，也成为国家间政治、外交及文化交流的重要手段。

（二）体育的分类

体育的分类是将体育领域中的各种表现形式，按照一定的标准进行区别并确定其归属的过程。按照不同的标准，体育可以划分为不同的类别。例如，体育按照功能划分，可分为医疗体育、健身体育等；体育按照实施范围划分，可分为学校体育、军队体育、社区体育、农村体育等；体育按时代特点划分，可分为传统体育、近代体育、现代体育等。本书依据各种体育实践的基本功能和特征,人们对体育基本类型的认同,以及体育工作的实际情况等综合因素,将体育划分为竞技体育、群众体育和学校体育三种基本类型。

1. 竞技体育

竞技体育是指为了战胜对手,取得优异运动成绩,最大限度地发挥和提高个人、集体在体格、体能、心理及运动能力等方面的潜力所进行的科学的、系统的训练竞赛,包括运动训练和运动竞赛两种形式。其特点有:

(1) 竞争性。竞技体育的目的是战胜对手,因而竞技体育要求其参加者要最大限度地挖掘自身的潜能,最大限度地发挥自己的能力去战胜对手,从而夺取胜利。由于第一名或金牌只有一个,因此竞技体育的竞争性还具有强烈的排他性。

(2) 协同性。竞技体育是一种高度组织化、协同化的群体行为。它的每一进程或目标的实现,都是运动员与教练员,运动员与同伴,运动员与科研人员,运动员与传媒,运动员与企业之间协同合作、共同奋斗的结果。竞赛过程中,为争取国家和集体的荣誉,运动员之间、运动员与教练员之间更需要协同作战,克敌制胜。在这方面,荣膺"五连冠"的中国女排和长盛不衰的中国乒乓球队都做出过光辉的榜样。

(3) 规范性。现代竞技运动的发展要求运动员必须具有高度完美的技艺,否则就难以取得比赛的胜利。高度的技艺性是竞技体育运动赖以存在的基础,但高度的技艺又是以对技术、战术和各种训练的规范性要求为基础建立起来的。竞技体育的规范性还表现在各个竞技体育项目比赛规则、竞赛规程等制约机制的规范性和竞技体育管理的规范性等方面。

(4) 公平性。竞技运动中的竞争应该在高度公平的条件下进行。为了保证公正、公平地进行竞争,竞技运动的组织者对比赛项目、时间、地点、场地、器材及运动员的参赛资格做出了明确的规定,为运动员的参赛行为及比赛组织和裁判工作制定了严格的行为规范。不仅比赛必须严格根据规则的要求来进行,平时训练也必须按照规则的要求有针对性地进行。

(5) 教育性。优秀运动员在竞技赛场上所展现出的力与美的完美结合、智与勇的精彩对抗、高超娴熟的技艺以及顽强拼搏的意志,都会作为光辉的榜样和成功的范例,吸引更多的青少年儿童及社会人员参与到体育活动中来。

(6) 公开性。科学技术发展的日新月异,现代通信技术及数字信息化水平的提高,方便了全球赛事的传播,有利于将更多的体育活动搬上国际舞台,从而极大地满足了全球体育爱好者的视觉享受。竞技体育具有比一般社会活动更为明显的公开性和外向性的特点。竞技体育的这个特点,使运动技术、战术的共享成为可能,从而也促进了竞技体育的不断创新和发展。

(7) 娱乐性。竞技体育本来就是从以娱乐为主要目的的游戏发展而来的,现代竞技运动虽然竞争日益激烈,但并未完全失去原有的娱乐特征。对竞技体育参加者来说,经过运动训练和比赛,并在竞赛中取得胜利,无疑是一种巨大的心理满足,使人感到自豪、幸福、快乐,这种感觉只有亲身经历者才能得到深切的体验;对观看的人们来说,欣赏运动员表现出的健美体魄、无穷的力量和精美的技艺、顽强的拼搏精神,犹如在欣赏异常优美而富有魅力的艺术表演,使他们从紧张的日常工作和生活的烦恼中解放出来,获得一种自由感、轻松感和美的享受。

2. 群众体育

群众体育是为了娱乐身心、增强体质、防治疾病和培养体育后备人才,在社会上广泛开展的体育活动的总称。群众体育包括职工体育、农民体育、社区体育、老年人体育、妇女体育、伤残人体育等,主要活动形式有参加锻炼小组、运动队、辅导站、体育之家、体育活动中心、体育俱乐部、棋社,以及个人自由体育锻炼等。广泛开展群众性体育活动,是发挥体育的社会功能,提高民族素质和完成体育任务的重要途径。群众体育的特点有:

(1) 参加对象的广泛性。群众体育以全体社会成员为对象,不同年龄、不同性别、不同爱好、不同职业的人,都可以在其中找到自己的位置。近年来,弱势群体和特殊群体体育活动的开展,使得群众体育的对象更加广泛。

(2) 活动内容的娱乐性。群众体育的活动内容,以广大群众喜闻乐见为前提,在自愿、自主的基础上进行自由选择,因此它是一种非功利的体育活动。参加者在活动过程中轻松、愉悦,没有压力,能充分满足自己的兴趣和爱好。因此,活动内容的娱乐性质在活动过程中占主要的地位。

(3) 活动时间的业余性。作为业余文化活动的内容之一,群众体育服从并服务于生产和工作。近年来,由于人们生活水平的提高,闲暇时间的增多,体育活动越来越为广大人民群众所喜爱,参加体育活动已成为人们业余生活的第一需要。

(4) 目的的多样性。由于群众体育是在自愿、自主的原则下进行的,参加活动的人可根据自己的需要确定其目标,因此,群众体育的目的呈现多样性,不同的人抱有不同的目的,人们在活动过程中可满足健身、健美、休闲、娱乐、社会交往、康复医疗以及陶冶情操等需要,因而表现出活动功效的复合性。

3. 学校体育

学校体育是一个锻炼身体,增强体质,传授体育的知识、技术和技能,培养学生“健康第一”的思想和终身体育观的教育过程,它是教育的重要组成部分,也是国民体育的基础。学校体育由体育教学、课外体育活动、运动训练和竞赛三方面组成。学校体育的特点有:

(1) 基础性与普及性。以青少年儿童为对象的学校体育是整个国民体育的基础,是体育工作的战略重点,是群众体育和竞技体育的结合部。学校体育的参与者都属于体育人口,其范围之大、人数之多,是其他体育人口所无法超越的。从一定层面上来讲,学校体育也是培养学生终身体育意识的起始点,对于体育的全民普及具有重要的影响。

(2) 教育性与学科性。学校为社会培养接班人,这些人需要有正确的价值取向、高尚的品质、勇于开拓的创新能力、健康强壮的体魄以及适应社会的多种素养。学校体育就是这种培养综合性人才教育的重要组成部分。学校体育的本质属性就是教育。欧洲工业革命以后,学校体育就逐渐步入学科化进程,到20世纪中叶以前,世界各国几乎所有公立学校都把体育课列入必修科目。学生从小学到大学经历10余年之久,体育作为一门学科,其教学时间之长,是任何其他学科不可比拟的。

(3) 开放性与发展性。从人类体育的总体看,体育在本质上是开放的。当代社会生活的多样性和当代社会体育的多样性,促使了当代学校体育的开放性特征。正是由于它的开放性,更加容易吸收其他体育系统的优点和长处,从其他系统中汲取促进自身发展的营养,使其本身更具活力,更具发展力。

明确体育的分类可以帮助我们更好地理解体育的概念和特点,对体育有更深层次、更直观的认识,在利用体育为自身服务时能更加得心应手。

二、体育的功能

体育的功能是指体育以其自身特点作用于人类和社会所能产生的良好影响和效益。体育的功能主要包括体育的个体发展功能和社会发展功能。

（一）体育的个体发展功能

体育的个体发展功能主要反映在健康、健美、益智和保健等方面。

1. 体育的健康功能

人的生存需要是发展和享受需要的基础。“生命在于运动”，体育正是通过身体的运动来体现它的这一本质功能的。现代人常说的“身体好才是真的好”，“好的身体是幸福之本”，都充分说明健康对于现代人的重要性。“花小钱来运动，不生病省大钱”正在成为一种时尚理念，被越来越多的人所接受。体育这种全面增强人的体质的效用就是健身功能。这一功能主要表现在：

（1）促进机体的生长发育，增强机体能力，提高运动能力和适应能力。

（2）改善和提高中枢神经系统的工作能力，使人头脑清醒、思维敏捷。

（3）调节人的心理，促进个体心理健康，使人朝气蓬勃，充满活力。

（4）防病治病，推迟衰老，延年益寿。

此外，体育的健身功能还体现在提高人体的力量、速度、柔韧、耐力及协调性等运动素质上，也为更好地掌握各项运动技术、提高人体的运动能力奠定了基础。人们在收获健康的同时，也从运动中得到乐趣，如此良性循环，进一步体现了体育的健康功能。

2. 体育的健美功能

早在古希腊时代的运动健将就用举重物来锻炼身体，并得到强壮健美的体型，这些健美的运动员，被雕塑家“记录”下来并留存至今。纵观人类文明史，人们对身体美的追求是不懈的。在现代，人们通过体育锻炼得到均匀发展的体型、线条明朗的体姿、刚健有力的躯体、饱满强壮的肌肉和充满生机的活力，表达了人类对美好生活的热情和向往。健美锻炼的主要功能表现在：

（1）增进健康，增强体质，发达肌肉，增长力量，改善体形、体态。

（2）提高神经系统机能，培养顽强意志品质。

（3）调节心理活动，陶冶美好情操。

美的人体应该是健、力、美的结合，应该是健康的。只有健康、匀称的人体形象，才能表现出富有生命力的美，显示出生机勃勃和充沛的精力，才能成为人的本质力量的承载体。人的身体结构具有极大的可塑性，只要坚持体育锻炼，就可以使肢体各个部位得到匀称的发展，这充分体现了体育的健美功能。

3. 体育的益智功能

智力，一般是指人认识客观事物并运用知识解决实际工作问题的能力。在体育运动时，人的视野开阔、听觉灵敏，极易捕捉瞬间万变的各种信息，提高中枢神经系统的转换速度和稳定性。与此同时，大脑皮层处于兴奋、抑制的交替过程中，有助于提高大脑的调节功能，从而使记忆、思维和创造等环节的功能有所改善，进而促进智力水平的提高。由此我们可以看出，体育不仅仅可以改善人的体质，更可以通过体质的增强促进智力的发展。体育与智力发展的正相关关系从另一侧面体现了体育的重要性。

4. 体育的保健功能

体育的保健功能表现在运用体育手段预防疾病和治疗疾病、康复身心、调节心理功能等方面。通过身体锻炼可以改善和提高人的呼吸系统、循环系统、运动系统的功能,加速新陈代谢、吐故纳新,增进人的机体免疫力,防治疾病,延缓衰老,保持旺盛的体力和精力,延年益寿。经研究证明:经常锻炼的人在40~50岁时,身体机能仍相当稳定,即使到了60岁,其心血管系统的功能仍相当于20多岁不锻炼的人。而由于各运动项目技术动作要求的不同,可以针对某些疾病达到意想不到的防治效果。例如,企业管理人员往往由于伏案时间过久,易引发颈椎疾病,适当参加羽毛球运动可以缓解颈部疲劳和预防颈椎病变。除此以外,人们通过体育锻炼可以缓解心理压力,消除紧张情绪,调整心态,促进心理健康。

5. 人格塑造功能

人格,是指个体内在的行为上的倾向性,它表现为一个人在不断变化中的全体和综合,是人在社会化过程中形成的富于特色的身心组织。通俗地说,人格是人们在其言行中所体现的人的性格、品格和风格。一般来说,人格由三方面因素构成:智慧、道德情感、意志。这三方面因素相互依赖、相互制约,构成统一的人格特征。完美的人格是现代社会发展需求所产生的一种新型人格,其特点是具有灵活敏锐的思维方式、求实创新的工作作风、争强好胜的竞争意识、锐意进取的拼搏精神、充满热情的爱国主义。体育对人格的塑造主要表现在以下几个方面:

(1) 培养审美意识,提高审美能力。

(2) 提高道德水准。

(3) 健全人格。

体育运动往往要求参与者灵活运用所学技术、技巧,奋力拼搏,相互合作,并有强大的精神动力。因此,体育对人格的塑造是在不知不觉中培养起来的,且能在生活的其他方面体现出来。

6. 体育的人际交往功能

人际交往包含两个方面的含义:从动态的角度说,它指人与人之间的信息沟通和物品交换;从静态的角度说,它指人与人之间已经形成起来的关系,即通常所说的人际关系。体育运动是增进人们之间接触和交往的良好手段之一,它能缩短人与人之间的距离,以健康的心理互相沟通。人们在体育活动中形成的合作、竞争、遵守规则的意识和行为,通常会迁移到日常生活、学习和工作中,有利于人们理解和遵守社会规范的意义和重要性,有利于形成尊重他人的观念,从而促进人际关系的和谐发展。体育的人际交往功能主要表现在:

(1) 促进人际交往中良性竞争氛围的形成。

(2) 促进人际交往中健康心理的形成。

(3) 促进人际交往中良好合作和竞争精神的形成。

体育有利于人的"社会化"。体育竞赛,特别是在集体项目的竞赛过程中,要想取得胜利,就需要参与者相互信任、团结协作,为了共同的目标舍弃损害集体利益的个人行为。体育的这种"模拟社会"的功能可帮助参与者提高人际交往的能力,且这是体育运动所独有的。

(二) 体育的社会发展功能

随着社会的不断发展,体育的社会功能必将越来越多地被发现和应用,更加出色地为人类的物质文明和精神文明的建设服务。

1. 体育的政治功能

体育受政治的制约性很强，往往能影响到体育的目的与任务；反之，体育又能影响和反作用于政治。具体表现在以下几个方面：

（1）体育能为国争光，振奋民族精神。国际体育竞赛是和平时期国与国之间竞争的舞台，也是显示一个国家政治、经济、文化水平的窗口。因此，比赛的胜负直接关系到国家的荣誉，现代世界各国无不重视体育运动的政治意义。近年来，我国竞技体育发展很快，捷报频传。例如，第2届青年奥林匹克运动会于2014年在中国南京成功举行，中国又一次向世界显示了和谐发展、团结奋进的精神面貌。

（2）体育能为外交服务。体育是超越世界上任何语言和社会交流障碍的国际语言，可以增进各国人民之间的了解和友谊，加强交流与合作，是文化交流的一种工具。2010年的广州亚运会迎接了3000名左右的亚运贵宾，其中包括约15名各国元首政要。2001年7月13日，我国申办2008年北京奥运会获得成功后，各国元首、友人纷纷向我国表示祝贺；2008年，世界上70多个国家的元首和领导人出席了北京奥运会开幕式，这充分说明我国外交事业取得了重大胜利。

（3）体育是促进国内政治团结的重要方面。体育运动的群众性能使人们在体育运动中加强人际交往，满足人们交往的需要。竞赛活动、群众性登山活动、野营活动、余暇体育活动等可以增强人们之间的交往，培养一致的社会情感，使人与人之间充满团结、和睦气氛。观看各种比赛的过程中，球迷们表现出高度的凝聚力。体育的内聚力可以提高一个团体的向心力，促进团结。一个国家的体育竞赛可以促进国内的政治稳定、民族团结和爱国热情。2015年8月在鄂尔多斯举行的第10届全国民族运动会，用传统体育交流的形式谱写了民族团结的欢歌。“平等、团结、拼搏、奋进”的永恒主题深入人心。各民族运动健儿们在场上切磋技艺，在场下畅叙友情，增加了相互间的了解，促进了各民族间的交流，传递着民族团结的深情厚谊。

2. 体育的经济功能

在当今市场经济大环境中，体育早已不仅是陈旧概念中的福利事业，而且还发展成为一项非常重要的产业。世界各国都非常注意发挥体育的经济效能，体育的经济价值越来越被人们理解、接受和推崇。在现代社会中，体育运动促进经济发展主要表现在：

（1）体育运动的发展刺激了体育产业的发展，使体育器械、设备、服装等生产行业得到发展，为社会创造经济价值。国家体育总局印发的《体育产业“十二五”规划》，首次明确提出了量化指标，“十二五”期间体育产业增加值以平均每年15%以上的速度增长，到“十二五”末期，体育产业增加值超过4000亿元人民币，占国内生产总值的比重超过0.7%，从业人员超过400万，体育产业将成为国民经济的重要增长点之一。

（2）在大型比赛中获取经济效益。第一是出售体育比赛的电视转播权。体育竞赛的实况转播，目前已成为最吸引人也是收费最高的节目。第二是发行纪念币。纪念币具有珍贵的收藏意义，必要时又有流通价值，因此备受收藏者和体育爱好者的欢迎。第三是发售体育彩票。体育彩票是吸引人们对体育比赛的注意力，利用侥幸中彩的机遇调节人们的心理，提高上座率的一个重要手段，现已成为大型国际比赛惯用的增收措施。第四是组织门票收入。第五是收取广告费。在比赛场地设立广告牌，比赛中所用各种物品上安排广告等都是招揽生意、推销商品的极好机会。随着不同级别和不同项目的大型比赛的不断增多，市场空间也在不断膨胀,利用各种商业手段获取利益从另一角度也保障了大型比赛的顺利举办。

(3) 在社会体育活动中发展体育经济。首先是提高体育设施利用率,如平时可开放体育设施,安排群众性体育活动,收取一定的费用。第二是经常举办热门比赛,以提高上座率,增加收入。例如,2014 年的足球中超联赛,在保险企业的强力支持之下,赢来了凤凰涅槃一般的新生,场均上座率达到了 2.3 万人,比上一年提高整整三成,这个数字超过了 2010 年中超联赛首轮的最高纪录,甚至超过了日本和韩国的足球职业联赛。第三是举办娱乐体育,如开办体育娱乐俱乐部或举办体育活动中心,可以丰富群众现代生活,增加经济收入。此外,发展体育旅游,谋求赞助,发售体育邮票,开设体育咨询站等,也都是谋求体育经济效益、发挥体育经济功能的重要方式。

(4) 通过体育健身,能有效地提高劳动者的身体素质,乃至整体素质,使他们能在体力、智力等方面适应工作环境和现代化的需要,提高劳动效率;能减少疾病给工作所带来的劳动损失,提高出勤率,减少医疗费用开支。体育活动是应对"文明病"的最佳良方。在美国,在体育活动方面每投入 1 美元就可以降低 3.2 美元的医疗费用。根据发达国家的数据,每个经常参加体育活动的人平均每年能够节省 500 美元的保健费用。由此可见,体育不仅可以提高经济收入,更重要的是可以减少社会生产成本。

3. 体育的文化功能

体育作为一种社会文化现象,本身就蕴涵着丰富的文化内涵。体育文化有着历史的渊源,古代人们举行的各种祭祀礼仪活动往往以体育的方式来表达人们的思想、精神和观念。体育的文化特征体现在鲜明的象征性、浓郁的艺术性及丰富的内涵性上。例如,北京奥运会会徽"中国印——舞动的北京",将 5000 多年历史的印章和书法艺术形式与体育运动巧妙地结合,化成一个向前奔跑、迎接胜利的运动人形,将中国印、中国字和奥运五环会徽结合在一起,表达了 13 亿中国人民对于奥林匹克运动的美好憧憬。人们在举行一些大型活动的开闭幕式以及各类文化活动前夕,体育的表演往往是不可或缺的,可见体育不仅是人的生物体运动,也是人的精神、智力和艺术的展现。丰富的体育文化,在对人体解剖结构、生理机能进行积极的生物学改造的同时,还给人类自身以极大的美学启迪和熏陶。宏伟壮观的体育建筑、精彩多样的体育器材设施、绚丽多彩的运动装备,既是人类劳动的产物,也是人类物质文化的结晶。体育运动作为一种文化形态,在作用于人的身体的同时,无疑还作用于人的精神、思想和意识。体育运动中顽强拼搏、勇于进取的精神,公平竞争的精神,团结友爱的精神,爱国主义和国际主义的精神,都是体育文化在人们精神领域里的高度体现。

4. 体育的教育功能

公元前 300 多年,古希腊哲学家亚里士多德就已认为,体育、德育、智育是互相联系的。因此,世界各国的历代统治者都把体育作为教育的重要组成部分予以贯彻,直到今天也不例外。体育在现在不仅是促进人体生长发育、增强学生体质、掌握运动技巧的手段,而且还是培养人们终身体育的兴趣和习惯,改善生活方式,提高生活质量,以适应现代社会需要的重要途径。因此,在人的社会化培养中,体育实际上就是人们为谋求社会生存而受到的身体训练,是为适应现代化社会生活以及创造未来而进行的教育。在传授人体健康的科学知识方面,以及在教导人们遵守社会规范,发展人际交往,促进人的个体社会化的进程中,都体现了体育的教育功能。由于体育具有群众性、国际性、技艺性和礼仪性的特点,又能激发人们的爱国热情,振奋民族精神,提高民族威望,增强凝聚力,体育成为现代社会传播价值观最为理想的载体。在体育运动中，由于生理、心理和情绪的变化，每时每刻对参加者提出了思想道德、行为作风的考验，这是自我教育或接受教育的良好契机。通过体育锻炼，能掌握身体锻炼的方法和身体健康的知识，学会科学、健康的生活方式，发展和学习高尚的思想道德，可见其教育的功能是巨大的。

5. 体育的娱乐功能

体育运动的娱乐功能是由它的娱乐特点所决定的。从体育运动诞生之日起，它就是人们娱乐的重要内容。关于体育的娱乐功能，顾拜旦写道："啊！体育，你就是乐趣！想到你，内心充满了欢喜，血液循环加剧，思路更加清晰。你可使忧伤的人散心解闷，你可使欢乐的人生活更加甜蜜！"体育就是人们的精神和物质食粮，丰富多彩、健康文明的余暇体育活动不仅能使人们在繁忙的工作和劳动之余获得积极的休息，而且还能陶冶情操，愉悦身心，培养高尚的品格。例如，现代都市生活使人与大自然远离，但参加户外体育活动可以调节生活，使人享受返回大自然的乐趣；随着工作紧张和生活节奏加快，体育锻炼有利于密切人际交往和享受集体聚会的乐趣；通过参与体育竞赛或从事一些惊险性体育项目，可以在向体力与自然的挑战中，体验创造人生价值的乐趣；经常欣赏体育比赛和表演，可以从运动员的高超技艺中得到美的艺术享受。自2009年10月1日《全民健身条例》实施至今，为了丰富人民的业余文化生活、移风易俗和建立良好的社会风气，我国在不断探索和实践适合我国国情的最健康、最理想的体育娱乐方式，和谐的运动氛围得到营造，人们在工作和劳动中造成的精神紧张、脑力疲劳和情绪紊乱得到调节，全民健身运动得到了广大群众的拥护和支持。

6. 体育的科技功能

"科技是第一生产力"，体育运动的发展正是得益于人类社会的科学进步，从而逐渐形成了一个庞大的体育科学体系。体育科技的发展、运动水平的提高，正是由于有了"运动保健学""运动生物力学""运动生物化学"等自然科学的成果才得以实现。体育的行为和精神是因有了"体育管理学""体育统计学""运动心理学"等社会科学的论证，才得到社会的认同，得以弘扬光大。体育得益于科学技术，又反过来为科学技术的发展提供了更加广阔的实践空间。各种新型材料以及电子技术在体育领域里的应用，使体育的器材设施更加科学先进，使竞技体育一次次地打破了"极限"的预言。例如，"鲨鱼皮泳衣"可以减少3%的阻力，这在0.01秒就能决定胜负的游泳比赛中有着非凡意义。当前各国的体育界又把注意力转向了信息科学、生物遗传工程、分子生物学、激光技术、生物物理等高新技术的发展上，期待着它们能为人类的体育发展带来更大的进步。有人把奥运会比成是一个国家综合国力的体现，而它更像是一个现代科技的实验场和各国科技实力的展示窗。

第二节　职业院校体育概述

一、职业院校体育的目的

职业院校体育是教育系统工程中的重要组成部分，是学生接受体育教育的最后阶段，也是促进职业院校学生全面和谐发展的重要内容。根据社会发展和我国学校体育事业发展的需求及职业院校学生身心发展的年龄特征和体育的功能与作用，我国高职院校体育的目的是以身体练习为基本手段，增强学生的体质，促进学生的身心健康，培养和建立学生的终身体育意识，增强体育能力，养成自觉锻炼身体的习惯，注意学生个性心理及良好思想品质的培养,使之成为德、智、体全面发展的社会主义现代化事业的建设者和接班人。

二、职业院校体育的任务

要实现职业院校体育的目标,应完成好以下任务:

(一) 增强学生体质,增进学生健康

增强学生体质、增进学生健康是职体育的首要任务。这充分体现了我国社会主义现代化建设事业对当代学生身体素质发展的基本要求,也是体育本质功能的正确反映。职业院校学生处于身心发展的关键时期,具有较强的可塑性。在这一时期,通过体育健康教育,促使学生遵守合理的生活制度,重视营养卫生、心理卫生,教会他们采用科学的方法积极参与丰富的体育文化活动,保证学生正常地生长发育并塑造健康、健美的体格,提高身体素质和活动能力,以增强身心对环境的适应能力和对疾病的抵抗能力。

(二) 培养良好的思想品质和道德素养

教学实践证明,体育自身的固有特点是对学生进行思想品德教育最生动、最活泼的形式之一。高职体育是一个有目的、有计划、有组织的教育过程。它有利于学生增强组织纪律性和集体主义精神,培养吃苦耐劳、艰苦奋斗、团结友爱、勇于奉献、朝气蓬勃、拼搏进取的优良品质;有利于学生形成文明的行为和规范的品质,增强公平竞争的意识,培养遵守纪律和公正无私的人格;还能促进自信心、自制力和开拓进取精神的形成,使学生在知、情、意、行等诸方面向着更高层次追求,在德、智、体等方面得到全面发展。高职体育不仅是让学生做好走进社会的“身体准备”,更是帮助他们做好“思想道德准备”。

(三) 掌握体育锻炼基本知识和技能,提高运动能力,养成自觉锻炼身体的习惯

通过体育教学,可向职业院校学生传授体育知识、技术和技能,使其掌握科学的锻炼方法与手段,充分调动他们参加体育锻炼的积极性和自觉性,提高增强体质、增进健康的实效性,逐步养成自觉锻炼身体的习惯。正所谓“授之以鱼不如授之以渔”,如果学生可以通过职业院校体育教学养成坚持运动的习惯,将会受益终生。这既是职业院校体育的基本内涵,也是高职院校学生身心全面发展的个体需要。

(四) 提高高职院校学生的运动技术水平,促进学校体育的开展,为国家培养体育后备人才

近年来,随着我国经济的发展和高职院校综合实力的增强,高职院校体育不仅承担着指导、普及、促进体育运动蓬勃开展的任务,还肩负着提高运动技术水平,为国家培养体育后备人才的使命。各高职院校应在广泛开展群众性体育活动的基础上,对部分体育基础较好并有一定专项运动才能的学生进行有计划的课余运动训练,充分利用学校的有利条件和高职院校学生体能、智能上的优势,坚持系统科学的训练,不断提高运动技术水平。这样既可以进一步推动高职院校群众体育活动的开展,丰富校园文化生活,又可为国家培养竞技运动后备人才。

三、实现职业院校体育目的和任务的形式

《学校体育工作条例》规定,学校体育工作是指体育课教学、课外体育活动、运动队训练和课余体育竞赛这四个方面。这是实现我国职业院校体育目的和任务的基本途径。

(一) 体育课教学

目前职业院校体育课的主要形式有普通体育课、选项体育课、选修体育课和保健体育课等。随着职业院校体育的改革和发展,体育俱乐部形式有可能成为今后学校体育课的

主要形式。体育俱乐部不仅可以充分发挥学生参加体育运动的自主性和能动性，还可以发挥体育教学的指导性和科学性。职业院校体育课的教学目标是：培养学生树立“健康第一”的思想，以健身为中心，以“终身体育”为指导，以“育人”为最终目标。它的特点是在学生和教师的共同参与下，除了教授理论知识外，还通过各项身体活动，促使学生掌握体育知识、技术、技能，增强体质，养成自觉锻炼身体的习惯，并为“终身体育”奠定良好基础。

（二）课外体育活动

体育课教学往往不能完全满足学生的运动需求，课外体育活动是学校体育工作的重要组成部分，是体育课教学的延续和补充，也是实现职业院校体育目的和任务的重要途径。同时，课外体育活动对于增强学生体质，增进学生健康，丰富校园文化生活，促进精神文明建设，满足学生的爱好和兴趣，发展学生的个性和才能，都会起到良好的促进作用。职业院校体育是我国实施《全民健身计划》的重要基础，学生参加课外体育活动，也是实施全民健身计划活动的重要组成部分。学生要提高身体素质，就必须积极地投入到课外的体育锻炼中，并在活动中培养自我锻炼意识和“终身体育”的思想。在课外体育活动中，保证安全是重中之重，这就需要职业院校体育教师的指导和学生安全意识的加强。

（三）课余体育竞赛

职业院校的体育竞赛主要分为校内和校外两类。校外体育竞赛可以增强学生的集体荣誉感，产生“今日我以学校为荣，明日学校以我为傲”的追求；校内体育竞赛可以加强校内学生之间的交流，让体育交流带动学习交流，形成互助共进的繁荣景象。通过开展职业院校体育竞赛，有助于培养学生的勇敢、顽强、进取和拼搏精神，以及遵守纪律、服从安排的优良品质和集体主义精神。它既能丰富和活跃课余文化生活，又能给学校体育带来新的活力。

（四）运动队训练

运动队训练是课外体育的一个组成部分，即利用业余时间对有特长的学生进行有针对性、有计划、有组织的系统训练，达到全面增强学生体质，提高队员技术水平的目标。所以，这是一种专门的教育过程，也是贯彻体育普及与提高相结合方针的一项重要措施。

第三节　《国家学生体质健康标准》的实施

2014 年修订后的《国家学生体质健康标准》（以下简称《标准》）的内涵是测量学生体质健康状况和锻炼效果的评价标准，是国家对不同年龄段学生体质健康方面的基本要求，是学生体质健康的个体评价标准。健康的概念包括身体健康、心理健康和社会适应。《标准》涵盖的是与学校体育密切相关的学生身体健康范畴。为了界定它的内涵，又避免与三维的健康概念相混淆，故将“体质”作为“健康”的定语以示其内涵。

一、实施《标准》的相关说明

（1）《标准》是学校教育工作的基础性指导文件和教育质量基本标准，是评价学生综合素质、评估学校工作和衡量各地教育发展的重要依据，是《国家体育锻炼标准》在学校的具体实施，适用于全日制普通小学、初中、普通高中、中等职业学校、普通高等学校的学生。

(2) 2014 年修订后的《标准》坚持健康第一，落实《国家中长期教育改革和发展规划纲要(2010—2020 年)》《国务院办公厅转发教育部等部门关于进一步加强学校体育工作若干意见的通知》(国办发〔2012〕53 号)和《教育部关于印发〈学生体质健康监测评价办法〉等三个文件的通知》(教体艺〔2014〕3 号)有关要求，着重提高《标准》应用的信度、效度和区分度，着重强化其教育激励、反馈调整和引导锻炼的功能，着重提高其教育监测和绩效评价的支撑能力。

(3) 本标准从身体形态、身体机能和身体素质等方面综合评定学生的体质健康水平，是促进学生体质健康发展、激励学生积极进行身体锻炼的教育手段，是我国学生发展核心素养体系和学业质量标准的重要组成部分，是学生体质健康的个体评价标准。

(4) 在分组中，高中按每个年级为一组，大学分为两个组别，将大学生即大学一、二年级为一组，三、四年级为一组。

(5) 各组别的测试指标均为必测指标。其中，身体形态类中的身高、体重，身体机能类中的肺活量，以及身体素质类中的 50 米跑、坐位体前屈为各年级学生共性指标。

(6) 本标准的学年总分由标准分与附加分之和构成，满分为 120 分。标准分由各单项指标得分与权重乘积之和组成，满分为 100 分。附加分根据实测成绩确定，即对成绩超过 100 分的加分指标进行加分，满分为 20 分；大学的加分指标为男生引体向上和 1000 米跑，女生 1 分钟仰卧起坐和 800 米跑，各指标加分幅度均为 10 分。

(7) 根据学生学年总分评定等级：90.0 分及以上为优秀，80.0 ~ 89.9 分为良好，60.0 ~ 79.9 分为及格，59.9 分及以下为不及格。

(8) 每个学生每学年评定一次，记入《〈国家学生体质健康标准〉登记卡》。特殊学制的学校，在填写登记卡时可以按规定和需求相应地增减栏目。学生毕业时的成绩和等级，按毕业当年学年总分的 50% 与其他学年总分平均得分的 50% 之和进行评定。

(9) 学生测试成绩评定达到良好及以上者，方可参加评优与评奖；成绩达到优秀者，方可获体育奖学分。测试成绩评定不及格者，在本学年度准予补测一次，补测仍不及格，则学年成绩评定为不及格。中等职业学校和普通高等学校学生毕业时，《标准》测试的成绩达不到 50 分者按结业或肄业处理。

(10) 学生因病或残疾可向学校提交暂缓或免予执行《标准》的申请，经医疗单位证明，体育教学部门核准，可暂缓或免予执行《标准》，并填写《免予执行〈国家学生体质健康标准〉申请表》，存入学生档案。确实丧失运动能力、被免予执行《标准》的残疾学生，仍可参加评优与评奖，毕业时《标准》成绩需注明免测。

(11) 各学校每学年开展覆盖本校各年级学生的《标准》测试工作，《标准》测试数据经当地教育行政部门按要求审核后，通过"中国学生体质健康网"上传至国家学生体质健康标准数据管理系统。测试和数据上传时间由教育行政部门确定。

二、《标准》的测试项目与操作方法

在实施《标准》的过程中，怎样使测试数据更加准确地反映学生真实的体质健康状况，掌握各个项目正确的测试方法，是所有体育教师和测评人员必须了解的内容。

(一) 身高、体重测试方法

受试者赤足，立正姿势站在仪器底盘上(上肢自然下垂，足跟并拢，足尖分开成约 60°角)。足跟、骶骨部及两肩胛区与立柱相接触，躯干自然挺直，头部正直，耳屏上缘与眼眶下缘呈水平位。

（二）肺活量测试方法

受试者不必紧张，学会深吸气（避免耸肩提气，应该像闻花似地慢呼吸），以中等速度和力度尽全力吹效果最好。受试者手持吹气口嘴，面对肺活量测试仪站立试吹一次，看口嘴或鼻处是否漏气，调整口嘴和用鼻夹（或自己捏鼻孔）。测试时，受试者进行一两次较平日深一些的呼吸动作后，更深地吸一口气，屏住气向口嘴处慢慢呼出至不能再呼出为止，测试中不得中途二次吸气。吹气完毕后，液晶屏上最终显示的数字即为肺活量毫升值。每位受试者测 2 ~ 3 次，每次间隔 15 秒，记取最大值为测试结果。以毫升为单位，不保留小数。

（三）50 米跑测试方法

受试者至少两人一组测试。站立起跑，受试者听到“跑”的口令后开始起跑。发令员在发出口令的同时要摆动发令旗。计时员视旗动开表计时，受试者躯干部到达终点线的垂直面停表。以秒为单位记录测试成绩，精确到小数点后一位，小数点后第二位数非“0”时则进 1，如 10.11 秒读成 10.2 秒记录之。

（四）800 米跑或 1000 米跑测试方法

受试者至少两人一组进行测试，站立式起跑。当听到“跑”的口令后开始起跑。计时员看到旗动开表计时，当受试者躯干部到达终点线的垂直面时停表。以分、秒为单位记录测试成绩，不计小数。

（五）立定跳远测试方法

受试者两脚自然分开站立，站在起跳线后，脚尖不得踩线（最好用线绳做起跳线）。两脚原地同时起跳，不得有垫步或连跳动作。丈量起跳线后缘至最近着地点后垂直距离。每人试跳 2 ~ 3 次，记录其中成绩最好的一次。以米为单位，保留两位小数（立定跳远测试仪能够自动采集）。

（六）引体向上测试方法

受试者跳起双手正握杆，两手与肩同宽成直臂悬垂。静止后，两臂同时用力引体（身体不能有附加动作），上拉到下颌超过横杆上缘为完成一次。记录引体次数。

（七）坐位体前屈测试方法

受试者两腿伸直，两脚平蹬测试纵板坐在平地上，两脚分开 10 ~ 15 厘米，上体前屈，两臂伸直向前，用两手中指尖逐渐向前推动游标，直到不能前推为止。测试仪的脚蹬纵板内沿平面为 0 点，向内为负值，向前为正值。记录以厘米为单位，保留一位小数。测试两次，取最好成绩。

（八）仰卧起坐测试方法

受试者仰卧于垫上，两脚稍分开，屈膝呈 90°角，两手指交叉贴于脑后。另一同伴压住其踝关节，以固定下肢。受试者坐起时两肘触及或超过双膝为完成一次。仰卧时两肩胛必须触垫。测试人员发出“开始”口令的同时开表计时，记录 1 分钟内完成次数。1 分钟到时，受试者虽已坐起但肘关节未达到双膝者不计该次数，精确到个位。

三、《标准》各测试项目的单项指标与权重

中等职业学校、普通高等学校学生测试单项指标与权重见表 1-1。

表 1-1　中等职业学校、普通高等学校学生测试单项指标与权重

测试对象	单项指标	权重/%
大学各年级	体重指数(BMI)	15
	肺活量	15
	50 米跑	20
	坐位体前屈	10
	立定跳远	10
	引体向上(男)/1 分钟仰卧起坐(女)	10
	1000 米跑(男)/800 米跑(女)	20

注：体重指数(BMI) = 体重(千克)/身高^2(米^2)。

四、《标准》各测试项目的评分标准

1. 大学生单项指标评分和加分

大学生单项指标评分表见表 1-2、表 1-3、表 1-4 和表 1-5。

表 1-2　大学生体重指数(BMI)单项评分表　(单位:千克/米^2)

等级	单项得分	男	女
正常	100	17.9～23.9	17.2～23.9
低体重	80	≤17.8	≤17.1
超重		24.0～27.9	24.0～27.9
肥胖	60	≥28.0	≥28.0

表 1-3　大学男生单项指标评分标准

等级	单项得分	肺活量/毫升		50 米跑/秒		坐位体前屈/厘米		立定跳远/厘米		引体向上/次		耐力跑(时间)	
		大一大二	大三大四	大一大二	大三大四	大一大二	大三大四	大一大二	大三大四	大一大二	大三大四	大一大二	大三大四
优秀	100	5040	5140	6.7	6.6	24.9	25.1	273	275	19	20	3′17″	3′15″
	95	4920	5020	6.8	6.7	23.1	23.3	268	270	18	19	3′22″	3′20″
	90	4800	4900	6.9	6.8	21.3	21.5	263	265	17	18	3′27″	3′25″
良好	85	4550	4650	7	6.9	19.5	19.9	256	258	16	17	3′34″	3′32″
	80	4300	4400	7.1	7	17.7	18.2	248	250	15	16	3′42″	3′40″
及格	78	4180	4280	7.3	7.2	16.3	16.8	244	246			3′47″	3′45″
	76	4060	4160	7.5	7.4	14.9	15.4	240	242	14	15	3′52″	3′50″
	74	3940	4040	7.7	7.6	13.5	14	236	238			3′57″	3′55″
	72	3820	3920	7.9	7.8	12.1	12.6	232	234	13	14	4′02″	4′00″
	70	3700	3800	8.1	8	10.7	11.2	228	230			4′07″	4′05″
	68	3580	3680	8.3	8.2	9.3	9.8	224	226	12	13	4′12″	4′10″

续表

等级	单项得分	肺活量/毫升		50米跑/秒		坐位体前屈/厘米		立定跳远/厘米		引体向上/次		耐力跑(时间)	
		大一大二	大三大四	大一大二	大三大四	大一大二	大三大四	大一大二	大三大四	大一大二	大三大四	大一大二	大三大四
及格	66	3460	3560	8.5	8.4	7.9	8.4	220	222			4′17″	4′15″
	64	3340	3440	8.7	8.6	6.5	7	216	218	11	12	4′22″	4′20″
	62	3220	3320	8.9	8.8	5.1	5.6	212	214			4′27″	4′25″
	60	3100	3200	9.1	9	3.7	4.2	208	210	10	11	4′32″	4′30″
不及格	50	2940	3030	9.3	9.2	2.7	3.2	203	205	9	10	4′52″	4′50″
	40	2780	2860	9.5	9.4	1.7	2.2	198	200	8	9	5′12″	5′10″
	30	2620	2690	9.7	9.6	0.7	1.2	193	195	7	8	5′32″	5′30″
	20	2460	2520	9.9	9.8	-0.3	0.2	188	190	6	7	5′52″	5′50″
	10	2300	2350	10.1	10	-1.3	-0.8	183	185	5	6	6′12″	6′10″

表1-4 大学女生单项指标评分标准

等级	单项得分	肺活量/毫升		50米跑/秒		坐位体前屈/厘米		立定跳远/厘米		一分钟仰卧起坐/次		耐力跑(时间)	
		大一大二	大三大四	大一大二	大三大四	大一大二	大三大四	大一大二	大三大四	大一大二	大三大四	大一大二	大三大四
优秀	100	3400	3450	7.5	7.4	25.8	26.3	207	208	56	57	3′18″	3′16″
	95	3350	3400	7.6	7.5	24	24.4	201	202	54	55	3′24″	3′22″
	90	3300	3350	7.7	7.6	22.2	22.4	195	196	52	53	3′30″	3′28″
良好	85	3150	3200	8	7.9	20.6	21	188	189	49	50	3′37″	3′35″
	80	3000	3050	8.3	8.2	19	19.5	181	182	46	47	3′44″	3′42″
及格	78	2900	2950	8.5	8.4	17.7	18.2	178	179	44	45	3′49″	3′47″
	76	2800	2850	8.7	8.6	16.4	16.9	175	176	42	43	3′54″	3′52″
	74	2700	2750	8.9	8.8	15.1	15.6	172	173	40	41	3′59″	3′57″
	72	2600	2650	9.1	9	13.8	14.3	169	170	38	39	4′04″	4′02″
	70	2500	2550	9.3	9.2	12.5	13	166	167	36	37	4′09″	4′07″
	68	2400	2450	9.5	9.4	11.2	11.7	163	164	34	35	4′14″	4′12″
	66	2300	2350	9.7	9.6	9.9	10.4	160	161	32	33	4′19″	4′17″
	64	2200	2250	9.9	9.8	8.6	9.1	157	158	30	31	4′24″	4′22″
	62	2100	2150	10.1	10	7.3	7.8	154	155	28	29	4′29″	4′27″
	60	2000	2050	10.3	10.2	6	6.5	151	152	26	27	4′34″	4′32″

等级	单项得分	肺活量/毫升		50米跑/秒		坐位体前屈/厘米		立定跳远/厘米		一分钟仰卧起坐/次		耐力跑(时间)	
		大一大二	大三大四	大一大二	大三大四	大一大二	大三大四	大一大二	大三大四	大一大二	大三大四	大一大二	大三大四
不及格	50	1960	2010	10.5	10.4	5.2	5.7	146	147	24	25	4′44″	4′42″
	40	1920	1970	10.7	10.6	4.4	4.9	141	142	22	23	4′54″	4′52″
	30	1880	1930	10.9	10.8	3.6	4.1	136	137	20	21	5′04″	5′02″
	20	1840	1890	11.1	11	2.8	3.3	131	132	18	19	5′14″	5′12″
	10	1800	1850	11.3	11.2	2	2.5	126	127	16	17	5′24″	5′22″

表1-5　大学生加分指标评分表

加分	引体向上(男)/次		1000米跑(男)/秒		一分钟仰卧起坐(女)/次		800米跑(女)/秒	
	大一、大二	大三、大四	大一、大二	大三、大四	大一、大二	大三、大四	大一、大二	大三、大四
10	10	10	-35	-35	13	13	-50	-50
9	9	9	-32	-32	12	12	-45	-45
8	8	8	-29	-29	11	11	-40	-40
7	7	7	-26	-26	10	10	-35	-35
6	6	6	-23	-23	9	9	-30	-30
5	5	5	-20	-20	8	8	-25	-25
4	4	4	-16	-16	7	7	-20	-20
3	3	3	-12	-12	6	6	-15	-15
2	2	2	-8	-8	4	4	-10	-10
1	1	1	-4	-4	2	2	-5	-5

2. 高中学生单项指标和评分

见表1-6、表1-7、表1-8。

表1-6　高中生体重指数(BMI)单项评分表

等级	单项得分	男			女		
		高一	高二	高三	高一	高二	高三
正常	100	16.5~23.2	16.8~23.7	17.3~23.8	16.5~22.7	16.9~23.2	17.1~23.3
低体重	80	≤16.4	≤16.7	≤17.2	≤16.4	≤16.8	≤17.0
超重		23.3~26.3	23.8~26.5	23.9~27.3	22.8~25.2	23.3~25.4	23.4~25.7
肥胖	60	≥26.4	≥26.6	≥27.4	≥25.3	≥25.5	≥25.8

表 1-7　高中男生单项指标评分标准

等级	单项得分	肺活量/毫升			50 米跑/秒			坐位体前屈/厘米			立定跳远/厘米			引体向上			耐力跑/时间		
		高一	高二	高三	高一	高二	高三	高一	高二	高三	高一	高二	高三	高一	高二	高三	高一	高二	高三
优秀	100	4540	4740	4940	7.1	7.0	6.8	23.6	24.3	24.6	260	265	270	16	17	18	3'30"	3'25"	3'20"
	95	4420	4620	4820	7.2	7.1	6.9	21.5	22.4	22.8	255	260	265	15	16	17	3'35"	3'30"	3'25"
	90	4300	4500	4700	7.3	7.2	7.0	19.4	20.5	21.0	250	255	260	14	15	16	3'40"	3'35"	3'30"
良好	85	4050	4250	4450	7.4	7.3	7.1	17.2	18.3	19.1	243	248	253	13	14	15	3'47"	3'42"	3'37"
	80	3800	4000	4200	7.5	7.4	7.2	15.0	16.1	17.2	235	240	245	12	13	14	3'55"	3'50"	3'45"
及格	78	3680	3880	4080	7.7	7.6	7.4	13.6	14.7	15.8	231	236	241				4'00"	3'55"	3'50"
	76	3560	3760	3960	7.9	7.8	7.6	12.2	13.3	14.4	227	232	237	11	12	13	4'05"	4'00"	3'55"
	74	3440	3640	3840	8.1	8.0	7.8	10.8	11.9	13.0	223	228	233				4'10"	4'05"	4'00"
	72	3320	3520	3720	8.3	8.2	8.0	9.4	10.5	11.6	219	224	229	10	11	12	4'15"	4'10"	4'05"
	70	3200	3400	3600	8.5	8.4	8.2	8.0	9.1	10.2	215	220	225				4'20"	4'15"	4'10"
	68	3080	3280	3480	8.7	8.6	8.4	6.6	7.7	8.8	211	216	221	9	10	11	4'25"	4'20"	4'15"
	66	2960	3160	3360	8.9	8.8	8.6	5.2	6.3	7.4	207	212	217				4'30"	4'25"	4'20"
	64	2840	3040	3240	9.1	9.0	8.8	3.8	4.9	6.0	203	208	213	8	9	10	4'35"	4'30"	4'25"
	62	2720	2920	3120	9.3	9.2	9.0	2.4	3.5	4.6	199	204	209				4'40"	4'35"	4'30"
	60	2600	2800	3000	9.5	9.4	9.2	1.0	2.1	3.2	195	200	205	7	8	9	4'45"	4'40"	4'35"
及格	50	2470	2660	2850	9.7	9.6	9.4	0.0	1.1	2.2	190	195	200	6	7	8	5'05"	5'00"	4'55"
	40	2340	2520	2700	9.9	9.8	9.6	-1.0	0.1	1.2	185	190	195	5	6	7	5'25"	5'20"	5'15"
	30	2210	2380	2550	10.1	10.0	9.8	-2.0	-0.9	0.2	180	185	190	4	5	6	5'45"	5'40"	5'35"
	20	2080	2240	2400	10.3	10.2	10.0	-3.0	-1.9	-0.8	175	180	185	3	4	5	6'05"	6'00"	5'55"
	10	1950	2100	2250	10.5	10.4	10.2	-4.0	-2.9	-1.8	170	175	180	2	3	4	6'25"	6'20"	6'15"

表 1-8　高中女生单项指标评分标准

等级	单项得分	肺活量/毫升			50 米跑/秒			坐位体前屈/厘米			立定跳远/厘米			一分钟仰卧体坐/次			耐力跑/时间		
		高一	高二	高三	高一	高二	高三	高一	高二	高三	高一	高二	高三	高一	高二	高三	高一	高二	高三
优秀	100	3150	3250	3350	7.8	7.7	7.6	24.2	24.8	25.3	204	205	206	53	54	55	3′24″	3′22″	3′20″
	95	3100	3200	3300	7.9	7.8	7.7	22.5	23.1	23.6	198	199	200	51	52	53	3′30″	3′28″	3′26″
	90	3050	3150	3250	8.0	7.9	7.8	20.8	21.4	21.9	192	193	194	49	50	51	3′36″	3′34″	3′32″
良好	85	2900	3000	3100	8.3	8.2	8.1	19.1	19.7	20.2	185	186	187	46	47	48	3′43″	3′41″	3′39″
	80	2750	2850	2950	8.6	8.5	8.4	17.4	18.0	18.5	178	179	180	43	44	45	3′50″	3′48″	3′46″
及格	78	2650	2750	2850	8.8	8.7	8.6	16.1	16.7	17.2	175	176	177	41	42	43	3′55″	3′53″	3′51″
	76	2550	2650	2750	9.0	8.9	8.8	14.8	15.4	15.9	172	173	174	39	40	41	4′00″	3′58″	3′56″
	74	2450	2550	2650	9.2	9.1	9.0	13.5	14.1	14.6	169	170	171	37	38	39	4′05″	4′03″	4′01″
	72	2350	2450	2550	9.4	9.3	9.2	12.2	12.8	13.3	166	167	168	35	36	37	4′10″	4′08″	4′06″
	70	2250	2350	2450	9.6	9.5	9.4	10.9	11.5	12.0	163	164	165	33	34	35	4′15″	4′13″	4′11″
	68	2150	2250	2350	9.8	9.7	9.6	9.6	10.2	10.7	160	161	162	31	32	33	4′20″	4′18″	4′16″
	66	2050	2150	2250	10.0	9.9	9.8	8.3	8.9	9.4	157	158	159	29	30	31	4′25″	4′23″	4′21″
	64	1950	2050	2150	10.2	12.1	10.0	7.0	7.6	8.1	154	155	156	27	28	29	4′30″	4′28″	4′26″
	62	1850	1950	2050	10.4	10.3	10.2	5.7	6.3	6.8	151	152	153	25	26	27	4′35″	4′33″	4′31″
	60	1750	1850	1950	10.6	10.5	10.4	4.4	5.0	5.5	148	149	150	23	24	25	4′40″	4′38″	4′36″
不及格	50	1710	1810	1910	10.8	10.7	10.6	3.6	4.2	4.7	143	144	145	21	22	23	4′50″	4′48″	4′46″
	40	1670	1770	1870	11.0	10.9	10.8	2.8	3.4	3.9	138	139	140	19	20	21	5′00″	4′58″	4′56″
	30	1630	1730	1830	11.2	11.1	11.0	2.0	2.6	3.1	133	134	135	17	18	19	5′10″	5′08″	5′06″
	20	1590	1690	1790	11.4	11.3	11.2	1.2	1.8	2.3	128	129	130	15	16	17	5′20″	5′18″	5′16″
	10	1550	1650	1750	11.6	11.5	11.4	0.4	1.0	1.5	123	124	125	13	14	15	5′30″	5′28″	5′26″

思考题

1. 简述《国家学生体质健康标准》中大学生要测试的项目。
2. 简述《国家学生体质健康标准》总成绩等级的评定与应用。

第二章

体育锻炼与健康

第一节　健康概述

健康是人类永恒的主题，是人类生存发展的重要条件，也是人类永远追求的目标之一。随着社会经济、科学技术及生活水平的进步，人类对健康内涵的认识不断深化。以往人们普遍认为“健康就是没有病”。随着科学的发展和时代的变迁，现代健康观告诉我们，健康已不再仅仅是指四肢健全、无病或不虚弱，除身体本身健康外，还需要精神上有一个完好的状态。人的精神、心理状态和行为对自己、他人及社会都有影响。更深层次的健康观还应包括人的心理、行为的正常和社会道德规范、环境因素的完美。可以说，健康的含义是多元的、广泛的，也是不断丰富和发展的。

一、健康的定义及内涵

人类对健康的需要和认识是随着所处时代、环境和条件的不同而不断变化、不断更新的。以往，由于受传统观念和世俗文化的影响，人们往往将健康单纯理解为“无病、无残、无伤”。然而，随着社会的发展和科学技术的进步，人们完全突破了原先的思维模式，对健康的概念有了新的认识，主要有以下三种观点。

（一）健康三维观

1948 年，世界卫生组织（WHO）在其宪章《阿拉木图宣言》中明确指出：“健康是指在身体上、精神上和社会适应各方面都完美的状态，而不仅仅是没有疾病和虚弱。”对健康的评价不仅基于医学、生物学的范畴，而且扩大到心理和社会学领域。由此可见，一个人只有在身体和心理上保持健康状态，健康长寿的可能性才越大；相反，个体如果心理压抑和自我封闭，则极易产生疾病，缩短寿命。这也说明，一个人只有从生理、心理和社会三个方面着手，才能有效地保证其健康、幸福地生活，从而提高生命的质量。

（二）道德健康观

1989 年，世界卫生组织根据现代社会的发展，又将“道德健康”纳入健康概念之中，即除了身体健康、心理健康和社会适应良好外，还应包括道德健康，只有同时具备这四个方面的健康才算是完全健康。由此表明，人类对自身健康和疾病的认识又深入了一步，即由单纯的生理、心理角度研究健康问题上升到了从社会学角度来探讨健康的定义，健康概念开始由生物健康的领域扩充到社会健康的领域。

（三）健康五要素

美利坚大学国家健康中心提出了一个与健康三维观相似的定义，即健康是人对环境适应之后所达到的一种生命质量，个体只有在躯体、情绪、智力、精神和社交五个方面都达到完美状态才称得上是真正的健康（也称健康五要素），或称为完美状态。健康五要素相互联系、相互影响。例如，身体不健康会导致情绪不健康，缺乏精神上的健康会引起身体、情绪和智力的不健康等。

在人的生命长河的不同时期,健康的某一要素可能会比另一些要素起更重要的作用,但长久地忽视某一要素就可能存在整体健康的潜在危险。只有每一健康要素平衡地发展,人才称得上处于完美状态,才能真正健康和幸福地生活,并享受美好人生。

二、健康的评价标准

(一)健康的标志

2000年,世界卫生组织根据健康的含义,提出了衡量人体健康的10项标志,分别是:

(1)有充沛的精力,能从容不迫地担负日常生活和繁重的工作而不感到过分紧张。

(2)处事乐观,态度积极,勇于承担责任,事无巨细不挑剔。

(3)应变能力强,能较快地适应外界环境的各种变化。

(4)善于休息,睡眠良好。

(5)能抵抗一般感冒和传染病。

(6)体重适当,身体匀称,站立时头、肩、臀位置协调。

(7)头发有光泽,头屑少。

(8)眼睛明亮,反应敏锐,眼睑不易发炎。

(9)牙齿清洁,无龋齿,无疼痛,牙龈无出血并颜色正常。

(10)肌肉发达,皮肤富有弹性。

当然,健康标准对不同年龄、不同性别的人有不同的要求。随着物质生活和医疗水平的不断提高,以及人们对健康的重视,身体健康状况不断得到改善,平均寿命不断延长,联合国世界卫生组织也提出了新的年龄分段,认为:44岁以下为青年人,45～59岁为中年人,60～74岁为年轻老年人,75～89岁为老年人,90岁以上为长寿老人。这5个年龄段的划分,把人的衰老期推迟了10年,对人们的心理健康和抗衰老意志将产生积极影响。

(二)健康的评价指标

人的健康指标主要是由身体的健康、精神的健康和社会的健康三方面因素构成的。

1. 身体方面的健康

衡量身体健康有以下几个方面:没有疾病,无须治疗;身体的发育正常;有良好的生活节律,食欲、睡眠好;体态、脸色好,有精神;能很好地进行日常活动,消除疲劳快。

2. 精神方面的健康

精神健康是指能和大自然和谐相处,对工作、生活乐观豁达,行为、思想与其基本价值观念相一致,觉得生活充实、有意义,向往美和善,能精力充沛地履行各种职能,完成各种任务,而且能从中发现并享受乐趣,感到自身的价值,使生活变得更有意义。有学者还将精神的健康概括为以下几方面:能与家庭成员、朋友、伙伴们协力合作;理解人生的意义,对生活充满希望;有正确的判断能力。当然,生活中偶尔情绪高涨或情绪低落均属正常,关键是在生活的大部分时间里要保持情绪稳定。

3. 社会方面的健康

社会健康是指在社会中人们都能按照行为准则工作和生活,主要表现在以下几个方面:具有良好的衣、食、住、行条件;社会和平,没有犯罪行为发生;死亡率低,大家都能长寿。

随着时代的变迁,人们对健康的理解和认识越来越深刻,现在说哪一种是纯粹的、准确的健康标准还为时过早,需要人们在生活实践中不断去探索和完善。每个人应根据自己的身体、学习、工作和生存环境来选择健康的生活方式，人人都应该记住：人活着的一生当中，最宝贵的、最为重要的就是健康，因为健康是驶向人生目标的载体，是驱动事业成功的能源，是修德立业的根本，也是人类的基本需要和权利。历史上许多伟大的思想家对健康都做过精辟的论述。马克思把健康称为人的第一权利，一切人类生存的第一前提；法国物理学家居里夫人指出，科学的基础是健康的身体；美国哲学家爱默生认为，健康是人生的第一财富；英国教育家洛克强调，若没有健康，就不可能有什么幸福而言；德国哲学家叔本华形象地指出，健康的乞丐比有病的国王更幸福。的确，没有健康，人生的一切就会黯然失色，快乐与幸福会犹如水中月、雾里花，可望而不可即。

三、亚健康及其危害

（一）亚健康的概念

亚健康是近年来新提出的概念。亚健康状态是介于健康与疾病之间的一种状态，又叫“第三状态”或“灰色状态”。它是指机体在内外环境不良刺激下引起心理、生理发生异常变化，但尚未达到明显病理性反应的程度。从生理学角度来讲，亚健康状态就是人体各器官功能稳定性失调，但尚未引起器质性损伤，医学检查所得各项生理、生化指标均无明显异常，医生无法做出明确的疾病诊断的状态。在此状态下如能及时调控，可恢复健康状态，否则会发生疾病。亚健康状态基本上是由机体组织结构的退化（老化）及生理功能减退所致，因而目前将人体衰老的表现也作为亚健康状态的一种类型。

（二）亚健康人体的表现状态

亚健康在临床上常被诊断为疲劳综合征、内分泌失调、神经衰弱、更年期综合征等。它在心理上的具体表现是精神不振，情绪低沉，反应迟钝，失眠多梦，白天困倦，注意力不集中，记忆力减退，烦躁，焦虑，易惊等；在生理上则表现为疲劳、乏力，活动时气短、出汗，腰酸腿疼等。此外，还有可能出现心血管系统变化，如心悸、心律不齐等。经常感到疲惫不堪是典型的“亚健康状态”。职业院校学生紧张的学习、生活节奏，就业前的心理焦虑等都会造成体力和脑力的疲劳状态。疲劳是人体一种生理性预警反应，长时间地超负荷工作就会产生疲劳积累，长期下去必会引起疾病。

（三）亚健康的危害

国内外研究表明，现代社会中完全符合健康标准的人大约只有15%，属于有疾病在身的人大约15%，其余近70%的人都处在不同程度的亚健康状态。亚健康包含前后衔接的几个阶段：与健康紧邻的可称为“轻度身心失调”，常表现为疲劳、失眠、胃口差、情绪不稳定等，占人群的25%～28%；这种失调若持续发展，可进入“潜临床”状态，此时已呈现出发展某些疾病的高危倾向，人群中这种状态的人超过1/3，他们除了表现为身心失调外，还常伴有慢性咽痛、反复感冒、精力不支等；另有约10%的人处于“潜临床”和疾病之间，即“前临床”状态，他们已有了病变，但症状还不明显，已从健康驶向疾病。亚健康形成的原因有遗传基因的影响，环境的污染，紧张的生活节奏，心理压力过大，不良的生活习惯，工作、生活过度疲劳，久病、大病或手术后等。

（四）摆脱亚健康的方法

亚健康对人体危害极大。那么如何摆脱亚健康呢？首先，应克服不良的生活习惯。如吸烟、过度饮酒、高脂肪或过量饮食、缺少运动、睡眠不足、不吃早餐、经常熬夜等不良生活习惯，都会使身体由健康状态逐渐转变成亚健康状态，最后导致各种疾病的发生。其次，应调整好个人心态，不断适应瞬息万变的社会。当今社会瞬息万变，竞争激烈，工作、生活节奏加快，人们的心理压力也随之增加。如果心理压力过大，会导致心理失衡，使神经系统功能失调，内分泌紊乱，正常的生理功能不能发挥出来，抵御疾病的能力也就明显下降，进而引起各种疾病。再次，应及时消除疲劳，养成体育锻炼的习惯，努力提高身体素质。最后，有针对性地选用保健品，可以帮助消除亚健康状态。例如，由不良的饮食习惯造成的高血脂、动脉粥样硬化，如配合服用深海鱼油、卵磷脂，对降低血脂、平稳血压有辅助治疗作用；工作紧张繁忙，经常处于疲劳状态时，可服用洋参含片缓解疲劳，增强身体的免疫力；经常睡眠不好的人可服用松果体素片，或以睡个好觉来消除疲劳、保持每天的好心情。

四、影响健康的因素

根据科学家的推算，人类寿命的极限应该在110岁左右。我国古代就有“尽享天年，度百岁乃去”的说法。虽然人类今日的寿命较远古时代要长，而欲达到人类正常的百岁寿命，仍是一个较棘手的问题。在英年早逝者中，除意外事故外，更多的是死于平时不注意体育锻炼和医疗保健而发生的心脑血管病、癌症等疾病。这种现象在知识分子中尤为突出。

那么，影响人的健康与长寿的关键因素是什么呢？世界卫生组织认为，每个人的健康与长寿，60%取决于自身状况，15%取决于遗传，10%取决于社会因素，8%取决于医疗条件，7%取决于生活环境和地理气候条件的影响。对取决于人们自身的因素来说，具体有以下几个方面。

（一）认知水平

“意识主导理念，理念主导行为”，有宏观与正确的健康意识，才能养成良好的身体锻炼习惯和科学的生活方式。“欲图体育之效，非动其主观，促其对体育之自觉不可。”

（二）行为与生活方式

生活方式是指人们在某种价值观念指导下的各种生活活动的形式，它包括人们的物质生活、精神生活、政治生活和社会生活。身体健康的人，常得益于良好的生活方式，如不吸烟，节制饮酒，每天吃早餐，注意饮食营养，维持正常体重，保证高质量的睡眠，坚持中等负荷的体育锻炼，等等。

有害健康的行为和不良的生活方式已成为当今危害人们健康，导致疾病及死亡的主要原因。美国疾病控制中心调查了心脏病、癌症、中风、车祸及其他意外事件、流感、肺炎、糖尿病、肝病、自杀、他杀等10种最常见的导致死亡的原因，发现不良的生活方式是造成死亡的最主要因素。

知识链接

健康生活方式自我测评

美国加州大学公共健康系莱斯特·布莱斯诺博士对约7000名11～75岁的不同阶层、不同生活方式的男女居民进行了9年的研究，结果证实，人们的日常生活方式对身体健康的影响远远超过所有药物的影响。据此，莱斯特博士和他的合作者研究出一套简明的、有助于健康的生活方式，归纳如下。

（1）每日保持7～8小时的睡眠。

（2）有规律地吃早餐。

（3）少吃多餐（每日可吃4～6餐）。

（4）不吸烟。

（5）不饮或饮少量低度酒。

（6）控制体重（不低于标准体重10%，不高于20%）。

（7）有规律地锻炼（运动量适合本人的身体情况）。

此外，每年至少进行一次体检。布莱斯诺博士指出，它适用于各种年龄的人，特别适用于身体功能处于下降阶段的人。若能遵循上述7种习惯去生活，那么你将会终身受益。一般来说，年龄超过55岁的人如果能按上述6～7种习惯去生活，将比仅仅遵循3种或更少的习惯生活的人长寿7～10年。

（三）遗传因素

遗传是指亲代的特征通过遗传物质传给后代的过程。随着遗传学尤其是分子遗传学的高速发展，有机体的遗传与变异越来越被人们所认识。遗传是人体发展变化的先决条件，对体质的强弱有很大的影响。遗传病是当前医学领域中严重危害人类健康的一类疾病。遗传还与高血压、糖尿病、肿瘤等疾病的发生有关。对于遗传病，最重要的还是预防，如提倡科学婚姻，用法制来控制近亲结婚等。遗传因素在影响人类健康时，常与环境因素、行为因素共同作用、相互制约。在社区大环境中，特定的人群特征，如年龄、民族、婚姻、对某些疾病的易感性、遗传危险性等，是影响社区健康水平的生物学因素。

（四）心理因素

消极的心理因素能引起许多疾病，如《黄帝内经》中多处提到了"怒伤肝""悲伤脾""恐伤肾"。现代医学心理的研究也证明了许多疾病的发生、发展与心理因素有关，如心血管病、高血压、肿瘤等。大量的临床实践也证明，消极的情绪（如悲伤、恐惧、紧张、愤怒、焦虑等）能引起各器官系统的功能失调，导致失眠、心跳过速、血压升高、尿急、月经失调等。心理变化会引起一系列的生理变化。消极的心理状态会使各器官系统功能失调；积极的情绪状态则会保证各器官系统功能的协调和稳定，使器官系统生理功能提高，从而提高人体的免疫能力。所以，保持良好的心理状态，是保证身体健康的重要因素。

（五）环境因素

1. 自然环境

自然环境是指空气、水、土壤等的总和，是人类赖以生存的物质基础。自然环境与人的心理和生理健康有着密切的关系。人离不开自然界，自然界中的空气、风、阳光、水、各种动植物，都给人以各种各样的影响，形成维持人生命活动的外部环境。优美的环境能使人精神兴奋，生气勃勃，呼吸顺畅，内分泌协调。人类的生活活动、生产活动使自然环境的构成及状态发生变化，扰乱和破坏了生态平衡。

2. 社会环境

社会环境主要包括社会政治环境、社会经济环境以及社会物质生活条件、劳动条件、社会制度、文化科技水平、教育程度等。不良社会环境直接或间接地危害人们的健康。社会政治制度对健康至关重要；经济是社会进步和社会生活的基础，它是影响人类健康的重要因素；文化是社会的上层建筑，享有文化和接受教育的权利是人全面发展的重要前提，也是享有健康的前提。社会物质生活条件即营养水平，是决定体质强弱的重要因素。社会环境中的社会经济发展状况、社会秩序、伦理道德、宗教、风俗、教育等因素都可能直接或间接地影响人的健康状况。美国弗莱齐尔曾报告，一些遭受虐待、歧视的儿童少年，生长发育缓慢、身材矮小、骨龄落后、性发育迟缓，他们的这些身体特征并无明显的家庭遗传倾向，可能是由于不良环境对中枢神经系统形成长期的恶性刺激，导致生长激素释放因子分泌缺乏而引起的。一旦改变他们的社会处境，他们的生长速度会大大加快，甚至最终可达正常水平。

（六）体育锻炼

体育锻炼能从根本上增强人体各器官系统的功能，增强人体免疫功能，提高机体的适应能力，提高人的健康水平。体育锻炼能提高大脑神经活动过程中的强度均衡性、灵活性和神经细胞工作的耐久力，能使神经细胞获得充足能量物质和氧的供应，转移神经系统的过度紧张，从而消除疲劳，清醒头脑，敏捷思维。例如，体育锻炼能增大心脏每搏输出量，增大肺通气量，促进骨骼生长，推迟人体的衰老等。但由于生活节奏的加快，工作、学习的压力增大，缺乏运动的生活方式正在我国逐渐盛行。据前些年我国七市一省的调查，20～26 岁人群中不参加运动的比例为 56%，这一比例仍有升高的趋势。这一情况需高度重视，应通过宣传、引导等有效措施，使人们增加体育锻炼在日常生活中所占用的时间。

人体形态的发育，机能和运动能力的提高，适应环境和抵抗疾病能力的增强等，都是有很大潜力的。通过采用科学的体育健身方法与手段，这种潜力可以得到更充分的发挥和有效的利用，从而增强体质，提高免疫功能，减少疾病，提高生活质量和工作效率。

第二节　体育锻炼与身体健康

体育锻炼是根据身体需要进行自我选择，运用各种体育手段，并结合自然力和卫生措施，以发展身体，增进健康，增强体质，调节精神，丰富文化生活和支配余暇时间为目的的身体活动过程。不同性别、体质、年龄的人，其锻炼的内容、方法、生理与心理负荷等均有不同的科学要求，因此，高职院校学生应了解健身原理，遵循科学规律，进行合理的锻炼。

一、人体运动的供能系统

作为生物体，新陈代谢是生命存在的基本表现，新陈代谢是生物体从环境摄取营养物转变为自身物质，同时将自身原有组成转变为废物排出到环境中去的不断更新的过程。进行体育锻炼时，体内代谢比平时大为加强，能量消耗增加。锻炼后，能量物质的恢复更充分，可达到比锻炼前更高的水平，各器官系统功能增强，这是体育锻炼能增强体质的重要因素。

无论是在日常生活中，还是从事体育锻炼，人们都需依靠各种营养物质提供的能量。人体活动直接能量来源于三磷酸腺苷（ATP）的分解，而最终的能量是来源于糖、脂肪和蛋白质的氧化分解。营养物质不能直接转化为人体所需要的能量，必须经过一个释放、转变、合成的过程，才能成为人体细胞能利用的高能磷酸化合物——三磷酸腺苷（ATP）。人体肌肉中本身含有很少量的 ATP，可以直接为肌肉收缩提供能量，但只够维持 1 分钟左右的运动。因此，只有不断地合成 ATP 才能满足不同运动的需要。在人体内有三大供能系统，它们是 ATP-CP 供能系统、乳酸能供能系统和有氧代谢供能系统。

（一）ATP-CP 供能系统（无氧供能）

人体运动开始时由磷酸原系统供能，即所有的能量都由 ATP 和 CP 供给。这一供能过程十分迅速，而且不需要氧气，也不会产生乳酸。人体肌肉 ATP 供能只能维持 1 分钟，需要不停地合成 ATP 才能满足肌肉收缩的需要；CP 是由肌酸合成的高能磷酸化合物，存在于肌浆中，其含量是 ATP 的数倍，当 ATP 分解释放能后，CP 在酶的作用下可以分解释放能，迅速合成 ATP。生理学研究证明，全身肌肉中 ATP－CP 供能系统仅能持续 8～10 秒。磷酸原供能系统的强弱，主要和绝对速度有关，如果要提高 100 米、200 米跑的绝对速度，就要发展磷酸原系统的供能能力。发展这一系统的供能能力，最好是采用每次持续 10 秒以内的全速跑，进行反复练习，中间间隔 30 秒以上。如果间隔少于 30 秒，由于磷酸原系统恢复不足，就会产生乳酸堆积。在 100 米跑中无氧代谢占 98% 以上，200 米跑无氧代谢占 90%～95%，有氧代谢仅占 5%～10%，因此，短距离跑项目以提高无氧代谢能力为主。

（二）乳酸能供能系统（无氧供能）

当人体肌肉快速运动持续较长时间（8～10 秒）后，磷酸原供能系统的供能能力已不能及时提供 ATP 补充，于是动用肌糖原进行无氧酵解供能，合成 ATP。这一系统供能不需氧，但产生乳酸堆积，乳酸的堆积可导致疲劳。人体乳酸能系统供能的最大持续时间约为 33 秒钟左右。乳酸能供能系统能力的优劣主要与速度耐力有关。中距离跑主要需要速度耐力，100 米、200 米跑的后程能力及不少球类运动也需要速度耐力。要发展乳酸能供能系统的能力，最适宜的手段是全速（或接近全速）跑 30～60 秒，间歇 2～3 分钟。这种手段能使血乳酸达到最高水平，能锻炼和提高人体对血乳酸的耐受力，提高乳酸能供能系统的能力。

（三）有氧代谢供能系统

在氧供应充分的条件下，糖和脂肪被氧化成二氧化碳和水，并释放出大量能量，因而称为有氧代谢供能。有氧代谢供能系统的能力在很大程度上反映了一个人的心肺功能和耐力素质情况。长距离跑等耐力项目需要有氧供能系统供能，不少球类运动也需要有良好的有氧代谢能力。提高有氧供能系统的供能能力，主要采取较长时间的中等或较低强度的匀速跑，或较长段落的中速间歇训练等。

在任何一种体育运动中，几乎不可能是仅有一种供能系统参与供能，多数情况下是 3 个供能系统均参与供能，仅仅在不同的运动项目中，各系统所占的比例不同。例如，100 米跑等速度项目，主要是 ATP-CP 系统供能及乳酸能系统供能；400 米跑等速度耐力项目以乳酸能系统供能为主；而长跑项目，如 12 分钟跑等长距离跑则主要由有氧代谢系统供能。不同运动项目有氧供能与无氧供能比例见表 2-1。

表 2-1　不同运动项目有氧供能与无氧供能比例

供能形式	100 米跑 橄榄球	400 米跑 篮球	足球 网球	游泳 拳击	3500 米跑 5000 米跑	越野跑 滑冰	慢跑 健身步行
无氧供能	100%	80%	70%	50%	20%	10%	0
有氧供能	0	20%	30%	50%	80%	90%	100%

二、体育锻炼对身体健康的影响

生命在于运动，坚持体育活动，对促进人体生长发育，形成健美体态，提高机体工作能力，消除疲劳，调节情感，防治疾病，益寿延年乃至提高和改善整个民族体质，都有重要作用。对于学习压力日趋加重的职业院校学生来说，经常参与有规律的体育锻炼能增进身体健康。具体表现如下：

（一）增强心肺功能，改善心脑血管系统的机能

心肺系统由循环系统和呼吸系统组成，由于这两个系统均承担着人体氧的输送任务，故也称为氧运输系统。人们运动时，由呼吸系统把氧气从体外吸入体内，氧气进入血液与血液

中的血红蛋白结合，再通过心脏的收缩动力，不断地把血液和氧气送到各组织器官。

1. 体育锻炼对心血管系统的影响

经常参加体育锻炼可促进心血管系统的结构改善、机能提高，从而提高工作能力，具体表现在运动性心脏肥大、每搏输出量增大、心搏徐缓和血压降低等方面。经常参加体育活动还会影响心血管壁的结构，改变血管在器官中的分布状态，使冠状动脉口径增粗、心肌毛细血管的数量增加。因此，体育锻炼也是预防一些心血管系统疾病、保护心脏健康的积极手段。心血管病是当今世界上危及人类生命的头号杀手。据报道，在美国，每死去的两个人中就有一个是死于心血管病。在我国，死于心血管病的人数也居首位。大量研究表明，参与有规律的体育锻炼能够增强心肌收缩力，降低血压，提高高密度脂蛋白胆固醇的含量，降低低密度脂蛋白胆固醇的含量，促进血液循环，并增强心脏的功能，显著降低心脑血管病形成和发生的危险性。

当前国际上还普遍认为，将血压维持在一个较低的水平可以减少各种心脑血管疾病的发病率，一般应将血压控制在120/80 毫米汞柱以下。研究表明，锻炼不仅能够减少中风的发生，而且能够使中风患者恢复运动机能。有一项长达 13 年的研究检测了 1.1 万人，发现那些进行适量锻炼（每周 5 天，每天 1 次 1 小时的步行）的人中风的可能性比很少锻炼或根本不锻炼的人低 46%。

知识链接

心输出量和血压

心输出量是指心脏每分钟射入血管的血量，受心率（心脏每分钟跳动的次数）和每搏输出量（心脏每收缩一次的射血量）的影响。健康成年人心率为每分钟 75 次左右，每搏输出量约为 70 毫升。

血压是指心脏射出的血液在血管内流动时对血管壁造成的压力，主要反映血管壁弹性的好坏。心脏收缩时其血管壁承受了血流的最大压力，所测的血压称为收缩压；而当心脏舒张时其血管壁承受的压力减小到最小，其血压称为舒张压。我国健康成年人安静时的收缩压为 100～120 毫米汞柱，舒张压为 60～80 毫米汞柱。血压是随着年龄、性别和体内生理状况的变化而变化的。

2. 体育锻炼对呼吸系统的影响

经常参加锻炼可以使呼吸系统的机能得到改善，因为人在参加体育锻炼时，由于全身的物质代谢水平提高，需要吸收大量的氧和排出更多的二氧化碳，这就刺激呼吸中枢，迫使肺加深呼吸，扩大肺和胸腔的容量，增加呼吸频率，从而提高呼吸肌的功能，保证了运动时血液的供氧量。在平时的定量工作时呼吸机能还能表现出节省化现象，能够较长时间地保持高效率工作。

（二）改善运动系统机能，提高人体活动的能力

人体运动系统由 206 块骨骼和 400 余块肌肉以及关节组成。由于体育锻炼促进了血液循环，加快了新陈代谢，因此，对骨骼、肌肉的形态、结构及功能产生积极影响。运动生理学的研究表明：进行体育运动有助于人体骨骼的发育和生长；有助于增加关节的灵活性，增加关节的运动幅度；有助于增加肌肉的体积和肌力。

1. 体育锻炼对肌肉的影响

发达的肌肉是健康的重要标志,同时又是取得优异运动成绩的基础。因此,认识肌肉的一些生理规律是很有必要的。人体的运动是由运动系统实现的,运动系统由206块骨骼和400多块肌肉以及关节等构成。骨骼构成人体的支架,关节使各部位骨骼联结起来,而最终是由肌肉的收缩、放松来实现人体的各种运动。全身肌肉的重量约占人体体重的40%(女性约为35%),人们的坐立、行走、说话、写字、喜怒哀乐的表情,乃至进行各种各样的工作、劳动、运动等,无一不是肌肉活动的结果。

经常参加体育运动锻炼,可以使肌纤维变粗,肌肉的体积增大,使肌肉显得发达、结实、健壮、匀称而有力。长期坚持体育锻炼,肌肉组织的化学成分会发生变化,如肌糖原、肌球蛋白、肌动蛋白和肌红蛋白等的含量都会明显增加,这些物质的增多,不仅能提高肌肉的收缩能力,还可增加肌肉能量和肌肉内的营养物质储存量,有利于肌肉的持续工作,增强耐久力。正常人的肌肉占体重的30%~40%,而经常参加体育锻炼的人的肌肉可占体重的45%~55%。

2. 体育锻炼对骨骼的影响

骨是人体最坚固的结构,共有206块,可分为头颅骨、躯干骨和四肢骨三部分。人体的一切活动都是由骨、关节和肌肉连接起来在神经系统的支配下进行的。

参加体育锻炼可以引起骨骼形态上的变化。人体之所以能够长高长大,是因为骨的两端和骨干之间的骺软骨在结束骨化之前不断增生,使骨长长。调查显示,青少年时代经常参加体育运动的人比不经常参加者的身长要高4~8厘米;同时,骨膜内的造骨细胞不断繁殖,使骨长粗。骺软骨开始骨化的时间一般在15岁,结束骨化一般在25岁,大学年龄段仍是身体生长发育的时期。促进骨骼生长发育的因素很多,科学研究证明,体育锻炼能加快血液循环,使骺软骨得到充分的营养,促进它不断增长和骨化。另外,由于体育锻炼对人体内分泌机能的良好作用,所分泌的某些激素也能促进骺软骨的骨化。

经常参加体育锻炼,可以引起骨骼机械性能上的变化。由于肌肉对骨骼的牵拉和压力作用,肌内附着处的骨突会增大,骨密质层会增厚,构成骨松质的骨小梁排列得更清楚,这些变化,提高了骨骼对抵抗折断、弯曲、压缩、拉长和扭转等方面的机械性能。实践证明,经常参加体育锻炼者,即使骨折,其愈合过程也比一般人快。当然,各个骨骼所发生的变化,还取决于从事某一运动项目锻炼时人体接受负荷的刺激性质,如体操、投掷、网球等锻炼项目使上肢骨显得粗大;而跑步、跳跃、足球、舞蹈等项目则使下肢骨比较强壮和坚实。

3. 体育锻炼对关节的影响

骨与骨相连接的地方,都形成各式各样的关节。关节的周围有韧带和肌腱包围着。韧带能加固关节,肌腱能引起关节运动。体育锻炼能使关节软骨增厚,增强关节的弹性、灵活性和牢固性,增强肌腱和韧带以及它们在骨上附着点的强度,使人体能承受较大的运动负荷。

(三)改善中枢神经系统机能,提高人体感知控制的能力

神经系统是人体机能的主要调节系统,它全面调节身体各器官的生理功能,以适应内外环境的变化。人体在某种状态中的兴奋与抑制、灵活与协调,都受中枢神经系统的调节和控制。中枢神经系统活动的基本形式是反射。反射分为条件反射与非条件反射。非条件反射是机体先天的本能反射,是当人体遇到外界某种干扰时所产生的某种本能的防御反射。而条件反射是后天的,是通过学习与不断的实践所建立的。

经常参加体育锻炼一方面可以改善神经系统的均衡性和灵活性,提高大脑皮层的分析、

综合能力，以保证机体对外界不断变化的环境有更大的适应能力；另一方面，可调节内脏器官的活动，使其活动与运动系统变化相适应，以保证能量的供应和内脏环境稳定。人的活动是在神经系统支配下的协调活动，坚持锻炼的人，常表现为机体灵活、耳聪目明、精力充沛，这正是神经系统功能强健的表现。

（四）促进机体代谢，降低糖尿病发生率

糖尿病的特征之一是人的血糖水平很高，如果不加控制，还会引起许多其他健康问题，如视力减弱和肾功能受损等。体育运动会增强体内营养物质的消耗，使整个机体的代谢增强，从而提高食欲。另外，体育运动还会促进胃肠蠕动和消化液分泌，改善肝脏、胰腺的功能，使整个消化系统的功能得到提高，控制血糖水平的提高，从而使个体产生糖尿病的可能性大大减小。

健康小贴士

有规律的体育运动可以抗癌

研究表明，有规律的体育运动有抗癌作用，如经常参加体育锻炼可以减少结肠癌的发生。又有报道，妇女经常参加体育锻炼，可减少乳腺癌、子宫癌的发生。最新一项“癌症的死亡率”的调查资料显示：体能弱者的癌症死亡率高达约 1.8‰，体能中等者约占 0.8‰，体能强者约 0.4‰。事实上，每个人时时刻刻都可能在形成肿瘤细胞，但体内的免疫系统，在肿瘤细胞还没来得及在数量上发展之时，就消灭了它。因此，免疫力强者能抵抗癌症的发生，而免疫力弱者则容易发生癌症。因此，适当的体育运动有助于增强抵抗力和减少癌症的发生。

（五）改善体形，预防肥胖

对于 18 岁的正常年轻人来说，男性体重中有 15% ~18% 的脂肪，女性则为 20% ~25%；如果男性脂肪含量超过体重的 25%，女性超过 30%，就可以称得上肥胖者。肥胖是脂肪问题，而不是体重问题。“超重”和“肥胖”不是一回事，它们有着本质的差异，超重是指体重超某体形的理想重量。研究发现，父母都是正常体重的儿童，他们肥胖的可能性只有 7% ~8%；但是，一旦父母是肥胖者，儿童的肥胖率就可能上升为 40%。肥胖还与饮食、运动、心理、社会、文化等环境因素有关，其中导致肥胖的主要原因是缺乏锻炼。过分肥胖会影响人的正常生理功能，尤其是容易造成心脏负担加重、寿命缩短。实践证明，体育锻炼可以强壮肌肉，增强身体消耗热量的能力，减少体内脂肪，保持关节柔韧性。如果结合适当的营养摄入，就有助于控制体重，改善体形和外表，防止肥胖及肥胖致病。

（六）延缓衰老，提高生活幸福指数

俗话说：“身体锻炼好，八十不算老；身体锻炼差，四十长白发。”运动使体内各种功能在新陈代谢增强的基础上得以加强，从而推迟衰老。“用进废退”是生命界的普遍规律，也是人体健康、长寿的规律。“不用则废”“不用则退”，家养的动物都不及野生的寿命长。野象能活 200 年，而饲养的象只能活 80 年；牧羊狗能活 27 年，而家犬只能活 13 年。有一项持续 30 年的研究显示，不锻炼的人比经常锻炼的人早逝的可能性增加 31%。

法国思想家伏尔泰关于健康的名言是“生命在于运动”，那么“健康在于运动”更符合当今社会的高速发展和人们工作、生活的需求。生存与挑战都需要有健康的体魄，所以职业院校学生要牢记体育锻炼的最大作用就在于全面增进人的健康。

第三节 体育锻炼与心理健康

体育锻炼可以增强体质,促进身体健康,这是大家熟知的事实。有些人在自己身体状况不佳时,会想到通过体育锻炼来逐步提高身体机能,恢复健康。然而,当有些人遭受挫折而情绪低落,或出现明显的心理障碍时,却很少会通过体育锻炼来调节、改善情绪,克服和消除心理障碍。实际上,体育锻炼既是身体活动,又是心理活动和社会活动。因此,体育锻炼在促进身体健康的同时,对心理健康也具有明显的积极影响。体育锻炼对心理健康的重要作用,正在受到越来越多人的重视。

一、心理健康的定义与标准

科学技术的快速发展和社会的进步,使生活在现代社会中的人普遍面临着激烈的竞争。频繁的应激、快速的节奏所带来的心理压力使人不堪重负,对人们的健康产生了严重的影响。人们逐渐认识到心理因素在健康与疾病及其相互转化中的不容忽视的重要作用,因而逐步确立了身心统一的健康观。健康不再仅仅是躯体状况良好的反映,而且必须是心理活动正常、社会适应良好的综合体现。

(一)心理健康的定义

心理健康是一个十分复杂的概念,它是医学、心理学、社会学的一个综合体,不同领域的研究者对心理健康有着不同的观点和看法。1946 年,第三届国际心理卫生大会的定义是,所谓心理健康是指在身体、智能以及情感上与他人的心理健康不相矛盾的范围内,将个人心境发展成最佳的状态。我国学者何少颖则认为,心理健康是指生活在一定的社会环境中的个体,在高级神经功能正常的情况下,智力正常、情绪稳定、行为适度,具有协调关系和适应环境的能力特征。综合国内外学者对心理健康的描述,可以认为,心理健康是指一种持续的积极发展的心理状况,在这种状况下主体能做出良好的适应,能充分发挥身心潜能,而不仅仅是没有心理疾病。

(二)心理健康的标准

目前,心理健康判断的具体标准很多,还缺乏公认的统一标准。下面选择几种作介绍。

1. 国际心理卫生大会提出的标准

1946 年第三届国际心理卫生大会具体明确地提出心理健康的标志:身体、智力、情绪十分调和;适应环境,人际关系中彼此能谦让;有幸福感;在工作和职业中,能充分发挥自己的能力,过着有效率的生活。

2. 我国心理学家提出的标准

我国心理学家提出了现代人心理健康的 10 条标准:

(1)有充分的安全感。

(2)充分了解自己,对自己的能力能做出恰如其分的判断。

(3)生活目标切合实际。

(4)与外界环境保持接触。

(5)保持个性的完整与和谐。

(6)具有一定的学习能力。

(7)保持良好的人际关系。

(8) 能适度地表达和控制自己的情绪。

(9) 能有限度地发挥自己的才能与兴趣爱好。

(10) 在不违背社会道德规范下,个人的基本需要能得到一定程度的满足。

综上所述,国内外学者的具体标准不尽相同,归纳起来,心理健康的判断标准主要体现在以下几个方面:第一,情绪积极稳定;第二,认知和智力正常;第三,人格健全和完善;第四,人际关系协调。

测一测

职业院校学生心理健康十条标准

(1) 了解自我,悦纳自我。

(2) 能够适应职业院校学生活和社会生活。

(3) 具有正常的智力。

(4) 具有协调的情绪。

(5) 具有健全的意志。

(6) 具有良好的人际关系,乐于与人合作共事。

(7) 具有生存意识、竞争意识与创新意识。

(8) 接受生活,乐于工作。

(9) 在个性方面具有完整而和谐的人格。

(10) 符合职业院校学生年龄特征与性别特征。

二、体育锻炼对职业院校学生心理发展的影响

体育锻炼是个体积极主动的活动过程,它可以有效地塑造人的行为方式,因而也能促使个体的心理健康。可以认为,体育锻炼本身就是促进心理健康的积极的心理卫生措施。体育锻炼能给个体带来如下心理效应。

(一) 体育锻炼有助于职业院校学生智力的发展

智力是人的观察力、记忆力、想象力、思考力和操作能力的综合。智力正常是人们正常生活、学习、工作的最基本的心理条件,也是心理健康的首要条件。人们常用智力测验中的智商(IQ)表示智力发展水平。智商在70以下为智力落后,在130以上为优异。心理健康的人应该智力发展正常,智商起码在80以上。

1. 体育锻炼能改善大脑的营养和供能,提高神经系统的机能

正常的智力是正确感知和认识世界的前提,是心理健康的基础。研究表明,体育锻炼对发展人的智力具有积极的影响。我们知道,大脑的主要"燃料"是血糖和氧,当血糖和氧供应不足时,大脑的机能就会下降。经常参加体育锻炼,能增加氧的供应,使动脉畅通,促进血液循环,改善神经细胞的营养和供能,提高大脑皮层的兴奋和抑制的协调作用,使神经系统兴奋和抑制的交替转换过程得到加强,从而改善大脑皮层神经系统的均衡性和准确性,促进人体感知能力的发展,使大脑思维、想象的灵活性、协调性、反应速度等得以改善和提高。

2. 体育锻炼能促使大脑疲劳后的恢复,提高大脑的工作效率

体育锻炼可以使神经系统的兴奋与抑制过程更加集中,对外界的刺激反应更加迅速、准确,还可以提高人的视觉、听觉、神经传导速度、神经过程的均衡性和灵活性,促进神经系统功能的增强。人在学习过程中,大脑皮层的有关区域处于高度兴奋状态,而运动中枢处于相对抑制状态,随着学习时间的延长而产生疲劳,导致注意力不集中,思维反应速度变慢,学习效率下降。而体育锻炼过程中,由于体力和脑力活动合理交替,运动神经中枢变得兴奋,使得与文化学习有关区域的脑细胞得到充分休息,这样有助于消除由于脑力活动而产生的神

经中枢疲劳，从而提高学习效率。这就是高级神经活动的负诱导规律，即大脑皮层中运动中枢的兴奋，可以导致学习中枢的抑制，优势兴奋中心愈集中，则邻近区域的抑制也愈强。因此，体育锻炼可以使思维、记忆中枢得到更完全的休息而很快消除疲劳感，恢复工作能力。这也正是集中学习一段时间后去从事一些体育锻炼会使人感到头脑清醒、精神焕发、记忆力增强的生理机制。

（二）体育锻炼有助于情感与情绪的调节

现代生理学、心理学和医学的研究成果表明，情绪对人的身心健康具有直接的影响。人生活在错综复杂的社会中，因学习、工作、生活或其他原因，难免会产生忧郁、紧张等情绪。体育锻炼不但可以转移不愉快的意识、情绪和行为，使人从烦恼和痛苦中摆脱出来，而且可以及时宣泄不良情绪，减轻心理压力。适当的体育锻炼可改善人的情绪。人的情绪是判断客观事物是否符合自己的需要而产生的体验。符合自己的需要就会产生愉快的情绪，反之就会产生烦恼或忧郁等情绪。人在受到某种挫折时，在大脑里形成一个强刺激，从而引起一个兴奋灶，使人陷入痛苦和懊丧之中，如果能积极参加体育锻炼，就可以转移大脑皮层的兴奋中心。也就是说，人在进行体育锻炼时，运动中枢的兴奋往往只注意身体的运动，而把烦恼抛在脑后，起到转移注意力的作用，有益于大脑活动的调节。同时，进行体育锻炼时通常与同龄人、同事或自己熟悉的人在一起，有利于人际间的沟通与交往，改变孤独、抑郁、自卑等心态，使整个神经系统得到调节，从而维护心理健康。

在对体育锻炼与人的心理之间关系的一项较为全面的调查研究表明，体育锻炼可带来主观良好感，减轻焦虑、紧张、忧郁等情绪，有 60% ~90% 的参与者能获得良好的心理效应和感觉。

健康警示

不良情绪对健康的影响

美国某综合性医院门诊部对前来就诊的病人进行的研究发现，65% 的病人的疾病与社会逆境引起的压抑心理有关，35% 的病人在很大程度上是因情绪不好而引起疾病的。英国的一位医生曾调查了 250 名癌症患者，发现其中有 156 人在患病前经受过重大的精神打击。由此他得出结论：压抑情绪易导致癌症。另外的研究认为，强烈的精神刺激可以诱发冠心病；丧妻的男人中冠心病的发生率为 40%，远高于正常人群的发病率。

（三）体育锻炼有助于坚强意志品质的形成

意志品质是指一个人的果断性、坚韧性、自制力以及勇敢顽强等品质，是在克服困难的过程中培养起来的。体育锻炼提高了职业院校学生的身体素质，活跃了职业院校学生的生活，同时也磨炼了职业院校学生的优良意志品质。在各种体育活动如长跑、游泳、健身操及各种球类活动中，要不断地克服客观困难（如气候条件、动作的难度或外部障碍等）和主观困难（如胆怯和疲劳），他们通过克服这些困难，锻炼和培养自己的勇敢、坚毅、机智、果断、自制、吃苦耐劳、顽强进取等良好意志品质。

（四）体育锻炼有助于确立良好的自我概念

自我概念是指一个人对自己各种身心状况以及自己和周围关系的一种认识，也是人认识自己和对待自己的统一。自我认识主要涉及“我是一个怎样的人”“我为什么是这样一个人”“我喜欢什么”“我不喜欢什么”等问题。由于坚持体育锻炼可以强身壮体,使人精力充沛、得到均衡发展,因而体育锻炼对于改善人的身体表象和身体自尊至关重要。

身体表象是指头脑中形成的身体图像。身体表象障碍在正常人群中是普遍存在的,据统计,54%的职业院校学生对他们的体重不甚满意。与男性相比,女性倾向于高估她们的身高并低估她们的体重,而且,身体肥胖的个人更可能有身体表象和身体自尊方面的障碍。身体自尊主要包括一个人对自己运动能力、身体外貌、健康状况和免疫力的评价。整体自我概念与身体表象和身体自尊有关,无论男性还是女性,对身体表象的不满意会导致个体自尊下降,并产生不安全感和抑郁症状。有研究表明,肌肉力量与身体自尊、情绪稳定性、外向性格和自信心呈正相关,并且加强力量训练会大大增强个体的自我概念。

(五)体育锻炼有助于消除职业院校学生的心理障碍

职业院校学生的学习压力、人际交往障碍及将来毕业后的就业压力等,可能会使他们产生消极心理,从而导致忧郁、孤独等心理障碍的产生。体育锻炼能使有心理障碍的人获得心理满足,产生成就感,从而增强自信心,摆脱压抑、悲观等消极情绪,并消除心理障碍。临床研究表明,慢跑、散步等中低强度的有氧活动,对治疗抑郁症和抗抑郁效能十分明显,能减轻症状,增强自尊心、自信心。因为抑郁是以压抑为主导的消极情绪状态,而运动是以兴奋和充满活力为特点的积极情绪状态,因此,抑郁者参与运动显然能产生积极的效应。在国外,体育锻炼已被公认为是一种心理治疗方法。

体育锻炼还可以为郁积的各种消极情绪提供一个发泄的机会,将各种烦恼、焦虑、不安等情绪发泄出来,使遭受挫折后产生的冲动通过运动得以转移,避免心理障碍的产生。

(六)体育锻炼有助于消除疲劳

体育锻炼可以消除疲劳,提高学习与工作效率。疲劳是一种综合性症状,与人的生理和心理因素有关。当一个人情绪消极,或当任务超出个人的能力时,生理、心理上都会很快地产生疲劳。职业院校学生持续的学习压力极易造成身心疲劳和神经衰弱。为了防止或减少身心疲劳,职业院校学生应保持良好的情绪状态,积极参加中等强度的体育锻炼,从而使身心得到放松。有研究表明,体育锻炼能提高诸如最大吸氧量和最大肌肉力量等生理功能,这就能减少疲劳的产生。因此,体育锻炼对于防治神经衰弱具有特别显著的作用。

三、产生良好心理效应的体育锻炼方法

对于个体而言,参加体育锻炼能否取得良好的心理效应关键在于其是否能从锻炼中获得乐趣,并体验到运动愉快感。国外学者施肯林等认为,运动愉快感是指个体活动后所产生的满足感和喜悦感,并对运动经历有一种积极的情感反应。如果锻炼者不能从锻炼活动中获得愉快感,那么个体就很难持续锻炼下去,体育锻炼就难以产生积极的心理效应,因此,要获得良好的心理效应,应注意以下几个方面。

(一)选择适宜的体育锻炼项目

有研究报告认为,不同的运动项目或不同的运动方式使人获得的心理效应是不相同的。为了获得良好的心理健康效应,锻炼者应选择自己所喜欢的项目进行锻炼,这一点是毫无疑问的。但是,当运动场地设置、气候条件、自身条件等原因影响到自己原来从事某个项目锻炼时,就要重新考虑自己的锻炼项目。对职业院校学生而言,要根据自己的兴趣、身体状况、学习时间、校园体育场地设施等状况,选择适合自己的运动项目,这样便于其根据自己的实际状况,有效地掌握锻炼的进程,并从中获得乐趣与运动愉快感。

（二）控制适量的体育锻炼强度

体育锻炼的强度是指单位时间内人体所做的功，人们常用测心跳频率作为评价运动强度的方法。体育锻炼为大强度时，心跳频率相当于最高心率的 80% ~90%；中等强度时，心跳频率相当于最高心率的 65% ~75%；小强度时，心跳频率相当于最高心率的 60% 左右。一般人的最大心率 =220 - 年龄，经常锻炼者的最大心率 =210 -0.8 ×年龄。适宜锻炼心率与年龄对照见表 2-2。

表 2-2　适宜锻炼心率与年龄对照表

男子年龄/岁	女子年龄/岁	心率/（次/分）
21 ~30	18 ~25	140 ~ 160
31 ~40	26 ~35	130 ~150
41 ~50	36 ~45	120 ~140
51 ~60	46 ~55	110 ~130
60 以上	55 以上	100 ~120

研究表明，体育锻炼的强度在很大程度上影响着锻炼者的心理健康。大多数研究认为，中等强度的身体活动能取得较好的心理效应，有助于改善人的焦虑、抑郁、紧张和疲劳等情绪状态；而大强度的体育锻炼可能增加人的紧张、焦虑等消极情绪。研究还表明，长期进行中等强度的体育锻炼能够治疗非精神病患者的抑郁症。

（三）维持一定的体育锻炼时间

体育锻炼的持续时间是指每次活动的时间长短。每次活动的持续时间与运动强度有关，两者之间呈反比。体育锻炼的强度越大，持续时间应相应减少；而强度越小，持续时间相应延长。有研究报道，步行 5 分钟也能降低焦虑；但大多数研究认为，心理效应的产生需要步行 20 ~30 分钟。有的研究提出，60 ~90 分钟的活动时间会产生理想的心理效应，可见意见并不一致。目前，每次锻炼持续时间与心理效应的关系的说法尚不统一，但有一点是可以确定的，那就是每次锻炼至少需要持续 20 ~30 分钟。

（四）保持一定的体育锻炼频率

体育锻炼频率是指每周活动的次数。每周锻炼频率与产生的心理效应有很大关系。尽管在相关研究中所建议采用的锻炼频率不一致，但大多数研究建议采用的频率是每周 2 ~4 次。研究结果表明，这种频率的锻炼能产生明显的心理效应。

（五）养成长期体育锻炼的习惯

有研究表明，锻炼身体的系统性越强，体育锻炼产生的身心效应就越强。有研究表明，健康、幸福感与长期身体锻炼呈正相关关系，积极参与身体活动者比不运动者的自我感受和评价更积极，其中女子较男子相关程度更高。这说明只有坚持身体锻炼，养成良好的锻炼习惯，才能获得良好的健身、健心效果。

第四节　体育锻炼与社会适应

生活中的每个人都处在各种各样的社会关系之中，扮演着各种各样的社会角色。人际关系不仅仅是个人的心理健康水平、社会适应能力的综合体现，而且在很大程度上影响一个人的生活质量和事业的拓展。美国学者卡耐基指出：在现代社会，人们事业要取得成功，只有15%靠他自身的能力，而85%则取决于人际关系。因而我们谁都不能漠视人际交往能力的培养。对于正处于学习、成长过程中的职业院校学生来说，良好的人际交往能力不但是他们生活的需要，也是将来走向社会的需要。

体育锻炼是学生在校生活的一个组成部分。通过体育锻炼，不但可以健身，而且可以培养社会适应能力，建立与改善人际关系，培养进取、拼搏和团结协作的精神，促进身心健康，具体体现在以下几个方面。

一、体育锻炼有助于促进健康人格的发展

人格是指一个人整个的精神面貌，即具有一定倾向性的心理特征的总和。心理学的研究表明，人格的形成、发展与人的活动密不可分，参与运动能够促进人格发展。体育锻炼既是身心活动的过程，也是一种社会活动。在体育锻炼中，锻炼者思维活动与机体活动的紧密结合，可以促进人格的显示与发展。职业院校学生参加体育锻炼，既能培养积极向上、乐观、勇敢、拼搏、竞争、合作等精神，又能培养责任心、使命感、荣誉感。另外，在进行对抗性项目锻炼时，职业院校学生可以培养自己的情感，学会鼓励队友，尊重对手，遵守规则，服从裁判，崇尚行为文明，学会体谅，等等。职业院校学生在体育锻炼的同时，接受体育精神的熏陶，有利于促进人格的发展。

二、体育锻炼有助于社会角色的学习

社会角色指个人在社会关系位置上的行为模式，它规定一个人活动的特定范围以及与其地位相适应的权利、义务与行为规范，是社会对一个处于特定地位的人的行为期待。在现代社会中，每个人都会在工作和生活中担任不同的角色。在工作中担任不同角色，便产生了职业；在生活中担任不同角色，则决定了自己应尽的义务和责任。在不同的场合以不同的身份与他人交往，能根据不同的社会环境进行相应调整，做出恰当的、合乎角色的反应，这是具有良好的社会适应能力的重要表现。而体育锻炼的运动场合，恰好为人们的社会角色的学习提供了良好的环境与适宜的条件，可以培养人们在工作和生活中胜任自己的角色。例如，足球比赛中，每个人要么担任前锋、中锋或后卫，要么担任守门员。无论作为什么角色，都有相应的权利和义务，也就决定他的行为。因此，所有权利、义务和行为的总和便构成了角色。通过体育角色的学习，可以使练习者懂得社会角色是与人的社会地位、身份相一致的一整套权利、义务与行为模式。也可以使练习者体会到经过个人努力是可以成功扮演各种社会角色的，从而认识到人的主观努力是改变社会地位的重要途径。对于现代青年来说，这一点十分重要。

三、体育锻炼有助于建立良好的人际关系

随着社会的发展以及生活节奏的加快，许多生活在大中城市的人，愈来愈缺乏适当的社会联系，学生整天在电脑显示屏前，中年人忙于事业上的拼搏，而老年人常与孤独相伴，人际交往缺乏，社会联系甚少。体育锻炼是一种很好的增加人与人之间接触和交往的方式。

经常参加体育锻炼，通过与他人的交往、沟通，可以增进情感交流和解除自我幽闭，使人忘却烦恼和痛苦，消除孤独感，并能提高自己的社会适应性。体育锻炼使学生相聚在运动场上，进行平等、友好、和谐的锻炼与比赛，团结合作，相互竞争，相互交流，使学生相互之间产生亲近感，身心得到舒适的体验，产生良好的情绪状态。尤其是篮球、排球、足球等集体项目，可以使直接参与者和间接参与者通过体育运动结识更多的朋友，使每个人都融入集体中，为自己成为集体中的一员而感到心情舒畅，精神振奋。

四、体育锻炼有助于培养学生的竞争意识和竞争精神

随着当今社会科学技术和社会主义市场经济的全面发展，现代社会处处充满着激烈的竞争。面对如此激烈的竞争，为了求生存、求发展，必须培养自己的竞争意识，形成竞争观念，并形成一定的竞争力，只有这样才能在竞争的考验中得到发展。因此，竞争观念在当今社会的快速发展中是一个十分重要的价值观念。竞争具有奋发向上、积极进取并努力获得成功的含义。竞争有利于社会进步和优胜劣汰。从社会发展的角度看，社会应积极鼓励竞争，增强人们的竞争意识与能力，从而促进社会主义物质文明和精神文明的建设，推动社会的快速发展；就个体而言，提高竞争意识与能力是促进个体逐步完善与发展的前提条件。

现代社会是知识、信息竞争的社会，各行各业的竞争日趋激烈。要成为对社会有用的人才，必须要接受这种竞争的考验。如果学生在学习阶段没有形成良好的竞争观念，势必在将来社会的竞争中难以得到很好的发展。

竞争是体育的特点之一，体育锻炼一方面能强化竞争的意识，另一方面也培养了竞争的精神。体育锻炼在培养学生的竞争意识与能力方面，具有独特的作用。因此，经常参加体育锻炼，对培养竞争意识和竞争精神是十分有益的。

五、体育锻炼有助于培养学生的协作意识和合作能力

协作意识是体育意识的基本内容之一，协作即协同配合、齐心协力。集体的力量是巨大的，而集体力量的形成和保持，则取决于每一个成员是不是具备强烈的协作意识和群体精神。

校园内的各种体育锻炼活动，为培养学生与他人合作创造了良好的条件。不管是个人参赛、团体排名的田径和游泳，还是以集体形式进行比赛的足球、篮球、排球，都决定了参与者必须以高度的协作意识，熟练的合作行为，承担起参赛角色的权利、义务和责任。

在集体项目中，如篮球、排球、足球比赛等，为了取胜或打出水平，必须以发挥集体力量为前提。因此，参与者首先要有合作的意识，正确处理个人与集体的关系，个人对集体应有责任感；其次要有合作的行为，不打个人球，在同伴比自己更有得分的机会时，及时“妙传”，这不仅能提高得分或命中率，而且有助于提高士气和强化相互间的合作。学生在体育锻炼的过程中，逐步形成的合作意识与行为，是一种美德的体现，这对于他们将来建功立业具有重要的意义。然而协作意识、合作能力的形成并不是一朝一夕的，必须通过参与体育教学、训练和竞争等活动才能形成，并需要不断地磨炼。只有这样，才能在潜移默化的过程中，逐步培养与增强这种协作意识和合作能力，并且使之“生活化”“常态化”，融入我们的生活和学习当中，改善我们的社会适应性。

思考题

1. 健康的内涵是什么，有哪些评价指标？
2. 亚健康对人体有何危害？对照亚健康常见症状，试判断个人身体健康状况。
3. 如何锻炼才能产生良好的心理效应？

第三章

正确进行体育锻炼

第一节　体育锻炼的原则

体育锻炼的原则是身体锻炼基本规律的反映，也是参加者安排锻炼计划、选择锻炼内容、运用锻炼方法所要遵循的原则。为了达到体育锻炼的目的，提高锻炼的效果，在锻炼中我们应遵循以下六条基本原则。

一、自觉、积极原则

体育锻炼不同于人们劳动和日常生活中的一般躯体活动，更区别于动物所具有的走、跑、跳、攀登等自然的本能动作。人们所从事的体育锻炼总是有一定的目的和意识的身体活动过程，因此要发挥主观能动性。自觉、积极原则即要求锻炼者首先要有明确的健身目标，懂得“生命在于运动”的道理，树立起锻炼有益于学习、工作和生活的信念，把个人的切身需要和身体锻炼的功效与提高民族体质、提高人口质量以及国家的兴旺发达结合起来，这样就能更好地激发自己锻炼的热情。在这个基础上，还应认真选择适宜的身体锻炼的内容和方法，安排适宜的运动负荷，使进行身体锻炼之后获得一种精神上的满足，感到有乐趣、心情舒畅。人们进行有趣味的活动，就会对这项体育活动表现出极大的主动性和自觉性，使身心统一。总之，体育锻炼的效果、信心、兴趣三者是相辅相成的，应密切结合才能做到自觉、积极地进行体育锻炼，这样也可提高遇到困难时的心理素质。定期检测锻炼效果的信息反馈，可以使自己经常看到锻炼的结果和进步，增强自信心，有助于不断巩固和提高自觉锻炼的积极性。

二、超负荷原则

超负荷原则是指在进行体育锻炼时，身体或特定的肌肉所受到的刺激负荷应强于已适应的刺激强度。在进行体育锻炼时只有遵循超负荷原则，身体健康素质才能在现有的基础上逐步得到提高。运用超负荷原则指导体育锻炼最重要的因素就是要从自己体能水平和身体承担负荷能力的实际出发，恰当地确定锻炼负荷的大小。负荷通常包括负荷量与负荷强度。负荷量一般是以练习的次数、时间、距离、重量来表示的；负荷强度是以练习的速度、负重量、密度来表示的。负荷量与负荷强度两者相互影响，相互制约，在强度最大时，负荷量最小；负荷强度是次最大强度，负荷量应达到中等；负荷量最大时，负荷强度应是最小强度。

尽管超负荷锻炼有利于提高健康和体能水平，但并不是每次锻炼时都要练习得筋疲力尽。事实上，即使不进行超负荷练习，以适宜的运动量进行锻炼，对健康也有促进作用。

三、持之以恒原则

锻炼效应具有不稳定性，当锻炼的系统性和连续性遭到破坏而出现间断或停顿时，已获得的锻炼效应（机能水平的提高、运动素质的发展、运动技能的形成与巩固等）就会逐渐消退直至完全丧失，使体质逐渐下降。贯彻持之以恒原则，应注意以下两个方面。首先，坚持安排合理的锻炼间隔时间。锻炼间隔时间长，锻炼的效果就不明显，因此每次锻炼安排时间间隔要合理。显然，要有长期计划、短期安排，计划安排要根据身体适应运动负荷的能力而定。其次，锻炼要有恒心。人体在体育锻炼过程中，无论是运动器官还是内脏器官都有一个适应过程，这个过程是通过中枢系统的调节使机体从不适应转变到逐步适应的。这种适应能力的提高，预示着人体的机能和体质的改变和提高。因此，人们要想增强体质，就必须经常锻炼身体，做到持之以恒，使体育锻炼成为每个人日常生活中必不可少的重要内容。

四、循序渐进原则

循序渐进原则是指进行体育锻炼必须根据人体身心发展规律和个人的实际情况，在锻炼的内容、方法、运动负荷等方面逐步提高，使机体功能不断得到改善和提高。进行体育锻炼不能急于求成。坚持循序渐进原则要做到以下几点。首先，在锻炼内容上，应根据自己的身体状况合理选择，体质不同，锻炼起点也不同。体质较好的人，可选择比较剧烈的运动方式，如各种竞技运动项目；体质较弱的人，开始锻炼时可选择比较缓和的运动，如慢跑、徒手操、武术、乒乓球等。患慢性疾病的人，可选择保健体育的一些内容，如太极拳、散步等；当体质逐渐变好时，锻炼内容也可逐步由较缓和变为较剧烈的运动。其次，在运动负荷控制上，根据机体承受能力的适应过程，锻炼时运动量要由小到大，逐步增加。开始锻炼，时间要短，运动量不要过大，待机体适应后再逐步加大。如果运动量长期停留在一个水平上，机体的反应就会越来越小。机体机能的提高是按照刺激—适应—再刺激—再适应的规律有节奏地上升的，运动量也应随着这种节奏来安排。病后或中断锻炼后再进行锻炼，尤其要注意循序渐进，以免发生意外。

五、全面锻炼原则

全面锻炼原则是指体育锻炼应全面发展身体的各个部位和各个器官的机能，提高身体素质和基本活动能力，从而达到身心全面、和谐的发展。人体是在大脑皮层调节下的有机统一的整体，人体各部位、各器官系统的机能，各种身体素质和基本活动能力之间是相互联系、相互制约的。身体素质是人体在运动过程中所表现出来的力量、速度、耐力、柔韧和灵敏等机能能力，它们是通过肌肉活动表现出来的，但同时反映着内脏器官的机能、肌肉工作时的供能情况，以及运动器官与内脏器官活动的配合协调状况。对于处于生长发育时期的学生来说，全面发展尤为重要。各个运动项目对身体发展都有其独特的锻炼作用，但同时也有一定的侧重性。如长跑锻炼有益于发展心血管系统和呼吸系统，加强中枢神经系统的调节。锻炼内容可结合自己的兴趣爱好选择 1 ~2 个作为每天必练的主要项目，同时加强其他项目的锻炼以弥补主项的不足。全面锻炼的过程中还应注意心理素质的发展，如群体意识、个性的发展等。

六、安全原则

安全原则是指在体育锻炼的过程中始终注意保护自己，做到安全第一。其主要内容包括：不要盲目参加超过能力的活动，每次练习前必须做好充分的准备活动，饭后、饥饿或疲劳时应暂缓锻炼，生病初愈不宜进行较大强度的锻炼，每次锻炼后，要注意做好整理、放松活动。在制订或实施自己的锻炼计划前，如果患有某种疾病或有家族遗传病史，需要找医生咨询，一定要经过体检和医生的认可，在有医务监督的情况下按照体育教师和医生的建议进行锻炼。

第二节 体育锻炼的方法

在体育锻炼时不仅要遵循体育锻炼的基本原则，还应掌握正确的锻炼方法，以达到体育锻炼的目的。

一、重复锻炼法

在运动锻炼的过程中，通过多次重复同一练习，两次（组）练习间安排相对充分的休息，从而增加负荷的锻炼方法叫作重复锻炼法。此方法的关键是一次练习后间歇时间应当充分，这样可以有效提高锻炼者的无氧、有氧混合代谢能力，提高各种技术应用的熟练性与机体的耐久性。重复次数的多少不同，对身体的作用就不同，重复次数越多，身体对运动反应的负荷量就越大。如果重复次数不断持续增加，可能使身体承受的负荷超过极点，乃至破坏身体的正常状态而造成损害。

运用重复锻炼法的关键是掌握好负荷的有效价值（最有锻炼价值负荷量下的心率），并据此调节重复的次数。通常认为，负荷心率在 130～170 次/分的范围内较为适宜。

二、间歇锻炼法

在运动锻炼的过程中，对多次锻炼时的间歇时间做出严格规定，使机体处于不完全恢复状态下，反复进行锻炼的方法叫作间歇锻炼法。该方法的关键是间歇时间严格控制，使机体处于不完全恢复状态，要求每次练习的负荷时间较长、负荷强度适中。此方法可使锻炼者的心脏功能明显增强，通过调节负荷强度，可使机体各机能产生与锻炼项目相匹配的适应性变化，提高有氧代谢供能能力，增强体质。

同重复锻炼方法一样，间歇的时间也要依据负荷的有效价值去调节。一般来说，当负荷反应（心率）指标低于有效价值标准时应缩短间歇时间，而高于有效价值标准时可延长间歇时间。实践中，一般心率在 130 次/分左右时就应再次开始锻炼。间歇时不要静止休息，而应边活动边休息，如慢速走步、放松手脚、伸伸腰或做深而慢的呼吸等。

三、连续锻炼法

在锻炼的过程中，为了保持有价值的负荷量而不间断地连续进行运动的方法叫作连续锻炼法。此方法要求负荷强度较低、负荷时间较长、无间断地连续进行运动。从增强体质出发，需要间歇就停一会儿，需要连续就接二连三地进行下去，所以不能仅讲究间歇，还要讲究连续。连续、间歇、重复都是在整个锻炼过程中实现的。连续、间歇、重复等各因素各有其独特的作用，连续的作用在于持续保持负荷量不下降，维持在一定的水平上，使身体充分受到运动的作用。

连续锻炼时间的长短，同样要根据负荷价值有效范围而确定，通常认为，在 140 次/分左右的心率下连续锻炼 20～30 分钟，可使机体的各个部位都长时间地获得充分的血液和氧的供应，因而能有效地发展有氧代谢能力，发展耐力素质。

四、循环锻炼法

循环锻炼法是练习前，设立几个不同的练习点（或称作业站），练习者按照既定顺序和路线，依次完成每个练习点的练习任务，即一个点上的练习一经完成，练习者就迅速转移到下一个点，下一个练习者依次跟上，练习者完成了各个点上的练习，就算完成了一次循环，这种练习方法叫作循环锻炼法。其结构因素是每点的练习内容、每点的运动负荷、练习点的安排顺序、练习点之间的间歇、每遍循环之间的间歇、练习的点数与循环练习的组数。

循环锻炼法对技术的要求不高，且各项目都采用比较轻度的负荷，因此练习起来简单有趣，可有效地提高不同层次和水平的练习者的运动情绪和积极性；可以合理地增大锻炼过程的密度；可以随时根据情况加以调整，做到区别对待；可以防止身体局部负担过重，延缓疲劳的产生，交替刺激不同的体位，有利于综合锻炼，从而达到身体全面发展的效果。就学生而言，锻炼时既要发展四肢，也要发展躯干；既要运动胸背部，又要运动腰腹部；既要追求形态的健美，也需要注意机能、素质的全面发展。为此，就必须科学地搭配运动项目。根据已有的经验，一般选择 6 ~ 12 个已为锻炼者掌握的简单易行的项目为宜。

五、变换锻炼法

通过不断变换运动负荷、练习内容、练习形式以及条件，以提高锻炼者的积极性、适应性及应变能力的方法被称作变换锻炼法。此方法可以有效地调节生理负荷，提高兴奋性，强化锻炼意识，克服疲劳和厌倦情绪，以达到提高锻炼效果的目的。例如，刚参加锻炼时，可多做些诱导性练习和辅助性练习；随着锻炼水平的提高，应加大练习的难度，如用越野跑代替在田径场的长跑等。锻炼条件的变化，可使锻炼者的大脑皮层不断产生新异的刺激，提高兴奋性，激发锻炼的兴趣，从而提高机体对负荷的承受能力，提高锻炼效果。另外，不断地对锻炼的内容、时间、动作速率等提出新的要求，可有效地调节生理负荷，使机体不断产生适应性变化，达到更好地锻炼身体的目的。

六、负重锻炼法

负重锻炼法是使用杠铃、哑铃、沙袋等重物进行身体运动来锻炼身体、增强体质的方法。负重的方法既适用于锻炼身体，又适用于各项运动员进行身体训练，还适用于身有疾病者的康复。

一般来说，为增强体质而进行负重锻炼，应该采用最大摄氧量和最大心输出量以下的负荷。因为过大的负荷可能给心血管和呼吸系统带来不良的影响。为了保证这种锻炼方法对身体的良好作用，在运动负荷价值阈范围内（心率为 120 ~ 140 次/分）可以多次重复或连续。

七、提高身体素质常用的锻炼方法

（一）提高力量素质

力量素质是指肌肉克服工作阻力的能力。按肌肉收缩的特点可分为静力性力量和动力性力量。静力性力量的练习方法有推蹬固定物体、支撑、平衡、悬垂、负重深蹲慢起等。动力性力量的练习方法有推、拉、蹬伸、跑、跳、投掷等。

（二）提高耐力素质

耐力是指人体长时间进行肌肉活动和抵抗疲劳的能力。耐力素质可分为有氧耐力和无氧耐力。发展有氧耐力的方法有慢跑、骑自行车、游泳等。发展无氧耐力的方法是采用尽可能快的动作或用平均速度以间歇练习法来完成。

（三）提高速度素质

速度素质是指人体快速反应的能力。发展速度的练习方法有快速跑、加速动作频率的练习等。

（四）提高灵敏和柔韧素质

灵敏素质是指迅速改变体位、换动作和随机应变能力。可采用体操、球类、武术等项目进行锻炼。

柔韧素质是指人体各关节的活动幅度、肌肉和韧带的伸展程度。可采用瑜伽、武术、健身操、形体练习等项目进行锻炼。

第三节　体育锻炼的自我监控

一、知晓自己的体能和健康状况

在进行体育锻炼前,锻炼者有必要了解自己的体能水平,这有助于锻炼者通过一定的方法和手段来改善体能方面的不足之处,有助于体现锻炼所带来的益处,从而树立坚持锻炼的信心。

体育锻炼需要身体承受一定负荷,但是对人来说,承担一定负荷的运动有可能存在安全隐患。因此,在准备参与体育锻炼前很有必要了解自己的健康状况。如果你身患疾病(高血压、肝脏病、糖尿病等),则需要咨询医生或体育保健专家,这样才能科学地进行锻炼,否则体育锻炼不仅无益于健康,而且可能造成生命危险。健康状况自评量表能使你清楚地了解自己的健康状况,疾病史自评量表会使你清楚地了解自己的疾病史,适合健康状况的运动量自评量表则可以帮助你选择最适合自己的运动量和运动形式。

二、运动强度的监控

一般通过心率监控运动强度,心率可以帮助了解和控制体育锻炼过程中的运动强度,它可以准确地告诉锻炼者运动强度是需要增加还是需要减少。为了掌握体育锻炼运动强度是否合理,应当准确测量运动的心率,测试运动心率的方法是运动结束后的 5 秒内开始进行测量,测量 10 秒的心率再乘 6,作为运动时 1 分钟的心率。

靶心率是指能获得最佳效果并能确保安全的运动心率,也称运动适宜心率。在体育锻炼中常用它来调节运动负荷。下列公式可以帮助锻炼者计算靶心率:靶心率 = 最大心率 ×(60% ~ 85%)。其下限为健身锻炼的有效界限,上限为安全界限(一般成年人靶心率的上限为最大心率 × 80%)。靶心率为人们提供了运动时安全有效的心率范围,锻炼者应学会根据靶心率来调控自己锻炼时的运动强度,利用这种方法指导自己的实践活动。

三、体育锻炼中的自我感觉

自我感觉能最直接地反映整个机体的活动状况,有感觉良好、感觉一般和感觉不良三种情况。

感觉良好:愿意参加体育锻炼,对运动有浓厚的兴趣,锻炼时心情舒畅、精力充沛而愉快;全身无不适感觉,无心慌气喘;初期参加运动锻炼者可有轻微疲劳感,但多在 1 小时内恢复正常;食欲良好,饮食增加;睡眠改善,入睡快,睡得实,梦少,清晨起来感觉精神爽快,全身舒适,有活力。

感觉不良:运动锻炼过程中精神萎靡不振,身体疲倦,肌肉酸痛,四肢无力,心情烦躁,容易激动,对锻炼厌烦、不感兴趣,或者锻炼使原症状加重,不能坚持锻炼;较重者可出现头昏头痛、食欲减退、恶心呕吐、心慌气喘、失眠多梦或嗜睡。

感觉一般:介于良好与不良之间者,即锻炼前后无明显感觉变化,为感觉一般。

适宜的运动量应自我感觉良好。如果出现不良反应,应引起重视,多是运动时间过长、过于紧张激烈、运动量过大、机体有不适宜锻炼的疾病存在所致。应到医院检查,在专业医生指导下调整运动量。

四、体育锻炼的客观效果

运动将引起机体许多变化。但一般来说，中小运动量导致的疲劳，24 小时之内可以消除；而大运动量导致的疲劳，其恢复一般也不超过 3 天。要及时了解自己的机能状态，除自我感觉外，尚须进行一些简易的指标检查。

（一）脉搏

脉搏是一个简便而非常有效的指标。每天应对自己的晨脉进行检查。运动量合适，身体健康时，每日晨脉变化每分钟不超过 3 ~4 次，节律整齐。身体机能状态差时，每分钟晨脉可较前日增多 6 次以上；如果脉搏持续上升或长期恢复不到原数，则说明运动量过大。有心律不齐者，应到医院做心电图检查。

（二）体重

体重是鉴定身体状况的又一指标，每周至少测量一次。运动量适宜时，体重减少小于 1 千克。通常在一场比赛后，可发生暂时性体重下降（1 ~3 千克），经过 1 ~2 天即可恢复到原来水平，这是正常现象。如果出现体重持续下降，可能是疲劳过度或营养不足导致某种病症，须自我检查并接受医生的检查。

（三）排汗

排汗量的多少与运动量的大小、训练程度、气温、饮水量以及神经系统状态有密切联系。在相同情况下，不经常锻炼的人排汗量多，锻炼水平提高后，排汗量可减少。如果在相同情况下排汗量比过去明显增多，夜间出冷汗，则是身体极度疲劳或患病的先兆。

（四）成绩

坚持锻炼后，体质应有所增强，各项成绩应有所提高。成绩不升或下降，则说明锻炼方法或运动量安排不科学。

职业院校学生正处在身体生长发育时期，对运动的适应能力很强，喜欢参加运动量较大的对抗性活动与剧烈的比赛，这对其生长发育很有好处，能使人终身受益。但锻炼时要注意运动量的大小，并应因人而异。运动量过大会造成运动创伤和引起各种疾病，过小则达不到锻炼目的。所以，每个参加运动锻炼者都应时刻关注体育锻炼过程中身体状态的变化情况，掌握体育锻炼效果的评定知识和方法，这样才能取得最佳的锻炼效果。

第四节　运动处方的制定与实施

运动处方概念是 20 世纪 50 年代由美国生理学家卡波维奇首先提出，20 世纪 60 年代由日本学者率先使用，而在国际上最终得到确认并获得广泛认同，则是在 1969 年 WHO（世界卫生组织）正式采用了“Prescribe exercise”（运动处方）这一术语之后。运动处方对科学健身运动的指导作用也从此日益受到人们的推崇和认可。

一、运动处方概述

（一）运动处方的概念

运动处方类似于医生给病人开的药物处方（表 3-1），它是由医师或体育工作者为参与康复锻炼的病人或参与体育运动的锻炼者，在体力、耐力测试的基础上，按其年龄、性别、心肺功能、运动器官功能、健康状况的不同情况，结合运动经历和爱好、生活环境等特点，用处方的形式规定出适当的运动内容、运动量、运动时间、运动注意事项的一种“方子”。简而言之，运动处方就是针对个人的具体情况而“量身定制”的一种科学量化的运动锻炼计划。

表 3-1 运动处方与药物处方的比较

运动处方	临床医学药物处方
运动内容	药物名称
运动量(运动强度、持续时间)/次	剂量/次
运动频率/(次/周)	用药频率/(次/日)
运动注意事项	用药方法及注意事项

(二) 运动处方的作用

运动能引起全身各系统器官功能间相互协调性变化,故对神经系统功能的调节、心血管系统功能的提高、身体健康状况的改善具有积极的作用。而运动处方与普通的体育锻炼及一般的康复治疗不同,运动处方是有明确目的、有选择、有控制的运动疗法,设计合理的运动处方具有针对性、高效性和安全性,正确实施可获得强身健体的良好效果。因此,依据运动处方科学地进行身体锻炼,将有助于健身者增强体质、增进健康、预防疾病;若在运动处方的指导下进行疾病康复锻炼,则可有效缓解功能障碍,促进疾病的转归和康复,提高患者的生活质量,具有药物治疗和手术治疗所无法取代的良好作用。

但是,体育锻炼作为增进健康的重要手段之一,其本身却是一把“双刃剑”,有着全然不同的两面性,科学、适当地使用会令人终身受益,反之,运动过程中所发生的损伤和意外对身体所带来的负面影响将是严重的。因此,运动健身或临床疾病体育疗法在很大程度上均离不开运动处方具体而科学的指导。

(三) 运动处方的分类

随着运动处方被越来越多的人所推崇、所运用,运动处方的分类也随之不断完善和细化。目前,根据锻炼目的不同,常用的运动处方主要有健身运动处方,预防、保健运动处方和康复运动处方等。

(四) 运动处方的基本内容

运动处方包括以下基本内容:锻炼目的、运动种类、运动强度、运动持续时间、运动频度及运动的注意事项等。

1. 锻炼目的

锻炼目的应建立在运动需要的基础之上,与每个人的运动实际需要相吻合。同时,运动者的年龄、性别、身体健康情况、兴趣爱好、生活环境等也是确定锻炼目的的重要依据。例如,健康者以强身健体、激发活力、休闲娱乐等为主要运动目的,体弱者以提高体质健康水平、预防慢性疾病等为主要运动目的,疾病患者以促进疾病好转、康复机体为主要运动目的,运动员以掌握运动技能、提高竞技水平、挑战自我等为主要运动目的。此外,促进生长发育、延缓衰老、丰富文化娱乐生活、调节情绪、提高生活质量等也都可以作为各类人群参与运动锻炼的主要目的。

2. 运动种类

在运动处方中,为锻炼者介绍理想的运动种类、提供适宜的运动项目,是使锻炼者达到运动锻炼目的的重要环节。然而,如何提供最合适的运动项目,如何选择和确定最佳运动项目，则需要根据运动锻炼的目的而定。例如，以提高心肺功能、改善代谢功能、预防现代疾病等为目的者，宜选择有氧运动项目；以调节情绪、休闲娱乐、消除疲劳等为目的者，宜选择放松伸展、柔韧性运动；有针对性地对某些疾病进行治疗，宜选择与疾病相关的医疗体操以及有利于增强体质的中、低强度的有氧健身运动。从全面锻炼身体、增强体质、增进健康的角度出发，现代运动处方较为推崇的运动种类包括以下三种。

(1) 有氧运动。这类运动主要有步行(散步、慢走、健身步行、医疗步行)、慢跑(健身跑、快慢跑交替)、游泳、自行车、跳绳、上下楼梯、活动跑台、健身操、健美操、交谊舞、踏板操及各种游戏类竞赛运动等，可有效改善和提高机体有氧代谢能力，适合于强身健体、延缓衰老、保健预防等。

(2) 伸展运动。这类运动主要有广播体操、韵律操、医疗体操、矫正体操、养生气功、太极拳、五禽戏、八段锦等。其节奏缓慢平稳，动作舒展柔韧，可有效调整呼吸、安神养性，适合于治疗疾病、保健康复、消除疲劳等。

(3) 抗阻运动。这类运动主要是借助于一些运动器械(如哑铃、杠铃、弹簧、橡皮筋及健身器械等)，进行身体各部位肌肉的力量或健美训练。抗阻运动是增强体质的一个重要组成部分，运用得当将有利于身体素质和健康水平的提高。

运动处方中，在上述三种运动中选择具体的运动项目，需根据锻炼者的运动目的和每个人的身体情况及其可行性有所侧重，且各类项目比例应适当。

3. 运动强度

运动强度是指完成练习所用力量的大小和机体的紧张程度，包括动作的速度、练习的密度、练习间歇时间的长短、负荷、投掷的距离、跳跃的高度和远度等。运动强度是运动处方的核心及运动处方定量化和科学化的关键所在。运动时掌握好运动强度是执行运动处方的主要任务之一。

运动强度的评价方法很多，最普遍采用的是心率法、主观运动强度法、运动时吸氧量占最大吸氧量的百分比法，以及最近比较流行的“梅脱法”(即运动时代谢率为安静时代谢率的倍数)。

(1) 心率法。心率是评定运动强度最方便实用的生理指标。运动时靶心率标准的确定与年龄有关。一般人群适宜运动心率 = 180 − 年龄，体弱者的适宜运动心率 = 170 − 年龄；或适宜运动心率 = (220 − 年龄) × (60% ~ 85%)。

(2) 主观运动强度法。这是在运动过程中，运动者根据自己的主观体力感觉来判断运动强度的一种方法，该方法可作为心率法的补充或在某特殊情况下的替代心率法。主观运动强度分为非常轻松、很轻松、轻松、稍累、累、很累、非常累 7 个等级，运动处方一般取轻松、稍累、累为度。

运动中确定运动强度简易且理想的方法，是心率法和主观运动强度法两者的结合。

(3) 最大吸氧量百分比法。该方法能够很好并准确地反应运动强度，但因成本较高且不易操作，不常使用。一般运动处方使用 40% ~ 80% 最大吸氧量作为运动的强度。

(4) 梅脱法。一个梅脱即安静状态下的代谢率，约相当于消耗 3.5 毫升/(千克 · 分)的氧气。可以根据不同运动项目的梅脱值选择合适的运动项目。

4. 运动持续时间

运动持续时间指每一次运动持续或累计的时间。运动强度大小和运动时间长短与运动量有关。运动强度确定之后，运动时间便是决定运动量的主要因素。

一般来说，一次有氧运动的持续时间以 30 ~ 60 分钟为宜，其中达到适宜运动强度心率的持续时间应在 5 分钟以上，这是运动给予呼吸、循环等系统产生有效刺激所必须维持的最低时间限度。若低于这个限度，难以达到运动目的。医疗体育持续的时间视具体情况而定，各类疾病患者可根据自身要求来决定必要的运动时间。

5. 运动频率

运动频率指每日或每周运动的次数，是决定运动效果的又一重要因素。每日或隔日运动一次，可使机体有足够的休息时间，得以“超量恢复”，从而获得较好的锻炼效果。若运动频率过低，间隔时间超过 3 天，不仅会使每次运动的效果在间歇中完全消退，无法积累运动效果，并且每次运动都会发生肌肉酸痛和疲劳，达不到运动效果。如果运动频率过高，运动效果也无法明显增加，并可能导致运动损伤。

一般情况下，运动频率为每日或隔日 1 次。运动最低有效频率为每周 2 次，每周 3 ~ 4 次是最适宜的频度。运动频率可结合运动量、运动目的进行调整。

6. 注意事项

运动处方的注意事项是保证运动安全的重要内容，主要包括运动项目选择或参加运动的禁忌证、运动过程中的自我监控指标等一些细节。

二、运动处方的基本原则和制定程序

（一）运动处方的基本原则

1. 区别对待原则

由于不同人的年龄、性别、健康和体质状况、生活条件以及对体育运动的兴趣、爱好、目的均有不同，故在制定运动处方时，必须因人而异，区别对待，应结合每个人的具体情况制定合适的运动计划，不可一概而论。由于体力差别往往比性别和年龄的差异更为重要，因此，体力差别应作为重要的考虑内容。

2. 全面原则

为了全面发展身体机能，故在制定运动处方时，其内容、方法和对身体锻炼的部位、顺序及其效果应当均有兼顾，合理选择、搭配运动项目和锻炼方法，同时就身体的薄弱之处，有针对性地制定运动处方的内容和方法，力求获得身心全面发展。

3. 循序渐进原则

人体生理机能的提高，按照超量恢复原理，将是一个缓慢的、逐步适应的、由量变到质变的渐进过程。若数月或长年不变地运用同一种健身运动处方进行健身运动，不可能获得逐步提高健康水平和增强体质的效果，只能是维持原有的健康状况；如果突然进行一次大强度、长时间和多重复的锻炼，则可能导致身体功能失调，使身体受到伤害，更谈不上增强体质。因此，运动处方的内容和方法应从易到难、由简到繁，运动负荷应由小到大、逐渐增加，以适宜为度。

4. 有效原则

为达到运动锻炼目的，在制定运动处方时，要明确运动时的靶心率范围，合理安排各项内容，保证锻炼者在运动中能够达到靶心率范围的下限，即有效界限，以获得理想的锻炼效果，使身体功能状态有所改善并逐步提高；同时，在运动处方的具体实施过程中，要按质、按量认真完成各项练习。

5. 安全原则

按照运动处方,运动应在安全范围内进行,即在靶心率范围内进行。靶心率范围的上限是运动强度的安全界限,超出了安全界限,则可能发生损伤或危险。因此,运动处方的内容和方法以及运动处方的执行,都应根据安全原则严格遵循各项规定和要求。

(二) 运动处方的制定程序

1. 了解处方对象的体质和健康状况

这是运动处方制定前不可缺少的重要步骤。可通过口头询问、医学检查或体质测试等途径了解不同对象的体质和健康状况,主要包括身体发育情况、疾病史、目前伤病与治疗情况、近期体检结果、运动史等。

2. 明确运动处方的目的

运动处方的目的主要是增进健康、提高心肺功能、增强肌肉力量、提高柔韧性以及预防或治疗疾病,如减少多余脂肪、控制血压、降低血糖和血脂、消除或减轻功能障碍等。目的不同,采用运动功能评定方法不同,制定运动处方的原则也不同。

3. 评定运动功能

运动功能的评定是运动处方制定的基本依据之一。因此,设计和制定运动处方时,应对相关器官系统进行功能测试。例如,为提高心肺功能或控制体重、血压、血糖、血脂等而制定运动处方,应做心肺功能测试;为恢复或缓解肢体功能障碍而制定运动处方,需做相应临床医学检查和关节活动度、肌肉力量的评定等。

4. 制定运动处方

在以上健康检查和运动功能测试的基础上,结合处方对象的性别、年龄、运动目的、健康状况、锻炼基础、个人的兴趣爱好以及客观条件等,选择其有兴趣且易于长期坚持下去的运动项目,有针对性地设计适当的处方内容,制定合理的运动处方。

5. 实施运动处方

运动处方的具体实施,应在专业人员的帮助和指导下进行。第一,要求运动处方对象熟知并理解运动处方的各项内容;第二,通过运动实践使健身者学会执行运动处方;第三,排除干扰,持之以恒。在锻炼过程中,由专业人员定期对运动处方的执行情况予以监督,以保证运动处方获得理想的效果。此外,健康的生活方式、合理的营养及良好的心态也是获得理想健身效果所必需的。

6. 调整运动处方

运动处方实施期间,可根据实施的阶段、实施的效果,定期或不定期地即时进行合理的调整。一般而言,同一运动处方实施 8 ~ 12 周即可获得明显效果,此时,可依据再次身体功能评定和体质健康检查的结果,调整、重新制定下一周期的运动处方,以不断提高锻炼效果。

三、运动处方应用与实例

(一) 减肥塑身运动处方的制定与实践

1. 有氧运动对减肥的作用

肥胖,是指一定程度的超重与脂肪层过厚,是体内脂肪尤其是甘油三酯积聚过多而导致的一种状态。热量消耗不足和热量代谢缺陷可能是肥胖发生和持续肥胖的基础。

低强度的持续有氧运动可增加热量消耗,调动脂肪分解,逐步消除体内多余体脂,使脂肪细胞体积变小,并抑制脂肪细胞分化,达到减肥的目的。同时,有氧运动可增加组织细胞对胰岛素的敏感性，使血浆胰岛素浓度下降，胰岛素的抑制脂肪分解作用减弱，有助于有氧运动的减脂效果。此外，有氧运动在改变身体成分、减少体脂的同时所带来的心肺功能提高、肌肉力量增强、骨骼组织强壮以及标准体重的保持等功效，也是药物、单纯饮食控制所无法比拟的。

2. 减肥运动处方的适应证

肥胖一般可分为单纯性肥胖和继发性肥胖两类。

单纯性肥胖，即不伴有明显的内分泌疾病、代谢性疾病的肥胖。平时我们所见到的肥胖多属于单纯性肥胖，所占比例高达97%。单纯性肥胖，也称为原发性肥胖，目前尚未找到明确病因，可能与遗传、饮食和运动习惯等有关，是减肥运动处方的适应证。

继发性肥胖，即继发于某些疾病，因内分泌失调、代谢紊乱而导致的肥胖。该类人数较少，仅占肥胖人群的3%左右。

3. 减肥的适宜运动

目前普遍认为，以周期性、节律性的有氧运动（如快走、慢跑、爬山、游泳、划船、骑自行车、水中运动等）为主，配合有氧健身操、迪斯科、太极拳及各项球类运动等，辅以躯干和四肢大肌肉群的力量练习，如仰卧起坐、下蹲起立、俯卧撑等，以及利用哑铃、拉力器等的器械练习，可有效消除脂肪，改变身体成分，修饰体形，增强肌力，是减肥的理想运动项目。其减肥效果符合人们现代美的观念和意识。

由于肥胖者体重较大，运动往往会增加下肢负担而导致损伤。因此，减肥者可选择一些无须负担自身重量的运动项目，如水中运动、骑自行车、划船等。

水中运动现被认为是极具发展潜力的一种减肥手段。研究表明，人在水中运动时，中心血容量可增加700毫升，中心静脉压可提高12～18毫米汞柱，心输出量及每搏量至少可增加25%，还可增加左心室收缩和舒张末直径，改善有氧运动能力；同时，水的浮力可使关节负担减轻，水的良好的导热性可使体热消散加快。水中运动除游泳外，现已发展到水中行走、跑步、跳跃、踏水、球类游戏等多种形式。

4. 运动强度控制

有氧运动是单纯性肥胖的主要健身形式，其主要特点是强度低、有节奏、有可持续性。研究表明，中低强度、持续较长时间的有氧运动，总能量消耗多，其能量代谢以利用脂肪为主，减肥效果显著。

体力较好的青年人运动时，运动强度以靶心率＝(220－年龄)×60%～(220－年龄)×80%为宜，体质较弱者则为靶心率＝(220－年龄)×60%～(220－年龄)×70%。运动初始从靶心率下限开始，以后逐步提高运动强度。若肥胖者的脉搏测定比较困难，用主观体力感觉监控运动强度十分重要，多以轻松、稍累为宜。

5. 运动持续时间和频率

运动持续时间一般为40～60分钟/次。由于肥胖者的年龄、体质各不相同，锻炼者可以根据自己的体质状况和锻炼目标来确定锻炼的持续时间。

运动频率一般以5～7次/周为宜，1次/天最为理想，间隔时间一般不宜超过3天。如运动频率减少，每次通过运动消耗的热量要随之增加。

6. 注意事项

运动减肥的主要目的是为了追求健康，切不可以损失健康为代价。运动处方的制定，应以减肥者的身体医学检查和运动功能实验结果为依据，以保证运动处方的安全性。

减肥运动与合理的膳食结构、热量摄入的适当限制以及良好的生活方式等相结合，才是最佳的减肥方案，即：减肥 = 有氧运动 + 合理营养 + 良好的生活方式 + 健康的心态。

减肥贵在坚持，要循序渐进，持之以恒，欲速则不达。运动期间，应经常关注自己的身体情况，评价锻炼效果，不断调整运动处方。如出现特别疲劳、睡眠不安或持续性肌肉酸痛等状况，应停止运动。

需要指出的是，肥胖是脂肪问题，而不是体重问题。减肥绝不是减体重，而是减少体脂比例、改变身体成分，将体重有效控制在正常水平。体重减轻也并不意味着减肥的成功，不科学的减肥丧失的往往是体内的水分和肌肉，而不是脂肪。因此，体重只能被看作是评判肥胖与否的一个参数而已。

（二）运动处方示例

运动处方示例见表 3-2。

表 3-2　运动处方——提高心肺功能（示例）

姓名：×××　性别：男　年龄：20 岁

一、运动目的：提高心肺功能，提高耐力水平，增强体质，促进健康。

二、运动项目：

1. 健身跑。

（1）低强度慢跑 5 分钟。慢跑时或结束时做头颈、肩、腰、髋、膝等关节部位的轻微活动。

（2）低强度慢跑与稍大强度快跑交替进行 20 ~ 30 分钟。可采用慢跑 4 分钟接快跑 50 秒，轮换进行。

（3）放松慢走 5 ~ 10 分钟。放松慢走时或结束后做头颈、肩、腰、髋、膝等关节部位的放松活动。

2. 篮球、足球、排球、跳跃等。

三、运动强度：

运动时心率 = ［220 − 年龄（岁）×（0.7 ~ 0.80）］，一般为 140 ~ 160 次/分钟；主观感觉以稍感疲劳，次日晨起无不适感为度。

四、运动频度：

3 ~ 5 次/周。每周坚持按照运动处方进行周期性有氧运动至少 3 次（隔日一次）。期间可增加 1 ~ 2 次自己喜爱的运动。

五、运动时间：

30 ~ 60 分钟/次。每次运动持续时间至少要达到 30 分钟，靶心率至少要保持 20 分钟。

六、注意事项：

（1）跑步时要调节好速度，姿势、动作要正确；如感到吃力，可缩短快跑时间；跑完后进行深呼吸，呼吸均匀后再进行力量练习。

（2）运动中注意监测心率或脉搏，使其维持在靶心率范围内；结合主观感觉（轻松或吃力），微调运动强度，以锻炼后第 2 天无疲劳感为宜；有身体不适如感冒、发烧等症状时，请暂停实施运动处方。

（3）选择良好的锻炼环境，避免在严寒、酷暑、风暴等恶劣环境下锻炼；锻炼前后应注意适宜补液，尤其是在天气炎热的夏天。

（4）根据能量平衡和膳食平衡的原则，调节好饮食，保持积极乐观的良好心态。

思考题

1. 体育锻炼应遵循的基本原则有哪些?
2. 如何安排最佳的体育锻炼时间?
3. 运动处方包括哪些内容?根据自身健康状况制定一份运动处方。
4. 体育锻炼为什么要坚持循序渐进原则?
5. 简述提高身体素质常用的锻炼方法。
6. 如何进行体育锻炼的客观效果评价?

第四章

体育锻炼的卫生指导与安全防护

第一节　体育锻炼的卫生指导

通过体育锻炼可以增强体质，但并不是只要参加体育锻炼就一定能增强体质。实践证明，增强体质需要科学的锻炼。职业院校学生参加体育锻炼的时候，必须掌握一定的体育卫生知识与保健技能，以科学理论为依据，遵循人体活动规律，制定体育锻炼中各项体育卫生要求和措施，进行科学、合理的体育锻炼，达到增强体质、增进健康的目的。

一、体育锻炼的卫生原则

体育锻炼的卫生原则是指人们在体育锻炼过程中，为达到预期的锻炼目的，防止锻炼中运动性伤病的发生，必须遵循的体育学和卫生学准则。违反人体解剖生理特点、运动生物力学原理以及卫生学的基本规律，盲目进行体育锻炼，不仅不会达到良好的锻炼效果，还会导致各种运动性伤病的发生，损害人体健康。为了达到理想的预期目标，在体育锻炼过程中，必须遵循循序渐进、系统化、全面化、区别对待、持之以恒等卫生原则。

二、体育锻炼的卫生指导

（一）体育锻炼的自我监控

1. 客观评价自己的体能和健康状况

在开始体育锻炼前，锻炼者有必要了解自己的体能水平，这既有助于锻炼者通过一定的方法和手段来改善体能方面的不足之处，也有助于体现锻炼所带来的益处，从而树立自己坚持锻炼的信心。

体育锻炼需要身体承受一定的负荷，但是对有些人来说，承担一定负荷的运动有可能存在安全隐患。因此，在准备参与体育锻炼前很有必要了解自己的健康状况。健康状况自评量表（表 4-1）能使锻炼者清楚地了解自己的健康状况，从而选择适当的运动。

表 4-1　健康状况自评量表

序号	可能出现的问题	是/否
1	在运动时或运动后，你是否有胸部疼痛或受压的感觉？	
2	在爬楼梯、迎冷风行走或从事任何体育活动时你是否有胸部不适感？	
3	你的心脏是否曾经不规则地跳动如悸动或早搏？	
4	在无明显原因的情况下，你是否曾经有过心律突然加快或减慢的经历？	
5	你是否有规律地服用过药物？	
6	医生是否曾经告诉过你，你的心脏有问题？	
7	你是否有诸如哮喘这样的呼吸疾病，或在从事轻微的体力活动时是否呼吸短促？	

续表

序号	可能出现的问题	是/否
8	你是否有关节或背部的疾患,从而使你在运动时感到疼痛?	
9	你是否存在下列心脏病的隐患:	
	高血压	
	血液中胆固醇含量过高	
	超过标准体重的 30% 以上	
	长期吸烟	
	近亲(父母亲、兄弟姐妹等)在 55 岁以前曾经有心脏病史	
如果锻炼者对以上任何一个问题做出了肯定的回答,那么在开始一项锻炼计划之前就应进行全面的体检		

2. 运动强度的监控

一般利用心率监控运动强度。心率可以帮助锻炼者了解和控制体育锻炼过程中的运动强度,可以准确地告诉锻炼者运动强度是需要增加还是需要减少。为了掌握体育锻炼运动强度是否合理,应当准确测量运动中的心率。测试运动中心率的方法是运动结束后的 5 秒内开始进行测量,测量 10 秒的心率再乘 6,作为运动时 1 分钟的心率。

3. 体育锻炼过程中的监控

(1) 在训练的过程中,一定要注意一些危险信号。如果发生以下任何一种情况,即使只有一次,也要停止运动,在咨询医生之后,才可以恢复运动。

第一,心脏不正常。这包括不规则的心跳,心脏快速跳动,或者是心悸、突然的心跳,或者在正常心跳之后出现很慢的心率(这可能发生在运动中或运动后)。

第二,胸、手臂或喉咙感到疼痛或有压力。这可能在运动中或运动后发生。

第三,眩晕。突然丧失协调能力,神志迷乱,出冷汗,目光呆滞,面色苍白,忧郁或者昏厥。在这种情况下,要停止运动,躺下并抬高脚,或者坐下把头放在双腿之间,直到症状消失。

(2) 如果发生以下情况,立即试用建议的疗法,如果没有作用,就去看医生。

第一,长期的快速心跳。这可能在你接近训练强度上限时和运动后 5 ~ 10 分钟内发生。要改变这个状况,可以把运动心率保持在训练强度的下限,并且逐渐增加运动量。当症状仍不消失时,就去看医生。

第二,关节炎发作。休息到症状消失再参加运动。如果使用药物而没有作用,就去看医生。

(3) 以下为一般可以不用医生就可消除的症状及处理方法,但你最好告诉医生。

第一,运动后的恶心或呕吐。建议减少运动量并延长放松运动时间。

第二,在运动停止后仍持续 10 分钟以上的严重呼吸困难。建议运动强度应保持在训练强度的下限。在运动中要保持能够进行谈话,如果在运动中呼吸困难,就应停止运动,去看医生。

第三,疲劳恢复过慢。如果在运动后 24 小时仍不能消除疲劳或在运动后出现失眠,就要降低训练强度,保持在训练强度的下限,并且缓慢地增加运动量。

第四,侧肋剧痛(横膈痉挛)。建议坐下,身体前倾,试着把腹部器官向上挤压以舒张横膈。

职业院校学生正处在身体生长发育时期，对运动的适应能力很强，喜欢参加运动量较大的对抗性活动与剧烈的比赛，这对其生长发育很有好处，能使人终身受益。但锻炼时要注意运动量的大小，并应因人而异。运动量过大会造成运动创伤和引起各种疾病，过小则达不到锻炼目的。所以，每个参加运动锻炼者都应时刻关注体育锻炼过程中身体状态的变化情况，掌握体育锻炼效果的评定知识和方法，这样才能取得最佳的锻炼效果。

安全警示

过度疲劳的十大症状

（1）运动后第二天肌肉非常疼痛。

（2）肌肉的疼痛感随着锻炼的次数逐渐加强。

（3）体重不正常地持续下降。

（4）原先能完成的练习任务现在完不成。

（5）安静状态下的心率增加了 8～10 次（在每天相同的时间和状态下测量）。

（6）对体育锻炼感到厌倦。

（7）感冒、头疼等症状增多。

（8）食欲下降。

（9）颈、腋、腹股沟部的淋巴结肿大。

（10）便秘、腹泻。

如果在锻炼过程中，出现上述过度疲劳症状，应该减少运动量或停止锻炼，直到过度疲劳症状消除。

（二）体育锻炼与合理的进餐时间

进餐时间与体育锻炼时间必须有一定的间隔。在体育锻炼过程中，体内的血液集中于肌肉和皮肤的血管，消化系统的供血量相对减少，使消化腺分泌减少，消化道蠕动减弱。此时，如果食物停留在胃内，可因胃肠道的充盈和横膈膜上顶，使呼吸受到影响。同时，食物在胃内震荡，易使人感到恶心、腹痛，运动能力下降，甚至不得不中断运动。

一般在进餐后 3～4 小时，胃内食物基本排空，因此，饭后休息 2～2.5 小时，再进行剧烈运动比较合适。饮食与运动时间也不能间隔太长，餐后 4～5 小时，可出现饥饿感或血糖降低，从而影响人的运动能力。运动结束后，至少间隔 30 分钟，人体的循环与呼吸机能才能恢复到相对安静状态，使消化系统有进餐的时间准备。大运动量活动后至少间隔 40 分钟再进餐。

（三）体育锻炼与合理营养

合理营养与体育锻炼是维持和促进健康的两个重要条件。以科学合理的营养为物质基础，以体育锻炼为手段，用锻炼的消耗过程换取锻炼后的超量恢复过程，使机体积聚更多的能源物质，提高了各器官系统的机能。此时获得的健康，较之单纯以营养获取的健康上升了一个高度。合理营养加体育锻炼在获得健康的同时，也获得了良好的身体素质。

营养与体育关系密切，对锻炼效果有着很大的影响。体育锻炼造成的能量消耗，要在运动结束后通过合理的营养膳食进行补充。如果缺乏合理营养保证，消耗得不到补充，机体会处于一种“亏损”状态。久而久之，于机体健康不利，会使锻炼者生理机能及运动能力下降，出现乏力、疲劳甚至疾病状态。在这种情况下，想要提高锻炼效果或运动成绩是很困难的事情。

（四）体育锻炼与饮水

进行体育锻炼时，不仅消耗大量热能，同时也消耗大量水分。如果不及时、合理地进行补水，可造成体内水代谢紊乱，表现为体温升高，心率加快，心输出血量减少，电解质丢失，机能下降，并伴有疲劳感；当失水量占体重的5%时，将出现血容量减少和运动能力下降；当失水量达10%时，会引起循环系统衰竭。因此，体育锻炼过程中应及时补充水分，保证机体正常的工作能力。

在运动开始前10～15分钟，可适量饮水，以增加体内的水临时储备，对维护运动时的生理机能有良好作用。在剧烈运动中或运动后，补水的最好办法是少量多次，一般运动15～20分钟补充150～200毫升水。若一次饮水量过大，则使血液大量稀释，增加心脏负担；同时，由于大量水进入胃，稀释胃液，影响消化和食欲，若继续运动，可引起腹痛和呕吐。

（五）体育锻炼后的洗浴

体育锻炼后，人体排出的汗液及其分泌物与脱落的上皮细胞，黏附在皮肤上的灰尘、细菌混合在一起形成污垢，不但影响皮肤正常的排泄功能，而且刺激皮肤，容易出现瘙痒，甚至发生皮肤感染等症状。洗澡是保持皮肤清洁最有效的方法，它可以清洁皮肤，刺激血管扩张，促进新陈代谢和血液循环，达到消除疲劳的作用。但是体育锻炼后切忌立即洗澡。如果运动后立即洗热水澡，流往皮肤和肌肉的血液会继续增加，从而造成心脑缺血、缺氧，出现严重后果。

第二节　体育锻炼的医务监督

加强体育锻炼的医务监督是预防运动性疾病的重要措施。运动性疾病是指机体对体育运动不适应或者由于训练安排不当，造成机能紊乱而出现的一类疾病。表现为机体的正常功能受到损害或受到限制的一种内在的状态，引起机能、代谢和形态结构的异常变化，使机体的器官、系统之间以及与环境之间的协调发生障碍，从而引起各种症状、体征和社会行为的异常，对环境的适应能力和机体活动能力减弱，甚至丧失，因此必须加强体育锻炼的业务监督。

一、运动性疾病的基本状况

近年来，随着《国家学生体质健康标准》的贯彻实施、阳光体育运动的开展，学生自主参与体育锻炼的意识不断增强，课外体育锻炼的时间增加，运动强度增大。但是，由于卫生保健知识教育的滞后，学生参加课外体育锻炼、运动竞赛过程中运动性疾病发生率增多，这与参加体育运动时项目的选择、运动技术动作的难度、锻炼者的身体状况等有着密切的关系。在学校体育教育过程中，学生的运动性疾病发病率总体呈现出逐年上升、女生高于男生、普通学生高于体育特长生、毕业班学生高于非毕业班学生、激烈对抗与耐力项目运动者高于一般项目运动者的特点。

二、运动性疾病产生的原因

（1）运动前准备活动不充分。

（2）机体处于病理状态。

（3）运动前饮食过多或在饥饿状态下运动。

（4）精神紧张、情绪焦虑。

（5）身体素质较差及训练不合理。

（6）营养素补充存在问题。

（7）运动场地、环境不适合。

三、常见运动性疾病

（一）运动性晕厥

运动性晕厥是由于剧烈或长时间运动，使精神及身体器官过度紧张，血液循环受到影响而引起暂时性知觉和行动能力丧失的现象。

1. 发病原因

（1）单纯性晕厥。又称血管抑制性晕厥。主要是由情绪不稳定、疼痛、赛前紧张以及强烈的精神刺激等因素通过迷走神经反射，引起短暂的血管扩张，使回心血量减少，心输出量减少，血压下降，导致大脑供血不足所致。晕厥前期常有头晕、眩晕、出汗、恶心、面色苍白、肢体发软等现象，持续数分钟继而突然意识丧失，持续数秒或数分钟后可自然苏醒。

（2）重力性休克性晕厥。多见于径赛运动项目。运动员以下肢为主进行运动时，下肢肌肉的毛细血管大量扩张，其供血量比安静时增加 20～30 倍，如果运动后站立不动，会使大量血液瘀积在下肢血管中，回心血量减少，心输出量骤减，血压下降，导致大脑供血不足，引起晕厥。

（3）低血糖性晕厥。这也是运动性晕厥中较为常见的一种类型。多见于体内糖原储备不足且在长时间剧烈运动后糖源耗竭时。其先兆表现主要有头晕、无力、有强烈的饥饿感、恶心、出冷汗、行为突然改变等。如未能及时补充糖分，可导致晕厥甚至昏迷。当血糖浓度降至 2.5 摩尔/升时，影响到脑组织的能量供应，导致功能严重障碍，甚至出现昏迷。

（4）心源性晕厥。这是比较危险但又是十分常见的一类晕厥。可发生在足球、篮球、慢跑等各项运动中。发作与体位无关，有心悸、胸痛等症状，发作时面色苍白、大汗，有时伴有发绀、呼吸困难、颈静脉怒张，心率、心律、心音和心电图多有异常表现。主要因为运动时心肌耗氧量增加，但又由于种种原因引起冠状动脉供血不足发生心肌缺血。

（5）中暑性晕厥。中暑性晕厥多发生在高温、高湿的环境中，尤其是在无风环境且进行大强度长时间的训练或比赛时更易发生。其先兆一般表现为头昏、头痛、胸闷、大汗、严重口渴、恶心、呕吐、心动过速和肌肉痉挛等。如没有降温措施而继续运动，可出现晕厥甚至死亡。主要原因是在该特殊环境中，人体的体温调节能力下降，导致体温升高，引起多器官的功能障碍，尤其是中枢神经系统功能障碍；其次，大量出汗使血容量减少，引起血压下降、脑供血不足，导致晕厥；另外，中枢神经系统对高温环境适应能力不足，导致损伤，引起大量出汗，致使体内水、电解质失衡也是一个重要原因。

2. 处理方法

出现运动性晕厥时，应尽量查明原因，给予恰当的抢救和处理。一般来说，应使患者平卧，取头低脚高位，松解衣领和腰带，做向心性按摩，促使回心血量增加，同时保持呼吸道通畅，必要时可针刺或用力掐足三里、内关、人中等穴位，患者一般会较快恢复正常，但如没有恢复的迹象，应及时送医院抢救。

对于低血糖性晕厥，除了一般处理外，还应及时补充糖分；如处于意识不清的状态，严禁口服补糖，以免误吸入呼吸道，引起吸入性肺炎，而应及时送往医院抢救。对于心源性晕厥应及时送往医院抢救。对于中暑性晕厥应及时将患者转移到阴凉通风处，进行降温处理，可用冰水、凉水擦浴或头部置冰帽及大动脉处冷敷，在维持水、电解质和酸碱平衡时，应及时送往医院进行静脉补液。

3. 预防方法

（1）运动前做好身体检查，尤其是心血管系统的检查，可做心电图、血压、脑电图、血红蛋白等项目检查，尽早发现隐匿性疾病。

（2）运动时要坚持循序渐进、科学训练的原则。在运动中要注意对学生进行医学观察，尤其是身体状况不佳者，要做好准备活动，同时控制运动量。

（3）学生参加剧烈活动前要调整自己的心理状态，避免过度紧张或情绪激动。

（4）避免在天气炎热和日光直射情况下进行运动训练；进行长时间、大运动量的训练，应补充足够的糖、水和电解质。

（5）当学生出现晕厥的先兆时，不要疾跑后立即停下，要做适当的放松、深呼吸，调整性地慢跑一段时间再停下，随后俯身低头，以免昏倒。一般来说，患者休息片刻后即可清醒。

（6）曾经出现过晕厥的学生，应仔细查明晕厥的原因，避免再次发生晕厥而造成伤害。

（二）运动性猝死

猝死也叫急死、内因急死、病理急死和非创伤性急死。关于从症状到死亡的经历时间长短定为“猝死”标准，学术界意见不统一。世界卫生组织认为，“猝死是急性症状发生后即刻或者6小时内发生的非创伤性意外死亡”；而一些心脏病专家认为，发病后1小时内的死亡可作为“猝死”的标准。总之，患者从发病到死亡间隔时间短是运动性猝死最重要的特征。

朱刚、海曼等国内外著名运动员在赛场上猝死，让人们认识到“运动性猝死”的危害性。近年来，学生运动性猝死的现象悄然增多，学生运动性猝死已成为高校体育运动中不得不面对的挑战，采取积极有效的预防措施是解决问题的关键。

1. 发病原因

（1）过度疲劳和超负荷运动。在国内运动性猝死的研究报道中，有不少病例分析表明，尸解未发现心脏的任何器质性病变和异常，其死因可能是因运动负荷已超出其承受范围，心血管系统不堪重负，需要的血液量和需氧量突增，而供给量却相对减少，在这种血、氧供不应求的状态下，运动者的心肌会出现急性缺血、心脏停搏和脑供血中断，进而发生运动性心脏猝死和脑性猝死。

（2）心血管疾病和器质性异常。有文献报道，运动性猝死绝大多数是心脏性猝死和脑猝死。日本心脏财团的研究小组对1984—1988年日本发生的624例体育活动猝死的原因进行了专门的病理资料分析，认为无论是中老年人还是年轻人，在体育活动中发生猝死的主要内在原因是心血管系统患有不同程度的进行性疾病。我国学者徐昕等列出的造成运动性猝死原因以心肌梗死、先天性心脏病和心肌炎等心源性猝死为多见。

（3）缺乏锻炼，体力不足。运动生理学家弗里德曼等认为，运动过度和体力不足容易引起心肌梗死并导致猝死。职业院校学生的体育成绩与毕业、奖学金挂钩，特别是高年级学生，由于平时缺乏体育锻炼，造成体力不足，但为了应付《国家学生体质健康标准》等测试，往往在短时间内进行大运动量的锻炼，甚至不顾身体状态在测试时猛拼，这样会给身体带来很多潜在威胁，特别是患有潜伏性心脏病的学生，其危险性更高，这也增加了耐力项目锻炼和测试时猝死发生的概率。

（4）关于突发事件的急救常识与手段宣传不足。运动性猝死的患者从发病到死亡间隔时间很短，若不及时进行急救，就会丧失最佳抢救时机。2004 年 2 月，北方某大学一名 19 岁的学生上体育课时发生猝死，在送往医院的途中，还一度出现过呼吸和心跳，但由于丧失了最佳的抢救时机，最终没能挽留住这个年轻的生命。

2. 主要症状

运动性猝死一般在发病前患者会感到短暂的心绞痛，觉得哽咽、咽东西费劲，出现 3 ~ 5 分钟的胸闷、浑身无力、头晕、心慌、气急、心动过速、异常的呼吸困难和疲劳等症状。

3. 抢救方法

按照“心脏停搏 15 秒意识丧失，30 秒呼吸停止，60 秒瞳孔散大固定，4 分钟糖无氧代谢停止，5 分钟脑内 ATP 枯竭、能量代谢完全停止”的一般规律，应在现场进行争分夺秒的抢救，这对患者的复苏起关键作用，可采用心脏按压术和人工呼吸法进行抢救。

4. 预防方法

（1）加强医务监督，重视运动性猝死先兆症状。体育教师、教练员应具备识别心脏猝死危险讯号的基本知识，学生运动中发生昏厥、心绞痛、胸闷、胸部有压迫感、眩晕、头痛等症状时，要高度重视，及时终止运动，报告教师和送往医院进行详细检查。

（2）运动前进行体格检查，及早识别可能发生运动性猝死的高危学生人群。运动性猝死高危群体是指患有心脑血管疾病或有严重的其他疾病的人群及有所谓冠心病危险因素的人群或有猝死家族史的人群。体育教师在上课前，应及时详细询问学生家族心脑血管病、高血压、猝死病史以及本人既往心脏病、昏厥等病史，从而基本了解学生健康情况，为有效预防学生运动性猝死建立第一手资料。

（3）高危学生群体应具有特殊的运动保健知识。在跑步锻炼时宜慢不宜快，要保持呼吸通畅，练习结束时要做适当的放松，防止“重力性休克”。避免在过热和过冷的环境中进行锻炼；运动时不能大量饮水，避免加大心脏的负担；运动后不要马上洗热水浴，否则，全身血管就会扩张，需氧量激增，就有可能发生猝死。感冒、急性扁桃体炎、麻疹、发热患者应避免进行剧烈的体育运动，并及时诊治，否则会导致病毒侵袭，引发心脏疾病，从而造成心血管意外而发生猝死。高危学生群体还应增强自我保护意识，在体育课中如有感冒、发热、身体不舒服、例假等，应该及时请假，以免出现意外。

（4）加强宣传，普及运动性猝死的急救知识和方法。运动性猝死病程短，发病突然，防不胜防。一旦出现，在现场及时抢救和进行心肺复苏是降低猝死率最为有效的措施，首先应使患者头部后仰以畅通气道，然后进行有效的胸外按压，同时进行人工呼吸，这些基本的救治措施应持续到专业急救人员到场。

（三）肌肉痉挛

肌肉痉挛是指肌肉发生不自主的强直性收缩，又称“抽筋”。运动中最易发生肌肉痉挛的部位是小腿腓肠肌，其次是足底部的屈拇肌和屈趾肌。

1. 发病原因

(1) 寒冷刺激。肌肉受到低温刺激,兴奋性增加,易发生强直性收缩,如游泳时受冷水刺激之后,“抽筋”现象较为常见。

(2) 电解质丢失过多。运动过程中如大量出汗,使电解质丢失过多,肌肉兴奋性增高,可发生肌肉痉挛。

(3) 肌肉连续过快地收缩。在剧烈运动中,由于肌肉连续快速收缩,而放松时间太短,可引起肌肉痉挛。

2. 表现症状

肌肉痉挛的表现是痉挛的肌肉僵直发硬、麻木、疼痛难忍,肌肉涉及的关节伸屈功能发生一定障碍。

3. 处理与预防

发生肌肉痉挛时不必紧张,可做反方向牵引,牵引时用力要均匀、缓慢,使痉挛的肌肉放松,一般都可缓解。小腿肌肉痉挛时,可伸直膝关节,用力钩脚尖。屈拇肌和屈趾肌痉挛时,可用手握住抽筋的脚趾,用力向身体方向拉。若配合局部按摩,效果会更好。

预防肌肉痉挛最好的方法就是加强锻炼,提高肌体的耐寒能力,运动前做好准备活动,冬季锻炼更要注意保暖。

(四) 运动性腹痛

运动性腹痛是指在运动过程中或运动结束后产生的腹部疼痛。腹痛是运动中较常见的一种症状,特别易发生在长跑、竞走、自行车、篮球等运动项目中。

1. 发病原因

(1) 胃肠痉挛。一般在空腹锻炼、饭后过早运动、运动前进食太多或食物难以消化等情况下都容易引起胃肠痉挛。腹部受凉、蛔虫的刺激以及宿便也能引起肠痉挛而导致腹痛。

(2) 腹直肌痉挛。平时缺乏锻炼、准备活动不充分或运动开始时速度太快,引起内脏器官机能紊乱;运动量过大,人体排出大量的盐分得不到补充,使肌体的水盐代谢紊乱,都会导致腹直肌痉挛,而引起腹痛。

(3) 患有腹部慢性疾病。患有肝炎、胆道疾病、消化道溃疡、阑尾炎、肠道寄生虫等腹腔内疾病者参加剧烈运动,都易发生腹痛。

2. 处理方法

发生运动性腹痛时,可降低运动速度,调整呼吸,同时按压疼痛部位一段时间,这样疼痛一般会减轻或消失,如果这样处理后疼痛仍不能减轻或反而加重,应立即停止运动,到医院进一步诊断和处理。

3. 预防方法

(1) 合理安排膳食,养成良好的饮食习惯;合理安排运动时间,饭后 2 小时之后方可进行剧烈运动。

(2) 运动前充分做好准备活动,运动中调整呼吸节奏,适当补充无机盐,可避免发生运动性腹痛。

(3) 各种腹部脏器的慢性疾病应及早就医检查,在疾病未愈或大病初愈时,应减少或暂停大强度练习。

（五）运动性贫血

运动性贫血是由于运动引起的血色素(血红蛋白)降低而出现的贫血。

1. 发病原因

(1) 红细胞破坏增加。运动时人体血液循环加快,红细胞之间以及红细胞与血管壁之间撞击和摩擦增加,同时,由于运动时脾释放出溶血卵磷脂,使红细胞膜的脆性增加,红细胞易破裂,从而发生运动性贫血。

(2) 蛋白质和铁的消耗增加。蛋白质和铁是合成血红蛋白的重要原料,体育运动时两者的消耗量增加,如果膳食中的摄入量不足就可能出现运动性贫血。

2. 主要症状和体征

运动性贫血的症状主要表现为头晕眼花,全身乏力,易疲劳,食欲缺乏,在运动中出现心慌、气短等。其体征表现为皮肤与黏膜发白,心率快,心尖部可出现收缩期杂音。

3. 预防与康复

(1) 饮食中增加铁的摄入量,可选择含铁丰富的食物,如动物的肝脏(猪肝含铁量最高)、蛋黄、豆类、海蜇、海带、虾皮、芝麻、黑木耳、绿色蔬菜(芹菜、菠菜等)。动物蛋白与含铁的食物同时进食,可促进铁的吸收,多吃含维生素 C 的食物也有助于食物中铁的吸收。煮饭做菜时用铁锅、铁勺也是一个很有效的方法。

(2) 饮食中保证蛋白质、维生素和叶酸的摄入量。B 族维生素是目前膳食中最易摄入不足的维生素,也会影响血红蛋白的合成,因此应注意在粮食中增加含 B 族维生素丰富的杂粮,以保证机体有充足的 B 族维生素摄入。

(3) 患有运动性贫血的学生要减少运动量或立即停止运动,避免从事中长跑等运动负荷较大的项目。

（六）运动性哮喘

运动性哮喘是指在剧烈运动后出现的大、小气道阻塞,阻塞的严重程度与气管的过度反应性直接有关。通常起病急,发病地点在运动场,患者有胸闷、喘息、呼吸困难等症状。气道阻塞严重时,导致全身器官缺氧或并发气胸等急重症,可危及生命。

1. 发病原因

近年来,把运动性哮喘归为外源性哮喘。外源性哮喘中绝大多数患者有特异性素质或家庭过敏史,常常伴有过敏性鼻炎症、湿疹和荨麻疹等过敏性疾病,儿童及青少年多见。剧烈运动后因过度呼吸使气道黏膜的水分和热量丢失,导致支气管平滑肌痉挛,从而引起哮喘。运动性哮喘在寒冷干燥季节从事户外竞走、爬山、跑步、打球,较在夏季进行游泳、划船、骑车等运动的诱发率明显要高。

2. 主要症状

在持续 5 ~ 10 分钟以上的剧烈运动后,或是运动停止后 5 ~ 10 分钟内出现症状,也可在运动过程中出现,表现为胸闷、喘息、咳嗽、呼吸困难;还有精神紧张、胃部不适、咽痛等症状。持续 0.5 ~ 1 小时可逐渐缓解,严重者可持续 2 ~ 3 小时,并且需要药物治疗。

3. 处理

运动性哮喘多发生在寒冷的冬季和剧烈长跑后的 10 ~ 15 分钟,休息后可自行缓解。在急性发作时,应立即停止训练或比赛,勿跑动或惊慌,吸入 β-2 受体激动剂,待呼吸困难明显减退、病情稳定时,送医院做进一步药物治疗和呼吸功能检查。

4. 预防

(1) 该病与冷空气刺激呼吸道有关,预防的措施是注意保暖,冬季室外运动时应先做必要的准备活动。如运动性哮喘屡有发生,应进行预防,在运动前服用酮替芬或吸入色甘酸钠气雾剂。

(2) 加强营养,提高身体免疫力;加强呼吸肌的锻炼;有明确过敏源者避免接触或吸入过敏源,也可以选择脱敏疗法;积极预防和治疗上呼吸道感染。

(3) 确诊为运动性哮喘的运动员,不必立即停止专业训练。在运动医务监督下,运动性哮喘能得到控制,减少复发,防止病情恶化及并发症。有良好医务监督的患病运动员仍然可以长期进行体育运动、参加竞赛。

(七) 游泳性中耳炎

游泳性中耳炎主要是指人们在游泳时,由于不洁净的水进入中耳,造成细菌感染而引起的中耳炎。

1. 发病原因

(1) 患有感冒尤其患流感和上呼吸道炎症时,如果疾病未愈而下水游泳,此时机体抵抗力下降,进入中耳的病菌易引起中耳炎。

(2) 鼓膜受伤或穿孔时,病菌可直接进入中耳而引起感染。

(3) 由于游泳池或天然游泳场的水质不清洁,当外耳道积水时间较长,鼓膜泡软,再用硬物挖耳时,极容易损伤耳鼓,水中的病菌便会进入鼓膜,从而引起中耳炎。

(4) 游泳时呛水或过度用力擤鼻,常会使感染物经咽鼓管进入中耳,造成中耳感染。

2. 主要症状

局部症状常有耳内刺痛难忍、听力减退、耳鸣等症状。在化脓性炎症时期,患者伴有寒战、发热、全身无力、恶心、呕吐、食欲减退、大便干燥或便秘等症状。

3. 处理方法

一般治疗原则是卧床休息,多喝开水,吃流质食物,在医生指导下口服或注射抗生素等药物,控制炎症,如果已化脓则需要到医院进一步处理。急性中耳炎反复发作或未根治,常会转变为慢性中耳炎。

4. 预防方法

(1) 如患有上呼吸道感染或感冒等疾病,在没有完全治愈前不宜下水游泳。

(2) 游泳池水必须符合卫生要求,保持清洁,不要在不清洁的水中游泳。游泳时注意使用正确的呼吸方法,不要在水中嬉戏,以免呛水。鼻子进水后,应按住一个鼻孔轻轻将水擤出,不要同时捏住两个鼻孔用力擤,以免将污水或鼻涕压入中耳而引起发炎。

(3) 游泳前要做体格检查。下水之前应用涂凡士林的棉球或橡皮耳塞将外耳塞好,防止池水进入耳内。但塞的时间不要过长,取出后要将耳道内擦拭干净,以免影响外耳道皮肤的自洁能力。

(4) 当外耳道进水后,不要随便掏耳,上岸后可采用同侧单足跳法将水排出。

(5) 出水后要做好保温工作,及时擦干身上的水珠,披上浴巾或衣服,以免受凉感冒,造成急性鼻炎和急性中耳炎。

第三节　常见运动损伤的预防及处理

体育运动过程中受到直接或间接机械外力和物理等因素的作用而造成的各种损伤，称为运动损伤。与日常生活和工作中发生的损伤不同，运动损伤多与体育运动项目及技术、战术动作特点密切相关，一些运动损伤便以其运动项目冠名，如“网球肘”“足球踝”等。

学习、研究和总结运动损伤分类、运动损伤的发生原因和规律，提高对运动损伤的预防意识，可以最大限度地减少或避免运动损伤，为体育运动参加者的身体健康、学校体育教学和训练的正常进行提供保障。

一、运动损伤的分类

运动损伤的分类方法很多，概括起来主要有以下几种。

（一）按受伤部位及组织的种类与结构分类

可分为皮肤损伤，如皮肤的擦伤、撕裂伤、切伤及刺伤等；肌肉、韧带损伤，如挫伤、拉伤、扭伤、断裂等；骨和关节损伤，如骨折、骨裂、关节脱位、软骨及骨骺损伤等；神经损伤；血管损伤；内脏器官损伤；等等。

（二）按受伤组织是否有伤口与外界相通分类

1. 开放性损伤

受伤后的皮肤、黏膜的完整性不复存在，受伤组织有伤口与外界相通，可见有出血、渗液等异常现象。

2. 闭合性损伤

受伤后的皮肤黏膜依然保持完整，受伤组织未见有伤口与外界相通。

（三）按运动损伤发生的缓急程度分类

1. 急性损伤

急性损伤是指遭受一次直接或间接外力作用而造成的损伤。其特点主要是起病急，病程短，伤后症状明显。

2. 慢性损伤

慢性损伤又可分为：陈旧性损伤，指急性损伤后因处理不当而反复发作的损伤；劳损，指由于某局部运动负荷长期过度，超出了组织所能承受的能力，致使该部位微细损伤逐渐积累而造成的损伤。其特点主要为发病缓慢，症状渐起，病程迁延。

（四）按运动能力丧失的程度分类

受伤后仍能按照教学、训练计划进行体育锻炼或训练的为轻度伤；受伤后不能按照教学、训练计划进行体育锻炼或训练而需要停止伤部活动的为中度伤；伤后完全不能运动的则为重度伤。

二、运动损伤应急处理的一般原则

运动损伤发生的时候，就会引起疼痛、肿胀、炎性反应等症状。为防止这些症状加重所采取的应急手段即被称为“应急处理”。应急处理也可以叫作“RICE 原则”，主要包括制动(Rest)、冷敷(Ice)、加压(Compression)、抬高(Elevation)四个方面。

1. 制动

制动对于骨骼肌损伤的处理来说是不可或缺的，制动主要是让患部处于不动的状态。

运动终止后的制动可以控制肿胀和炎症，可以把出血控制在最小的限度内。如果过早地活动患部，不仅会出现内出血等症状，还有可能使其机能损伤进一步加重，恢复的时间拖长。

2. 冷敷

冷敷在应急处理中是效果最为明显的，因为冷敷既可以减轻疼痛和痉挛，又可以使血液的黏度增加，减少流向患部的血流量，便于更快、更好地恢复。

3. 加压

几乎所有的急性损伤都可以采用加压包扎的方法，加压包扎常使用毛巾及海绵橡胶做的垫子来进行。例如，踝关节损伤时，可用“U”字形的海绵橡胶垫子套在踝关节上，然后用弹力绷带固定。加压包扎可以减轻损伤关节周围的水肿，还可以促进渗入组织内部体液的吸收。

4. 抬高

抬高就是把患部抬到比心脏高的位置。抬高可以减轻通向损伤部位的血液及来自体液的压力以促进静脉的回流，患部的肿胀及瘀血也会因此而得到相应的减轻。

三、应急处理的顺序

（1）停止运动保持不动，特别是不要让受伤的部位活动。

（2）了解受伤的程度。

（3）在患部敷上冰袋或者用凉水冲。

（4）把患部举到比心脏高的位置。

（5）感觉消失后或者经过 20 分钟停止冷敷。

四、一般运动损伤处理方法

（一）擦伤

1. 主要症状

因运动使皮肤受搓致伤，擦伤后皮肤出血或有组织液渗出。

2. 处理方法

有条件者可用碘酒、酒精棉球消毒伤口周围。小面积擦伤，用红药水涂抹伤口即可。大面积擦伤，伤处嵌入煤渣、泥土时，先用生理盐水洗净，涂抹红药水，再用消毒布覆盖，用纱布包扎。面部擦伤最好不用甲紫等染色剂涂抹。关节处皮肤擦伤，先要洗净，然后用消炎油膏涂抹，盖上无菌纱布，用胶布固定，必要时缠上绷带。

（二）撕裂伤

1. 主要症状

在剧烈、紧张运动时，受到突然强烈的撞击是造成肌肉撕裂的主要原因，其中包括开放性撕裂伤和闭合性撕裂伤两种。常见的有眉际撕裂、跟腱撕裂等。开放性撕裂伤顿时出血，周围肿胀；闭合性撕裂伤会出现红肿，触及时有凹陷感和剧烈疼痛。

2. 处理方法

轻度开放性撕裂伤，用红药水涂抹伤口即可；裂口大时则需止血和缝合伤口，必要时注射破伤风抗毒血清，以防破伤风症。

（三）挫伤

1. 主要症状

挫伤一般因撞击器械或练习者之间相互碰撞而造成。单纯挫伤会在损伤处出现红肿，皮下出血，并有疼痛；内脏器官受伤时，则会出现头晕、脸色苍白、四肢发凉等现象，严重者甚至出现休克。

2. 处理与康复

（1）活动限制期（受伤48小时内）：受伤后立即实施RISE疗法。该套方法是急性期急救处理的关键所在，不可忽视。同时，可以外敷清热、消炎、止痛的中草药。切忌做按摩、热敷、理疗和伤肢的屈伸活动。

（2）活动恢复期（受伤48小时后）：此时伤情已基本稳定，可拆除包扎，实施局部按摩、热敷等理疗措施。为了尽快恢复肌肉力量，伤者可以有计划地、循序渐进地进行主动的功能锻炼，但不可操之过急。同时配合外敷清热消肿、活血化瘀的中草药和理疗。

（3）功能恢复期：逐渐增加受伤肌肉抗阻力量练习，并继续配合按摩、理疗，直至完全恢复肌肉的力量和功能。酌情参加一些非对抗性活动，如行走、蹲起、弯腰、游泳等，然后逐步过渡到参加正常体育运动。

（四）肌肉拉伤

1. 主要症状

通常在外力直接或间接作用下，使肌肉过度主动收缩或被动拉长，会引起肌肉拉伤；特别是准备活动不充分、动作不协调以及肌肉弹性、伸展性、肌力等较差者更容易拉伤。小腿腓肠肌、大腿后群肌、大腿内收肌和腰背肌等是运动中的易伤肌肉，肌肉拉伤后伤处肿胀、压痛，肌肉痉挛，触诊时可摸到硬块。严重的肌肉拉伤是肌肉撕裂。

2. 处理与康复

发生肌肉微细损伤或肌纤维轻微撕裂时，应立即实施RISE疗法。24～48小时后拆除包扎，进行按摩、理疗、痛点药物封闭等，常可获得满意疗效，达到痊愈。疑有肌纤维部分断裂或肌肉完全断裂，或伴有血肿的严重损伤，经加压包扎、固定伤肢等急救处理后，迅速送医院尽早手术缝合。受伤后应立即停止运动，不要勉强坚持。症状减轻后方可开始活动，并随伤情好转而逐渐增加活动量，直至恢复正常。

（五）关节韧带损伤

关节韧带损伤是十分常见的运动损伤。凡运动中关节活动超过正常范围时，均可能导致关节韧带损伤。运动中常见的关节韧带损伤主要有踝关节外侧韧带损伤、膝关节内侧副韧带损伤、肘关节尺侧副韧带损伤和指间关节韧带损伤等。其中踝关节外侧韧带损伤率居关节韧带损伤的第一位，在所有运动损伤中约占8%。

1. 主要症状

有确定的受伤动作或经历。损伤局部有明显的疼痛和压痛，重复受伤动作时疼痛加重，继而迅速肿胀；损伤严重，有韧带和关节囊撕裂时，可伴有关节腔积液，皮下瘀血；伤后2～3天，瘀血青紫最为明显。关节活动功能明显受限，不能完成正常的功能活动。一手顶住损伤韧带对侧的关节部位，另一只手握住伤侧肢体末端，两手相向对抗用力，若出现疼痛，提示有韧带损伤；如果关节活动幅度较健侧肢加大，则提示可能有韧带部分或完全断裂。

2. 处理与康复

关节韧带受伤后，应立即实施RICS疗法，即局部冷敷或氯乙烷喷射、加压包扎、抬高伤肢和制动休息等。严禁于受伤处进行按摩、热疗等相关处理。休息30分钟后，拆去包扎，用拇指指腹压迫痛点止血，同时做关节分离试验。若疑有韧带断裂或伴有骨折，在现场加压包扎后及时送医院作进一步检查和处理。

韧带轻度扭伤者,应重新予以局部加压包扎,制动及抬高伤肢。绑带包扎时应使受伤组织处于松弛状态,如踝关节外侧韧带损伤时应呈轻度外翻背伸位包扎固定。24 小时后,根据伤情可选用中药外敷、按摩、理疗、药物局部注射以及黏膏支持带固定等处理方式。尽早进行关节功能锻炼,但要注意循序渐进,如从最初关节的局部运动,到保持原固定下的行走练习,直至关节周围肌肉的力量练习。

较严重的韧带扭伤,肿胀及肌肉痉挛较为明显,消除肿胀是不可忽略的首要问题,可用较大的海绵垫或棉花垫压迫包扎。拆除包扎的时间可适当后延 2 ~3 天。关节的功能锻炼在肿胀减轻、消失时就可以开始。

（六）颈部软组织扭伤（落枕）

1. 主要症状

颈部软组织损伤系指颈部肌肉、韧带、关节囊的急性损伤,或伴有颈椎小关节错位。在体育运动中,主要由头颈两侧用力或受力不一致,使颈部突然扭转所致,如摔倒时头颈部着地,做滚翻动作时头颈位置不正、滚翻歪斜、团身不好等。总之,技术动作上存在缺点、保护措施不佳、头颈准备活动不够等是常见的致伤原因。其表现为颈项僵直、疼痛,头向一侧歪斜,颈肌痉挛,有压痛,头的活动受限。重者脊突偏歪,压痛明显。有肩臂麻木或四肢瘫痪等脊髓神经症状,沿脊柱纵轴叩击头顶有颈部疼痛时,应疑有骨折、脱位可能。

2. 处理方法

用按、摩、揉、捏等手法按摩颈部,以指揉或针刺风池、悬钟、落枕等穴位,使痉挛的肌肉松弛后,做头颈部的运拉;然后令受伤者主动活动颈部,如头向左右旋转、前屈、后伸、左右侧屈等。对颈部软组织损伤患者,不宜采用搬旋头颈部的暴力手法,否则会加重症状。此外,还可采用热敷、红外线照射局部或封闭疗法等。

（七）胫、腓骨疲劳性骨膜炎

疲劳性骨膜炎是骨对运动负荷过大的一种反应性炎症,常发于胫骨、腓骨、尺骨和桡骨。胫、腓骨疲劳性骨膜炎的发生主要和过多的跑跳有关,是以小腿骨疼痛为主要症状的一种常见损伤。多见于参加体育锻炼时间不久的青少年。刚参加锻炼的青少年,由于下肢肌肉不够发达,缺少弹性,运动时不能很好地协调放松和收缩,致使骨膜反复受到牵拉;此外,跳起落地时不能很好地利用缓冲,使骨组织内部产生的应力遭到破坏,因此特别容易发生这种损伤。胫、腓骨疲劳性骨膜炎大多在剧烈跑跳后的 10 多天内发生,但有时也因为在过硬的场地上练习脚尖跑、后蹬跑、变速跑、跨步跑而当即发生。

1. 主要症状

疼痛是胫、腓骨疲劳性骨膜炎的主要症状。初期多在运动中或运动后局部出现疼痛,休息后疼痛缓解、消失。此时,若继续进行大负荷的运动,疼痛将逐渐加重。疼痛的性质多种多样,有隐痛、牵扯痛、刺痛及烧灼痛等,部分有夜间疼痛,个别严重者因疼痛出现跛行。急性期大多有局部凹陷性水肿,尤以小腿下段明显。于胫骨局部骨面上可触及散在压痛点,病程较长者,还可触及单个或串珠状结节或肿块,压之锐痛。患者用患侧足尖用力向后蹬地时出现胫骨疼痛。反复发作的严重患者可拍摄 X 光片作进一步诊断,大多可见骨膜增生,骨皮质边缘粗糙。

2. 处理与康复

损伤早期症状较轻，一般无须特殊治疗。应停止大运动量运动，调整锻炼计划，减少下肢负荷，避免剧烈跑跳，运动时用弹性绑带裹扎小腿，休息时抬高伤肢，多可痊愈。期间每天用40℃～50℃的温水浸泡伤处半小时有利于恢复。

经常疼痛或运动后疼痛严重者，应用弹性绑带包扎并抬高患肢休息，同时配合中药外敷、理疗、按摩等。伤愈后重新参加运动，运动量必须逐渐加大，以免损伤、复发。

（八）脑震荡

1. 主要症状

当头部受到外力打击后立即出现意识障碍，或出现一时性的意识丧失、神志恍惚。意识障碍的程度都较轻，时间也长短不一，短则几秒钟，长则几分钟乃至20～30分钟。在意识丧失时，呼吸表浅，脉搏稍缓，肌肉松弛，瞳孔稍有放大但两侧对称，神经反射减弱或消失。意识清醒以后，出现逆行性健忘，即不能回忆受伤时的经过，但能清楚地回忆受伤以前的事情。伤者多头痛、头晕、情绪紧张，头部转动或变换体位时，症状往往加重，以后随着伤病的恢复逐渐减轻、消失。有时会有轻微的恶心、呕吐感，伤后数天即可消失。还可能出现情绪不稳、容易激动、注意力不集中以及耳鸣、心悸、多汗、失眠等植物神经功能紊乱的症状。

2. 处理方法

立即让患者平卧，头部冷敷；若有昏迷，即指压人中、内关、合谷穴；若呼吸发生障碍，立即进行人工呼吸。上述处理后，出现反复昏迷或耳鼻出血、两瞳孔放大又不对称现象，表明病情严重，应立即送医院治疗。在运送途中，要让患者平卧，头部固定，避免颠簸。一般来说，脑震荡都可自愈，无须住院治疗，但要注意休息和进行必要的药物治疗，保持情绪安定，减少脑力劳动。在恢复期内，可定期做脑震荡痊愈平衡试验，以检查恢复情况。如闭目状态下单腿站立、两臂平举时能保持平衡，表明脑震荡已基本治愈。这时可参加体育锻炼，但要避免滚翻和旋转性动作。

五、运动损伤的预防

体育锻炼的目的在于增强体质，增进身心健康。但是运动中发生的各种损伤会对锻炼者产生不同程度的影响。轻者影响学习、工作和健康，重者可能致残甚至危及生命，给个人、家庭及国家带来严重的损失。因此，采取必要的措施，加强对运动损伤的预防，是保证体育锻炼卓有成效的关键所在。预防运动损伤的发生，关键在于运动时能够根据运动损伤的特点和发生规律，结合不同的运动项目特征制定科学的预防方法。预防运动损伤主要有以下几方面的原则。

（1）从思想上重视运动损伤的预防，学习并掌握有关预防运动损伤的知识和方法，倡导科学锻炼，注重体育锻炼的全面性、渐进性，有效地防止运动损伤的发生。

（2）根据自身条件选择自己喜爱、擅长的运动项目，也可以根据自己的锻炼目的选择针对性训练，如要针对身体肥胖、睡眠不良、体力下降、便秘等问题，可以选择医疗体育。

（3）避开嘈杂和不良的环境，保持良好心态，在合适的时间、场所及安全的环境中进行锻炼。运动着装应宽松舒适，符合体育卫生的要求。

（4）注意调整身体机能，认真做好锻炼前的准备活动以及锻炼后的放松活动，避免运动量过大。及时消除运动性疲劳，使身体始终处于良好的运动状态。

（5）加强自我保护意识，掌握运动中可能发生意外时的自我保护方法，必要时可使用个人防护用具(护腕、护膝、护踝等)。学会运动后肌肉酸痛、关节不适等常见症状的处理方法。症状明显或逐渐加重者,应去医院进行诊治。总之,对运动损伤要做到及时发现,及时处理,争取尽早康复。

第四节　运动损伤的急救方法

运动损伤的急救处理,是对突然发生或意外发生的运动性伤害事故所进行的紧急的、临时性的一种初步处理,它直接关系到伤者的安全与身体康复。处理不当,轻者加重损伤,导致感染,增加伤者不必要的痛苦;严重者致残甚至危及生命。以下介绍几种常见的应急处理方法。

一、外伤出血的现场处理

健康成年人体内的血液总量达4000~5000毫升,约占体重的8%。若一次性急性出血量达到全身总血量的20%,即可出现急性全身贫血;若出血量达到或超过全身总血量的30%,将会导致休克,甚至危及生命。因此,对于运动损伤中一切有出血的受伤者,尤其是大动脉出血,必须立即予以急救处理,尽快止血。

(一)出血的种类

(1)动脉出血:颜色鲜红,压力大,呈喷射状,危险性大。

(2)静脉出血:颜色暗红,缓缓流出,危险性相对小些。

(3)毛细血管出血:颜色鲜红,呈渗出状,危险性小。

(二)外伤出血的止血方法

1. 冷敷法

常用于急性闭合性软组织损伤,可使血管收缩,减少局部充血,降低组织温度,抑制神经感觉,有止血、止痛、防肿、退热的作用。一般用冷水或冰袋敷于损伤局部,常与加压包扎和抬高伤肢法同时使用。

2. 抬高伤肢法

抬高受伤肢体,使肢体高于心脏或与身体成15°~20°角,使出血部位压力降低。此法使用于四肢小静脉或毛细血管出血的止血,常在绷带加压包扎后使用,在其他情况下仅为一种辅助方法。

3. 加压包扎法

有创口的可先用消毒的敷料盖好,之后以绷带加压包扎,此法适用于小静脉和毛细血管出血的止血。

4. 加垫屈肢止血法

前臂、手和小腿、足出血时,如果没有骨折和关节损伤,可将棉垫或绷带卷放在肘或膝关节窝上,弯曲小腿或前臂,再用绷带做“8”字形缠绕(图4-1)。

5. 指压止血法

用大拇指压住伤口近心端的动脉于深部骨骼上,阻断血流,从而达到止血的目的,此方法多用于体表临时性止血。

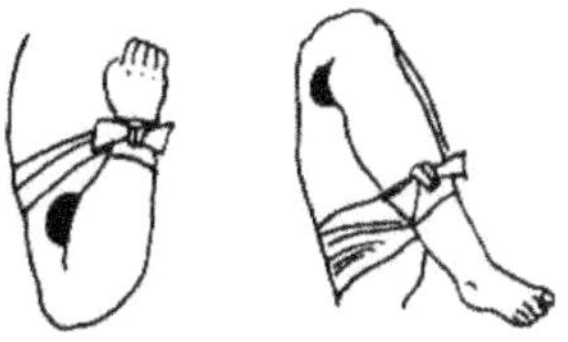

图 4-1　加垫屈肢止血法

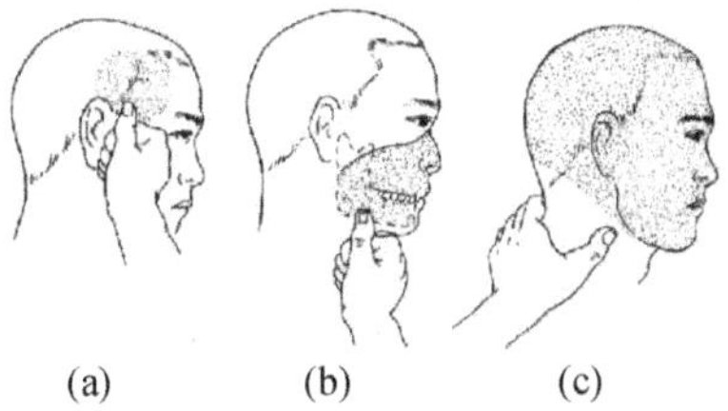

图 4-2　指压头顶、面部及头颈部止血法

(1) 头顶部出血，用拇指将伤侧颞动脉压在下颌关节上，如压迫一侧不行，同时压迫另一侧[图 4-2(a)]。

(2) 面部出血，用拇指压迫颌动脉于下颌角附近的凹陷内[图 4-2(b)]。

(3) 头颈部出血，用拇指压迫一侧颈动脉，切记不能同时压迫两侧颈动脉，以免头部血供中断[图 4-2(c)]。

(4) 肩及上臂出血，用拇指压迫同侧锁骨下动脉(图 4-3)。

(5) 前臂及手掌出血，用拇指压迫同侧肱动脉(图 4-4)。

(6) 下肢出血，两拇指重叠压迫同侧的股动脉(图 4-5)。

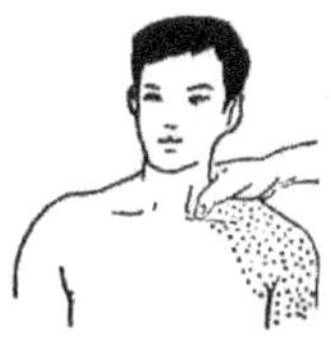

图 4-3　锁骨下动脉止血法

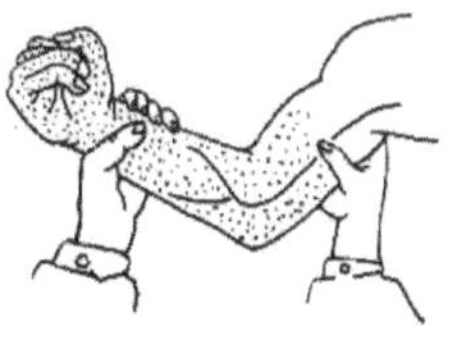

图 4-4　肱动脉止血法

图 4-5　股动脉止血法

6. 止血带止血法

适用于四肢动脉出血，常用的止血带有橡胶止血带、气性止血带、布制止血带等。橡胶止血带止血法：掌心向上，止血带一端由虎口拿住，留出 15 厘米，一手收紧，绕肢体 2 圈，中指、食指两指将止血带的末端夹住。顺着肢体用力拉下，压住“余头”，以免滑脱(图 4-6)。

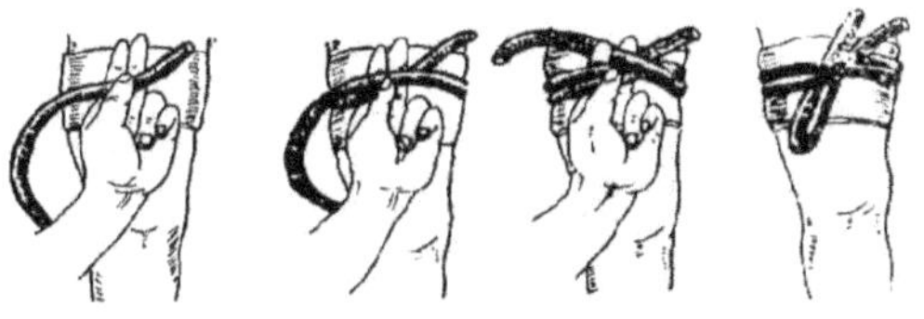

图 4-6　止血带止血法

注意事项：使用止血带可以使被缚扎处以下的肢体血液循环完全中断，引起肢体缺血性坏死，且缚扎的松紧度若有不当，有时反而会增加出血。因此，非四肢大动脉出血的紧急情况，一般不采用此方法止血。缚扎止血带后，肢端应呈蜡白色，如果呈紫红色则为缚扎松紧不当。缚上的止血带，上肢每隔半小时、下肢每隔 1 小时分别放松一次，以防发生肢体坏死。

二、骨折的急救

骨折是较严重的运动损伤，但发生率低，约占全部运动损伤的 1.5%。实施急救的目的在于保护断肢，避免再度损伤；预防并发症及休克；防止断肢移动，便于运送医院及时治疗。

(一) 骨折的原因

骨折多由暴力引起。引起外伤性骨折的暴力，按其作用的性质和方式可分为下述 4 种。

1. 直接暴力

这是指暴力直接作用于人体而引起的该部位骨折。例如，跌倒时膝部突然跪地，使之直接撞击地面而引起的髌骨骨折；踢足球时，小腿不慎被踢伤发生的胫骨骨折。

2. 传导暴力

这是指暴力接触处较远的部位发生骨折。例如，从高处摔下时用手撑地，由跌倒时的冲力所引起的地面反作用力沿上肢向上传导，导致的腕、前臂、肘及上臂等多处骨折；足球守门员扑球时摔倒引起的锁骨骨折。这是最常见的骨折原因。

3. 牵拉暴力

这是指肌肉强烈而不协调的收缩，引起肌肉附着处的撕脱性骨折。例如，举重时提起杠铃突然进行翻腕动作，容易使前臂屈肌在肱骨内上髁附着处发生撕脱性骨折；股四头肌的猛烈收缩容易引起髌骨骨折或胫骨粗隆处的撕脱性骨折。

4. 积累性暴力

积累性暴力引起的骨折也称疲劳性骨折，是由暴力的长期积累所致，如胫、腓骨疲劳性骨折。

（二）骨折的现场处理

1. 骨折的现场处理原则

（1）防治休克。严重骨折、多发性骨折或同时合并其他损伤，伤员均易发生休克。急救时注意预防休克，若有休克必须先抗休克，再处理骨折。

（2）就地固定。骨折后及时固定可避免断端移动，防止加重损伤。若未加固定，不可随意移动伤员，尤其是大腿、小腿和脊柱骨折的伤员。

（3）先止血再包扎伤口。伤员有伤口出血时，应先止血、清洗创面，再包扎伤口并固定。

2. 骨折的临时固定

骨折时，用夹板、绷带将折断的部位固定包扎起来，使伤部不再活动，称为临时固定。其目的是减轻疼痛，避免再伤和便于转送。临时固定的注意事项有以下几点。

（1）骨折固定时不要无故移动伤肢。

（2）固定时不要试图整复。开放性骨折断端外露时，一般不宜自己还纳，以免引起深部污染。

（3）固定用夹板或托板的长度、宽度，应与骨折的肢体相称，其长度必须超过骨折部的上、下两个关节。

（4）固定的松紧要合适、牢靠，过松则失去固定的作用，过紧会压迫神经和血管。

3. 几种常见骨折的固定法

（1）锁骨骨折的固定。先取 3 条三角巾并折叠成宽带，在双肩腋下填上软布团或棉花团，然后用 2 条宽带分别绕过伤员两肩在背后打结，形成两个肩环，再用第三条宽带在背后穿过两个肩环，拉紧打结，最后将两前臂缚扎固定或将伤侧肢体挂在胸前（图 4-7）。

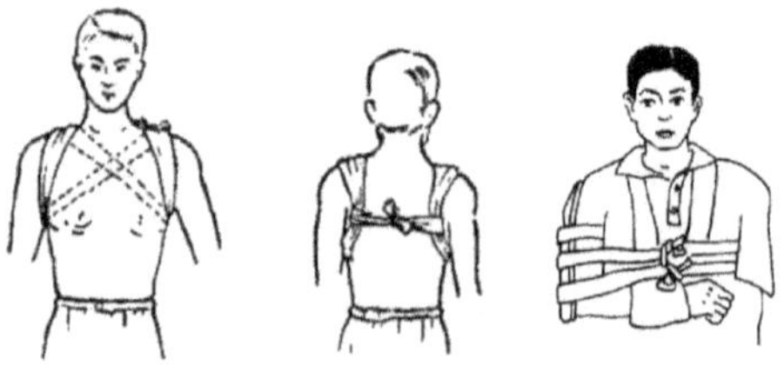

图 4-7　锁骨骨折固定

（2）肱骨干骨折的固定法。用 2 块长短、宽窄适宜的有垫夹板，分别放在伤臂的内、外侧，屈肘 90°，用 3～4 条宽带将骨折处上、下部缚好，再用小悬臂带把前臂挂在胸前，最后用宽带或三角巾将伤臂固定于体侧（图 4-8）。

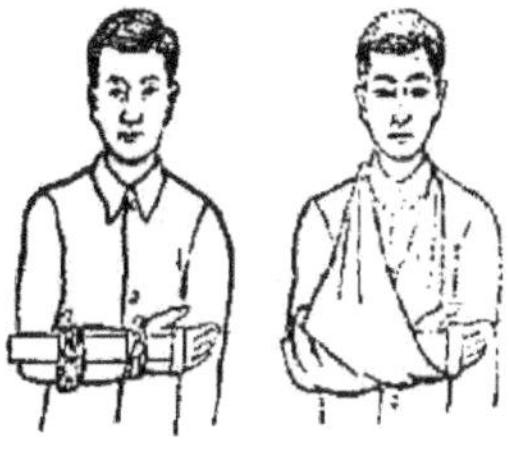

图 4-8　肱骨干骨折固定

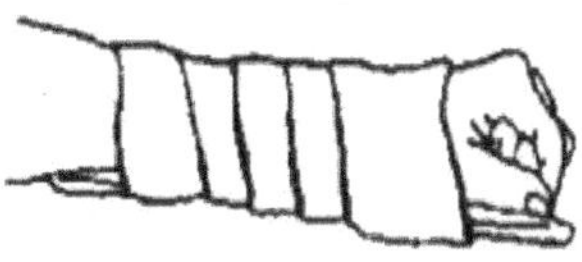

图 4-9　前臂骨折固定

(3) 前臂骨折的固定。用 2 块有垫夹板分别放在前臂的掌侧和背侧,前臂处于中立位,屈肘 90°,用 3 ~4 条宽带缚扎夹板,再用大悬臂带把前臂挂在肩前(图 4-9)。

(4) 手腕部骨折的固定。用一块有垫夹板放在前臂和手的掌侧,手握绷带卷,再用绷带缠绕固定,然后用大悬臂带把患臂挂于胸前。

(5) 股骨骨折的固定。用 2 块长夹板放在伤肢的内、外侧,内侧夹板包在大腿根部,下至足跟;外侧夹板上至腋下,下达足跟;然后用 5 ~8 条宽带固定夹板,在外侧打结(图 4-10)。

(6) 小腿骨折的固定。用 2 块有垫夹板放在小腿内、外侧,2 块夹板上至大腿中部,下至足部,用 4 ~5 条宽带分别放在膝上、膝下及踝部缚扎固定(图 4-11)。

(7) 踝足部骨折的固定。取一块直角夹板置于小腿后侧,用棉花或软布在踝部和小腿下部垫妥后,用宽带分别压在膝下、踝上和足跖部缚扎固定(图 4-12)。

图 4-10　股骨骨折固定

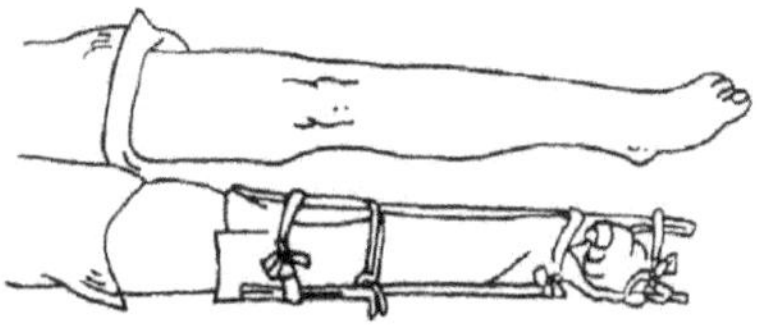

图 4-11　小腿骨折固定

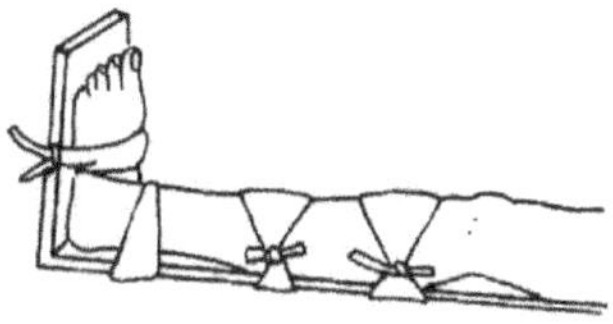

图 4-12　踝足部骨折固定

三、关节脱位的急救

(一) 关节脱位的原因

引起外伤性关节脱位的暴力以间接暴力为多见,直接暴力较少。在体育运动中,最多见的关节脱位是肘关节后脱位和肩关节前脱位。任何外力,只要使肘关节过伸或外展,并使肘关节内侧副韧带断裂,都能引起肘关节后脱位。例如,跌倒时手掌触地所产生的传导暴力,可引起典型的肘关节后脱位。而跌倒时如果肩关节处于上臂外展位下用手或肘部着地,此时肱骨头可因力的作用向前下方移动,并自肩胛盂脱出,发生肩关节前脱位。

(二) 关节脱位的症状

关节脱位后,局部主要表现为疼痛、压痛、肿胀、关节功能丧失以及伤肢出现增粗、缩短、旋转及展收畸形等症状。如关节脱位牵扯或压迫了神经和大血管,使神经、血管受到损伤,常常并发休克。

(三) 关节脱位的急救

关节脱位后,应尽早实施复位。复位时间越早,伤者痛苦越小,复位效果越好。如果关节发生脱位时不具备整复条件,则用夹板、绷带、三角巾在脱位所形成的姿势下立即予以固定,并尽快将伤者送往医院,以争取早期实施复位术。没有整复技术和整复经验的救护者,切不可随意做任何试图复位的动作,以免加重伤情,影响关节功能恢复。当大关节脱位或合并其他损伤时，伤者常会发生休克，急救时要注意预防，及时处理。

四、心肺复苏技术（CPR）

心肺复苏是针对呼吸、心跳骤然停止者所采用的急救措施。即用人工呼吸代替伤者的自主呼吸，同时用胸外挤压心脏形成的人工循环诱导自主心跳，以恢复血液循环。当人突然发生心跳、呼吸停止时，必须在 4 ~ 8 分钟内建立基础生命维持，保证人体重要脏器的基本血氧供应，直到建立高级生命维持或自身心跳、呼吸恢复为止，其具体操作即心肺复苏。

（一）人工呼吸

人工呼吸是借助人工方法来维持机体的气体交换以改善病人的缺氧状态，排除二氧化碳，为恢复伤员的自主呼吸创造条件。在确认患者呼吸停止（胸部起伏停止，鼻孔不出气）后可用此方法。人工呼吸方法较多，如举臂压胸法、仰卧压胸法、俯卧压背法等，效果最好的首推口对口呼吸法。

操作方法：伤员仰卧，松开衣领、衣扣，头尽量后伸（可在颈下垫一物），打开口腔，清除异物，盖上纱布；操作者一手托起伤员下颌，掌根轻压环状软骨，另一手捏住鼻孔，深吸一口气，双唇包住病人的嘴外缘（图 4-13）后，将空气用力吹入伤员口中。如此反复，16 ~ 18 次/分钟。

图 4-13　人工呼吸

注意事项：

（1）保持呼吸道通畅，如将溺水者迅速倒水，口腔内若有杂物须迅速清除干净，舌后堕要拉出，等等。

（2）要连续进行，不能中断，一直做到自主呼吸恢复或确定死亡为止。

（3）压力和吹气量要适中，开始可稍大，吹气要深而快，800 ~ 1200 毫升/次，以后逐渐减小，避免过度吹气，视胸廓起伏即可，要使胸廓充分放松。

（4）若心跳也停止，应与胸外心脏按压同时进行，两者频率之比约为 2∶30。

（二）胸外心脏按压

伤者突然昏迷，血压消失，心尖搏动和心音消失，或颈、股动脉摸不到搏动，即可诊断为心搏骤停，同时可能伴有瞳孔散大、呼吸停止等，应立刻实施胸外心脏按压。用胸外心脏按压的方法可使心脏被动射血，以带动血液循环。

操作方法：将患者仰卧在地板或地上，找准按压的位置，正确位置在胸骨中下 1/3 交界处。抢救者将一只手的中指沿病人一侧的肋弓向上滑移至双侧肋弓的汇合点，中指定位于此处，食指紧贴中指并拢，以另一手的掌根部紧贴食指平放，使掌根的横轴与胸骨的长轴重合，此掌根部即为按压区，固定不要移动；此时可将定位之手重叠放在另一只手的手背上，双手掌根重叠，十指相扣（图 4-14），使下面手的手指抬起（以避免按压时损伤肋骨）。操作者两手重叠压迫伤员胸骨下段，使之下陷，肘关节伸直，以自身体重和肩臂肌的力量有节奏地进行冲击、放松。如此反复。

图 4-14　胸外心脏按压

注意事项：

（1）压迫部位为胸骨下段，方向垂直对准脊柱。

（2）用力不要过猛，以免造成肋骨骨折；按压深度成人不小于 5 厘米，幼儿不小于胸廓前后径的 1/3。

（3）操作不能中断，按压频率不少于 100 次/分钟，胸外按压次数与人工呼吸次数的比例为 30∶2，若见口唇、甲床渐红，颈、股动脉搏动可及，说明挤压有效，应继续坚持到自主心跳恢复，或确认死亡为止。

（4）呼吸心跳同时停止时，先行心脏按压，同时清理和保持呼吸道通畅。

（5）就地抢救的同时，应拨打电话“120”求救或派人迅速地去请医生；现场抢救成功后，必须立即将伤员送往医院，以作进一步处理。

（6）非专业施救者，应简化施救流程，直接做心脏按压。

心肺复苏能否成功，抢救是否有效，最终取决于循环停止所导致的脑组织缺氧损害的程度，而后者又取决于循环停止时间的长短。因此抢救时应行动迅速，争分夺秒。有统计显示，心跳、呼吸停止 4 分钟内及时抢救，回生机会为 70%；心跳、呼吸停止超过 4 分钟后进行抢救，回生机会仅 20%。这就是“黄金 4 分钟”。

思考题

1. 试述运动中腹痛产生的原因及预防和处理方法。
2. 试述运动性中暑的原因及处理方法。如何预防？
3. 运动损伤应急处理的一般原则有哪些？
4. 如何实施心肺复苏术？有哪些注意事项？

第五章

生活与健康

第一节 生活方式与健康

一、生活与生活方式

人类生存在地球上,其生命活动的最基本表现形式有两种:一种是生产劳动,另一种就是生活。生活就是指人类所有生命活动的内容及其存在方式集中体现的一种状态。人们的生活丰富多彩,变化不断。因此,生活方式是一个内容相当广泛的概念,它包括人们的衣、食、住、行、劳动工作、休息娱乐、社会交往、待人接物等物质生活和精神生活的价值观、道德观、审美观,这些方式可以理解为在一定的历史时期与社会条件下,各个民族、阶级和社会群体的生活模式。生活方式是人的社会化了一项重要内容,决定了个体社会化的性质、水平和方向。生活方式是一个历史范畴,随着社会的发展而变化。不同历史时期、不同社会,不同阶层和不同职业的人,有着不同的生活方式,其决定于一个人的思想意识,又会反作用于这个人的思想意识。总之,生活方式的变化直接或间接影响着一个人的思想意识和价值观念。因此,社会生活方式是通过一个人的思想意识与心理结构的形成,影响着一个人的行为方式和对社会的态度,反映了一个人的价值观念,即世界观的基本倾向。

二、生活方式与健康、体育的关系

生活方式与人们的身体健康息息相关。良好的生活方式给健康带来积极的影响,反之,则带来消极的影响。美国流行病学所做的调查研究表明,生活方式是影响人们健康的首要原因。美国每年有200万人死于不健康的生活方式,主要表现为酗酒、吸毒、生活无规律、营养失控、体育运动不足等不良的行为习惯。美国学者曾预测,使美国成人平均寿命增加一年需花费100亿美元,然而如果人们做到经常锻炼、不吸烟、少饮酒、合理饮食,几乎不花分文就能期望平均寿命增加11年。可见健康与生活方式有多么密切的关系。

生活方式是人们身体健康的基础和保证。生活是为了延续人的生命并使其“活得更有意义、更有价值”。尤其是当今,“生活就是为了健康”越来越被更多的人所理解。体育运动是贯穿整个生活方式之中起着调节作用的不可代替的成分,它调节和改善着人们由于饮食、营养、作息等方面长期不合理的习惯所造成的健康效应。因此,在世界上,一些新的概念,如“体育就是一种生活方式”“体育进入生活方式”“生活体育”等正在形成。缺少体育运动的生活方式,就不能称为现代社会健康文明的生活方式。在我国开始推行《全民健身计划纲要》的时候,明确提出了全民健身活动对改善生活方式、提高生活质量的意义和价值。

三、致使亚健康的三种不良生活方式

(一)过度竞争型

随着社会的转型,社会竞争加剧,使一部分人成了工作狂,成了赚钱的机器,生活压力加大,生活节奏明显加快,生活规律被打破,生物钟被打乱,长期处于一种紧张状态,缺乏体育

锻炼,身体内部环境不断恶化,逐渐形成"亚健康",出现易疲乏、失眠、脱发、易怒、食欲差、性功能下降等功能衰退症状,进一步会出现猝死,严重的心、脑血管病以及其他方面严重的疾病。例如,娱乐圈竞争激烈、工作紧张、生活不规律,加上大量吸烟和饮酒,给"亚健康"创造了极好的条件,导致近几年一些歌星、影星、球星的英年早逝。又如,2011 年 12 月 17 日,效力于 NBA 亚特兰大老鹰队的科利尔猝死在训练场上,医生表示,科利尔可能死于心脏扩大病症;2012 年 3 月 19 日足球"世界杯"1/4 决赛,著名球员法布里斯·姆安巴在中圈弧附近突然休克倒地,呼吸也一度停止。急救医生立即实行紧急救治,比赛被迫中断。

（二）过度安逸型

随着社会经济的发展,人们开始进入小康社会或富裕社会,在生活方式上追求安逸。有些人越闲越懒,表现在越安逸越想安逸,越闲越怠,越养越懒,由此造成精神萎靡,呵欠不断,喜躺思睡,不求上进;饮食不厌精细,吃喝无节制,出行以车代步,平时极少进行体育活动,加重了心血管和肝、肾器官的负担,久而久之形成"亚健康",出现大腹便便、周身不适或疼痛、心悸、胸闷气促、记忆力减退、情绪低落、免疫力低下等症状,进一步会导致肥胖、脂肪肝、高血压、心脏病、脑血管病、糖尿病等"富裕病"、"文明病"。从近些年来中小学生的肥胖率上升来看,"亚健康"已不是中老年人的专属,已经逐渐侵蚀到各类人群,是当前亟待解决的新问题。有资料表明,平时心境较差,且不爱运动的人,其心脑可早衰 10 ~ 15 年,罹患心血管疾病的危险要比一般人高出 1 ~ 3.5 倍。

（三）过度纵欲型

这种生活方式的生活观念是及时行乐,主要表现在娱乐方式上,追求新奇、刺激。一些青少年上网的目的不是为了学习,而是为了玩,在网上聊天、看黄色图片、玩游戏等;有的患上互联网成瘾综合征不能自拔;有的追求所谓的刺激、消遣,从而染上了赌博的恶习,越赌越上瘾。有的为了弄到赌资丧失人伦,杀人越货;有的倒在麻将桌上再也没有起来。有些青少年过度放纵自己的行为,有的发生婚前性行为,不仅易对个人造成生理和心理上的伤害,甚至威胁到他人生命安全。这些无约束、无节制的生活为提前进入"亚健康"埋下伏笔,出现精力不足、身体倦怠、消化功能差、难以控制自己情绪、没有上进心、消极地对待工作和生活、厌恶社交甚至自闭等不良症状,这种生活方式若不加以控制,还会直接导致过劳死、猝死。

第二节　运动与营养

一、营养的概念

人体为了生存和生活必须摄取食物,以维持生长发育、正常的物质代谢和生理机能等生命活动。摄取、消化、吸收和利用食物中的养料以维持生命活动的整个过程称为营养。食物中对机体有生理功效的成分称为营养素。人体所需要的营养素约有几十种,营养素通常来自食物,一种食物不可能包含所有的营养素,一种营养素也不可能具备各种营养功能。因此,人体需要从多种食物中获得各种营养素。

二、平衡膳食

（一）平衡膳食的概念

平衡膳食或健康膳食,是指能达到合理营养要求、促进人体健康、预防疾病的膳食。平衡膳食的质和量都能满足人体生理状况、生活环境、劳动条件以及一切活动的需要。平衡膳食由多种食物构成，它提供足够数量的热能和各种营养素，满足人体正常生理需要，而且还保持了各种营养素之间数量的平衡，以利于消化、吸收和利用。

目前，我们已经进入了一个科学技术高度发展、高度分工的社会，体力活动的逐渐减少和膳食品种的日益丰富，使得心血管疾病、高血压、高血脂、糖尿病、肥胖病及癌症等被人们称为"现代文明病"的疾病的发病率逐年上升，并已成为现代社会中危及人类生命的最主要杀手。对此，我们可以通过改变饮食，调整营养结构，提供符合卫生和健康要求的平衡膳食有效地予以遏制，以减少这些疾病的发生。

（二）平衡膳食的饮食指导

1. 三餐配比

若按每日三餐的热能分配，以早餐占 25% ~30% 、午餐占 35% ~45% 、晚餐占 30% ~35% 较为合理，当然还可以根据各地的生活和作息时间而作适当的修改。

2. 营养配比

合理营养要求三大营养素供热占总热能的百分比为蛋白质 10% ~15% 、脂肪 20% ~30% 、糖类（碳水化合物）60% ~70% 。

3. 合理调配膳食

要达到合理营养，必须合理调配膳食，满足对各种营养素的要求。中国人多以谷类为主食，有充分利用大豆及其制品的传统。研究证明，谷豆混食时其中的蛋白质可以起互补作用，对人的健康是有益的。此外，中国传统膳食构成中淀粉类多，单糖类少，脂肪占总热量的比例也不高，因此应根据不同年龄、性别、职业、身体状况等进行合理调配。

三、运动的能量来源

能量是物质的一种表现形式，它既不能产生，也不能被消灭，只能连续不断地从一种形式转化为另一种形式。在人体中，参与身体运动的热能来源于食物所提供的基本营养物质，它们作为"燃料"，释放能量，供运动时肌肉收缩做功之用。

食物中的三大营养素糖、脂肪、蛋白质是供给机体热能的重要物质，又称三大能源物质。除蛋白质、脂肪、糖三大营养素外，矿物质、维生素、水和食物纤维也是人体不可缺少的营养素。它们各有独特的营养功用，但在机体代谢中又密切联系。

（一）糖在运动中的营养功能

糖是人体生命活动所需的重要供能物质，是维持人体热量贮备的重要物质。一个体重 70 千克的成人体内糖类物质的总贮备量为糖原 317 克，葡萄糖 10 克，这一含量仅能供人体维持中等强度运动半天，故人体需要源源不断地从食物中摄取糖类物质。而且糖类作为供能物质有许多优点，大量食用不会引起油腻感，容易被消化、吸收，氧化供能及时。糖氧化时耗氧量远较脂肪和蛋白质少，无论在有氧或无氧的条件下都能释放热量，这对运动员提高运动效率有重要意义。

人体内的糖主要贮存在肌肉（肌糖原）、肝脏（肝糖原）和血液（血糖）中。安静时，人体内血液中葡萄糖含量是相对恒定的，唯有肌糖原和肝糖原的含量有较大的变动。肌糖原和肝糖原的贮备量与耐力性运动能力密切相关，而且是决定耐力的重要因素之一，在长时间运动时高糖膳食可推迟运动性疲劳的发生，并增加耐力。由于在运动中需要消耗大量的肌糖原和肝糖原，在运动前和运动后补充适量的糖是有好处的，可以防止低血糖发生，使血糖维持在较高水平上，推迟疲劳的产生，保持良好的耐力和最后冲刺的能力，还可以帮助尽快缓解疲劳和促进体力恢复,加强肝糖原和肌糖原的合成与储备。

（二）脂肪在运动中的营养功能

食物中的脂肪经消化吸收之后,可作为“燃料”直接用来产生热量,也可在体内贮存于全身皮下的脂肪层,以防止热量散失,维持正常体温恒定,保护重要器官。

运动时是以糖作为主要能源还是以脂肪作为主要能源,则由运动强度的大小决定。一般来说,运动中利用糖和脂肪供能的程度取决于运动强度和运动持续时间,两者不尽相同。在进行短暂而剧烈的运动时,如短跑冲刺,主要是靠肌肉储存的三磷酸腺苷(ATP)分解来供能,但肌肉细胞中 ATP 的储存量是有限的。当运动持续的时间延长至 0.5 ~2 分钟时,肌肉的能源获得主要来自肌肉所贮存的肌糖原的无氧酵解。当连续运动超过 2 分钟以上,尤其是运动强度降低至最大耗氧量的 55% 以下,即从事持续时间较长的耐力运动时,肌肉收缩主要依靠有氧代谢来获得能量,脂肪酸则成了主要的能量来源。但在运动开始阶段,糖仍被大量利用,其供能作用此时是很重要的。随着运动的继续进行,糖的利用缓慢而平稳地降低,同时,脂肪的利用增加。在肌肉中糖原耗尽或接近耗尽时,脂肪便成为唯一的供能物质。

（三）蛋白质在运动中的营养功能

蛋白质既是细胞的结构基础,又是机体生长、发育和组织修复的主要营养物质。它是机体能源物质的一种,在新陈代谢过程中也能提供一定能量,但一般情况下可由糖、脂肪的供能所代替。只有在长期饥饿或长时间较大强度的运动时,蛋白质才参与供能。

体育运动时蛋白质的补充不断在机体内消耗和重新合成,而其更新取决于物质代谢的强度。在进行体育运动或训练时,机体代谢明显增加,蛋白质需要量也明显增加,应对其适当补充以满足机体的需要。若摄入不足,人体运动能力就会下降,会影响运动成绩的发挥。但不同的运动项目,其运动持续时间和强度不同,更新速度及代谢强度也不同,蛋白质需要量也不相等。为提高运动成绩和促进机体运动后的恢复,应补充适量生物学价值较高的蛋白质。

（四）维生素在运动中的营养功能

维生素是维持人体正常代谢机能不可缺少的一种营养素和必需的一类低分子有机化合物,其种类多、理化性质不相同。维生素的营养价值是通过组成辅酶或辅基的形式,参与体内的物质和能量代谢的,是代谢调节、维持生理功能不可缺少的营养素之一。

维生素需要量与运动量、机能状态及营养水平有关。剧烈运动对维生素的需要量增加,可使维生素缺乏症提前出现。早期维生素缺乏症表现为运动能力下降,容易疲劳,免疫力减弱,一旦维生素得到补充时,因维生素缺乏而失去的能力将会随之得到恢复。过多服用某种维生素会造成维生素之间的不平衡,长期过多服用维生素不但不能改善工作能力,还会产生不良影响。各种维生素摄入量应保持适宜比例,才能使各种维生素在体内发挥良好作用。经常从事体育运动的人需要的维生素因项目、负荷量及生理状况不同而具有较大的个体差异。

（五）矿物质在运动中的营养功能

人体各组织器官中约有 60 余种化学元素,除了碳、氢、氧和氮以外(它们构成占体重 95% 的有机物和水),其余元素都被统称为无机盐,也就是指矿物质。钙、镁、钾、钠、硫、磷、氯这 7 种元素的含量在人体中相对较多,被称为宏量元素;而碘、铁、铜、锌、铬、硒等不足体重的 0.01%,被称为微量元素。矿物质在人体内仅占总体重的 4%,却不仅是构成机体组织的重要材料，还参与许多重要的生理活动，因而是生命活动所必不可少的。矿物质是不能在体内产生与合成的，一般都需要由食物、溶于水中来提供。

在高温下进行高强度运动时人体随汗液而流失大量氯化钠，如不及时补充，将会出现肌肉无力、消化不良及食欲不佳等现象，严重缺乏时则出现头痛、恶心、呕吐、腹痛和肌肉痉挛等症状。同时，随汗液流出的还有钙和钾，运动后也应及时补充。缺钾时糖利用受限，ATP合成与氧化磷酸化过程受干扰，肌肉血流量减少；肌组织相对缺血使肌肉组织、心脏节律紊乱。大运动量运动时应补充适当的钾盐等。

（六）运动与水

人们常说，水是生命之源。水大约占人体重的60%，肌肉中含有75%的水，在血液中也有近90%的水，脂肪中水的重量占其重量的20%～25%。从以上的数据可以看出，水在人体中占有很大的比例，同时对人体起着十分重要的作用。

体育运动中要消耗大量的水，运动员补水时，不能喝生水。因为在运动中消耗了大量的能量，人体的免疫功能有所下降，这时喝生水比较容易感染疾病。运动员补水时可以在补液中加入适量的葡萄糖和氯化钠，以加快对流失物质的补充。但要控制好浓度，浓度过大反而会影响机体的吸收功能，过甜的饮料不利于机体的吸收。也可以选择含有电解质和维生素C的非碳酸饮料，因为碳酸饮料在胃中分解后会产生大量气体，造成胃部胀气，这样会妨碍继续进行体育运动。咖啡和茶中含有咖啡因，咖啡因是一种利尿剂，会加速体内水分的流失，所以不能选择其补水。此外，运动员补水时，要掌握好补液的温度，过热的补液会加速人体体表水分的蒸发速度，而冰水会造成胃部痉挛，使补水的效果降低，故补液应以温凉为宜。

四、运动前后的营养卫生

体育锻炼能提高消化器官的功能，使吃下去的东西更快、更好地消化吸收。但应注意以下几点饮食卫生要求，否则将会引起慢性肠胃疾病。

（一）运动前应食用少量食物

空腹和刚进食后就开始运动，对人体健康都是非常不利的。在运动前半小时食用少量食物，可以避免因为体力活动而导致的消化功能紊乱，同时还可以增强运动效果。如果是晨练，早餐最好食用少量奶制品、谷类、水果、饮料，一定要避免食用难以消化的食物。

（二）避免饭后剧烈活动

饭后立即进行剧烈运动，对肠胃的影响更大。因为饭后胃肠的活动和消化腺的分泌加强，消化液分泌增多，如果在这时进行剧烈运动，则会引起交感神经兴奋和肾上腺激素大量分泌，进而使肌肉小动脉扩张，毛细血管大量开放，血液较集中地供应运动器官，而减少了胃肠的血液供给；同时，胃肠的活动减弱，消化液的分泌也减少，胃壁松弛无力，食物得不到充分地搅拌和消化，就会拖长食物在胃里停留的时间，以致发酵酸化，造成吐酸水。胃液减少了，胃的防护能力就降低了，这又是消化道易被感染患病的原因。因此，饭后应稍事休息再运动。

（三）饭后和运动后不要大量吃冷食

饭后大量吃冷食，首先会使肠胃血管突然收缩，使供给肠胃的血液突然减少，致使消化受到阻碍。其次，消化液必须在一定的温度下才起作用，胃肠温度突然降低，它的能力也随之下降，结果食物就难以消化，日久就免不了得肠胃病。

运动刚刚结束时，由于体温升高，大量流汗，往往感到又热又渴。这时，缺少克制力的人往往为了一时痛快便大吃冷饮冷食，结果肠胃受到刺激而功能紊乱，引起腹泻、腹痛等症状。

（四）运动后不宜吃酸性食物

运动时，人体内的糖、脂肪、蛋白质被大量分解，产生乳酸、磷酸等酸性物质，这些酸性物质会刺激人体组织器官，使人感到肌肉、关节酸胀和精神疲乏。鱼、肉等食品属于酸性食物，特别是可口可乐、巧克力之类，这些东西吃下去以后，势必“火上加油”，加重人体肌肉的酸痛程度，使疲劳无法及时消除。

（五）长时间运动中及时补水

补充水分的最好方法是少量多次。运动中每隔 15 ~ 20 分钟饮水 100 ~ 150 毫升，这样既可及时保持体内水的平衡，又不增加心脏和胃的负担。一次大量饮水对身体不好，若大量饮水后仍继续运动，则水在胃中晃动，使人不舒服，甚至可引起呕吐。此外，运动时一定不要喝冰水，因为剧烈运动时喝冰水会引起消化系统方面的问题。

（六）运动后合理补水

激烈运动常使人感到格外口渴，有些人只图一时痛快，在运动后大量饮水，这是不卫生的。因为运动时，胃肠道血管处于收缩状态，血液供应暂时减少，这时大部分血液都流向肌肉了，以便供应运动时肌肉所需要的养料和更快地带走废物。如果这时大量饮水，由于胃肠血管收缩，吸收能力减弱，会使人感到胃部沉重闷胀，影响呼吸，不但给心脏和肾脏增加了负担，而且还会进一步加快出汗，使体内盐分排出过多。

五、体重控制与饮食、运动

（一）身体成分与肥胖

身体成分指人体各组织、器官的组成部分。体重包括去脂体重（瘦体重）和脂肪重（体脂）。总体重中脂肪所占的比例称为体脂百分比。体内脂肪主要储存于脂肪细胞中，就 18 岁左右的青年人而言，正常情况下的体脂百分比女性为 20% ~25%，男性为 15% ~18%；对于 20 ~29 岁年龄段的健康人来说，正常体脂百分比女性平均约为 25.0%，男性平均约为 21.6%。当体脂含量过多，即脂肪细胞内脂肪的积累过度，男性超过体重的 25%，女性超过体重的 30% 时，则发生肥胖。肥胖是一种全球范围内的慢性非传染性疾病，与多种疾病的发生有着必然的联系，严重影响了人类健康和生活质量。目前，肥胖已成为人类健康的最大障碍，成为公众最为担心的社会性疾病之一。

（二）肥胖的原因、标准、种类及危害

1. 肥胖的主要原因

（1）遗传因素。美国学者通过大规模的人群调查发现，父母双亲均肥胖者，子女肥胖发生率高达 70%；双亲都瘦或正常者，子女肥胖发生率低于 10%。

（2）饮食。肥胖与饮食密切相关，多食、贪食、暴饮暴食、吃零食和喜吃甜食、油炸类食物等不良的饮食习惯和高糖、高脂、高蛋白食物用量过多等不合理的膳食结构都易导致肥胖的发生。

（3）运动。人体摄入的能量多于消耗的能量是造成肥胖的根本原因。体力活动的减少、运动的不足和静态生活方式增加，造成体内热能“收大于支”，从而引发肥胖，这也是引发肥胖的重要原因。

2. 肥胖的诊断标准

目前，国际上通用的肥胖诊断指标是体重指数（BMI），所谓体重指数就等于实际体重

(千克)/身高^2(米^2)。我国也常使用标准体重来衡量是否肥胖,较常用的计算方法:男性为身高(厘米)-105=标准体重(千克);女性为身高(厘米)-100=标准体重(千克)。当一个人的体重超过标准体重10%时,称为超重;超出标准体重的20%,称为轻度肥胖;超出标准体重的30%,称为中度肥胖;超出标准体重的50%以上,称为重度肥胖。

3. 肥胖的分类

肥胖按病因可分为原发性肥胖(又称单纯性肥胖)和继发性肥胖两种类型。单纯性肥胖是指并非由于其他疾病或医疗的原因,仅仅是由于能量摄入超过能量消耗而引起的肥胖。当然,许多人认为的单纯性肥胖者实际上还是有某种疾病或者是功能紊乱的,只不过现在还缺乏诊断的手段或者依据而已。继发性肥胖是指由明显的内分泌失调或代谢障碍引起的肥胖。肥胖患者中99%是单纯性肥胖。

4. 肥胖的危害

肥胖不仅影响人的体形美、影响人的运动能力和工作能力,还会影响人的心理健康,使人产生自卑感,妨碍人际交往。肥胖还是各种疾病产生的"温床",威胁人体的健康,医学家已把它定为重要的疾病。肥胖的并发症有:

(1)Ⅱ型糖尿病:研究表明,随着体重指数升高,糖尿病的发病率成倍增加,这是因为脂肪细胞能分泌降低胰岛素受体敏感度的物质。

(2)脂肪肝、胆囊和胆道疾病。

(3)高血压、冠心病、高血脂症、动脉硬化等心血管疾病。

(4)女性肥胖者易患乳房癌、子宫内膜癌,男性肥胖者易患直肠癌、结肠癌等疾病。肥胖者在患急性感染、遭受严重创伤,以及施行外科手术和麻醉时,机体的应激能力明显低于正常人。一旦发生这些情况,肥胖者的病情发展和预后都比正常人差。

(三)运动减肥

1. 运动强度

有些人认为运动的强度越大减肥效果越好,其实这种想法是不对的,因为剧烈运动消耗的能源物质是糖而不是脂肪。持续时间长的中等强度的有氧练习减肥效果最好,因为该强度的运动消耗的主要能源物质是肌肉和血液中的脂肪。该运动的强度是50%~70%最大耗氧量、60%~80%最大心率(最大心率=220-年龄)。

2. 运动时间和运动频率

每次运动时间30~60分钟,至少应在20分钟以上,因为运动刚开始时工作肌消耗的能源物质是肌糖原,随着肌糖原浓度下降,肌肉从血液中摄取葡萄糖,运动开始一段时间后肌肉消耗脂肪增加,脂肪逐渐成为主要能源。一般人每周至少应锻炼3次,每次间隔不应超过3天,最好能天天锻炼。

3. 运动项目

运动形式可以多种多样,应以中、低等强度,运动时间较长的有氧运动为主,如长距离步行、慢跑、骑自行车、跳绳、跳舞、爬山、有氧健身操、游泳、水中运动(头出水面,身体在水中行走、慢跑等)和打羽毛球、网球等。有人提倡交叉运动,即利用两种或三种有氧运动来减肥和健身,这种运动方式既能提高运动兴趣,又能使全身得到锻炼。每个人在选择具体运动项目时要根据自己的爱好和身体状况,并应长期坚持下去。

（四）饮食减肥

1. 合理调控饮食

（1）限制脂肪摄入量。脂肪产热能最多，是碳水化合物的 2 倍之多，应限制过多的脂肪摄入，脂肪应占总热能的 20% ~25%。要控制烹调油的用量，每日用烹调油 10 ~20 克为宜。食用脂肪要以植物油为主，减少动物脂肪，因为植物油中含有的人体必需脂肪酸多。

（2）控制主食和限制甜食。如原来食量较大，主食可采用递减法，一日三餐减去 50 克，逐步将主食控制在 150 ~250 克。主食应以谷类食物为主。谷类食物应以杂粮为主，杂粮含膳食纤维多，如燕麦片，能使人有饱腹感。应限制甜食，蔗糖、麦芽糖、果糖、蜜饯及甜点心等尽量少吃或不吃。碳水化合物应限制在占总热能的 40% ~55%。

（3）合理摄入蛋白质。蛋白质应占总热量的 15% ~20%，它主要来自于肉、蛋、乳及豆制品，应多食乳及豆制品和含蛋白质高、脂肪少的动物类食品，如鱼、虾等。若完全采用素食，不利于健康，因为动物性食品中含有优质蛋白质和维生素 A、B、D。过多地摄入蛋白质也会引起热能的增加。

（4）摄入足量的新鲜蔬菜，尤其是绿叶蔬菜和水果。蔬菜含膳食纤维多，水分充足，属低热能食物，有充饥作用，还含有大量的矿物质和维生素，可满足人体的需要。

2. 养成良好的饮食习惯

（1）吃饭放慢节奏。当人吃进一定量的食物，胃肠道感觉膨胀后，胃肠道的内脏感受器会产生饱腹信号并将信号传递到大脑皮层，人就会产生饱的感觉，大脑皮质就会向饱食中枢和摄食中枢分别发出饱腹的指令，停止进食。因为饱食信号传导的速度慢，如果吃饭速度快，等人产生饱的感觉时已吃入过多的食物，所以吃饭要细嚼慢咽。

（2）每日应三餐。不要加餐和吃零食，如果饥饿可以食用水果和蔬菜来充饥；也不要减餐，因为少吃一餐后会因为饥饿导致下次餐暴食。各餐的饮食量要合理安排，其热量摄入大约比例为：早餐 35%、午餐 40%、晚餐 25%。少量多餐的饮食方法可以减少饥饿感，但进食总量不能超过三餐的总量。

（3）注意烹调方法。尽量采用蒸、煮、炖、熬、拌等少油的制备方法，远离油炸食物，因为油炸食物含脂肪较多。尽量吃蒸或是水煮的食品。最好多吃流食如粥等，以减少主食的摄入量。同时也要少放盐，以清淡为好。

（4）戒酒或少饮酒：酒精热量高，一般一瓶啤酒的热量在 627 千焦左右，一杯葡萄酒的热量约为 334.4 千焦。酒精还能促进脂肪在体内沉积。

（五）减肥的注意事项

1. 不用刻意节食

如果每日减少热能 2090 千焦，7 天即可减轻体重 0.5 千克（0.5 千克体脂约含热能 14630 千焦），但成人每日不得低于 5016 千焦热能的摄入，否则人体无法获得足够的营养素，影响健康。一般认为应把握“七分饱”原则。

2. 减肥不要简单看体重变化

减肥应看体重指数，特别是体脂百分比的变化。如果一个人通过运动使肌肉增多、体脂减少，即使体重没变，看着也会苗条很多。

3. 减重速度不要贪快

减重的速度维持在一周减掉 0.5 ~1 千克即可，正常的减肥每个月减掉 2 千克就可以，每个月不要超过 5 千克的上限，否则会因为减肥速度太快引发各种疾病。快速、激烈地减肥会使身体感到疲劳，同时也容易“回胖”。

4. 不要半途而废

不论运动减肥还是饮食减肥，都需要长期坚持下去才会有效果。有很多人运动一星期后，发现毫无效果，便放弃了，其实身体此时正在发生变化，不过没有在重量上显示出来。一定要坚持下去。一般来说，25 天以后可以看到身体的明显变化，两个月后减肥效果才会得到巩固。

5. 早晚称体重

体重最能让人警醒，若是自己的体重渐增，就该注意自己是不是吃得太多或运动太少。控制饮食再加上适量运动是最好、最有效的减肥方式，只要坚持下去，减肥一定能成功。总之，有效控制体重、保持理想的体脂比例、杜绝肥胖，是一个长期的过程，其关键在于要有乐观向上的人生态度，持之以恒地参加运动锻炼，保持一生良好的饮食习惯及终身科学的生活方式。

第三节　行为与健康

一、职业院校学生常见的不良行为及其对健康的危害

（一）吸烟

吸烟成瘾者习惯于血液内存在一定浓度的尼古丁状态，当尼古丁浓度下降时吸烟者就渴望恢复原有的状态，如烟瘾得不到满足，就会心慌意乱、烦躁不安、无所适从，身心机能活动水平下降，并且千方百计地寻找吸烟的机会，严重影响生活、工作。

吸烟引起多种疾病。吸烟是一种慢性致病的过程，随着吸烟量和吸烟时间的增加，它对身体造成的危害也越加明显。50% 的长期吸烟者由于烟草导致的疾病过早死亡。例如，吸烟直接影响呼吸系统的功能，引起鼻、咽、喉、口腔、气管、支气管和肺组织的急性或慢性炎症，甚至发生癌变。吸烟可以使心率加快，血压升高，血液黏稠度增加，血管堵塞，促使高血压和心脏病的发生。吸烟可以促使肺癌、口腔癌、唇癌、食道癌、肝癌、膀胱癌和胃癌等多种癌症的发生。吸烟使胃黏膜血管收缩，容易发生胃和十二指肠溃疡。吸烟的妇女患宫颈癌的危险性增加。此外，吸烟还可以使人的皮肤干燥、松弛，脸上皱纹增多，面色灰暗，衰老加快。

（二）酗酒

酒精是一种抑制剂。如果一次性大量饮酒，由于中枢神经系统功能受到抑制，人的行为发生改变，表现为定向障碍，伴有神志模糊，判断力下降；有的人表现出情绪不稳定，或哭或笑，容易受外界刺激的影响，容易被激怒。长期过量摄入酒精，会发生“酒精依赖综合征”，使脑组织萎缩，中枢神经系统功能下降，导致思维、情感、智能、行为等方面的异常；自我控制能力减退，易发生挑衅、攻击和危害性行为。

过量饮酒会引起许多健康问题，可以导致胃炎、胃出血、胰腺炎、胃肠功能紊乱等。酒精是通过肝脏代谢的，过量饮酒对肝脏的损害尤其严重，会引起肝炎、肝硬化和肝癌。酒精对心血管系统的损害表现为血压升高、动脉硬化和心肌损伤。酒精还可以使中老年人骨质疏松。长期过量饮酒会缩短人的寿命，并影响生育能力。

（三）过度上网

过度上网指的是上网者无节制地花费大量时间和精力在网上“冲浪”、聊天或进行网络

游戏。这种对网络的过度使用将影响生活质量，降低学习和工作效率，损害身体健康，导致各种行为异常、心理障碍、人格障碍和神经系统功能紊乱等消极后果。其典型表现是生物钟紊乱、睡眠障碍、情绪低落、思维迟缓、社会活动减少、自我评价降低等，严重的甚至会产生自杀的意图或行为。

(四) 睡眠障碍

失眠是不良睡眠生活方式中最为常见的一种表现，主要表现为上床后很难入睡；时睡时醒，无法进入沉睡阶段，自觉不能修复疲劳；入睡困难，容易惊醒，醒后难再入睡。失眠原本只是机体的一种正常反应，一般也是暂时性的，随着导致失眠的情境性因素的解除而自然缓解。有心理学家认为失眠常常是由于担心失眠而造成的，因为睡眠是不能随意控制的生理功能，越是努力强迫自己入睡，就越难以入睡，从而造成睡眠障碍。

(五) 不良的饮食行为

常见的有过食、贪食和神经性厌食等，进而造成肥胖症或体重过轻又拒食、厌食。虽然导致肥胖的原因很多，但一部分肥胖者肥胖的原因是心理负担重、情绪不悦、无聊、生气、寂寞、孤单等，他们通过过食、贪食，借助胃的填充来缓解情绪的紧张，排解心理上的空虚，弥补对生活的不满，以消极的生活方式对自我进行调适。神经性厌食症是一种节食不当引起的严重体重失常，患者对食物极度厌恶、恐惧。神经性厌食症患者多为青年期的女性，她们往往对自己身体形象过分在意，甚至将美感扭曲，即使骨瘦如柴也觉得比以前美丽。

(六) 吸毒

吸毒者有明显的人格问题，如反社会性、情绪调节较差、易冲动、缺乏有效的防御机制、追求即时的满足。吸毒者心理健康状况处于不良状态。这类人常出现意识障碍，有幻觉、妄想等症状，对客观现实不能真实地反映；智力水平严重下降，记忆力减退，注意力不集中，判断力减退；对工作、生活中的事不关心，人际关系不良，对亲人的情感淡漠，行为冲动，易激怒，为获得毒品不计其后果甚至是生命，具有严重的破坏性、危害性；人格改变，出现自制力差、说谎、缺乏自尊、无责任感等状况。

(七) 性的禁锢与放纵

性的禁锢主要有对性的忌讳、性神秘化、对性行为的道德和法律的约束等；性的放纵主要有卖淫、嫖娼、夫妻互换、群交、乱伦等。近几十年来对性科学的研究认为，90%以上的性功能障碍都是心因性的。对性冲动的压制，会使人缺乏勇气和自信心，泯灭人类的创造力；性无知会造成对性的恐惧；性的禁锢是造成神经症的重要原因。性的放纵是在观念上主张完全自由，在行为上表现为随意性。人类的性行为不仅是性伴侣之间的私事，而且与婚姻、家庭、子女教育问题等都存在直接的联系。不负责任的性行为会造成家庭的解体、离婚率的提高，出现私生子、单亲家庭，引起子女抚养、教育等一系列问题。性的放纵造成性疾病特别是艾滋病的传播，它严重危害健康并造成社会的危机。

二、良好的生活行为有益于健康

(一) 养成健康习惯

养成健康习惯除勤洗手、勤剪指甲、勤理发和勤洗澡外，还要自觉养成不吸烟、少饮酒、多喝茶的良好健康习惯。吸烟是引起多种病的元凶，是不健康的行为。研究表明，戒烟可使心血管疾病和死亡率下降30%～40%。酒中的主要成分是乙醇，适量饮用可促进血液循环，扩张血管，解除疲劳，但每次宜少量。茶是健康饮料，茶的主要成分为茶多酚，具有抗氧化作用，有降脂、防癌和提高免疫功能，具有抗衰老的作用。但饭后半小时内应少饮茶，否则会影响铁和钙等营养素的吸收。

（二）讲究心理卫生

多愁必多病，多病必短寿，如要想长寿，切莫多忧愁。做好自我心理调整，是健康行为的重要一环。保持心理健康，首先应培养一些有益健康的习惯，如绘画、书法、集邮等是人的心理寄托，是保持心理健康不可缺少的条件。其次应与社会保持密切联系，只要坚持社会公益活动，多交朋友、做好人好事，从中得到奋发向上的精神，往往会使精神和身体都健康，其衰老过程必然会延缓。

（三）积极参加体育锻炼

生命在于运动，坚持运动是预防疾病、消除疲劳和健康长寿的积极手段和方法。好静不好动，是导致肥胖和脑血管疾病的危险因素。体育锻炼贵在坚持，重在适度。体育锻炼可降低心脑血管疾病的死亡率，且能使慢性病患者早日康复。

（四）营养应全面平衡

人类的疾病和死亡均与营养不均衡有关。均衡营养是保持健康最重要的因素，要从饮食入手，通过科学、合理的膳食“吃”出健康来，摆脱慢性病痛的困扰。

（五）生活起居有规律

现代社会是信息化社会，生活节奏快，容易发生疲劳。所以应注意以下几点：

（1）生活有规律，这是消除疲劳的重要方法。

（2）培养兴趣爱好，过好双休日，做到劳逸结合。

（3）找出适合自己需要的固定睡眠的时间。

（4）切忌熬夜，少过夜生活，摒弃不良生活习惯。

第四节　环境与健康

当今，环境与健康问题的主要变化，体现为人类的生产活动不仅改变了地球表层化学元素和化学物质的组成，加快了有害元素如重金属在生态系统的回流，而且向环境中排放了许多自然界本不存在的化学合成物质，这些元素和物质最终将影响生态系统和人类健康。日常生活环境对健康的长期影响已成为全球性环境问题之一。同时，随着社会化程度的不断提高，社会环境对人体的健康也有着很大的影响，人类所面临的是日益严重的环境问题。

一、日常生活环境与健康

（一）臭氧层的破坏

臭氧层离地面 20～30 千米，它在地球上空形成一把“保护伞”，将太阳光中 99% 的紫外线过滤掉，这对于地球上生命的生存十分重要。过量的紫外线会使人和动物免疫力下降，最明显的表现是皮肤癌的发病率增高，甚至于使动物和人眼睛失明。然而 2011 年 3 月据美国国家地理网站报道，北极已经形成了第一个臭氧洞。与 1969 年的相比，美国、加拿大、欧洲、俄罗斯、中国、日本等国的上空，臭氧层已减薄 3%。南极上空出现了与美国国土面积大小相当的臭氧空洞。臭氧层受到损伤的直接后果是太阳光中的紫外线对地球表面的辐射增加。目前很多国家正在开发无害的制冷剂、发泡剂。关心保护环境的消费者们正在通过选用无氟冰箱等来参与保护臭氧层。据统计，全世界范围内每年大约有 10 万人死于皮肤癌，大多数病例与过量紫外线辐射有关。臭氧层的臭氧每损耗1%，皮肤癌的发病率就会增加2%。另外，过量紫外线辐射还会诱发各种眼科疾病，如白内障、角膜肿瘤等。

（二）汽车尾气对空气的污染上升

随着经济发展，汽车作为代步工具越来越多地进入了寻常百姓的家庭，城市机动车数量持续快速增长。从2009年开始我国成了世界汽车产销第一大国，同时机动车尾气排放也成为我国大中城市空气污染的主要来源。汽车尾气中含有一氧化碳、氮氧化物、苯、硫化物、芳烃和烯烃等有害物质，严重威胁着人类的身体健康。

2009年环境监测显示，全国113个环保重点城市中三分之一的城市空气质量不达标，很多城市，尤其是大中城市，空气污染已经呈现出煤烟型和汽车尾气复合型污染的特点。同时，我国一些地区酸雨、灰霾和光化学烟雾等区域性大气污染问题频繁发生，部分地区甚至出现了每年200多天的灰霾天气，这些问题的产生都与机动车排放的氮氧化物、细颗粒物等污染物直接相关。环境保护部发布的2011年《中国机动车污染防治年报》，公布了"十一五"期间全国机动车污染排放情况。结果显示，我国已连续两年成为世界汽车产销第一大国，尾气排放已成为空气污染的重要来源。

（三）噪音污染的加重

噪音是指环境音量超过国家规定的环境噪音排放标准量，干扰他人正常工作、学习和生活的现象。从环境保护的角度看，凡是影响人们正常学习、工作和休息的声音，在某些场合"不需要的声音"，都可称为噪音。人类在环境音量低于40～60分贝的范围内可正常工作、学习、生活。而环境音量高于90分贝就无法思维、交谈，听力受损，影响正常工作，并引发多种疾病。而随着科学技术的发展和人民生活水平的提高，各种噪音污染也在逐渐增加，如交通运输噪音、工业生产噪音、建筑施工噪音等。长期处于噪音超出85分贝的环境中，会造成听觉系统危害、头疼、记忆力下降，引发交感神经中枢紊乱，导致精神状态不稳定。当噪音高于90分贝，人们思维和交谈不能进行，无法正常工作学习，新陈代谢受到影响。长期在强噪音环境下工作，听力会严重受损，甚至耳聋。据调查，当今世界上有7000多万耳聋者，其中相当部分是由噪声所致。专家研究已经证明，家庭室内噪音是造成儿童聋哑的主要原因，若在85分贝以上噪声中生活，耳聋者可达5%。强烈的噪音还会使人的心跳加快、血压上升，容易导致心脏病发。70分贝的噪音可致冠心病发病率增加30%，100分贝的噪音可使人的血压上升15%，这对患有心脏病或高血压病的人来说是十分危险的。强烈的噪音还会导致病人死亡。

（四）挥发性化学物质污染

挥发性有机化合物是一大类重要的室内空气污染物，是指在常温下饱和蒸汽压约大于70Pa、常压下沸点在260℃以内的有机化合物，主要指C_3～C_8有机化合物。这类污染物主要来源于室内装修过程使用的产品，包括装饰材料、胶黏剂、涂料、空气清新剂等，这类产品及原材料中均含有大量挥发性有机化合物。挥发性有机化合物对健康的影响主要表现为刺激作用，尤其对眼、鼻、咽喉及头、颈和面部皮肤，引起头痛、头晕、神经衰弱和皮肤、黏膜的炎症。挥发性有机化合物浓度小于0.2毫克/立方米时不会引起刺激反应和不适；而大于3毫克/立方米时就会出现某些症状；3～25毫克/立方米可导致头痛和其他弱神经毒作用；大于25毫克/立方米时呈现毒性反应，轻者感到头晕、头痛、咳嗽、恶心、呕吐，或有酩酊状，严重者出现肝中毒、昏迷，甚至出现生命危险。近年研究表明，在已确认的900多种室内化学物质和生物性物质中，挥发性有机化合物至少有350种以上（>1微克/立方米），其中20多种为致癌物或致突变物，如苯、甲苯能损伤造血系统，引起白血病。

（五）空调使用不当

随着生活水平的不断提高，使用空调的家庭和公共场所愈来愈多，空调如使用不当也可以致“空调病”。主要原因是空调所引起的室内外温差、空气干燥、气流改变、空气中负氧离子减少及致病性生物增多所引起。使用空调时室内温度一般应保持在22℃～26℃，与室外温差大，人若进进出出，忽冷忽热，容易引发感冒；出汗少了，使人体废物排泄减少；干燥的空气使呼吸道分泌物减少且不利于分泌物的排出；空调所用循环空气使室内外空气交换减少，导致污染加重；空气中的负氧离子减少，影响了空气的清洁度和人体正常生理活动，造成内分泌和自主神经功能紊乱。德国对在室内工作并用空调的260万人做过调查，其中160万人有不适、头痛、感冒、过敏、风湿病、黏膜干燥、注意力不集中、烦躁等健康问题。长期在空调环境下工作者血中免疫球蛋白水平降低，T淋巴细胞亚群比例失调，这些人容易受到感染性疾病的威胁。

二、体育锻炼与对付污染的策略

在城市里，空气污染的程度随时间的变化有明显的差别。城市空气污染程度的变化是每昼夜有两个高峰时间：第一高峰在上午6时至8时；第二高峰时间在下午5时至8时。也就是说，两个峰值分别出现在日出前后和日落时分。空气污染除了有两峰值时间的特征以外，白天还出现两个相对的清洁时间：上午10时左右，下午3时左右。了解这些特点的目的在于提醒人们应不失时机地选择好体育锻炼的时间。例如，在冬季无风或微风的天气里，我们应当在早晨7时前活动，工间操和到户外散步的时间应安排在上午10时或下午3时。

在大城市中，机动车交通繁忙地段，空气污染较严重，空气中含有的一氧化碳、碳氢化合物、氮氧化物、醛类、苯并芘等污染物较多。因此，交通高峰时段在马路上锻炼身体，不仅影响交通，而且不利于健康。

锻炼时，应注意避开污染源。树木、绿地有明显的净化空气的作用，有条件的话最好选择附近的公园绿地作为锻炼场所。或选择工厂、住宅区旁较为安静宽敞、空气流通的地方。空气温度与污染程度呈正相关关系。这是因为水蒸气容易与烟尘微粒凝结而形成雾，使有害气体不易扩散，所以雾天空气污染比较严重，不宜到户外活动。

空气污染对支气管炎、肺气肿、哮喘病患者威胁最大。因此，这类疾病的患者，更要注意选择合适的锻炼时间和地点。在污染高峰时间绝不要去室外活动。去户外也应选择空气清新、阳光充足、环境安静的地方。

思考题

1. 什么是生活方式？生活方式有哪些类型？
2. 简述饮食营养与身体健康的关系。
3. 不良行为对健康有哪些危害？
4. 哪些良好的生活行为有益于健康？
5. 你的日常生活环境中对健康有危害的因素有哪些？

第六章

体育文化与体育欣赏

第一节 奥林匹克运动

一、奥林匹克运动概述

（一）国际奥林匹克委员会

国际奥林匹克委员会是世界上最有影响的国际体育组织。近代体育的兴起，促使希腊人产生了恢复古代奥林匹克运动会的念头和行动。1859—1889年希腊人曾举行过4届奥运会。德国一批学者对古代奥林匹克的遗址进行了发掘，对古代奥运会有了更多的了解，从而更加激起了人们恢复奥运会的愿望。1894年6月，由法国顾拜旦发起，在巴黎成立了国际奥林匹克委员会。参加成立大会的国家有英国、美国、瑞典、西班牙、意大利、比利时、俄国和希腊。按照国际法，国际奥委会是一个具有法律地位和永久继承权的法人团体，总部设在瑞士洛桑，顾拜旦担任秘书长。

国际奥委会对奥林匹克运动拥有一切权力，只有国际奥委会有权选择和决定举办奥运会的城市。国际奥委会管辖奥林匹克运动。奥林匹克的宗旨是：在奥林匹克理想指导下，鼓励组织和发展体育运动、体育竞赛；促进和加强各国运动员之间的友谊；保证按期举办奥运会。

国际奥委会与各国的奥委会间是相互承认的关系。只有获得国际奥委会承认的奥委会才有权派队参加冬季和夏季奥运会的比赛。中国奥林匹克委员会是国际奥委会承认的国家奥委会。

（二）现代奥林匹克运动会

现代奥林匹克运动会是世界竞技体育运动最主要的表现形式，它代表和集中了现代竞技体育的主要和大部分项目。奥运会分为夏季和冬季奥运会。

顾拜旦在制定现代奥林匹克原则和章程时写道："奥林匹克的宗旨是各国人民的友谊、合作与和平。奥运会的宗旨是良好的身体素质和道德品质……对各个国家和个人不允许有任何种族、宗教或政治动机的歧视。"在奥运会上确定的运动员誓词为："我用全体运动员的名义承诺，我们参加奥林匹克运动会是为体育道德、体育荣誉和团体名声，要按比赛规则参加奥林匹克运动会。"在每届奥运会开幕式上都组织各国最优秀的运动员宣读誓词。1896年，在古代奥林匹克运动会的诞生地——希腊雅典举行了第1届现代奥林匹克运动会，从那时起就开始了奥林匹克运动会的新纪元。百年之后，每4年举行1次的夏季奥运会成为全世界最高级别的竞技体育比赛盛会。现代奥运会到目前为止，在世界各地一共举行了30届，中间因战争原因有3届未举办，即1916年的第6届、1940年的第12届和1944年的第13届。

冬季奥运会是奥林匹克运动会的重要组成部分，正式的冬季奥林匹克运动会始于1924年。当时，在法国的夏蒙尼市承办了被称为"冬季运动周"的运动会，两年后国际奥委会正式将其更名为第1届冬季奥林匹克运动会。最初规定每4年举行一次，与夏季奥运会在同一年同一个国家举行。从1928年第2届冬奥会开始，冬季奥运会与夏季奥运会的举办地点改在不同的国家举行。1994年起，为将冬奥会和夏奥会时间错开，冬奥会与夏奥会以2年为相隔交叉举行。

二、奥林匹克文化

奥林匹克文化的内涵主要体现了一种理想、精神或主义，不同的角度有不同的侧重或提法。体育活动中蕴涵着丰富的人类普遍认可的价值观念。奥林匹克运动发展到今天，已经不仅仅是一般意义上的体育活动了，它把体育所富有的内涵加以提炼、总结和升华，归纳出“奥林匹克主义”“奥林匹克精神”，并在奥林匹克运动中努力加以实践。奥林匹克运动是奥林匹克主义以及奥林匹克精神的永恒学校。人们将它们视为生活原则，并进一步发展到体育以及其他社会生活的各个领域。奥林匹克文化的内涵主要体现在以下几方面。

（一）和谐发展

人的和谐发展主要包括体力和智力或者身体和精神两方面。奥林匹克运动体现了以人为本，所有的比赛项目都是通过人与人之间、人与运动工具之间的合作才得以实现的。奥林匹克主义的宗旨是使体育运动为人的和谐发展服务，以促进建立一个维护人的尊严的和平社会。奥林匹克的人生哲学是“增强体质、意志和精神并使之全面均衡发展”。古代奥运会强调人的和谐发展，竞技优胜者不仅需技艺高强、体魄健美，而且需道德高尚、知识丰富。古希腊人认为健康的身体是健康生活的基础，健全的灵魂寓于健全的体魄之中，注重体魄锻炼与文化素质的结合。

（二）团结友谊

奥林匹克运动不仅是一项单纯性的体育活动，其最高目标，是要通过体育活动的手段，把世界不同国度、不同种族、不同语言、不同宗教信仰的人聚集到一起，使大家相互交往，增进了解和友谊，进而为建立一个维护人的尊严的美好世界做贡献。古代奥运会以橄榄枝为最高奖品，象征吉祥、友谊与和平。古代奥运会对制止战争、维护和平起了重要作用。现代奥运会继承这一传统，强调国家、民族平等，维护人的尊严，倡导多元文化，彼此兼容，和平相处。

团结友谊是人类生存与发展的基本准则，现代奥林匹克运动反映了人类这一最强烈的愿望，从而使它具有广泛的号召性和强大的生命力。奥林匹克标志由5个奥林匹克环组成，五环的颜色固定为蓝、黄、黑、绿、红。五环从左到右互相套接，上面是蓝、黑、红环，下面是黄、绿环，代表五大洲的团结和全世界的运动员在奥林匹克运动会上欢聚一堂。现代奥林匹克运动是沟通各国人民联系的桥梁，是联结各国人民团结的纽带，增进了不同民族、不同文化的人们之间的互相了解，促进世界和平，减少战争威胁，因而它成为世界和平事业的一个重要组成部分。

（三）公平竞争

奥林匹克运动首先是一种体育运动，以竞技体育为主要活动内容，竞争是体育运动的本质属性。竞技体育的突出特点，是具有激烈的对抗性和鲜明的娱乐性。竞争是推动人类社会进步的基本手段之一。在竞争中人们抒发雄心壮志，增长聪明才智。在直接而剧烈的身体对抗和比赛中，运动员的身体、心理和道德得到良好的锻炼与培养，观众也得到感官上的娱乐享受和潜移默化的教育。

奥林匹克精神强调竞技运动的公平与公正。竞技体育的教育功能和文化娱乐功能的基本前提是公平竞争。只有在公平竞争的基础上竞争才有意义，各国运动员才能保持和加强团结、友谊，奥林匹克运动才能实现它的神圣目标。正如已故美国著名黑人田径运动员杰西·欧文斯所说："在体育运动中，人们学到的不仅仅是比赛，还有尊重他人、生活伦理、如何度过自己的一生以及如何对待自己的同类。"

（四）奋力拼搏

奥林匹克运动倡导以奋斗为乐趣，从奋斗中求得幸福的人生态度，倡导最大限度地挖掘自身的潜力，向自身体能、生命的极限挑战，"创造一种在努力中求欢乐，发挥良好榜样的教育价值并尊重基本道德原则为基础的生活方式"。勇敢竞争、奋斗拼搏是实现生命价值的真谛。奋斗精神体现了人类先进分子的一种内在力量，是人类社会自强不息、发达昌盛不可缺少的高贵品质，奋斗原则是奥林匹克精神的灵魂，赛场的奋斗是人类奋斗的一个缩影。奥林匹克精神要求人们具有坚韧不拔的进取精神和克服一切困难的英雄气概。

奥运会的格言是"更快、更高、更强"。它原先是由顾拜旦的好友、法国巴黎阿奎埃尔修道院院长迪东神甫提出来的校训，后来被顾拜旦借用于奥林匹克运动。1920 年，国际奥委会将其正式确认为奥林匹克格言，表达了奥林匹克运动不断进取、永不满足的奋斗精神和不畏艰险、勇攀高峰的大无畏精神。

（五）重在参与

参与原则是奥林匹克精神的第一项原则，参与是基础，没有参与，就谈不上奥林匹克的理想、原则和宗旨等。"参与比取胜更重要"这句格言最早是由美国一位主教提出来的。1908 年伦敦举行第 4 届奥运会时，顾拜旦引用了这句话。后来，顾拜旦在 1936 年奥运会演讲时也说过："奥运会重要的不是胜利，而是参与；生活的本质不是索取，而是奋斗。"这一原则已被世界各国运动员和广大群众所广泛接受。

体育比赛比的不仅是输赢，更是精神、斗志和气势的较量，过程比结局更为重要。奥运会为每位参加者提供了夺取金牌的机会，但金牌只青睐那些永不放弃一切机会与希望的顽强追求者，这是夺取胜利的思想内涵，是体育的精髓。在体育比赛中，无论结果如何，参与者都必须努力去拼搏，这是每个参赛者应有的追求。热忱参与的精神值得鼓励和倡导。

三、奥林匹克运动与中国

（一）旧中国时期的奥林匹克运动

1924 年中华全国体育协进会成立后，中国陆续加入了田径、游泳、体操、网球、举重、拳击、足球、篮球 8 个国际单项体育联合会。在第 8 届奥运会上，我国 3 名选手参加了表演赛。

1932 年，第 10 届奥运会在美国洛杉矶举行。国民党政府决定，刘长春、于希渭作为运动员，宋君复为教练员，沈嗣良为领队，代表中国参加奥运会。刘长春在 100 米、200 米跑的预赛中位于小组的第五、六名，未能取得决赛权，但他因是我国第一位参加奥运会的选手而留名于中国奥运会史。之后，中国又派代表团先后参加了 1936 年德国柏林第 11 届奥运会和 1948 年英国伦敦第 14 届奥运会。

（二）新中国与奥林匹克运动

中华人民共和国成立后，中国各个方面发生了翻天覆地的变化，体育的发展也有了良好环境，这为奥林匹克运动的开展提供了良好的机遇，使它在中国蓬勃地发展起来。

1949 年 10 月，在北京召开了全国体育工作者代表大会，成立了中华全国体育总会。全国"体总"对外代表中国的国家奥委会。

1952 年 2 月，中华全国体育总会致电国际奥委会，中国将参加第 15 届奥运会。然而，当时某些人敌视新中国，蓄意制造“两个中国”。最后中国代表团抵达赫尔辛基时，奥运会的赛程已过大半，只有游泳选手吴传玉有机会参加了 100 米仰泳比赛。

由于国际奥委会某些负责人制造“两个中国”，1958 年 8 月，中华人民共和国宣布中断与国际奥委会和有关单项体育联合会的联系，并退出国际奥委会。

1979 年 11 月，国际奥委会通过决议，承认“中国奥林匹克委员会”为中国全国性奥委会，恢复了中华人民共和国的合法席位，只允许台湾作为中国的一个地方性组织在国际体育组织中留有席位，使用“中华台北奥林匹克委员会”的名称。中国与奥林匹克的正常联系终于得到恢复。

1984 年 7 月 29 日，在美国洛杉矶举行的第 23 届奥运会上，射击运动员许海峰夺得自选手枪金牌，这是该届奥运会的首枚金牌，也是世界体育史上第一枚属于中国的奥运金牌。此次奥运会中国军团共获得金牌 15 枚、奖牌 32 枚，金牌总数列第 4 名，揭开了我国奥运史上新的一页。

在 2012 年第 30 届伦敦奥运会上，中国奥运军团取得了 38 枚金牌、27 枚银牌、23 枚铜牌，居金牌榜、奖牌总数第二位。

第二节　体育比赛的欣赏

一、体育比赛欣赏的意义

（一）体验不同的体育文化

体育比赛作为人类智慧的结晶，集中反映了不同国家、不同民族的风俗民情和意识观念。体育文化反映在围绕体育比赛而进行的文化艺术活动中，它包括比赛期间的文艺演出、绘画展览、火炬接力、新闻报道、电视转播、发行邮票及纪念币等。由于这些活动的开展，人们除了可以充分了解各种人文景观外，还能欣赏到独具风采的文化艺术形式。

（二）陶冶情操

当代人把欣赏体育比赛作为社会文化生活中一项重要的内容。在现实生活中，人们追求的是完美、高节奏的生活，而体育比赛恰恰适应和迎合了现代人生活的要求。

任何一项比赛都是通过个人或集体进行的，是人的体格、体能、运动能力、心理和智慧等方面的潜能的角逐。通过欣赏体育比赛，观众不仅能欣赏到运动员健康、强壮、匀称、优美的体形，而且可以欣赏到运动员展现出来的准确、干净、利落、新颖、洒脱的动作造型，产生愉悦的感受，同时还能激发欣赏者热爱体育、追求美好生活的愿望。

（三）振奋民族精神

通过欣赏体育比赛，可以强化集体观念，激发爱国主义热情，振奋民族精神。各式各样比赛的参赛者都具有一定社会群体的代表性，他们在比赛场上既要实现自己的价值，又要为所代表的群体争荣誉，而观赏者往往与运动员有着千丝万缕的社会联系，因此，竞技运动的胜负荣辱，都与欣赏者息息相关。

（四）激发体育意识

1. 健康意识

举办各种体育比赛的主要目的是启发群众对体育意义的认识，激发群众积极参加体育活动，以提高全民族的体质和健康水平。

2. 拼搏意识

运动员在赛场上表现出的高超的技艺、灵活多变的战术和充沛的体力，都是多年大负荷运动训练、战胜身体上和精神上的疲劳及努力拼搏的结果。没有拼搏意识和拼搏精神，就不可能取得成功。这种拼搏意识，是激发人们在各项事业中取得优异成绩的精神力量。

3. 创新意识

要想在竞技场上战胜对手，除了要靠自己真实的硬功夫外，还要根据自身的特点，不断改进和创新技术、战术。只有具有创新意识，才能争夺和保持冠军的称号，而这种创新意识可以促进各项事业不断向前发展。

4. 道德意识

道德一般是指在社会生活中通过教育、示范、社会舆论、传统习惯等调节个人与个人、个人与社会之间关系的行为规范和准则。在赛场上胜不骄、败不馁，互相尊重，团结友爱，文明礼貌，遵守纪律，光明正大，这些良好的道德规范，将成为观赏者学习的榜样，从而影响整个社会风气。

5. 遵守法规意识

在任何运动项目的比赛中，运动员都要严格遵守比赛规则和法则，服从裁判的裁决，否则就要受到惩罚。例如，运动员服用了兴奋剂，就要受到严厉的制裁。这种遵守法规意识能使比赛有序进行，同时也会对社会产生积极的影响。

6. 竞争意识

体育比赛具有强烈的竞争性。双方对垒，当仁不让，优胜劣汰。这种竞争意识对于当今社会中每一个人来说都是一种不可缺少的素质。

二、怎样欣赏体育比赛

（一）对形体美的欣赏

美学家认为，人的美感最先产生于对“轮廓”的良好印象。这里说的“轮廓”，是指人体的外观形象，也可简称为形体，包括人的体形、姿态和风度等。体育比赛作为人体生理性对抗的一种运动方式，通常以空间活动表现人的体形、姿态和风度，故具有复杂多变、造型奇特、动作鲜明等特点。因此，由人体运动姿态、艺术造型和表演风格构成的形体美，离不开对身体匀称、曲线和姿势、肌肉形态、皮肤色泽、面部表情和气质风度等内容的综合评价。特别是那些艺术造型强的竞技项目，往往通过超凡的力量、动作技巧和造型艺术，把运动员发达的肌肉、矫健的身姿、优美的体形表现得淋漓尽致。

（二）对动作美的欣赏

在运动过程中，人的形体或部位的造型所展示出的美，称为动作美。在比赛中，运动员的动作都是在“动”中进行的，所以，人们在欣赏时应把“动”放在首要地位。体育通过各种人体动作展示多姿多彩的动作美，各种运动项目以优美、细腻、柔韧、精巧、刚健、雄劲、明快、敏捷的动作组合来塑造美、创造美、表现美。动作美的特点在于准确、协调、连贯、敏捷、舒展而富有节奏，给人以完美无瑕的感觉。

刚柔对比是形成动作美的重要手段。在体育活动中，一般把男性化的刚毅、强壮、雄健、豪放、壮丽的动作表现视为阳刚之美；而把女性化的柔和、优雅、纤巧、缠绵、秀丽、平缓的动作表现视为阴柔之美。

（三）对技术美的欣赏

技术美是人们对体育活动的又一审美要求，是形体美和动作美的综合体现，具有准确、协调、连贯、节奏感强以及平衡性、实效性高等特点。技术美充分显示了人的本质力量，它以特有的魅力使人们欣喜、愉快、惊奇和赞叹。

为了提高运动技术水平，必须寻求能合理、有效地完成动作的方法，于是“技术”又成为体育比赛的关键因素；而运动员为追求理想的动作模式，在高、难、险、新技术方面所做的努力，又使动作的“技术美”平添无限魅力。

（四）对战术美的欣赏

战术美是在复杂多变的运动中充分发挥运动员的素质和技术特点，在争取胜利中体现出来的一种美。在比赛的激烈对抗中，战术被称为发挥技术的先导、驾驭比赛的灵魂，是夺取比赛胜利的法宝，也是反映运动员的知识、技术和心理、智力因素的综合指标。在一些集体项目的比赛中，战术美表现得尤为突出。

由战术表现的美感，可在比赛双方对战术的选择、应用和变化中得到反映。要特别注意运动员根据各自情况，合理分配力量，扬己之长，充分发挥良好的素质、娴熟的技术和环环相扣的战术配合；欣赏他们巧施计谋，在比赛中以柔克刚、出奇制胜，从而领略巧妙战术带给我们的美的享受，从更高层次体验美的意蕴。

（五）对健康美的欣赏

欣赏体育比赛可以体验健康美。当观众见到运动员体形匀称、肌肉发达、动作敏捷、技艺超群、肌肤滑润等外观形象时，就能产生“由表及里”的视觉效果，并把这些健康美的感觉印刻于心。同时还可以接受活泼、欢快、纯洁、开朗和创造热情等健康因素的感染，进一步认识体育锻炼对健康的作用，由此树立追求健康的信念，从中获得改善自我健康的勇气和力量。

（六）对风格美的欣赏

在体育比赛中欣赏运动员（队）良好的思想风格，是一种美的享受，运动员所表现出的各种思想、道德、行为都不是虚构的，而是一种真实的社会行为表现，也能使我们受到道德修养的教育。

运动员在比赛中表现出的技术、战术的风格和风貌上的个性美，是每个运动员（队）根据各自的特点和具体条件，创造出的与众不同的风格，构成自己独特的技术风格美。

（七）对内在美的欣赏

随着人类社会的发展，现代体育比赛的内涵更加明确，外延更加丰富、深刻，充满了时代精神和人生哲理。因此，对于职业院校学生而言，把欣赏体育比赛仅当作娱乐活动是不够的，还应在欣赏中深入地思考，使我们的观念、思维和情趣等都能得到启迪和升华。

从技术、战术等多角度来欣赏体育比赛可以得到美的享受，这主要是因为体育比赛洋溢着外在美。我们从多方位、多层面来欣赏，就会感受到体育比赛的一种无形的内在美。经过长期科学、艰苦的训练和多次临场比赛的经验积累，有的运动员在比赛中的表现已达到或接近完美。当他们获得成功时，其发自内心的巨大快感、自豪感和自我价值与愿望完全实现的幸福感，旁观者也会有所感受。当我们的欣赏水平和审美能力进一步提高时，体育比赛中某些似乎不美甚至残酷的东西，如汗水、泪水、血迹、损伤，以及那些历尽千辛、奋发进取、顽强拼搏而最后却榜上无名的失败者，也会被我们所认可和理解，并进入我们的审美范围。

三、加强欣赏体育比赛的道德修养

（一）加强体育道德修养

观赏者总是带有一定的本位色彩和倾向性的心理观看体育比赛，总是希望与自己有关联的运动员（队）取得好成绩，获得胜利。当比赛结果与自己的愿望相违背时，如果没有一个正确的思想认识，没有一定的体育道德修养水平，就很难控制自己的情感，无法正确评价比赛的结果，会做出一些不友好、不文明甚至不道德的行为。

球王贝利曾说过："没有观众就没有贝利，没有观众就没有足球。"运动员（队）在比赛中要想发挥出高超的竞技水平，离不开观众的文明观看和为运动员那种不甘落后拼搏精神的叫好、加油。

道德主要包括道德意识和道德活动两个方面。如果不加强道德修养，就很难对体育比赛中各种思想行为和是非观念做出正确的判断，在观赏过程中就可能会出现有害于他人或社会的行为。只有具备良好的道德修养，才会具有高尚的社会公德行为，才会在欣赏比赛时表现出遵守公共秩序、讲文明礼貌、团结友爱、顾全大局等优良品质。

（二）加强体育审美修养

体育观众的审美修养受各民族的风俗、习惯、地域和社会经济生活、文化教育和心理素养的影响，其审美标准具有一定的民族性和个体差异性。例如，中华民族崇尚武术，美国人爱好篮球，巴西人酷爱足球，等等。

由于每个人的社会生活经历、文化程度、思想感情不同，对比赛场上呈现美的形式也就有所偏爱。例如，在欣赏同一场比赛时，有的观众善于发现运动员娴熟的技艺，有的则关注双方的攻守战术，还有的只关注比赛的成绩变化。

尽管在欣赏体育比赛的过程中我们没有一个统一的审美标准，但只要想从比赛中获得美的享受，就必须不断地提高自己的审美修养，而提高审美修养首先要控制好审美的心境。

另外，提高体育审美修养还要懂得一点美学，特别是体育美学知识。多欣赏一点艺术，多掌握一点体育知识，参与一定的体育实践活动，有利于体会运动员的艰辛和运动的美感。

思考题

1. 现代奥林匹克运动会是如何诞生与发展的？
2. 简述奥林匹克文化的内涵。
3. 如何学会欣赏体育比赛？

实践部分

第一章 田 径

第一节 田径运动概述

一、田径运动的起源

田径运动是由田赛、径赛、公路赛、竞走和越野赛组成的运动项目。田径运动能有效地发展速度、力量、耐力、灵敏、协调等身体素质，增强体质，获得运动技能，提高运动成绩，培养意志品质，对增强人类体质及从事竞技运动具有积极的意义。据考证，人类最早的田径比赛，出现在公元前776年的第1届古代奥运会上。1896年第1届现代奥林匹克运动会的田径比赛可认为是现代世界田径运动开始的标志。100多年来，经受过战争和重大政治事件的影响与考验，田径运动从萌芽到发展，从不正规到规范化，以至成为今日体育运动中的最重要的项目之一。

二、我国田径运动的发展概况

近代田径运动于19世纪末传入中国，当时主要在学校，特别在教会学校中有所开展。中华人民共和国成立后，党和政府的重视、关怀，为开展体育运动创造了良好的条件。1957年11月，中国优秀女子跳高运动员郑凤荣跳过1.77米横杆，打破了世界女子跳高纪录，轰动了世界体坛。2004年雅典奥运会上，我国上海选手刘翔在110米栏决赛中以12秒91平当时世界纪录。2006年7月11日在国际田联超级大奖赛洛桑站的110米栏决赛中，奥运会冠军刘翔成功卫冕，并以12秒88的成绩打破了尘封13年之久的12秒91的世界纪录。2015年5月，中国运动员苏炳添在美国尤金站男子100米比赛中，以9秒99的成绩获得季军，成为历史上首位突破10秒大关的亚洲人。

第二节 跑的基本技术

跑是人体运动的一种形式。它包括短跑、中长跑、跨栏跑、接力跑等。这里主要介绍短跑和中长跑的主要技术和练习方法。

一、短跑

（一）短跑基本技术

1. 起跑

起跑的任务是使身体迅速摆脱静止状态，为起跑后加速跑创造条件。田径规则规定，在短跑比赛中运动员必须用蹲踞式起跑，运动员按发令员的口令完成起跑动作。

起跑过程包括“各就各位”“预备”和鸣枪三个阶段。

听到“各就各位”口令后，运动员稍做放松走到起跑器前，俯身，两手撑地，两脚依次踏在前后起跑器的抵足板上，脚尖触地；后腿膝关节跪地；两手放在起跑线后支撑地面，两臂伸直，两手间距离比肩稍宽，四指并拢和拇指成“八”字形支撑，身体重心稍前移，肩与起跑线平行，颈部自然放松，身体重量均匀落在两手、前腿和后膝之间，注意听“预备”口令。

听到“预备”口令后，逐渐抬起臀部，使臀部稍高于肩，重心适当前移，体重落在两臂和前腿之间，大、小腿夹角构成膝角，前腿膝角为 90°～100°，后腿膝角为 110°～130°；两脚贴紧起跑器抵足板，注意力集中听枪声（图 1-1）。

图 1-1 起跑

听到枪声后，两手迅速推离地面，屈肘做有力的前后摆动，两脚快速蹬离起跑器；后腿前摆时，脚掌不要离地过高，这样有利于摆动腿迅速着地；前腿用力，蹬角为 42°～45°。

2. 起跑后的加速跑

起跑后的加速跑是从后脚蹬离起跑器到途中跑开始的一个跑段。它的任务是尽快加速达到自己的最高速度。

起跑后，身体处于较大的前倾姿势，要积极加快腿和臂的摆动和蹬地动作，第一步不宜过大，要随身体前倾的减小而逐渐增大步长，直至进入途中跑。

3. 途中跑

途中跑的任务是继续发挥和保持最高跑速。起跑后加速跑结束即进入途中跑。它的一个单步由后蹬和前摆、腾空、着地和缓冲几个部分组成（图 1-2）。

图 1-2 途中跑

（1）后蹬和前摆。当身体重心移过支点垂直面时，支撑腿开始积极有力后蹬，用力顺序为伸展髋、蹬伸膝和踝关节。随之，摆动臂迅速有力向前上方摆出，带动同侧髋前移，形成支撑腿与摆动腿协调配合。

（2）腾空。这是支撑腿离地面后的无支撑状态。支撑脚尖离地后，大腿随惯性屈膝折叠，摆动腿的摆动已接近最高点；接着是摆动腿大腿的积极下压，小腿快速摆落，成“鞭打”着地。

（3）着地缓冲。腾空结束时，摆动腿积极下压，前脚掌着地，屈膝、屈踝缓冲形成支撑。在支撑腿缓冲时另一侧摆动腿大、小腿折叠，迅速向前摆动，从而增大后蹬效果。

途中跑中头部正直，上体稍前倾，摆臂以肩为轴前后摆动，手成半握或伸直。前摆时肘关节角度小于90°，后摆时略大于90°。摆动中应快速有力，幅度大。

4. 终点跑

终点跑是全程跑的最后一段，基本技术是在离终点线15～20米处，尽力增大摆臂速度和力量，保持上体前倾角度。当离终点线前一步时，上体急速前倾，双手后摆，用胸部或肩部领先冲过终点线。跑过终点线后逐渐减速。

（二）短跑的练习方法

短跑练习应以途中跑为主，在初步掌握途中跑技术的基础上，再练习起跑、弯道跑等其他技术。下面简要介绍几种主要练习方法。

（1）加速跑：强化跑的动作技术的正确性，提高腿部肌肉适应能力，逐渐加大步幅、加快速度，在达到最高速度后再保持一段距离。一般采用60～80米，重复练习3～4次。

（2）中速跑60～120米：要求动作自然放松，蹬摆腿要充分，步幅放开，两臂协调前后摆动，躯干姿势正确，注意跑的直线性。重复练习4～6次。

（3）行进间跑：主要改进跑的技术和发展速度。在起跑线前10～20米处做一标志，至标志时要达到最高速度并保持到终点。一般练习为30～80米，重复练习3～6次。

（4）采用各种跑的专门练习：如小步跑、高抬腿跑、后蹬跑、单腿跳、多级跳、半蹲跳、弓箭步摆臂以及负重练习等来发展动作的协调能力和改进技术。

二、中长跑

中长跑是中距离跑和长距离跑的简称。正式比赛项目有800米、1500米中长跑，3000米、5000米和10000米长跑等。中长跑是耐久力项目，在技术上要尽可能减少体力的消耗。中长跑（尤其是健身跑）还具有预防、治疗某些慢性疾病和增强体质、延年益寿的作用，它不受场地、器材、年龄、性别等条件限制，简单易行，被人们广泛作为锻炼身体的手段，并在世界各地流行。

（一）中长跑的基本技术

1. 起跑及加速跑

中长跑采用半蹲式起跑，俗称站立式起跑。运动员比赛时不使用起跑器。田径规则规定800米和800米以上的项目，只喊“各就各位”，待运动员稳定后，即可鸣枪。

（1）起跑。发令前运动员应站在起跑集合线后，听到“各就各位”口令后，先做一两次深呼吸，然后慢跑或走到起跑线后。两脚前后开立间距约一脚长，左右间距约半脚长。两腿弯曲，上体前倾，身体重心落在前脚上，后脚用前脚掌着地，集中注意力听鸣枪或“跑”的口令。当听到枪声或“跑”的口令时，两腿用力蹬地，达到摆脱静止状态的目的。

（2）起跑后的加速跑。为了发挥速度，抢占有利战术位置，起跑后上体前倾稍大，摆臂、摆腿和后蹬的速度应迅速而积极，和短跑基本相似。加速跑的距离长短和跑速快慢，应根据项目、参加人数、个人特点和战术的需要而定。一般800米要跑到出弯道为止，1500米常跑到直道末了才结束，然后进入有节奏的匀速途中跑。

2. 途中跑

途中跑是中长跑的主要部分。其技术结构与短跑基本相同，但由于中长跑的距离比短跑长，体力消耗大，要求跑时动作更要放松、协调、平稳和节省体力。

3. 冲刺跑

中长跑接近终点要采用冲刺跑技术。动作基本上与短跑终点跑相同，加速摆臂和加强蹬摆向终点冲去。中长跑的冲刺跑距离比短跑长。什么时候开始冲刺，要根据不同的距离、个人的训练水平、当时的比赛情况、竞技状态和在全程中所保持的跑的能力来决定。

（二）中长跑的练习方法

（1）长距离慢跑：主要是能增强呼吸和心血管系统功能，提高有氧代谢的能力和跑的技术。可以充分利用自然条件进行练习，应根据练习者的锻炼目的调节跑速、时间和距离，并循序渐进地逐渐增加运动负荷。

（2）匀速跑：匀速跑是用均匀速度跑进的一种方法，主要培养速度感觉和进行一般耐力的练习，也可以用来改进和掌握途中跑技术。

（3）走跑交替：走跑交替是发展一般耐力和掌握跑的技术的方法。开始跑一段距离，感到累了便走步，然后再跑。如此反复交替进行，逐渐缩短走的距离。一般适宜于初练长跑者。

（三）中长跑的"极点"现象

中长跑跑到一定阶段时，因氧气的供应满足不了肌肉活动的需要时，会不同程度地出现呼吸急促、胸闷难忍、步伐沉重、动作失衡，甚至有恶心的现象，产生难于继续跑下去的感觉。这种现象就是生理学中所指的"极点"。当"极点"产生时，应放慢运动速度，并注意加深呼吸，尤其是呼气，然后身体就会重归平衡，因此被称为"第二次呼吸"。只要坚持下去，运动能力就会逐步提高，动作也会更加协调有力。长跑后应注意整理运动，半小时后可适当饮用淡盐水或温开水。

长跑是锻炼身体的最佳手段，可提高呼吸系统和心血管系统的机能。

第三节　跳的基本技术

田径跳跃运动分两类：第一类是越过水平障碍，其目的是尽可能跳得远些，如跳远和三级跳远。第二类是越过垂直障碍，其目的是尽可能跳得高些，如跳高和撑杆跳高。本节主要介绍跳远和跳高两个项目。

一、跳远

跳远是田径运动的主要项目之一，完整的跳远技术由助跑、起跳、腾空和落地四个部分所组成。

（一）跳远的基本技术

1. 助跑

助跑主要任务是发挥必要的水平速度，为快速、积极、有力的起跳做好准备。跳远助跑的方向为直线，助跑的目的是发挥最高的可控速度，同时准备起跳时尽可能少损失水平速度，动作要求是：高重心、折叠好、摆动快、“扒地”狠。助跑的距离长短取决于练习者的身高、运动水平以及助跑中的加速度能力。

2. 起跳

起跳是为了改变身体重心向前运动的方向，使它按适宜的角度向空中腾起。身体腾越的高度与远度，主要决定于腾起初速度和腾起角。根据运动力学的原理，跳跃运动的成绩主要取决于腾起初速度和腾起角。因此，在起跳时应获得最大的腾起初速度和理想的腾起角。在快速助跑中，正确地完成缓冲动作，将能提高起跳的效果。

跳远的起跳要提踵、立腰、蹬直，其作用是改变身体重心向前运动的方向，使之按适宜的腾起角（一般为18°～24°）向空中腾起。

3. 腾空

腾空的任务是保持身体的平衡，推迟着地的时间和为落地创造有利条件。起跳离地后，上体要保持正直，起跳腿伸直仍留体后，摆动腿高抬，小腿自然下垂成“跨步”姿势，这一姿势通常称“腾空步”。腾空步以后的空中动作可以分为蹲踞式（图1-3）、挺身式（图1-4）和走步式三种姿势。

图 1-3　蹲踞式

图 1-4　挺身式

跳远无论采用哪种姿势，进入腾空后都要有“腾空步”动作。“腾空步”可以较大程度地克服起跳中产生的身体向前旋转，有利于完成起跳后的各种空中姿势。

4. 落地

正确的落地技术是为了尽可能推迟脚着地的时间，增加远度，使身体顺利移过支撑点，安全着地。落地前屈膝，大腿高举靠近胸部，然后小腿前伸并勾起脚尖，两臂后摆。当脚跟接触沙面后，大腿屈膝，髋前移，双臂由后向前摆出，使身体重心迅速移过落点，完成落地。

（二）跳远的练习方法

（1）在跑道上助跑3步或5步连续做起跳和腾空步练习。

（2）助跑4～8步起跳或“腾空步”后，起跳腿向前与摆动腿靠拢，然后双脚落地。

（3）原地做空中动作模仿练习。

（4）从高物上以蹲踞式（或挺身式、走步式）跳入沙坑，体会跳远的空中动作。

（5）助跑4~8步跳远练习。

二、跳高

跳高由助跑、起跳、过杆和落地四个部分组成。这四个部分的动作是互相影响、紧密衔接的统一整体。跳高技术由最初的双腿屈膝跳过横杆演变到跨越式、剪式、俯卧式和背越式等。目前公认背越式较为合理。

（一）背越式跳高的基本技术

1. 助跑

跳高助跑的主要任务是：起跳时发挥最高的可控速度，并将水平速度转为垂直速度。背越式跳高最后两步身体内倾，保持放松及助跑水平速度是技术的关键。其要求是：高抬膝、高踮脚、折叠紧、前摆快。跳高的助跑距离一般为8~12步。

2. 起跳

背越式跳高起跳时通过弧线助跑和身体的内倾，并充分利用助跑的水平速度，使人体获得最大的腾空高度，为过杆创造有利条件。起跳脚着地时，首先以脚跟外侧触及地面，然后迅速滚动到全脚掌，最后一步与横杆成20°~30°，起跳时间一般为0.16~0.18秒。

3. 过杆

起跳离地后，身体重心沿固定的抛物线轨迹运动，通过腿、臂的相应动作产生补偿性位移，使人体在最合适位置挺髋过杆。高度项目同样是根据空中不同的过杆动作来确定跳高的姿势。现代最普遍采用的姿势为背越式跳高，即起跳离地后人体背对横杆，由右臂先过杆，然后头和左臂过杆，同时及时完成潜肩、挺髋和上收等一系列动作（图1-5）。

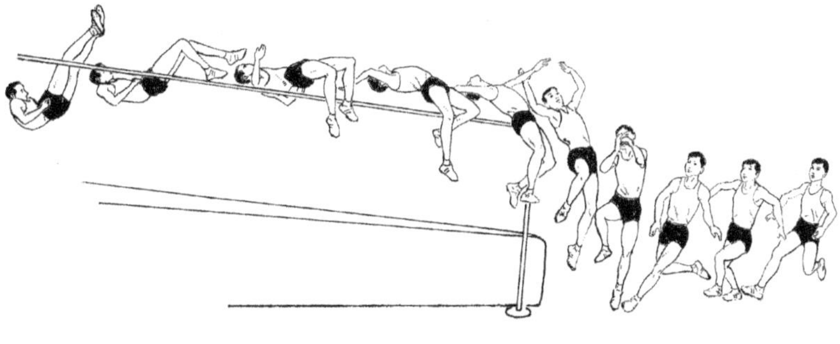

图1-5 背越式跳高

4. 落地

落地是各项跳跃运动的结束动作，为避免损伤，落地时必须进行必要的缓冲。

背越式跳高落地动作和过杆动作密不可分、融为一体，其技术特点是顺势、依次和连贯。

（二）背越式跳高的练习方法

（1）原地摆腿。起跳腿一侧对着肋木（树干、立柱等支撑物）站立，同侧手扶住肋木，进行摆腿技术练习。

（2）迈一步的摆腿练习。两脚前后自然开立，摆动腿在前，起跳腿向前迈出，两臂留在体后，骨盆向前送，大腿带动小腿向前伸出，以脚跟先接触地面，迅速滚动至全脚掌，同时摆动腿快速以髋带动大腿向前摆动。

（3）仰卧在垫子上，两肩和两脚撑地，做向上抬臀、挺髋的动作。

（4）背对垫子站立，然后提脚跟、挺髋和仰头、挺胸，肩向后倒落在垫子上。

（5）背对垫子站立，双臂置于体侧，双脚起跳后，展腹挺髋，向后引肩，以肩和背部先于其他部位落于垫上。

第四节　投的基本技术

投掷是人类基本活动技能之一，它在田径运动中占有重要地位。投掷的项目有铅球、铁饼、标枪、链球等。各投掷项目使用的器械在构造、形状、重量和规则等方面都不一样，因此投掷的方法也各不相同。本节主要讲解推铅球的相关技术与练习方法。

（一）推铅球基本技术

完整的侧向滑步推铅球技术可分为握持铅球、滑步、最后用力和维持身体平衡四个部分。

1. 握球和持球

五指自然分开，把球放在食指、中指和无名指的指根上，大拇指和小指自然地扶在球的两侧（图 1-6）。铅球的重量大部分在食指、中指之间，手腕背屈。如果手指和手腕力量较强，可把球适当地向手指处放置，以便推球时发挥手指力量和增加投掷臂杠杆的长度。握球以后，将球放在肩上锁骨窝处，紧贴颈部，掌心向前，右臂屈肘略低于肩，臂自然放松，控制好球（图 1-7）。

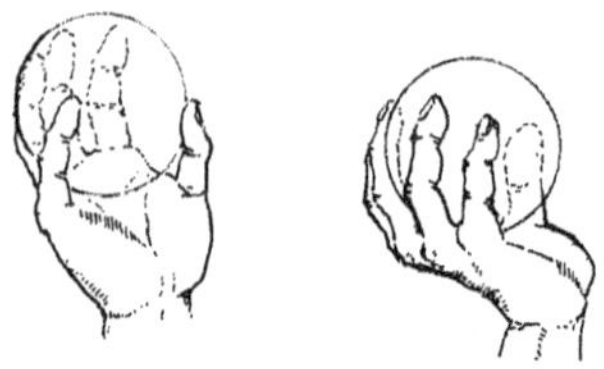

图 1-6　握球

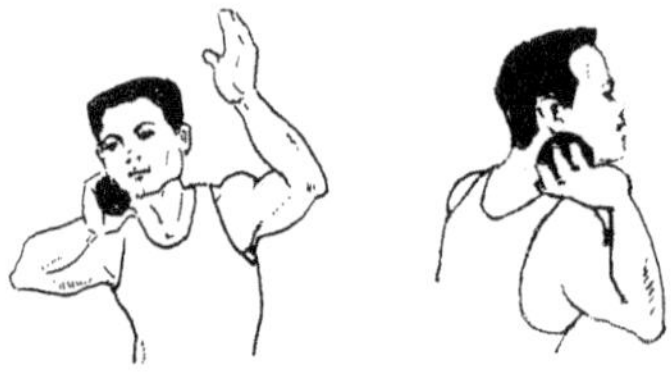

图 1-7　持球

2. 滑步技术

完整的滑步技术包括预备姿势、团身和滑步三个部分。

（1）预备姿势：持好球后，身体侧对投掷方向，站立于投掷圈内沿，身体重心落在右脚掌上，左脚脚尖着地。

（2）团身动作：做好预备动作后，上体逐渐侧屈，屈右膝下蹲，左腿向右腿回收靠拢，身体重心集中在后腿支撑点上方，完成团身动作。

（3）滑步动作：团身后，身体重心稍后移，使其移离身体的支撑点（右腿），左腿向投掷方向伸摆，同时右腿积极蹬伸，上体尽量保持原来侧向姿势，形成最后用力前的良好姿势（图 1-8）。

图 1-8　滑步技术

3. 最后用力

滑步结束后，右腿迅速侧蹬推动骨盆侧移，左脚积极着地，努力保持肩轴与髋轴的扭紧姿势，上体在摆动中逐渐抬起，左臂由胸前向投掷方向牵引摆动，使身体侧对投掷方向，此时肩轴仍落后于髋轴，左肩高于右肩，体重大部分仍在弯曲而压紧的右腿上，躯干形成侧弓姿势。躯干形成侧弓后，右腿继续蹬伸，加速右髋向投掷方向转动和上体的前移，重心逐渐转到左腿。在左腿有力的支撑下，利用躯干的鞭打作用，顺势转肩、伸臂完成整个推球动作。铅球将要离手时，右手屈腕，手指有弹性地拨球，加速铅球的出手速度，左臂在最后用力加速部分要积极主动地通过上、左、下方的摆动协助身体完成左侧支撑（图 1-9）。

图 1-9　最后用力和维持身体平衡

4. 维持身体平衡

铅球出手后，为防止犯规，应及时换步和降低身体重心来减缓冲力，以维持身体平衡。

（二）推铅球的练习方法

（1）做好握球动作，两手心相对在体前右手持球向左手方向推拨球，反复进行。

（2）前屈体，左手持球，右手向下推拨球。

（3）侧向、背向原地推轻铅球。

（4）徒手摆蹬练习，左腿以大腿带动向抓趾板方向摆出，右腿用力蹬伸，推动身体向投掷方向移动，但右腿不离地，不收腿，上体保持右侧屈或前屈。

（5）持轻铅球滑步推铅球，逐步过渡到推标准铅球。

思考题

1. 简述短跑起跑的过程及要领。
2. 什么是“极点”现象？如何克服？
3. 中长跑有哪些练习方法？说出适合你锻炼身体的方法。

第二章

篮　　球

第一节　篮球运动概述

一、篮球运动的起源

篮球运动是一项集体的对抗性竞赛活动,它是1891年由美国人詹姆斯·奈史密斯博士发明的。

当时,由于在寒冷的冬季,人们缺乏室内进行活动的球类竞赛项目,奈史密斯受到了桃园中工人和儿童用球向“桃子筐”做投准游戏的启发,将两只桃篮分别钉在健身房两端看台的栏杆上,桃筐上沿距地面约3.05米,相当于现代篮筐的高度,选用英式足球向篮内投掷,投中篮内得1分,以得分多少决定胜负。最初美国人称之为“奈史密斯球”,后又称为“筐球”,最后根据活动的主要目的是向悬空的篮筐中投球,便形象地命名为“篮球”。到1893年,随着篮球游戏活动内容的充实和改进,并制定了最初的规则,才逐渐形成了现代篮球运动的雏形。

二、中国篮球运动概况

篮球运动于1895年由传教士莱会理传入我国。1896年3月26日天津青年会举行了我国第一次正式篮球比赛。随后篮球运动又发展到北京、上海、广州等大城市的青年会组织和教会学校。到1900年以后,全国一些大城市的教会学校逐渐把篮球运动作为课外体育活动的内容之一。新中国成立以后在体育运动“普及与提高相结合”方针的指导下,篮球运动得到了蓬勃的发展。我国女子篮球队在1983年第9届世界锦标赛和1984年第23届奥运会上均获得第三名;在1992年第25届奥运会上获得第二名;1994年第12届世界锦标赛上获亚军,达到了世界先进水平。我国男篮在亚洲长期处于领先的地位,在世界大赛中表现不俗,1994年第12届世界男子篮球锦标赛上第一次进入世界前八名。1998年,中国大学生篮球联赛(CUBA)诞生,对提高高校的篮球运动水平起到了促进作用,深受广大爱好篮球运动的大学生们的喜欢。

2002年,我国男子篮球明星姚明在该年度NBA选秀大会上作为“状元秀”被休斯敦火箭队选中,成为NBA第一名非美籍“状元”。在NBA比赛中姚明充分利用自己身高的优势,发挥娴熟的技艺,为火箭队屡建战功。他的成绩得到了世界篮坛的肯定,并赢得了广大球迷的喜爱。

2004年雅典奥运会上中国男篮战胜欧洲劲旅塞黑队,杀进了八强。2008年在北京奥运会上中国男篮再次闯入前八名。男篮在比赛中表现出团结拼搏的顽强精神,极大地鼓舞了全国人民。

2011年在16国邀请赛决赛中,中国队以67∶66险胜东道主土耳其队夺得冠军。这让我们对中国篮球的未来充满希望。

三、篮球运动的特征

（一）高度和速度结合

当今篮球运动强调高度与速度平衡发展，很多大个子队员也具备快速奔跑的能力及灵活多变的移动。高度不仅体现在高体形，更体现在高体能、高体质、攻守技术运用的高效能上；速度不仅体现在移动的高速度上，更体现在攻守转换的高节奏、各种战术转换的高速度中。篮球运动的这种特点使得现代篮球更具观赏性。

（二）智能与体力的结合

现代篮球运动无论在训练、比赛与管理中都体现了各种学科的综合。多种学科的融合要求运动员不仅有强健的身体素质，还要具有较高的文化素养来掌握篮球运动的基本规律。

（三）意志和品质的结合

篮球运动有激烈的对抗性，人们要在全场内进行进攻与防守、突破与堵截、投篮与封盖、篮下争夺和空中拼抢，具有较强的身体对抗。这种对抗对练习者的身体、技术和战术、竞争意识和比赛能力是一个良好训练，更是对他们的人格精神和意志品质的培养，为他们的健康成长打下坚实的基础。

（四）攻守对抗的平衡性

现代篮球高水平比赛的拼斗程度非常激烈，能攻善守已经成为每个篮球运动员必备的条件。尽管进攻居于主要地位，防守相对居第二位，但若防守积极主动，不仅可以加快由守转攻的节奏，而且有能力破坏对手的下一次进攻。

（五）开展形式多样化

篮球运动的形式多种多样：可以是三人的比赛，也可以是五人的比赛；可以是半场的比赛，也可以是全场的比赛。不论男女老幼、年龄大小都可以根据自己的爱好、条件去自由地选择参加。人们可以自由组合、自由搭配成一个球队来比赛。

第二节　篮球基本技术

篮球基本技术是篮球运动的基础，是进行篮球运动所必需的专门技术动作的总称。它分为进攻和防守两大部分。它包括：球性，脚步动作，传、接球，运球，运球突破，投篮和抢篮板球以及防守的各种技术。

一、球性

球性是指练习者对球的驾驭能力，是掌握好其他技术动作的前提。好的球性可以达到人球合一的境界。

熟悉球性的几种练习方法：

（1）持球环颈：持球于颈一侧，将球由颈后传递到另一手。动作要快，球不能掉落，手掌心不能碰球。

（2）持球环腰：持球于腰侧，将球由腰部后方传递到另一手。动作要快，不能看球，球不能掉落，掌心不能碰球。

（3）手指交互传球：双手手指朝上，以第一指掌快速推弹方式传球。传球频率要快，施力点在球体下半部。

（4）原地低手控球：双脚与肩同宽，前后站立，屈膝，右手往下压球，球不能高于腰部，眼睛不看球，右手压球而不是拍球。

(5) 双手交互用力传球：掌心朝上持球，经高举后再用力往下传给另一手。由高举往下时要用力，有往下砸的感觉，并保持能稳定持球。

(6) 持球环绕双脚“S”形：持球于脚侧，将球由跨下做“S”形传绕到另一脚。动作要快，不能看球，球不能掉落，手掌心、双脚不能碰球。

(7) 贴地运球：球置于地面，以手指快速将球拍起，并持续快节奏运球。拍球不能用掌心，且不能高于 5 厘米，频率要快，球要离开地面，不能看球。

二、脚步动作

脚步动作是篮球基本技术的基础，它通过各种快速、突然的脚步动作达到进攻时摆脱防守，防守时盯住对手，以争取攻守主动的一种手段，也是比赛中运用最多的一项基本技术。

(一) 基本站立姿势

两脚前后开立或左右开立，距离约与肩同宽，两腿微屈，重心落在两脚之间，略收腹含胸、屈肘，两手置于体侧前方(图 2-1)。

图 2-1 基本站立

(二) 脚步动作

1. 起动

起动是队员由静止状态转变为运动状态的动作。

上体迅速前倾或侧转，向跑的方向移动重心，手臂协调地摆动，脚要充分利用蹬地的反作用力，迅速向跑的方向迈出。起动后的前两三步，两脚的前脚掌要短促用力蹬地，并配合以快速的摆臂动作，使之在最短的时间内充分发挥速度。

2. 急停

急停是队员在运动状态下突然改变为静止状态的动作方法。急停分为跨步(两步)急停和跳步(一步)急停。跑动中突然急停可以甩开防守者，所以急停技术在比赛中被广泛使用。

图 2-2 跨步急停

跨步(两步)急停：队员在快速跑动中利用跨步的方法突然制动。要领是，一腿先向前跨出一大步，脚尖稍外转，用全脚掌外侧着地，身体稍后仰，接着屈膝，降低重心；另一腿跨出第二步时，脚尖稍内转，用脚前掌内侧蹬地，保持身体平衡(图 2-2)。

跳步(一步)急停：队员利用跳步的方法突然制动。方法是，移动中用单脚或双脚起跳，上体稍后仰，两脚同时以全脚掌平行着地，用脚前掌内侧蹬住地面，两膝弯曲，两臂屈肘微张，以保持身体平衡(图 2-3)。

图 2-3 跳步急停

3. 跨步与转身

跨步与转身是摆脱防守者进行传球、切进和掩护时常用的技术动作，是用一只脚作为轴，另一只脚在轴心前或左、右跨出的一种步法。

转身是用一只脚为轴，另一只脚向任何一方移动并加上体转动的动作。根据身体转动的方向，转身分前转身和后转身两种：移动脚经中轴脚向前跨步并转体为前转身，移动脚经中轴脚向后跨步并转体为后转身。转身前两膝微屈，上体稍前倾；转身时，重心移到中轴脚上，并以中轴脚掌为中枢，用移动脚的前脚掌蹬地，借助上体转动来做转身动作。

4. 滑步

滑步是比赛中防守队员常使用的技术。运用适当的滑步可以形成好的防守效果，达到有效阻止进攻的目的。

根据滑步的方向滑步可以分为侧滑步、前滑步和后滑步。

(1) 侧滑步：从基本姿势开始，向一侧滑步时，先跨出同侧脚，同时另一脚蹬地滑动靠近，两脚之间保持一定的距离。

(2) 前滑步：从基本姿势开始，向前跨出一步，同时后脚紧随向前滑动，两脚保持一定的距离前后开立。

(3) 后滑步：动作方法与侧滑步相同，滑动的方向相反。

(三) 脚步移动的练习方法

(1) 原地分别以左、右脚为轴，做前、后转身 90°、180°、270°练习。

(2) 看手势或听信号向不同方向起动，并做急停、急起动作。

(3) 在跑动中听信号做变速、变向跑和后退跑。

(4) 利用篮球场的圈、线做侧身跑、折线跑、急停和急停后接转身的练习。

(5) 结合抛球、运球做急起、急停，结合传球做行进间侧身跑练习。

(6) 各种脚步动作、基本步法比较熟练后，最后结合一对一的对抗进行练习。

三、传、接球

(一) 传球

比赛中控球方有目的地转移球的方法称为传球。

传球包括：双手胸前传球、单手肩上传球和行进间传球。

1. 双手胸前传球

双手胸前传球是一种最基本、最常用的传球方法，具有准确性高，容易控制，便于变化的优点(图 2-4)。

图 2-4　双手胸前传球

准备传球时，双手十指分开，拇指相对，两食指成“八”字形，用指尖、指腹和指根触球，两手心空出。两肘不要外展太多，肩、臂、腕部肌肉放松，身体保持基本站立姿势。传球时，后腿蹬地，身体重心向前移动，同时两臂前伸，手腕由下向上翻转，同时拇指用力向下压，食指、中指用力弹拨，将球传出。出球后手心和拇指向下，其余手指向前。

2. 单手肩上传球

单手肩上传球主要应用于中远距离传球。单手肩上传球力度大，球速较快，有利于抢篮板球后迅速组织快攻(图2-5)。

图2-5 单手肩上传球

3. 行进间传球

行进间传球是两名队员的配合动作,可以用单手或双手传球。行进间传球在比赛中运用主要是为加快进攻节奏,缩短传球时间。

(二) 接球

1. 双手接球

接球时,接球者要面向来球,两手分开,两臂伸出迎球,当手接触球的一瞬间,两臂随球后引,持球于胸前。若来球力量大,身体可向后移动,缓冲来球的力量(图2-6)。

图2-6 双手接球

2. 单手接球

单手接球和双手接球有相似之处。单手接球时,手臂随球后退,将球置于胸前。

(三) 练习方法

(1) 两人一球,相距6米相对站立,做原地双手胸前传、接球。

(2) 两人一球,相距10米相对站立,做单手肩上传、接球。

(3) 三人或多人,全场"8"字形运球。

四、运球

有球队员在原地或移动中,用单手连续拍按由地面反弹起来的球,叫运球。

运球是篮球比赛中个人进攻的重要技术。它不仅是个人攻击的有力手段,而且是组织全队进攻战术配合的桥梁。有目的的运球可以突破防守、发动进攻、调整位置、寻找有利时机进行传球和投篮,尤其是进攻紧逼人盯人防守的有力武器;盲目的运球会贻误战机,造成被动。

(一) 运球动作

运球动作是由身体姿势、手臂动作、球的落点、手脚协调配合四个环节组成的。

1. 身体姿势

运球时应保持两脚前后自然开立，两膝微屈，上体稍前倾，头抬起，眼睛平视。非运球手臂屈肘平抬，用以保护球。脚步动作的幅度和下肢各关节的弯曲度随运球速度和高度的不同而有所变化。

2. 手臂动作

运球时，五指张开，用手指和指根以上部位及手掌的外缘触球，掌心不触球。低运球时，主要以腕关节为轴，用手腕、手指的力量运球；身前高运球和变向高运球时，主要以肘关节为轴，用前臂和腕、指的力量运球；体侧或侧后的提拉式高运球主要以肩关节为轴，用上臂、前臂、腕、指的力量运球。拍按球时，手应随球上下迎送，尽量延长控制球的时间，这样有利于保护球和根据场上情况改变动作。

拍按球的部位是由运球的方向和速度来决定的。拍按球的部位不同，使运球的入射角和球反弹起来的反射角也不同。原地运球时，拍按球的上方。向前运球时，拍按球的后上方。

3. 球的落点

运球时应控制球的落点，使球完全保持在自己所能控制的范围内，有利于随时利用自己的上体、臂、腿来保护球，而且也要便于结合其他技术。例如，运球向前推进无防守时，球的落点应控制在身体的侧前方，并根据推进速度保持适当距离；在对手紧逼防守时，应使球远离对手，采用侧对防守的运球方法，将球的落点控制在身体的侧后方，以便更好地保护球和及时抓住战机，变换运球方法突破防守。

4. 手脚协调配合

运球时既要使移动速度和运球速度协调一致，又要保持合理的动作节奏。能否保持脚步动作和手部动作协调一致，关键在于拍按球的部位、落点的选择以及力量大小的运用。脚步移动越快，拍按球的部位越靠后下方，落点越远，拍按球及反弹起来的力量越大。运球时，手拍按球和脚步动作要保持一定的比例关系和节奏。直线运球，一般拍一次球跑两步。

（二）运球技术

1. 高运球

运球时，球反弹的高度在腰、胸之间叫高运球。它是在没有防守队员阻挠的情况下，为了加快向前推进的速度或在进攻中调整进攻速度和攻击位置时，所采用的一种运球方法。

在高运球时，上体稍前倾，抬头看前方，以肘关节为轴，用手拍按球的后上方，把球的落点控制在身体侧前方；手脚协调配合，使球有节奏地向前运行（图 2-7）。

图 2-7 高运球

2. 低运球

运球时，球反弹的高度在膝关节以下叫低运球。当受到对手紧逼或接近防守队员时，常

采用这种运球方法保护球和摆脱防守。

低运球时两膝迅速弯曲，重心降低，抬头看前方，上体前倾，靠近防守队员一侧，用上体和腿保护球。同时，用手腕、手指力量短促地拍按球，以便更好地控制球和摆脱防守，继续前进（图2-8）。

图2-8 低运球

3. 运球急停急起

运球急停急起是运球时利用速度的突然变化来摆脱防守的一种方法。多用在对手防守较紧的情况下，在快速运球中突然停止前进，迫使防守队员被动减速停住，趁其重心不稳时，再突然加速起动运球，摆脱防守。

运球急停时，用手快速拍按球的前上方，同时两脚做跨步急停，并转入低运球，用臂、上体和腿保护球。运球急起时，后脚用力蹬地，同时拍按球的后上方，加速超越对手（图2-9）。

图2-9 运球急停急起

4. 体前变向换手运球

体前变向换手运球是运球队员利用突然改变运球方向来突破防守的一种运球方法。这种方法多用于被对手堵截运球前进路线时。以运球队员右手运球向对手右侧突破为例。先向对手左侧快速运球，当对手向左侧移动堵截时，运球队员突然变向，用右手拍按球的右侧后上方，并靠近身体向左侧送拍球，使球落在身体的左侧前方反弹，右脚迅速向左侧前方跨出，上体左转并前倾探肩，换手拍按球的后上方，加速运球突破。

5. 运球转身

运球转身是运球队员被防守者堵截在运球的一侧并且距离较近时，运用后转身改变运球方法，借以突破防守的一种方法。

以右手运球为例。运球转身时，侧对防守，左脚在前做中枢脚，将球控制在身体右侧，右手按球的右侧上方，随着后转身右脚蹬地后撤的同时，将球拉向身体后侧方落地反弹，即换左手运球，从对手的右侧突破（图2-10）。

图 2-10　运球转身

（三）练习方法

（1）全场或半场左、右手分别高运球。

（2）全场或半场左、右手分别低运球。

（3）全场直线往返运球，待基本掌握，可进行运球比赛。

（4）换手运球：在半场内绕三分投篮线运球，依次轮换做。绕圆弧时须用外侧手运球。

（5）折线变向运球：分成两组依次做。折线往返运球，运球到每一折点时，应做急停急起变向运球。

五、运球突破

运球突破是指持球队员运用脚步动作和运球技术超越对手的一项攻击性很强的技术。运球突破与中投、分球结合运用，进攻就更加机动灵活，效果也更为显著。

（一）基本技术

1. 交叉步突破

（1）动作方法：以右脚做中枢脚为例。两脚左右开立，两膝微屈。身体重心降低，持球于胸腹之间，左脚前脚掌内侧迅速蹬地。上体稍向右转，左肩略前下压，重心向肩前方移动，左脚向右侧前方跨出，将球引于右侧，接着运球，中枢脚蹬地向前跨出，迅速超越防守（图 2-11）。

（2）动作要点：蹬跨积极，转体探肩保护球。

图 2-11　交叉步突破

2. 顺步突破

（1）动作方法：准备姿势和突破前的动作要求与交叉步相同，突破时，右脚向右前方跨出一步，向右转体探肩，重心前移，右手运球，左脚前脚掌迅速蹬地，向右前方跨出，突破防守

（图 2-12）。

图 2-12　顺步突破

（2）动作要点：蹬跨积极，转体探肩保护球，第二只脚迅速蹬地。

3. 后转身突破

（1）动作方法：以左脚做中枢脚为例。背向球篮站立，两脚平行（或前后）开立，两腿弯曲，重心降低，两手持球于腹前。突破时，以左脚为轴转身，右脚向右侧后方跨步，上体右转，脚尖指向侧后方，右手向右脚前方放球，左脚内侧迅速蹬地，向球篮方向跨出，运球突破防守。

（2）动作要点：要控制重心，保持身体平衡。右脚向右侧后方跨出时的脚尖方向要正确，左脚前脚掌内侧蹬地积极有力。

4. 前转身突破

（1）动作方法：以左脚做中枢脚为例，突破前的准备动作与后转身准备动作相同。突破时，重心移至左脚，右脚前脚掌内侧着地，左脚为轴，右脚随着前转身向球篮方向跨步时，左肩向球篮方向压，右手运球，左脚蹬地，向前跨出，突破对手。

（2）动作要点：转移重心、蹬地运球动作连贯。

（二）练习方法

（1）自抛自接球做交叉步、顺步突破练习。

（2）持球做前后转身突破练习。

（3）教学比赛中做交叉步、顺步突破练习。

（4）教学比赛中做前后转身突破练习。

六、投篮

（一）投篮技术

1. 投篮时的持球方法

（1）单手的持球方法。以原地单手投篮为例。投篮手五指分开，以指根以上的部位托住球的后下方，掌心空出，手腕略向后仰，球的重心落在中指和食指的指根，肘关节自然下垂，将球置于同侧肩的前上方。

（2）双手的持球方法。以原地双手胸前投篮为例。两手手指自然分开，拇指相对成“八”字形，以指根以上的部位握住球的两侧后下方，掌心空出，两臂自然屈肘下垂，将球置于胸颌之间。

2. 投篮的动作方法

（1）原地双手胸前投篮。双手持球于胸前，肘关节自然下垂（不要外展），上体稍前倾，两膝微屈，身体重心放在两脚之间，目视投篮目标。投篮时，两脚蹬地，腰腹伸展，两臂上伸，拇指向前压送，两手腕同时外翻，指端拨球，用拇指、食指、中指投出，腿、腰、臂自然伸直。

（2）原地单手肩上投篮。右手五指分开，向后屈腕，屈肘持球于肩上（或高些），左手扶球，右脚稍前，重心放在两脚之间，上体稍前倾，两膝微屈，上体肌肉放松，目视投篮目标。投篮时，用力蹬地，伸展腰腹，抬肘，手臂上伸，手腕、手指前屈，指端拨球，用中指、食指将球投出，手臂向前上方自然伸直（图 2-13）。

图 2-13　原地单手肩上投篮

（3）行进间单手肩上投篮。以右手投篮为例，右脚向前跨一大步的同时接球，左脚迅速蹬地起跳，右脚屈膝上抬，双手举球于右肩前上方，腾空后，上体稍后仰，当身体跳到最高点时，右臂向前上方伸展，手腕前屈，食指、中指用力拨球，通过指端将球投出。

（4）行进间单手低手投篮。右手投篮时，一般右脚腾空接球落地，接球后的第一步稍大，然后第二步稍小，继续加速，降低重心，用左脚向前上方起跳。腾空时间要短，持球手五指自然分开，托球的下部，手臂向上伸展。接近球篮时，手腕柔和上摆，食指、中指、无名指向上拨球，球碰板或空心投篮（图 2-14）。

图 2-14　行进间单手低手投篮

（5）原地跳起单手肩上投篮。以右手投篮为例。双手持球于胸前，两脚前后或左右自然开立，两腿微屈，重心放在两脚之间。起跳时两腿迅速屈膝，脚掌用力蹬地向上起跳，双手举球至肩上，右手持球，左手扶球的左侧方。当身体接近最高点时，左手离球，右臂向前上方伸直，手腕前屈，食指、中指拨球，通过指端将球投出，落地时，屈膝缓冲，准备下一个动作。

（二）影响投篮命中率的技术动作方面因素

1. 技术动作的协调性

投篮是从准备姿势开始，利用下肢、腰腹、手臂、手腕和手指全身综合协调将球投出。各方面协调程度的好坏直接影响投篮命中率的高低。

2. 球的旋转方向

球的旋转是影响投篮准确性的因素之一。投篮出手时手腕、手指的动作和力量，决定球的旋转方向和速度。一般在远距离投篮时，都是使球向后旋转，一方面有利于保持球飞行的稳定性，同时也有助于对飞行弧度的控制。在接触到篮圈时，球反弹的方向是向下的，比不旋转的球更容易入篮筐。

3. 投篮的瞄准点

在投篮时投篮者眼睛注视篮圈或篮板的某一点，是为了精确目测投篮的方向、距离，从而决定投篮出手的用力大小、速度和快慢。球飞行弧线的高低是提高投篮命中率的重要环节。直接瞄准点可选择篮圈上与投篮队员最近的点，这种瞄准点适合投空心球。擦板投篮一般在投篮队员与篮板成 15° ~ 45°角的时候采用。要根据投篮的位置、距离、角度、球出手的力量、球的速度、球的旋转等选择瞄准点。一般距离篮圈越远，瞄准点离篮圈越高、越远；离篮圈越近，瞄准点距离篮圈越低、越近。

4. 投篮的抛物线以及入篮角

由于球在空间飞行过程中要受到重力的影响，因此球飞行的路线呈抛物线运动轨迹。入篮角是指球进入篮圈前一瞬间运行轨迹反映的曲线和在该点的切线与篮圈平面形成的夹角。

抛物线的高与低，决定球入篮角的大小，而入篮角是否适宜，则是影响投篮命中率的关键。因此，投篮时必须根据不同的投篮距离，选用不同的抛物线。从投篮过程看，投出的球一般有三种抛物线，即低弧线、中弧线、高弧线。实践表明，中等的抛物线比较理想，投篮容易命中。

（三）投篮的练习方法

（1）原地徒手模仿单手肩上投篮动作，体会动作要领。注意把球的重心放在食指和中指指根之间。拇指和无名指及小指用来控制球的平衡，食指、中指在球出手瞬间拨球。

（2）两人一组一球相距 4 ~ 5 米进行面对面投篮的动作练习。反复体会投篮时的用力顺序，动作要连贯协调，注意蹬地、抬肘、伸臂、拨球一气呵成。

（3）每人一球在篮下 1 米处练习投篮，主要练习协调用力的同时抬肘、扣腕、拨球动作。

七、防守

防守对手是防守队员合理地运用脚步移动和手臂动作积极地抢占有利位置，阻挠和破坏对手的进攻意图和行动，并以争夺控制球权为目的的行动。

（一）基本技术

1. 防守无球队员

防守无球队员时，位置要保持在对手与球篮之间，偏向有球的一侧。防守队员要根据球和人的移动合理地运用上步、撤步、滑步、交叉步、并步和快跑等脚步动作，并配合身体动作抢占有利防守位置，堵截其摆脱移动路线。在与对手发生对抗时，重心下降，双腿用力，两臂屈肘外展，扩大站位面积，上体保持适宜紧张度，在发生身体接触瞬间提前发力合理对抗。

2. 防守有球队员

防守有球队员时,应站位于对手与球篮之间的位置上。平步防守时,两脚平行站立,两手臂侧伸,不停地挥摆,适合于防运球和突破。斜步防守时,两脚前后站立,前脚同侧手臂向前上方伸出,另一手臂侧伸,适合于防守投篮。

(二) 练习方法

(1) 在对手静止站立状态下,选择正确的防守位置和距离。

(2) 在对手移动时,选择正确的防守位置和距离。

(3) 结合移动技术练习,进行消极对抗下的防守练习。

(4) 在对抗状态下,积极练习抢球、打球、断球等。

第三节　篮球基本战术

篮球战术是篮球比赛中队员所运用的攻守方法的总称,是队员个人技术的合理运用和队员之间相互协同配合的组织形式。

一、个人战术配合

(一) 进攻战术基础配合

1. 传切配合

是两三名队员利用传球和切入组成的简单配合。

传切配合包括一传一切和空切。一传一切是指持球队员传球后,利用自己的速度摆脱防守,向篮下切入接回传球投篮的配合。空切配合是指无球队员掌握时机,摆脱对手切向防守薄弱区域接球投篮或做其他的配合。

2. 突分配合

持球队员在突破中,利用传球与同伴配合的方法。

3. 掩护配合

进攻队员选择正确的位置,用自己的身体以合理的技术动作挡住同伴的防守者,使同伴借以摆脱防守的配合。根据掩护队员的掩护位置可分为前掩护、侧掩护、后掩护。

4. 策应配合

内线队员接球后,由他做枢纽,与外线队员密切配合形成的一种里应外合的方法。

(二) 防守战术基础配合

1. "关门"与夹击配合

是邻近的两个防守队员协同防守突破的配合方法和积极防守一名进攻队员的配合。

2. 挤过、穿过、绕过配合

当进攻队员进行掩护时,防守掩护者的队员主动让同伴从自己身旁挤过、穿过、绕过后继续防守对手。

3. 补防配合

两三个队员之间协同防守的配合。当同伴被进攻者突破而对方有可能得分时,邻近防守队员立即放弃自己的对手进行补防。

4. 交换防守配合

为了破坏进攻队员的掩护配合,防守队员之间彼此及时地交换自己所防对手的一种配合方法。

二、全队战术配合

（一）全队进攻战术配合

1. 进攻半场人盯人防守

要积极移动、跑位、穿插，寻找机会，通过传切、策应、掩护、突分等基础配合，针对对方防守情况和本队队员身高、技术特点等具体条件，调动全队积极性，发挥每个队员的技术特长，争取主动进攻。如对方扩大防区，可采用策应、传切、突分等配合；对方缩小防区，可采用掩护结合中距离投篮的配合或利用中锋策应配合等，给同伴创造良好的进攻机会。

2. 进攻区域联防

进攻队针对布置好的防守阵式、特点和薄弱环节，根据本队的情况，组织有针对性的以多打少的进攻战术。以“2－1－2”联防为例，其薄弱区在两腰和罚球区端线处。进攻时采用“1－3－1”站位，这种阵式，队员分布面广，攻击点多，便于内外联系，左右配合，有利于组织抢篮板球和保持攻守平衡。“3－2”联防阵式其薄弱区是底线两角和中区地带。“2－3”联防的防守薄弱区主要在侧面的两腰。

3. 快攻

快攻是指由防守转入进攻时，以最快的速度、最短的时间在人数上造成以多打少的优势，或趁对方立足未稳时，果断地进行攻击的一种进攻战术。

快攻的组织形式：长传快攻、短传快攻、运球突破快攻。

发动快攻的时机：抢到防守篮板球时，后场掷界外球时，跳球得球时，抢、断球后。组织快攻应在对方还未部署好防守之前，给对方以突然袭击，要起动快、传球快、运球快、突破快，并要求有较强的快攻意识和顽强的意志品质，力争形成无人防守或以多打少的有利进攻局面。

（二）全队防守战术配合

1. 半场人盯人防守

是指当进攻转入防守时，迅速退回后场防守，每个队员盯住自己的对手，以一防一，同时进行集体防守，防守时对有球一侧持球者采取紧逼防守。防无球队员时要错位防守，积极控制对方的进攻重点，干扰其接球。无球一侧的防守人则向有球一侧靠拢，积极移动，抢占有利位置，以加强协防。

2. 半场区域联防

是指当进攻转入防守时，全队迅速退回后场，每人负责一定的防守区域，严密防守进入该区的球和进攻队员，同时又进行联合防守。区域联防时，要以球为主，根据球的不同位置，进行及时、快速地移动，互相补防，动作协调，紧密配合。要观察对手的传球方式，了解对手的进攻意图。区域联防的队形有“2－1－2”“2－3”“3－2”“1－3－1”等。其中以“2－1－2”为基本形式，这种站位队形易于联系协作，外围队员能防守中远距离投篮，篮下能经常保持三角形的防守范围，可以有效地控制篮板球和中锋的进攻。进攻队员利用运球突破时，要快速夹击，同时兼顾自己的防守。

3. 对快攻的防守

首先要堵截快攻第一传和接应一传，制造进攻队员的运球、传球、跑动上的困难，减慢进攻速度，为本队防守积极争取时间。防堵进攻快下的队员，要提倡1防2、2防3、以少防多的配合，在积极拼抢进攻篮板球的同时提高进攻成功率。

第四节　篮球竞赛方法与主要规则

一、篮球竞赛主要规则

（一）比赛时间及暂停和犯规次数

比赛由4节组成，每节10分钟。在第一半时（第1节和第2节）的任何时间，每队有2次暂停机会；在第二半时（第3节和第4节）的任何时间内，每队有3次暂停机会；每一次决胜期每队有1次暂停机会。一名队员已发生5次侵人犯规及技术犯规时，他必须退出比赛。每节一个队侵人犯规或技术犯规累计已达4次后，所有以后发生的队员犯规均要处以两次罚球，除非发生了控制球队犯规。

（二）替换

裁判员鸣哨停止比赛后，双方均可以换人。在第四节或决胜期的最后2分钟内，投篮得分时，非得分队可以替换，同时对方也可要求替换。执行罚球的队员不能由其他队员替换，除非是该队员受伤或已达5次犯规。在同一替换期，已被替换出场的队员不得再进入场地。

（三）违例及其罚则

违反规则的行为而未构成犯规，统称为违例。凡有下列违例情况之一者，均由对方在距违例地点最近的界线外掷界外球。

1. 带球走

球未离手而中枢脚已离开地面再运球或中枢脚提起又落地后再传球、投篮等。

2. 两次运球

一次运球完毕后再次运球。故意将球掷向篮板，算一次运球。

3. 脚踢球

队员故意用脚踢球或用腿的任何部位阻挡球。脚与腿无意中触球不算违例。

4. 拳击球

队员用拳击球。

5. 球回后场

当球触及有部分身体接触中线或位于中线后场的该队员或球触及后场地面后又被该队员首先触及，称球回后场。

6. 3秒违例

当某队前场控制活球并且比赛时钟正在运行时，该队队员不得停留在对方队的限制区内超过持续的3秒钟。

7. 5秒违例

（1）掷界外球队员5秒钟内未将球掷出。

（2）罚球队员5秒钟内未将球投出。

（3）持球队员被紧追严防，5秒钟内没有传、运、投球，为5秒违例。如果防守队员不是紧追严防，持球时间超过5秒钟，不能判为违例。

8. 8秒违例

进攻队员在后场控制活球后，必须在8秒钟内使球进入前场。

9. 24 秒钟违例

当一名队员在场上控制活球时，他的队必须在 24 秒钟内尝试投篮。

(四) 犯规及其罚则

犯规是违犯规则的行为，含有与对方队员的非法身体接触或违反体育道德的举止。

1. 侵人犯规

队员通过伸展臂、肩、髋、膝、脚或弯曲身体或不正常姿势以阻挡、拉、推、撞、绊等动作来阻碍对方行进，或使用粗野动作以及用手触及对方等，均判为侵人犯规(P)。若进攻队员作投篮动作，防守队员侵人犯规，罚则：记录侵人犯规一次。球投中篮，得分有效，再判投篮队员罚球一次。若球未投中篮，记犯规一次，判被侵犯队员两或三次罚球。如被侵犯队员未做投篮动作，则由被侵犯队的队员在犯规地点就近的边线外掷界外球继续比赛。

2. 双方犯规

两名互为对方的队员大约同时相互发生侵人犯规的情况，为双方犯规。罚则：犯规队员每人登记一次侵人犯规，不罚球。比赛应按下列所述重新开始：

(1) 如果在大约同时投篮有效或最后一次或仅有一次的罚球得分，应将球判给非得分队从端线掷球。

(2) 如果某队已控制了球或拥有球权，应将球判给在最靠近犯规的地点掷球入界。

(3) 如果任一队都没有控制球也没有球权，一次跳球情况发生。

3. 违反体育道德的犯规

是指裁判员认为队员蓄意地对持球或不持球的对方队员造成侵人犯规为违反体育道德的犯规(U)。违反体育道德的犯规处理方法：

(1) 要登记犯规队员一次违反体育道德犯规，并累计在全队每节比赛的 4 次犯规之内。

(2) 判给对方数次罚球再加一次球权。如对方未做投篮动作，判给两次罚球，加一次中线界外球。如对方正在做投篮动作，已投中，判得分再判给一次罚球，再加中线界外球；如未投中，则根据投篮的地点判给两次或三次罚球，再加一次中线界外球。

4. 技术犯规

所有包括与对方队员接触的违反规则行为和不道德的犯规为技术犯规。主要包括队员技术犯规(T)和教练员技术犯规(C)以及随从人员的技术犯规(B)。技术犯规的处罚方法：队员技术犯规，登记犯规者一次技术犯规，判给对方两次罚球，由对方队长指定罚球队员；教练员及随从人员技术犯规，登记教练员一次技术犯规，判给对方两次罚球和一次中线外掷界外球，由对方队长指定罚球队员。

5. 取消比赛资格的犯规

比赛过程中，属十分恶劣的不道德行为，判为取消比赛资格的犯规(D)。处罚方法：登记犯规队员一次取消比赛资格的犯规，并责令该运动员去体育室或马上离开体育场地；判给对方数次罚球和中线外掷界外球，罚球的次数规定与违反体育道德的犯规罚球次数相同。

二、2010 年新规则变化部分

2010 年国际篮球总会通过的国际篮球新规则在 2010 年 10 月 1 日开始生效，同时在该会每四年比赛一次的 2010 年世界男子篮球锦标赛以及 2010 年世界女子篮球锦标赛开始执行。其他地区可以在 2012 年之前陆续实施。新规则主要变化如下。

(1) 篮球场上的禁区，将由现在的梯形改变为长方形。梯形禁区的尺寸为：罚球线长

3.6 米,梯形底线部分长 6 米,罚球线到底线长 5.8 米。2010 年起改变禁区为长方形,长仍然 5.8 米,宽 4.9 米,罚球线仍维持为 3.6 米。

（2）球场内三分线距离,由现在的 6.25 米延长到 6.75 米。

（3）球场外的球队席,从底线算起,往记录台技术代表席的方向,长度为 8.325 米,等于底线到三分线顶端弧线长度。

（4）比赛到最后 2 分钟或是延长赛时,提出暂停的球队可以拥有后场球权,暂停后不用从中场线外发球,而是在技术代表区对面指定发球区发球。

（5）仿照美国职业篮球 NBA 的规则,从篮圈落地中心点画出一道 1.25 米的半圆,这个区域称为“合理冲撞免责区”,在这个区域内发生身体接触,只有阻挡犯规,没有带球撞人。这条规则与美国职业篮球 NBA 相同,未来“强力篮球”将主宰禁区。

（6）当比赛中断时,如果 24 秒计时上的时间多于 14 秒(含 14 秒),则定时器的时间不做调整。如果少于 14 秒(含 13 秒 59),则 24 秒定时器剩余的时间将调整到 14 秒。

思考题

1. 简述篮球的起源。
2. 简述篮球基本战术的种类。
3. 简述篮球比赛中违例和犯规的区别。

第三章

排　球

第一节　排球运动概述

一、排球的起源

排球运动起源于美国。1895 年,美国基督教青年会干事摩根创造了一项球类游戏:人们分站在网球场球网的两侧,用篮球胆之类的球托来拍去,击球的次数不限。这就是排球运动的雏形。1896 年美国开始有了排球比赛,第一部规则也发表在 1896 年 7 月出版的美国《体育》杂志上。

二、中国排球运动的概况

自 1900 年起,排球运动相继传入亚洲和欧洲,1905 年排球运动传入我国。"Volleyball"在我国最早译为"队球"(也叫华利波)。将"华利波"改称"排球"是在 1925 年 3 月举行的广东省第 9 届运动会上,主要取其分排站立之意。虽然排球运动在旧中国已开展了 40 余年,但由于经济水平落后,我国排球运动整体技术水平不高,战术也非常单调,因此排球运动在当时并没有受到人们的广泛欢迎。新中国成立之后,1950 年中华全国体育总会在暑期全国体育工作者学习会议上首次介绍了国际排联制定的 6 人制排球竞赛规则和方法,第二年在首届篮、排球比赛大会上正式组织了 6 人制排球比赛,并选拔、组建了国家队。1952 年国家队在全国 14 座城市巡回表演,积极推动了 6 人制排球的普及。之后,我国各省、市根据自己的特点形成了不同风格的技术、战术打法。简而言之,20 世纪 50 年代,我国排球运动是一手抓普及、一手抓提高,在普及的基础上提高,在提高的指导下普及,因此,运动技术水平提高很快。

1981 年在日本举行的第 3 届世界杯赛中,国家女子排球队 7 战 7 捷,并第一次获得世界冠军的称号,之后一鼓作气又连续 4 年捧回世界大赛的金杯,荣获五连冠美称。

当世界排球运动迅猛发展,持续向前之时,我国男排从 20 世纪 80 年代初,女排在 20 世纪 90 年代初成绩开始下降,滑入低谷,男排甚至退到了"冲出亚洲"的起点。

进入 21 世纪,中国男、女排球队在追赶世界排坛先进行列的过程中,有了很大的进步。2001 年,中国女排获得世界女排大奖赛总决赛亚军。这是中国女排自 1993 年参加该赛事以来获得的最好成绩。

2004 年,伴随着中国排球的是欢笑和泪水。雅典奥运会上的一飞冲天不仅使中国女排重新成为世界排坛的巅峰力量,也使顽强拼搏的女排精神再度焕发出新的活力和感染力。中国男排虽然落选,但在"三老带三新"的模式下连克韩、日两强,无论是从比赛经验还是心理上都为中国男排日后的复兴和发展留下了宝贵的"遗产"。

2008 年北京奥运会上,中国女排团结一心,众志成城,先后力克众多强手,获得了一枚宝贵的铜牌。女排顽强拼搏的精神再次鼓舞了海内外的中华儿女。

2011 年中国女排在亚洲女子排球锦标赛上力克群雄夺得冠军,在 2011 年国际排名中,中国男排排名第11名，女排位居第6名。2011年“世界杯”上，中国女排战胜欧洲亚军德国队获季军。2015年9月，女排“世界杯”比赛在日本名古屋举行，中国队战胜东道主日本队，时隔11年再次取得女排“世界杯”冠军。

三、排球运动的特征

（一）广泛的群众性

排球场地设备简单，比赛规则容易掌握，既可在球场上比赛和训练，也可以在一般空地上活动。运动量可大可小，适合于不同年龄、不同性别、不同体质、不同训练程度的人。

（二）技术的全面性

规则规定，每个队员都要进行位置轮转，既要到前排扣球与拦网，又要轮到后排防守与接应。要求每个队员必须全面地掌握各项技术，能在各个位置上比赛。

（三）高度的技巧性

规则规定，比赛中球不能落地，不得持球、连击。击球时间的短暂，击球空间的多变，决定了排球的高度技巧性。

（四）激烈的对抗性

排球比赛中，双方的攻防转换始终在激烈的对抗中进行。高水平比赛中，对抗的焦点在网上的扣拦上。在一场比赛中，夺取一分往往需要经过六七个回合的交锋。水平越高的比赛，对抗争夺也越激烈。

第二节　排球基本技术

排球的基本技术包括无球技术和有球技术。无球技术有准备姿势和移动，有球技术主要有垫球、发球、传球、扣球和拦网。

一、无球技术

准备姿势是高质量完成各项技术动作的基础，移动的目的则是为了迅速地接近球，确定人与球的合理位置。

（一）准备姿势

两脚左右开立，一脚稍在前，两膝保持一定的弯曲，上体适当前倾，身体重心前移，两臂自然弯曲，置于胸腹之前，两眼注视来球方向。当接扣球和接拦回球时两膝弯曲的程度要更大（图3-1）。

图3-1　准备姿势

图3-2　跨步移动

（二）移动

1. 并步

向前移动时，后脚蹬地，前脚向来球方向跨出一步，后腿迅速跟上做好击球前的准备姿势。

2. 跨步

向前跨步时，后脚用力蹬地，前脚向前跨出一大步，膝部弯曲，上体前倾，身体重心移到前腿上（图 3-2）。

3. 交叉步

向右侧交叉时，上体稍向右转，左脚从右脚前面向右交叉迈出一步，然后右脚再向右跨出一大步，同时身体转向来球方向，保持击球前的姿势。

（三）练习方法

（1）听口令原地或在慢跑中做半蹲准备姿势。

（2）听口令分别做并步、跨步、交叉步等步法练习。

（3）在准备姿势的基础上，看教师的手势向前、后或左、右做一步和两步的移动。

（4）三米线、中线往返摸线练习，可以向前后摸线，也可以向左右摸线。

（5）两人一组，一人抛球，一人接球，远、近、高、低相结合，然后抛、接交换。

二、有球技术

（一）垫球

垫球是手臂插到球的下部，利用来球的反弹力将球向上传起的技术动作。垫球主要用于接发球、接扣球、接拦回球，有时也用来组织进攻。垫球技术按动作方法可以分为正面双手垫球、体侧垫球、背向垫球等。

1. 正面双手垫球

正对来球方向，成半蹲准备姿势。两手掌根靠紧，手指重叠后两手掌互握，两拇指朝前，两臂自然伸直，手腕下压，两臂外翻，手腕关节以上形成一个平面。击球点在胸前一臂距离，用前臂腕关节以上 10 厘米左右桡骨内侧平面触球。击球时，两臂夹紧插入球下，蹬腿抬体，重心随之前移，含胸收肩、压腕、抬臂等动作要协调一致，将球准确地垫在前臂上，身体和两臂要有自然地随球伴送的动作（图 3-3）。

图 3-3　正面双手垫球

2. 体侧垫球

当球从左（右）侧飞来时，右（左）脚前脚掌内侧蹬地，左（右）脚向左（右）侧跨出一步，身体重心随即移至左（右）脚上，左（右）膝弯曲。同时两臂夹紧向左（右）侧伸出，用向右（左）转腰的动作，配合两臂自左（右）侧向前截住球的飞行路线，用两前臂垫击球的后下部（图 3-4）。

图 3-4 体侧垫球

3. 背向垫球

判断好来球的方向，迅速移动到球的落点处，背对触球方向，两臂夹紧伸直，击球点高于膝部。击球时，抬头挺胸，展腹后仰，直臂向后上方摆动抬送（图 3-5）。背向垫球是身体背对垫球方向的一种垫球方法，因此不易控制方向和落点，垫球时要有较好的位置感。

图 3-5 背向垫球

4. 练习方法

（1）原地徒手模仿练习，移动中模仿练习。

（2）垫固定球。一人双手持球于腹前，另一人原地或移动后用垫球动作击球，体会手臂触球部位和全身协调用力。

（3）两人一组，一抛一垫。

（4）对墙连续自垫。

（5）转换方向垫。三人一组，三角垫球。

（6）两人相距 7 ~ 8 米，一发一垫。

（7）结合场地做接发球练习。

（二）发球

发球既是一场比赛的开始，也是一种进攻的手段。发球的方法比较多，但无论哪种发球，都是由准备姿势、抛球、摆臂、挥臂击球几个环节所组成的。发球时应注意：一要抛球平稳；二要击球到位；三要手法正确。

1. 正面下手发球（以右手发球为例）

准备姿势：面对球网，两脚前后（左脚在前，右脚在后）分开站立，两膝稍弯曲，上体前倾，左手持球于腹前。

左手将球平稳抛起在腹前右侧 30 厘米左右，抛球同时，右臂伸直往身体右侧后下方摆动。击球时，右脚蹬地，右臂以肩为轴由身体后下方向腹前挥摆，在体前右侧以全掌或掌根击球的后下方，身体重心随之前移。击球后，迅速进场（图 3-6）。

图 3-6 正面下手发球

要领：抛球必须在腹前右侧，手臂

以肩关节为轴摆动，以掌根或全掌击球后下方。

2. 侧面下手发球

准备姿势：左肩对球网，两脚左右开立与肩同宽，两膝稍弯曲，上体略前倾，左手持球于腹前。

左手将球平稳抛至腹前离身体约一臂距离，离手高30厘米左右。抛球同时，右臂伸直向身体左侧后下方摆动，身体稍右转。击球时，右脚蹬地，身体向左转，带动右臂向体前上方摆动，在腹前用全掌或掌根击球的右下方。击球后迅速进场。

要领：抛球至腹前一臂距离，蹬地、转体、摆臂，全掌或掌根击球的右下方。

3. 上手飘球

准备姿势：面对球网，两脚自然分开，左脚在前，左手托球于体前。

左手用掌平稳而准确地将球抛在体前右肩前上方，高40～50厘米，同时，右臂抬起，屈肘后引，肘略高于肩，上体稍微后仰，五指并拢，指尖朝上，手腕稍后仰，保持一定的紧张，眼睛注视球。右脚蹬地重心前移，以收腹屈体迅速带动手臂的挥动，挥臂呈直线，在右肩前上方，用手掌的坚硬部击球的后中下部，击球的力量要集中、迅猛，击球的作用力要通过球心，使球不旋转地向前飞行。击球结束，手臂要有突停动作。击球后迅速入场。

要领：击球点靠前，挥臂呈直线，掌根击重心，突停球不旋。

4. 勾手飘球

准备姿势：左肩对网侧站，两脚自然分开，左手持球于胸前。

左手用托送动作，将球平衡地抛在左肩前上方约一臂高度。击球时，右脚蹬地，上体向左转动发力，带动手臂挥动，挥动时手臂伸直，在右肩的左上方，用掌根击球的中下部。抛球和击球动作要协调。在击球前手臂要突然加速发力，手臂的挥动轨迹在击球前的一段过程中保持直线运动，击球点稍靠左。击球的瞬间，五指并拢，手腕后仰并保持紧张。击到球时手臂挥击突停，作用力通过球体重心。击球后迅速入场。

要领：抛球不宜高，抛击要协调，击球不屈腕，突停容易飘。

5. 练习方法

（1）徒手抛球练习。按动作方法要领，做徒手模仿练习，或做固定球练习。

（2）抛球练习。做抛球练习，根据发球的性能，抛球的高度和落点要合适。

（3）抛击配合练习。近距离对墙发球，体会发球时抛球与击球的配合。

（三）传球

传球主要用于衔接防守和进攻。传球是用手指和手腕的动作去击球。传球技术种类较多，主要有正面双手传球、背传、侧传、跳传等。

1. 正面双手传球

准备姿势：两脚开立稍比肩宽，膝关节稍屈，双手自然抬起，置于脸前。

迎球：当球下降至近额前时，蹬地伸膝，两手向前上方迎击来球。

击球：击球点在额前上方约一个球的距离处，这样便于看清传球的目标，有利于对准球和控制传球的方向。

手型：当手腕触球时，两手自然张开成球形，手指与球吻合，手腕稍后仰，拇指相对成“一”字形或“八”字形。用拇指的内侧、食指的全部以及中指的第二、第三关节触球，无名指和小指两侧辅助控制传球（图3-7）。

图3-7 正面双手传球

用力：传球动作是全身协调用力。用力的顺序是：蹬地，伸膝，伸肘，伸臂，手指、手腕屈伸。

利用伸臂和手腕、手指的紧张用力及球压在手指上产生的反弹力将球传出。要根据来球的速度、弧度、力量而适当地控制伸臂和手腕、手指的紧张程度，以加强或缓冲出球速度，控制好传球的弧度和距离，提高准确性。

要领：额前迎击球，触球手张开，蹬地伸臂送，指腕缓冲弹。

2. 背传

准备姿势与正面传球相同，传球时身体稍向后仰，击球点保持在额前，稍向头上方处，手触球缓冲后，手腕有明显的后翻动作，掌心向上，拇指托球并后挑，然后利用展腹、伸肘、蹬腿的力量，把球向后上方传出。

3. 侧传

准备姿势、迎球动作与正面传球相同，击球点保持在脸前或稍偏向传球方向一侧。传球手形与正面传球相同，但倾向击球一侧的手臂要低一些，另一侧手臂要高一些。用力时，蹬地后上体要向击球方向倾斜。双臂向传出的一侧用力伸展，异侧手臂动作幅度较大，伸展较快。

4. 练习方法

（1）徒手模仿传球动作。做好准备姿势，体会蹬地、伸臂、模仿击球动作，领悟动作过程。

（2）体会击球点与手型。

（3）对墙传球。

（4）向上自传。

（5）两人一组，一抛一传。

（6）两人对传。

（7）三人三角传球。

（四）扣球

1. 扣球动作

扣球是攻击性最强、最有效的进攻手段，在比赛中占有非常重要的地位。

准备姿势：两脚左右开立，两膝稍屈，上体自然前倾，注视来球。

判断：根据一传的落点以及二传的方向、弧度、速度，选择起跳的地点和决定起跳时间。

助跑起跳：以两步助跑为例，左脚先放松、自然地迈出第一步（决定方向），紧接着右脚跨出一大步，支撑点在身体重心之前，并以脚跟先着地过渡到全脚掌着地，同时左脚随即在右脚稍前的地方着地，身体重心降低，两膝弯曲并内扣，身体稍向右转，两臂经体前摆至体后下方，迅速用力摆起带动身体腾空。

空中击球：起跳后，上体稍后仰，并稍向右侧扭转，挺胸展腹，左手自然置于体前。右臂屈肘举起，肘关节指向侧方，并高于肩部，手置于头的右侧方，前臂、手腕、手指放松，五指微张，手掌成勺形。击球时，利用迅速转体收腹动作来带动手臂猛烈挥击。击球时，手臂要伸直，用全掌击球的后中上部，手腕快速下甩。

落地动作：落地时，应由前脚掌过渡到全脚掌，同时顺势屈膝、收腹，以缓冲下落的力量，并立即准备下一个动作（图 3-8）。

图 3-8　扣球

2. 练习方法

(1) 原地徒手模仿扣球挥臂动作练习。

(2) 模仿扣球助跑、起跳动作练习。

(3) 原地扣球练习。

(4) 助跑起跳扣固定球练习。

(5) 网前扣一般球练习。

(五) 拦网

拦网是运动员在球网上沿的空中阻拦对方扣球的技术动作。拦网是防守的第一道防线,也是反攻的重要环节。成功的拦网可以直接拦死或拦回对方的扣球,直接得分或使本方由被动变为主动,削弱对方的进攻力量,减轻本方防守的压力。此外,有效的拦网还可以给对方心理上造成很大的压力。

1. 拦网动作

(1) 准备姿势。面对球网,两脚平行开立约与肩同宽,距网 30 ~ 40 厘米,两膝微屈,两臂自然弯曲置于胸前,随时准备起跳和移动。

(2) 移动。并步移动适合于近距离移动,动作方法是单脚向右(左)迈一步,另一脚并步靠拢,接着屈膝起跳。另外,还有滑步移动、交叉步移动和跑步移动等方法。

(3) 起跳。起跳时,重心降低,两膝弯曲,两脚用力蹬地,两臂在体侧划小弧用力上摆,带动身体向上垂直起跳。起跳后稍收腹,控制身体平衡。

(4) 空中击球。起跳时,两手从额前贴近并平行球网,向网上沿的前上方伸出,两臂伸直,前臂靠近网,两手自然张开成勺形,两手之间距离不能超过一个球,以防止球从两手之间漏过。当手触球时,两手要突然紧张,手腕要用力下压盖住球的上方。

(5) 落地。落地时应屈膝缓冲,双脚落地。

2. 练习方法

(1) 做徒手原地和移动拦网动作。

(2) 网前做原地起跳徒手拦网动作。或两人一组,隔网相对,做并步、交叉步、跑步徒手拦网动作。要求移动迅速,两人密切配合。

(3) 做结合扣球的单人和双人拦网练习。

(4) 一人从对方 4 号位或 2 号位扣球,另两人一组进行集体拦网。

第三节 排球基本战术

排球战术是运动员在比赛中根据排球运动的比赛规律，根据双方的具体情况和临场变化，有效地运用技术而所采取有预见、有目的、有组织的行动。基本战术包括进攻战术、防守战术。

一、进攻战术

进攻战术是指在接对方发过来、扣过来、拦过来和传、垫过来的球后，全队采取的有目的、有组织的配合进攻行动。进攻战术分为进攻阵形和进攻打法。

（一）基本的进攻阵形

1.“中一二”进攻战术阵形

由站在 3 号位的人担任二传手，其他五人接球，将球垫至 3 号位，由 3 号位的二传手将球传至两边，由 4 号位、2 号位的人进行扣球（图 3-9）。它的特点是：方法易于掌握，但战术掩护变化少，对方容易组织集体拦网。

2.“边一二”进攻战术阵形

二传手站于 2 号位，将球传给 3、4 号位的人进攻（图 3-10）。它的特点是两个攻击手位置相邻，便于掩护配合，战术变化多端。

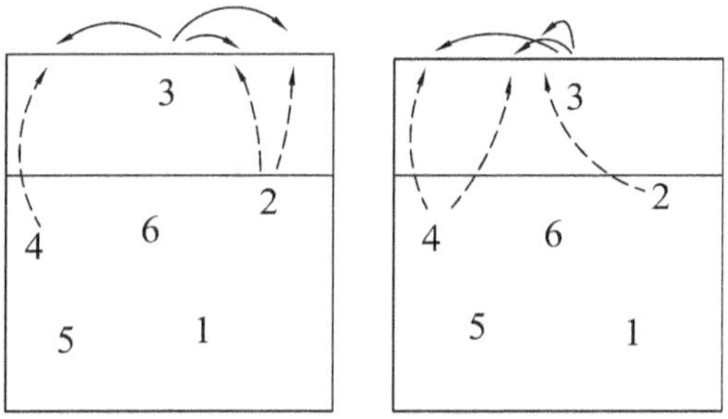

图 3-9 “中一二”进攻战术

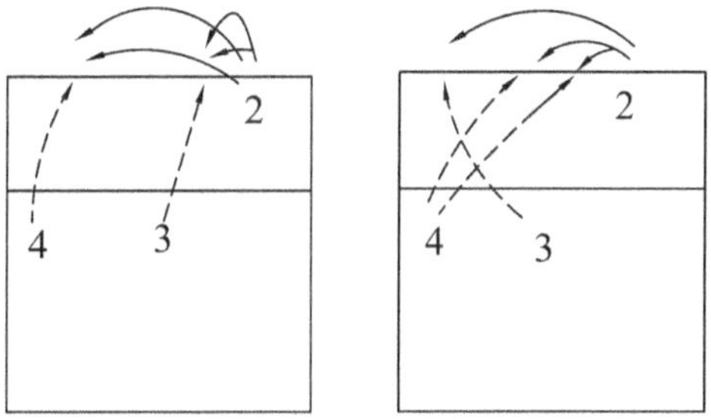

图 3-10 “边一二”进攻战术

3.“插上”进攻战术阵形

它是由后排队员担任二传的进攻组织形式。其特点是保持前排三点进攻，战术配合变化多，并利用网的全长组织进攻，但是对插上二传队员的要求较高。

（二）进攻战术打法

进攻战术打法是指二传队员与扣球队员之间所组织的各种进攻配合，包括强攻、快攻和两次球进攻三种基本打法。在打法中又有若干战术配合。所有打法中又都可以在“中一二”“边一二”“插上”三种战术阵形中具体运用。

二、防守战术

1.“边跟进”防守阵形

本方的 1 号或者 5 号位队员（后排三个队员的“边”）向前跟进防守，所以也叫作“1、5 号位跟进”（图 3-11）。

2.“心跟进”防守阵形

所谓的“心跟进”，就是说本方的 6 号位队员（后排三个队员的“心”）在防守时跟上前面的拦网队员防守吊球，所以也叫“6 号位跟进”（图 3-12）。

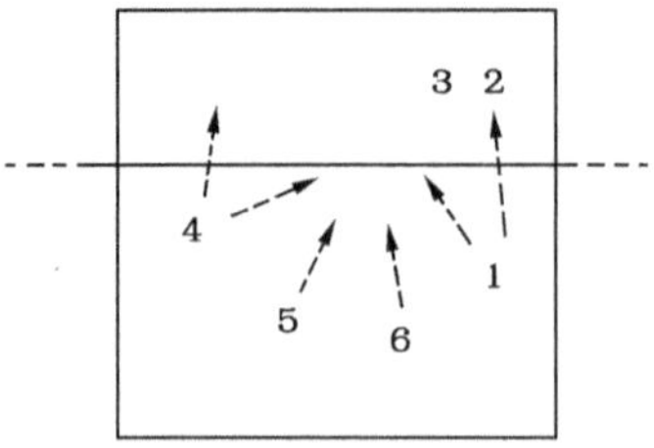

图 3-11 “边跟进”防守战术

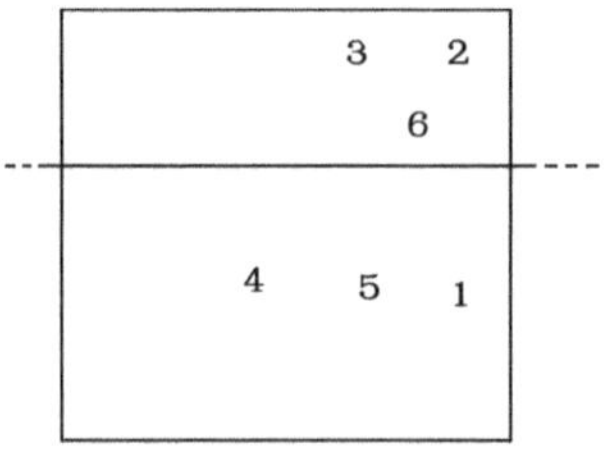

图 3-12 “心跟进”防守战术

三、场上队员的合理配备

1. “四二”配备

“四二”，即 4 个进攻队员和 2 个二传队员。4 个进攻队员中有 2 个是主攻队员，2 个是辅攻队员，他们都站在对角位置上。这种配备方法在初学和水平不太高的队中采用较多。

（1）优点：

① 每一个轮次，前、后排都能保持一个二传队员和两个进攻队员，便于组织和发挥本队的进攻力量。

② 如果两名二传队员都具有进攻力量的话，每一个轮次都可以插上，组成三点进攻，大大加强了进攻威力。

（2）缺点：

① 每一进攻队员必须熟悉两个二传队员的传球特点，配合比较困难。

② 一个队要培养出两名高水平的二传队员比较困难，而且要求他们都具有进攻能力就更不容易。

2. “五一”配备

“五一”，即 5 个进攻队员和 1 个二传队员。为了弥补在主二传队员来不及传球时的被动局面，可以在二传队员的对角位置上，配备一名有进攻能力的接应二传队员，在高水平队中采用较多。

（1）优点：

① 一个二传队员容易培养。

② 当二传队员轮转到后排时，前排有三个进攻队员，可以加强进攻和拦网的力量。

③ 全队进攻队员只需适应一名二传队员的传球特点、习惯，在相互配合上较容易建立默契。

（2）缺点：

① 当二传队员轮到前排时，有 3 个轮次只有两点进攻。

② 防守反击时，二传队员轮到后排要插上传球难度较大。

第四节 排球竞赛方法与主要规则

一、场地规格

（1）排球的比赛场区是长 18 米、宽 9 米的长方形。场上所有的界线宽 5 厘米。其颜色应是与地面和其他项目画线不同的浅色。每个场区各画一条距离中线 3 米的进攻线,其宽度包括在内。中线与进攻线之间为前场区。前场区被认为是向边线外无限延长的。

（2）发球区。发球区为端线后(不包括端线)9 米宽地区,两侧有宽 5 厘米、长 15 厘米、距离端线 20 厘米的短线,作为边线的延长线限制发球区,其宽度包括在 9 米发球区之内。

（3）正式比赛男子网高为 2.43 米,女子网高为 2.24 米;少年男子网高一般为 2.24 ~ 2.35米,少年女子网高为 2.00 ~2.15 米;高中阶段学生教学比赛可根据具体情况自定网高。

二、比赛规则

1. 犯规

当队员的行为违背了规则的要求时,则要被判为犯规,其后果是对方得 1 分。

2. 胜 1 分

比赛采用每球得分制,胜一球即胜 1 分。

3. 胜一局

比赛的前 4 局以先得 25 分,并同时超出对方 2 分的队为胜一局。决胜局以先得 15 分,并同时超出对方 2 分的队获胜;当比分为 14 : 14 时,比赛继续进行至某队领先 2 分为止。

4. 胜一场

正式比赛采用 5 局 3 胜制。最多比赛 5 局,先胜 3 局的队为胜一场。

5. 队员的位置

发球队员击球时,双方队员(发球队员除外)必须在本场区按轮转次序站位。靠近球网的 3 名队员为前排队员,其位置为 4 号位(左)、3 号位(中)和 2 号位(右)。另外 3 名队员为后排队员,其位置为 5 号位(左)、6 号位(中)和 1 号位(右)。每一后排队员的位置必须比其相应的前排队员距离球网更远。前后排队员左右之间则按上述规定站位。

6. 界内球

球触及比赛场区的地面及界线均为界内球。

7. 界外球

（1）球接触地面的部分完全在界线以外。

（2）球触及场外物体、天花板或非比赛成员等。

（3）球触及标志杆、网绳、网柱或球网标志杆以外部分。

（4）球的整体或部分从过网区以外过网。

8. 比赛中的击球

（1）比赛队必须在其本场地内及其空间进行比赛,但允许队员越出无障碍区进行救球,将球救回。

（2）每队最多击球 3 次(拦网除外),超过 3 次将被判为“4 次击球犯规”。无论是主动击球或被动触击,均视为击球一次。

（3）一名队员不得连续击球 2 次。

（4）“持球”:没有将球击出,造成接住或抛出。

（5）“连击”:一名队员连续击球 2 次或球连续触及他身体的不同部位。

9. 触网

（1）触网为犯规。但队员未试图进行击球的情况下,偶尔触网除外。

（2）队员击球后可以触及网柱、全网长以外的网绳或其他任何物体,但不得影响比赛。

10. 进攻性击球

（1）除发球和拦网以外，所有直接击向对方的球都是进攻性击球。

（2）前排队员可以对任何高度的球完成进攻性击球，但击球点必须在本场地的空间之内。

（3）后排队员可以在进攻线后完成进攻性击球，但起跳时脚不得踏及或越过进攻线，击球后可以落在前场区。后排队员也可以在前场区完成进攻性击球，但触球时球的一部分必须低于球网。

（4）对方发球时，接发球队员不能在进攻区内对高于球网上沿的球做进攻性击球。

11. 拦网

（1）只有前排队员才可以进行拦网。

（2）在一个动作中，球可以迅速而连续地触及 1 名或多名拦网队员。

（3）球可以连续触及拦网队员身体的任何部分。

（4）拦网时，队员可以将手或手臂伸过球网，但不得影响对方击球。过网拦网应在对方队员进攻性击球之后。

（5）拦网的触球不包括在球队 3 次击球之内。

（6）不得拦对方的发球。

12. 不良行为及其判罚

（1）比赛中队员的不道德行为（如恫吓等），将被警告，但不进行判罚。如果再次被警告，则判该队失一球。

（2）队员有违背道德原则的粗鲁行为时，判该队失一球，若重犯，则令其出场。

（3）同一队员两次被判罚出场，则取消其比赛资格。

13. 自由球员

（1）球队可以设有自由球员，但最多只登记两人。

（2）一队在比赛时只能有一位自由球员在场上。

（3）自由球员必须身着与其他同队球员明显不同颜色的球衣。

（4）自由球员的替补不计入普通球员的替换次数（不记录）。

（5）自由球员的替补必须于一球落地之后至第一裁判发球哨音响起前完成（教练无须请求自由球员的替补或使用号码牌），并只限于替换同一人，且同一自由球员的替换至少须以一球的往返为间隔（即一次死球）。

（6）记录表须注明自由球员。

（7）自由球员不得列于轮转表上，但可于比赛前替换上场。

（8）自由球员的轮转只限于后排，不得发球或轮转至前排，并不得拦网或企图拦网。

（9）如球的位置高于网高，自由球员不得于场上任何位置将球处理过网至对方场地。

（10）如第二传球为自由球员于前排以高手将球传出，则第三球攻击高度不得超过网高。

（11）自由球员不得为球队队长。

思考题

1. 简述排球的起源。
2. 简述正面传球、垫球的动作要领。
3. 简述“边跟进”防守阵形和“心跟进”防守阵形。

第四章

足　　球

第一节　足球运动概述

一、足球运动的起源

足球运动是目前世界上发展最为广泛、影响力最大的体育项目，被誉为“世界第一运动”，是一项古老的体育活动，源远流长。足球最早起源于我国古代的一种球类游戏“蹴鞠”，后来经过阿拉伯人传到欧洲，发展成现代足球，所以说，足球的故乡是中国。1863 年 10 月 26 日，在英国伦敦成立了世界上第一个足球组织——英国足球协会，并首先制定了 14 条原始规则，开始正式称此项运动为“足球运动”，国际足坛将这一天作为现代足球的诞生日，并公认现代足球运动起源于英国。在 1900 年第 2 届奥运会上，足球被列为正式比赛项目。

二、中国足球运动的概况

19 世纪末 20 世纪初，现代足球运动从西方国家传入我国，香港、上海是中国开展现代足球较早的地方，随后逐渐发展到其他城市。1931 年，中国加入国际足球联合会。

新中国成立后，足球运动被列入重点运动项目，得到大力推广和发展。1979 年国际足联恢复了我国的合法席位，为我国足球队参加国际比赛创造了有利条件，促进了我国足球水平的进一步提高。20 世纪 70 年代末至 80 年代初，我国足球处于逐步恢复时期。1994 年 4 月 17 日，中国足球职业联赛诞生。中国球员成功登陆欧洲五大联赛，各俱乐部纷纷引进高水平外援队员。

2001 年在外籍教练米卢的带领下，中国男子足球队第一次进入世界杯足球赛，打破了中国男子足球队冲击世界杯落选的尴尬局面，但成绩令人失望。2004 年，中国足球超级联赛打响，我国足球运动水平又进入了一个高峰。2008 年，北京奥运会第 13 名的成绩创中国男足奥运历史最佳。2009—2012 年中国足坛掀起了扫赌打黑的风暴，对清理和规范我国足球职业联赛秩序，推动我国足球运动健康发展具有重要作用。

三、足球运动的特征

（一）球队的集体协作性

在足球比赛中，每队上场比赛的 11 个人思想要统一、行动要统一，无论是进攻还是防守，所有参赛队员必须一动全动，整体协作的意识一定要强，这样整支球队的作战能力才能表现出 1 +1 >2 的整体作战特点。

（二）个人能力的综合性

虽然足球比赛中需要参赛的 11 名队员以一个整体形式予以表现，但是球队的整体作战能力需要建立在球员的个人能力之上，个人能力是足球整体能力的坚实基础。

（三）对抗的特殊性

足球运动是一项竞争激烈的对抗性运动。从一对一的对抗到两三个人的局部对抗，再到球队的整体对抗，队员之间从无球的对抗到有球的对抗，从上肢的对抗到下肢的对抗，从空中对抗到地面对抗，以及同队的压力、对手的压力、环境的压力，都可能作用到一次简单的对抗之中，都能体现出足球运动对抗的特殊性。

（四）技术、战术、体能的专项性

足球运动的技术、战术和体能表现出专项化的特征，因此，在训练中必须进行专项化的训练。同时，足球运动员的技术、战术和体能必须同步提高，特别是体能训练必须技术化、战术化，而且要具有阶段性。

（五）比赛情景的不可重复性

由于足球比赛中队员人数多、对抗特殊、配合复杂，所以足球比赛的情景不容易再现，更无法真实地还原比赛情景，队员、球队的训练水平也不能等同于比赛水平。

（六）比赛和训练的非一致性

足球运动是一项技术上多姿多彩、战术上变幻莫测、比赛结果难以预测的非周期性项目，训练只能无限接近实战，但是永远无法成为实战，所以比赛和训练是不一致的。

（七）对抗中的准确性

在足球运动中，队员的战术思维必须准确，同时完成技术动作必须准确，队员之间的战术配合思维也一定要准确，而所有技术、战术完成的准确性必须体现为射门的准确性，这是足球运动中对抗准确性的起点和归宿。

第二节　足球基本技术

足球技术是指运动员在足球比赛中，运用身体的合理部位所做的各种动作的总称。常用的足球基本技术有踢球、运球、接（停）球、头部顶球、抢截球、掷界外球和守门员技术。

一、踢球

踢球是指场上队员运用脚有目的地使球到达目的地的动作方法，是足球比赛中的重要技术动作之一，在比赛中多用于传球和射门。本节主要介绍脚内侧踢球、脚背正面踢球、脚背内侧踢球、脚背外侧踢球、脚跟踢球的基本技术。

（一）踢球的基本技术

1. 脚内侧踢球

助跑：跑三步至五步，最后一步较大。注意跑动的轻松协调。

支撑脚站位：从脚跟着地快速过渡到全脚掌着地，支撑腿微屈，支撑住身体重心，支撑脚脚尖在球体一半的延长线上，距球10厘米左右。

图4-1　脚内侧踢球

摆动腿摆动：髋关节为轴，大腿带动小腿摆动，当大腿和地面垂直时，小腿加速前摆。

脚触球：用脚内侧击球的正后方，在脚和球接触瞬间脚踝要紧张，以脚拇指上跷来体现。

随前动作：触球后，踢球腿放松前摆后落地，支撑腿前蹬迅速调整好身体平衡，为下一个动作做准备(图 4-1)。

2. 脚背正面踢球

适用于中长距离传球和射门。比赛中常用脚背正面踢定位球、空中球和反弹球等。

(1) 踢定位球:直线助跑,支撑脚踏在球的侧方 15 ~ 20 厘米处,脚尖正对出球方向,膝关节微曲,踢球腿屈膝后摆。在支撑脚着地的同时,大腿带动小腿由后向前摆。当膝盖摆至接近球的垂直上方的刹那,小腿做爆发式前摆,脚背绷直,脚尖垂直指向地面,以脚背正面击球的后中部(图 4-2)。

图 4-2 脚背正面踢球

(2) 踢空中球:身体面对来球,支撑脚的脚尖指向出球方向,上体向支撑脚一侧倾斜。当球下落至髋关节高度时,大腿上提并立即加速前摆小腿,用脚背正面击球的后中部,同时身体也随之向出球方向扭转。

(3) 踢反弹球:判断好来球的落点和角度,选定支撑脚的位置,在球落地的瞬间,小腿急速前摆。当球刚反弹离地时,用脚背正面击球的后中部。

3. 脚背内侧踢球

踢球脚触球时,以脚背内侧部位触球。这可以增加踢球的力量和速度,经常用于踢定位球和远距离射门。

使用脚背内侧踢球时,斜线助跑,助跑方向与击球方向约成 45°,支撑脚在球的侧后方 15 ~ 20 厘米处,膝关节弯曲,脚尖指向出球方向,身体稍向支撑脚一侧倾斜。支撑脚着地的同时,踢球腿以髋关节为轴大腿带动小腿由后向前摆,膝关节摆到接近球的内侧垂直上方时,小腿加速前摆,脚尖稍外转,脚面绷直,脚趾扣紧,脚尖指向斜下方,以脚背内侧击球的后中部,踢球腿跟随球继续前摆(图 4-3)。

图 4-3 脚背内侧踢球

4. 脚背外侧踢球

脚背外侧踢球的特点是隐蔽性强,用于跑动中射门或外弧线射门。其动作要领与脚背正面踢球相同,只是触球的一刹那,踝关节和脚背用力向内侧扭转,脚面绷直,脚趾扣紧,用脚背外侧踢球的后中部。踢球后,踢球腿自然前摆。

5. 脚跟踢球

脚跟踢球的特点是隐蔽性强,适用于突然改变方向的短距离传球。在使用脚跟踢球技术时,支撑脚踏在球的一侧,踢球腿先向前摆出,然后屈膝后摆小腿,由脚跟把球向后踢出。球在支撑脚的外侧时,踢球脚可跨向支撑脚前,再向斜后方交叉后摆,用脚跟将球向后踢出。

（二）练习方法

（1）原地踢定位球练习。

（2）距离由近到远，对墙踢定位球。

（3）两人一组，相对练习各种方式踢球动作。

（4）三人一组，三角站立，练习各种方式踢球动作。

（5）加对抗的踢球练习。

二、运球

运球技术是足球运动中十分重要的技术，是场上队员控制球最常见的技术动作之一。在比赛中，运球技术还常常是其他技术动作的基础。在战术运用中，运球技术也有很重要的地位。常用的有脚背内侧运球、脚背外侧运球等。

（一）运球的基本技术

1. 脚背内侧运球

跑动时身体自然放松，步幅较小，上体前倾并稍向运球方向转动，运球脚提起时，膝关节微屈，脚跟提起，脚尖稍外转，用脚背内侧推拨球的后中部或后侧中部。

2. 脚背外侧运球

跑动中身体自然放松，上体稍前倾，两臂自然摆动，步幅小而短促，运球脚提起，膝关节弯曲，脚尖稍内转，用脚背外侧推拨球的后中部（图 4-4）。

图 4-4 脚背外侧运球

（二）练习方法

（1）做低速运球练习，体会脚、球相互接触部位及脚部运球动作的感觉。

（2）在“八”字形的两圆上做双脚交替的脚背外侧运球练习。

（3）做绕过防守者的运球练习。

三、接（停）球

接（停）球是指队员有目的地利用身体合理触球（各部位）部位将运行中的球接（停）在所需要的可控范围内的一种技术动作。接（停）球是为了更好地处理球，它是技术动作衔接的锁链，是战术变换的枢纽。在完成时要力求快速、简练、合理、多变。本节主要介绍脚部接球和胸部接球。

（一）接（停）球的基本技术

1. 脚部接（停）球

（1）脚内侧接（停）球。

接地滚球：支撑脚正对来球方向，膝关节微屈，上体稍前倾，身体重心在支撑脚上。接球脚提起，脚掌与地面平行，脚内侧对准来球。当脚触球时，迅速后撤，以缓冲来球力量，把球接在脚前。

接反弹球：判断好来球的落点，支撑脚踏在球落点的侧前方，接球脚提起，脚弓对准球的反弹方向。当脚弓触球时，要稍下压，以缓冲球的反弹力量，把球接在脚前。

接空中球：根据来球的高度把接球脚抬起，脚内侧对准来球。脚触球的刹那迅速后撤，以缓冲来球的力量。

（2）脚背外侧接（停）球。

接地滚球：支撑腿膝关节弯曲，接球脚在支撑脚侧前方提起，膝稍屈，脚背外侧对准来球方向。触球时，接球脚轻轻下压，将球接于身前。

接反弹球：支撑腿稍屈膝，接球脚在支撑脚前方稍提起并内翻，接球脚的小腿放松，与地面约成30°角。当球落地反弹时，用脚背外侧触球的上部，并轻轻下压，将球接在体侧，同时身体重心向接球方向移动。

（3）脚背正面接（停）球。

适用于接空中下落的球。身体正对来球，接球腿屈膝向前上方抬起，用脚背正面对准来球。当球与脚背接触时，小腿与脚踝放松下撤，缓冲来球力量并使球落在身前。

（4）脚底接（停）球。

接地滚球：身体正对来球方向，支撑脚膝部微屈，上体稍前倾，接球脚提起（不超过球的高度），屈膝，脚尖翘起（高过脚跟）。当球滚到支撑脚侧前方时，接球脚轻轻下压，以前脚掌将球接在脚下。

接反弹球：支撑脚踏在球的落点的侧后方。在球着地刹那，用接球脚的前脚掌对准球的反弹方向。当球反弹接触前脚掌时，脚立即做轻轻下压的动作，使球落在脚前。

2. 胸部接（停）球

挺胸接球时，面对来球，两腿自然开立，膝微屈，两臂自然张开，上体稍后仰，与来球形成一定的角度。触球瞬间，收下颌，胸部主动挺送，使球触胸后向前上方弹起落于体前。

收胸接球时，胸部触球瞬间，迅速收腹、缩胸，缓冲来球力量，使球直接落于体前（图4-5）。

图4-5　胸部接（停）球

（二）练习方法

（1）无球做各种接球的模仿练习，体会技术动作要领和方法。

（2）迎面跑动，停向足球墙踢出的反弹球。

（3）两人相距10米左右相对站立，一人踢（掷）地滚球，另一人跑上去停地滚球。

（4）自抛自停或一人抛一人停，由原地过渡到跑动中练习。

四、头部顶球

头部顶球是运动员利用头部争抢和处理空中高球的技术动作，在比赛中多用于传球、射门、抢接球，是足球技术中最重要的技术之一。头部顶球的方法可分为：前额正面顶球、前额侧面顶球和鱼跃头顶球等。本节主要讲解前额正面顶球和前额侧面顶球。

（一）头部顶球的技术动作

1. 前额正面顶球

前额正面顶球的特点：头部前额正面坚硬平坦，触球面积大，处于头的正前方和两眼的上方，便于在顶球时观察来球及周围情况，使出球准确有力。

技术要领：判断好来球线路，两眼注视来球，两腿、两手自然分开，身体先成背弓状，收下颌。触球时，脚蹬地，重心移至腰，快速收腹，甩头，颈部紧张，用前额正面击球的后部。若跳起顶球时，加助跑起跳（图4-6）。

图 4-6　前额正面顶球

2. 前额侧面顶球

前额侧面顶球的优点是动作突然，能变化出球方向；缺点是触球部位虽然坚硬，但是不平坦，且面积小，又在两眼的侧前方，顶球时摆动用力方向与来球方向不是迎面相遇，出球力量较小。

技术要领：前额侧面顶球的技术动作和前额正面顶球大体一致，只是头的触球部位不同。

（二）练习方法

（1）按照正确的动作要领做各种头顶球的模仿练习。

（2）做自抛自顶和连续顶球的练习。

（3）以抛球和边路传中等方式做头顶球射门练习。

五、抢截球

抢截球是指在规则允许的条件下，为把对方控制或传出的球夺过来、堵截住、破坏掉、踢出去而采用的技术动作。抢截球的方法有正面抢截、侧面抢截和侧后抢截等。

（一）抢截球的基本技术

1. 正面抢截球

两脚前后开立，两膝微屈，身体重心下降，正面面对对手。当对手运球前进的脚即将着地时，抢截者立即以一脚蹬地，另一脚以脚内侧对准球并向球跨出一步，同时运用合理的身体冲撞动作配合脚步动作将球从对手的控制范围内抢过来，控制在自己的脚下。

2. 侧面抢截球

当与对手并肩跑动时，身体重心稍下降，与对手一侧接触的臂要紧贴身体；当对手靠近自己一侧的脚离地时，用肘关节以上部位冲撞对手相应部位，使其失去平衡而离开球，自己趁机将球控制过来。

3. 侧后抢截球

（1）同侧脚铲球。当控制球的对手拨球的一刹那，抢断者后脚（异侧脚）用力后蹬成跨步，前脚（同侧脚）以脚外侧沿地面向前外侧滑去，用脚背或脚尖将球踢出或捅出。然后以小腿外侧、大腿外侧和臀部依次着地。

（2）异侧脚铲球。当控制球者拨球的一刹那，抢球者后脚（同侧脚）用力后蹬成跨步，前脚（异侧脚）以脚外侧沿地面向前内侧滑出，用脚底将球蹬出去。然后以小腿外侧、大腿外侧和臀部依次着地。

（二）练习方法

（1）两人一组，做无球模仿抢截球动作练习，主要体会运用身体合理冲撞动作。

（2）两人一组，做运球过程中抢截球练习。

（3）做“一对一”运球、抢球对抗练习，提高控制球和抢截球的转换适应能力。

（4）多人进行实战条件下抢截球练习。

六、掷界外球

掷界外球是在比赛中按照规则要求，有目的地用双手将球掷入场内的技术动作。掷界外球是组织进攻的开始，包括原地掷界外球和助跑掷界外球两种方法。

（一）掷界外球的基本技术

1. 原地掷界外球

面对出球方向，两脚前后或左右开立，膝关节弯曲，上体后仰成背弓，持球的侧后部，屈肘将球置于头后。掷球时，后脚用力蹬地，两腿迅速伸直，快速摆体，身体重心由后前移，同时两臂急速前摆，当球摆到头上时，用力甩腕将球掷入场内。掷球时，后脚可沿地面向前滑动，两脚均不得离地或踏入场内，但可以踏在线上。

2. 助跑掷界外球

与原地掷界外球相同，只是增加适当的助跑距离。助跑时，两手持球在胸前，在迈出最后一步时（两脚要前后开立），将球举至头后，然后将球掷出，同时后脚在地面上向前滑进，与前脚靠拢。

（二）练习方法

（1）原地做无球模仿练习。

（2）两人一组，进行原地和助跑掷球。

（3）结合停球、头顶球练习掷界外球技术。

七、守门技术

守门员是球队的最后一道防线。守门员掌握守门技术的好坏、反应敏捷程度和场上积极表现程度等直接影响全队的士气和胜负。

（一）守门基本技术

1. 选位

守门员站位应根据对方射门的地点和射门的角度来确定，一般情况下，应站在两球门柱与射门时所处的位置形成的分角线上。当对方近射时，守门员应靠前些，这样可以缩小对方的射门角度；当对方远射时，站位可稍后移，以防对方吊球进门。

2. 准备姿势

两脚左右分立，约与肩同宽，两膝自然弯曲并稍内扣，脚跟稍提起，身体重心投影在前脚掌上，上体稍前倾，两臂于体前自然屈肘，两手五指自然张开，掌心相对，两眼注视来球。

3. 接球

（1）接地滚球。接地滚球分直立和单膝跪立接球两种。直立接球时，两脚要自然并拢不留空隙，脚尖对准来球，上体前屈，两臂自然下垂近地，手指自然张开，手心向前，两手接球底部，接球后，两臂同时弯曲，并互相靠拢，将球提至胸前紧抱。

单膝跪立接球时，两腿向侧前方开立，前腿弯曲，后腿跪立，膝关节接触地面，并靠近前脚跟，不留中空；上体前倾，两臂下垂，掌心对准来球方向，两手接球底部，接球后将球抱至胸前。

（2）接高球。两手自然张开，拇指相对，食指与拇指成“桃形”，当手触球时，手腕和手指适当用力将球接住，同时屈肘、回缩并下引，顺势翻掌将球抱于胸前。要求判断球路与落点要准，跑动、起跳要快，控制高度要准。

（3）接平球。接球前，两臂屈肘置于胸前两侧，在球接触胸前的一瞬间，两臂夹紧，收缩两手抱住球的侧上部，迅速置于胸前。

4. 拳击球

（1）单拳击球：单拳击球动作灵活，活动范围较大，击球点高，击球力量大，多用于击侧面的传中球和高角球。

（2）双拳击球：双拳击球动作接触面积大，准确性高，多用于击正面高球或平高球。

5. 托球

托球是当来球弧度较大，其运行路线又是奔向球门横梁的情况下，守门员起跳接球把握不大时运用的守门技术。起跳准备托球时，全身伸展成背弓，一臂快速上伸，掌心向上，用手掌前部和手指用力将球稍往后上方托起，使球越过横梁。

6. 掷球

（1）单手肩上掷球：两脚前后开立，两膝弯曲，单手持球，屈臂于肩上，掷球前持球手臂后引，同时身体随之侧转，重心移到后脚上。掷球时，利用后脚向后蹬地、转体和挥臂、甩腕的力量将球掷向较远距离的目标。

（2）单手低手掷球：两脚前后开立，两膝弯曲，单手持球于体侧，掷球前持球手臂后摆，同时身体随之侧转成侧前屈，重心移到后脚上。掷球时，利用后脚向后蹬地和挥臂、甩臂、手指拨球的力量将球掷向近距离的目标。

（二）练习方法

（1）无球条件下做选位、准备姿势和移动练习。

（2）两人一组相距 10 ~ 15 米，互相抛球，做接地滚球、平直球、高球练习。

（3）两人一组相距 15 ~ 20 米，做掷球、托球、接球、拳击球、抛踢球练习。

（4）两人一组相距 10 ~ 15 米，进行互踢互守练习。

第三节　足球基本战术

足球战术是足球运动的重要组成部分，是构成足球打法与全队配合体系的重要元素。足球战术通常分为进攻战术和防守战术两大体系。

一、基本战术与方法

（一）进攻战术

1. 摆脱与跑位

是指当本方某一队员得球时，同队其他队员迅速摆脱防守队员前去接应、策动、扯动、牵制、突破等行动。摆脱可采用突然起动、快速冲刺跑、突然急停、变向、变速跑和假动作等。在协同配合的过程中，根据战术组成过程中的需要，跑位常用向前、向后、向两侧的切入、插入、反切入、反插入等方法。

2. 二过一配合

比赛中在局部地区两个进攻队员通过传球与跑位配合，突破对方一个防守队员的防守称为二过一配合。二过一配合在任何场区、任何位置都可以运用，一般在前场运用得比较多。常用的二过一配合有踢墙式二过一、斜传直插式二过一、直传斜插式二过一、回传反切式二过一等。

（二）防守基本战术

1. 选位与盯人

防守队员一般应处于对手进攻时的位置和本方球门中心所成的一条线上，或者在进攻队员前进的路线上。一般情况下，对有球队员及接近罚球区附近的进攻队员要盯紧，对无球队员和远离球门的有球队员可松动盯人。选位与盯人的位置及与对方距离的确定，以向前可抢截球，后退可抢进攻队员的长传球或破坏进攻为原则。

2. 保护与补位

在比赛中对组织进攻能力和突破射门能力较强的进攻队员，采用人盯人的协同防守，或者当本方一个防守队员的防守区域被进攻队员突破后，另一相邻的防守队员应立即及时上前帮助封堵。

保护与补位要求相邻的同队防守队员之间动作配合要默契，起动要及时，行动要果断。保护与补位一般选择在靠近球门内侧的进攻队员的前进路线上。

（三）练习方法

（1）做摆脱与跑位练习（在不同状态下的突然冲刺、急停、变向、变速跑）。

（2）做一对一摆脱与跑位练习。

（3）做二过一配合练习。

（4）做三对二攻防对抗练习。

（5）教学比赛，进行保护与补位、选位与盯人的实践练习。

二、全队整体性战术

（一）进攻整体性战术

1. 边路进攻

在对方半场两侧地区发展的进攻称边路进攻。

边路进攻的整体配合方法有：边后卫插上配合、边后卫插上参与进攻等。例如，边锋回撤或内切，传球给沿边路插上的边后卫的配合，以及通过前卫或其他队员传球给插上的边后卫的配合等。

2. 中路进攻

在对方半场中间地带发展的进攻称中路进攻。

中路进攻主要是通过中锋、前卫之间的两三人传切、二过一、三打二配合，结合个人运球突破的一种进攻战术。有时边锋也可以内切，甚至后卫也可以伺机插上，参与中路进攻。

3. 快速反击

所谓快速反击，就是在对方立足未稳、阵形松动的情况下，用最短的时间、最快的速度突破对方防线，造成以多打少、获取进球的一种方式。其主要进攻方式是采用准确的中长传打对方身后，前锋快速插上，从而制造杀机。这样不但可以减少进攻的层次，而且容易及时捕获有利时机，使进攻更具有突然性和隐蔽性。

（二）防守整体性战术

1. 人盯人防守

除拖后中卫外，每个人都有盯住一个指定对手的任务，原则上对手跑到哪里就盯到哪里，拖后中卫（自由人）进行区域防守，执行补位任务。

2. 区域盯人防守

每个队员在自己的防守区域内进行盯人防守，不管是哪个对手进入该区域就盯住他，原则上不越区盯人。拖后中卫（自由人）执行补位任务。

3. 混合防守

把人盯人防守和区域盯人防守结合起来。一般3个后卫盯人，前卫和前锋区域盯人，拖后中卫（自由人）执行补位任务。根据对方队员的具体情况，有时指定某一前卫死盯对方某一重点人物。

第四节　足球竞赛方法与主要规则

一、比赛场地

球场必须是长方形的，地面平坦，长度不得多于120米或少于90米，宽度不得多于90米或少于45米。国际足联规定标准足球场地为长105米、宽68米。球场的各条线宽不得超过12厘米，场地四角上应竖1面不低于1.50米的平顶旗杆。足球场具体尺寸见图4-7。

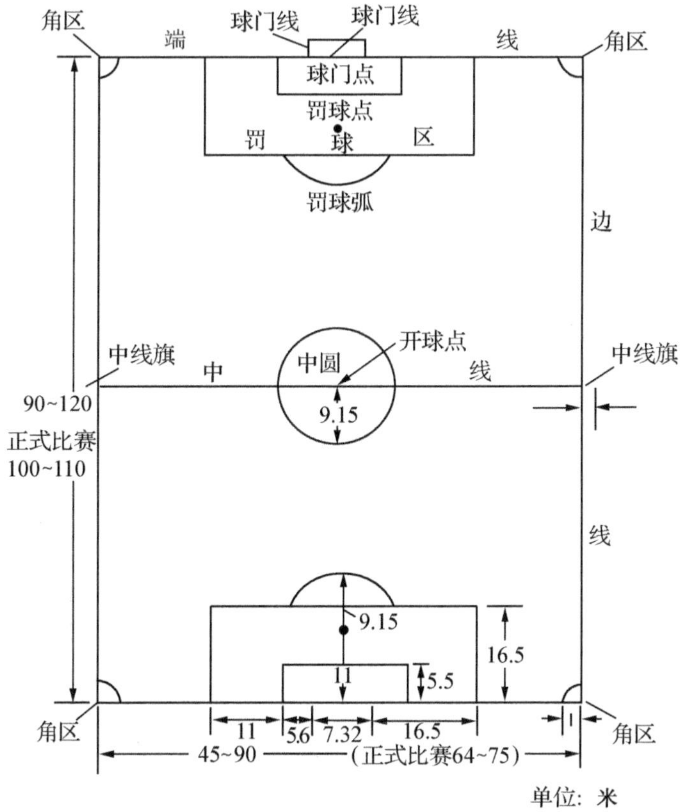

图4-7　足球场尺寸

二、比赛人数及装备

比赛每队上场队员不得多于11名，其中必须有1名守门员。如果任何一队少于7人则比赛不能进行。正式比赛规定每场比赛最多可以使用3名替补队员。规则规定队员必需的基本装备：运动上衣、短裤、护袜、护腿板、足球鞋。

三、比赛时间及比赛开始

比赛分为上、下两个半场，每半场45分钟，中间休息不得超过15分钟，每半场比赛中所损失的时间应被扣除，如替换队员、对队员伤势的估计、将受伤队员移出比赛场地进行治疗、拖延时间等。

比赛开始时，所有队员在本方半场内，开球队的对方队员应距球至少9.15米，球应放置于中心标记上，当裁判员发出信号，球被踢并向前移动时比赛即为开始。开球队员在球未经其他队员触及前不得再次触球。

四、计胜方法

比赛中进球数较多的队为胜者，如两队进球数相等或均未进球，则比赛为平局。平局应根据竞赛规程决定是否采用决胜期或其他方法以确定比赛的胜者。

五、越位

在对方半场内凡进攻队员较球和最后第二名对方队员更接近于对方球门线即处于越位位置。

（一）下列情况队员不处于越位位置

（1）该队员在本方半场内。

（2）该队员齐平于最后第二名对方队员。

（3）该队员齐平于最后两名对方队员。

（二）下列情况处于越位位置的队员应被判为越位

（1）干扰比赛。

（2）干扰对方队员。

（3）利用越位位置获得利益。

（三）处于越位位置队员直接从下列情况下接到球，不存在越位

（1）球门球。

（2）掷界外球。

（3）角球。

六、犯规与不正当行为

（一）判罚直接任意球的犯规

（1）踢或企图踢对方队员。

（2）绊摔或企图绊摔对方队员。

（3）跳向对方队员。

（4）冲撞对方队员。

（5）打或企图打对方队员。

（6）推对方队员。

（7）为了得到对球的控制而抢截对方队员时，于触球前先触及对方队员。

（8）拉扯对方队员。

（9）向对方队员吐唾沫。

（10）故意手球（不包括守门员在本方罚球区内）。

（二）判罚间接任意球的犯规

（1）守门员在本方罚球区内：用手控球后在发出球之前持球超过6秒；在发出球之前未

经其他队员触及，再次用手触球；用手触及同队队员故意踢给他的球；用手触及同队队员直接掷入的界外球。

（2）裁判员认为其动作具有危险性。

（3）阻挡对方队员。

（4）阻挡对方守门员从其手中发球。

（三）被警告并出示黄牌的犯规

（1）犯有非体育行为。

（2）以语言或行动表示异议。

（3）持续违反规则。

（4）延误比赛重新开始。

（5）当以角球或任意球重新开始比赛时，不退出规定的距离。

（6）未得到裁判员的许可进入或重新进入比赛场地。

（7）未得到裁判员的许可故意离开比赛场地。

（四）被罚令出场并出示红牌的犯规

（1）严重犯规。

（2）暴力行为。

（3）向对方或其他任何人吐唾沫。

（4）用故意手球破坏对方的进球或明显的进球得分机会（不含守门员在本方罚球区内）。

（5）用可能被判为任意球或球点球的犯规，破坏对方向本方球门移动着的明显的进球得分机会。

（6）使用无礼的、侮辱的或辱骂性的语言及动作。

（7）在同一场比赛中得到第二次警告。

七、任意球

包括直接任意球（可直接射门得分）和间接任意球（不能直接射门得分）。踢任意球的队员将球踢出后，在球未经其他队员踢或触及前不得再次触球。

八、罚球点球

罚球点球时除主罚队员和对方守门员外，其他队员均应在场内、罚球区外、罚球点后，至少距罚球点 9.15 米处。对方守门员在球未被踢出前，必须站在两门柱之间的球门线上，可双脚移动。主罚队员必须将球向前踢出，在未经其他队员触及前不得再次触球。

九、掷界外球

球的整体不论在空中或地面越出边线时，应由出界前最后触及球队员的对方队员在球出界地点掷界外球。掷球队员在球未经其他队员触及前，不得再次触球。掷界外球直接掷入球门不能得分。

十、球门球

球的整体不论在空中或地面越出端线，而最后踢或触及球者为攻方队员时，由守方队员在本方球门区内任何地点直接将球踢出罚球区恢复比赛。如球未能直接踢出罚球区应重踢。踢球门球队员在球未经其他队员触及前不得再次触球。踢球门球可直接踢入对方球门直接得分。

十一、角球

当球的整体不论在空中或地面越过球门线，而最后触球者为守方队员，则应由攻方在离球出界处最近一侧的角球区罚角球。角球可直接射门得分。踢角球队员在球未经其他队员触及前，不得再次触球。

思考题

1. 古代足球与现代足球分别起源于哪个国家？
2. 什么情况下判罚任意球？
3. 什么是“越位”？

第五章

乒乓球

第一节　乒乓球运动概述

乒乓球体积小、速度快、变化多、旋转快和击球技巧性强，它是智能、技能、体能三者兼容的运动项目。乒乓球运动安全性好，器材与设备简单，不受年龄和身体条件限制，易于开展和普及，在我国颇受在校学生和广大人民群众的喜欢，被誉为“国球”。

一、乒乓球运动的起源

乒乓球作为一种游戏起源于英国，它是从网球运动派生出来的。在18世纪末、19世纪初，欧洲盛行网球运动，但受到场地和天气的限制，英国一些大学生便把网球移到室内，以餐桌为球台，以书作球网，用羊皮纸贴面做拍子，用橡胶材质做成球，在餐桌上推来推去，这种游戏吸引了许多人。后来，这种游戏在英国流行起来，并命名为“桌上网球”（Table Tennis）。此时，乒乓球运动作为游戏，成了家庭娱乐活动之一。1890年，英格兰越野跑运动员吉布从美国带来了一些作为玩具的赛璐珞球，由于这种球打起来发出“乒乓”的声音，于是人们称这项运动为“乒乓球”。

1918年，欧洲许多国家相继成立了乒乓球协会，乒乓球竞赛活动开始在各国之间展开。1926年1月，在柏林国际乒乓球邀请赛期间，在德国人勒赫曼博士的倡议下，在柏林召开了一次关于建立乒乓球国际组织的座谈会，会议决定成立临时国际乒联，并委托英国乒协举办第1届欧洲乒乓球锦标赛。1926年12月12日，在英国伦敦举行了第1届欧洲乒乓球锦标赛，此次比赛后被追认为第1届世界乒乓球锦标赛，并召开了第一次全体会议。会议通过了国际乒联章程，讨论和通过了乒乓球竞赛规则草案，推选英国乒协负责人伊沃·蒙塔古为国际乒联第一任主席。1928年1月，在斯德哥尔摩，有14个国家参加了第二次国际乒联全体代表大会和第2届锦标赛。会议讨论了这项运动的名称，最后定为“乒乓”；同时通过了“21分记分法”。

二、世界竞技乒乓球运动的发展

（一）欧洲全盛时期

乒乓球运动在欧洲兴起后，迅速向世界传播。1902年，英国人发明了胶皮球拍，取代了木质球拍。在20世纪50年代以前，欧洲人凭借胶皮球拍，夺得了数届世界乒乓球锦标赛的大部分冠军。这种胶皮球拍的出现，促进了削球技术的发展，使乒乓球运动从不转球时代进入了旋转球时代。

（二）日本称霸世界乒坛

20世纪50年代初，奥地利人发明了海绵球拍。日本运动员首先在世界比赛中使用，并创造了远台长抽进攻型打法，一举夺得第19届世界乒乓球锦标赛的4项冠军，打破了欧洲运动员的垄断地位。日本运动员发明的远台长抽进攻型打法，具有正手攻球力量大、速度快、发球抢攻威胁大等优点，因而速度慢、旋转弱、攻击力不强的欧洲防守型打法被逐渐取代，使日本取得了20世纪50年代乒乓球运动的优势和辉煌。1952—1959年，在49项次世界冠军中，日本队夺得24项次。

（三）中国直拍快攻打法崛起

1959年，容国团夺得了第25届世乒赛男子单打冠军后，中国运动员开始登上国际乒坛，并形成了以“快、准、狠、变”为技术风格的直拍近台快攻打法。在1961年第26届世界乒乓球锦标赛中，中国队战胜了以远台长抽和弧圈球为打法的日本队，第一次夺得了男子团体世界冠军，并连续夺得第27、28届世乒赛的男子团体冠军。中国队近台快攻的打法比日本队远台长抽的打法更具有得分能力，优点是站位近，速度快，动作灵活，正、反手运用自如。

（四）欧洲国家的复兴

在日本、中国乒乓球运动发展的同时，欧洲运动员从失败中总结经验教训，在经过近20年的努力后，终于取日本弧圈球技术和中国近台快攻打法的长处，创造出了以弧圈球为主结合快攻和以快攻为主结合弧圈球的两种先进打法，著名的代表人物是匈牙利的克兰帕尔和约尼尔、瑞典的本格森、捷克的奥洛夫斯基等。以快攻为主结合弧圈球的打法，是以正、反手快攻为主要技术，用反手快拨、快攻力争主动，以正手拉弧圈球寻找机会扣杀为得分手段。这两种打法的特点是旋转较强，速度快，能拉能打，低拉高打，回旋余地较大，使乒乓球技术的旋转和速度得到了紧密的结合。

（五）“中国打世界”

1998年，乒乓球被列入奥林匹克运动会的正式比赛项目，推进了世界乒乓球运动的进一步发展。在2003年第47届世乒赛开始前，国际乒联决定实行单项和团体“一分为二”制的比赛。2007年萨格勒布世乒赛，中国队包揽五个单项的全部冠、亚军，是中国队历史上第三次包揽全部五个单项的冠、亚军，而囊括五枚金牌，是历史上的第六次。2008年世乒赛团体赛上，中国队包揽了男团和女团比赛的冠军。2008年北京奥运会上，国际乒联为了限制中国队的垄断，在比赛项目上做了调整，把男子双打、女子双打、男女混双去掉了，中国队还是包揽了所有的金牌，并且在男子单打和女子单打项目上夺得了所有的奖牌。2009年横滨世乒赛和2011年鹿特丹世乒赛上，中国队分别再次包揽五项比赛的冠军。2012年，多特蒙德世乒赛上，中国队再次夺得男团和女团冠军。2015年在苏州举行的第53届世乒赛上，中国队夺得4.5枚金牌（混双另一人为韩国）。21世纪的中国乒乓球将走向顶峰，独创辉煌。

（六）世界乒乓球运动的发展趋势

第一，是“技术全面，特长突出，无明显漏洞，战术多样化”的发展趋势。这个战略观念是20世纪80年代提出的，但现在依然为当今乒坛竞争的主题思想，只是在强调特长突出的比赛过程中，更多地表现为“凶狠、快速”。第二，是“女子技术男性化”的发展趋势越来越明显，但“技术全面，特长突出”仍将是各国女队未来的发展方向。第三，是“大众化”的发展趋势。现代乒乓球技术的发展，使球速越来越快，旋转越来越强，比赛的回合越来越少，观众的兴趣越来越小。因此，国际乒联不断对乒乓球比赛规则进行修改，如2000年10月，乒乓球直径由38毫米、2.5克，改为40毫米、2.7克；2001年9月，乒乓球比赛由每局21分制改为11分制；2002年9月，乒乓球比赛执行发球无遮挡的规定；2008年9月，开始在所有国际乒联赛事中禁止使用有机胶水球拍进行比赛。这一系列规则的修改，就是为了使乒乓球运动更加吸引观众，争取媒体，扩大影响，最终目的是使乒乓球这个项目更加普及，更具活力。

三、乒乓球运动的健身价值

（一）增强身体素质

经常参加乒乓球运动，随着运动水平的不断提高和运动量的逐渐增加，能相应地提高力量、速度和耐力，从而使肌肉发达、身体强壮。

（二）提高灵敏性和协调性

乒乓球速度快、变化多，要求练习者对来球的方向、落点、旋转和力量等进行观察，并及时调整身体的位置和球拍的角度，进行合理还击。所以，进行乒乓球运动可提高人体的反应能力和应变能力，从而增强人体系统的灵敏性和协调性。

（三）改善心血管系统和呼吸系统

经常参加乒乓球运动，可以使心血管系统的结构和机能得到改善，心肌变得发达有力，心容量加大，每搏输出量增多，心搏缓慢和血压降低，使心脏提高工作效率，有利于身体的新陈代谢，提高身体的机能水平。

（四）促进交流和增进友谊

乒乓球比赛项目设有单项、双打和团体项目。通过单项比赛，可以和对手进行很好的沟通，促进交流；双打比赛，通过配合可增进和同伴之间的友谊；团体比赛，可以增强集体主义精神。

四、世界乒乓球主要赛事

（一）世界乒乓球锦标赛

由国际乒乓球联合会主办，任何会员国均可派选手参加，设有男单、女单、男双、女双、男团、女团和混合双打七个比赛项目，每项都设有专门的奖杯。从第 45 届世乒赛开始，团体比赛和单项比赛分别在两个不同的国家或地区举行。

（二）世界杯乒乓球赛

1980 年，国际乒乓球联合会主办了第 1 届世界杯乒乓球比赛，此项比赛每年举办一届，由国际乒联指定的世界优秀选手和各大洲单打冠军及东道主一名选手参加比赛。

（三）奥运会乒乓球比赛

1983 年，在德国巴登由萨马兰奇主持召开的第 84 届国际奥委会全体委员会上，决定将乒乓球列为 1988 年奥运会正式比赛项目，设有男单、女单、男双、女双四个比赛项目。

（四）国际乒联巡回赛年度总决赛

该项比赛始于 1996 年，由在国际乒联积分前 16 名男子、前 12 名女子的单打选手和前 8 名男子、女子双打选手，有资格参加年度总决赛。

第二节　乒乓球基本技术

一、握拍法

握拍法指运动员手握乒乓球拍的方法，有直握法和横握法两种。可根据个人的兴趣爱好、技术特点、身体条件，选择一种适合的握拍方法。不同的握拍方法，有不同的优、缺点，从而产生各种不同的技术风格。

（一）直握拍法

正面拇指的第一指节和食指的第二指节分别按压在球拍的两肩，两指的距离适中，反面的中指、无名指和小拇指自然弯曲相叠，中指的第一节侧面按在球拍背面，使球拍保持平稳（图 5-1）。

优点:正手和反手都用球拍的同一面击球,正、反手攻直线球、斜线球时,拍面动作变化小,对手不易判断。

缺点:反手攻球时受到身体阻碍,防守面积较小。

图 5-1　直握拍

(二) 横握拍法

以中指、无名指、小指握住拍柄,拇指在球拍正面轻贴于中指旁边,食指伸直自然地斜贴在球拍的背面(图 5-2)。

优点:正手和反手击球时,活动范围大,易于防守和发力。

缺点:正手与反手转换时,须转动拍面,拍面动作变化大,易被对方识破。

图 5-2　横握拍

二、基本姿势与步法

(一) 正确的准备姿势

两脚平行站立略宽于肩,身体保持平稳,两眼注视来球;两脚的前脚掌内侧着地,两膝微屈、内扣,上体略前倾;持球拍手臂自然弯曲置于身体右侧,离身体 20 ~ 30 厘米,非持球手自然放于腹前,与持拍手基本同高(图 5-3)。

图 5-3　准备姿势

(二) 常用的基本步法

1. 单步

以非来球方向的前脚掌为轴心,另一只脚向某一方向移动一步,同时身体重心也随之落到移动脚上。一般在来球离身体较近的范围内运用。

2. 跳步

非来球方向的脚用力蹬地,使两脚同时或几乎同时离开地面向来球的方向跳动。一般在来球距离身体比较远且速度不是很快时运用,或快攻型打法用此法侧身。

3. 跨步

来球方向的同侧脚向来球方向跨出一大步,身体重心随之落到移动脚上,另一只脚迅速地滑动半步跟上去。一般在来球速度快、角度大时运用。

4. 并步

非来球方向的脚向来球方向滑动一步,同时来球同侧的脚向来球方向跨出一步。移动时无腾空动作,在小范围内来球时运用。

5. 交叉步

非来球方向的脚从前边跨越另一只脚,被跨越的脚迅速向有球方向跨出一步。一般在来球距离身体较远时运用。

6. 侧身步

以非来球方向的前脚掌为轴心，另一只脚向后侧跨一小步或一大步。一般在来球距离身体较近或者来球至反手位时运用。

三、发球和接发球（以右手直握拍为例）

（一）发球技术

1. 平击发球

平击发球不会使球产生强烈的旋转，是初学者最基础的发球技术。

（1）正手平击发球。左手托球向上抛起，同时右臂内旋，使拍面稍前倾，向身体的右后方引拍；当球从高点准备下落时，右臂从身体右后方向右前方挥动；球落至稍高于球网时，击球的中上部，向左前方发力（图 5-4）。

图 5-4　正手平击发球

图 5-5　反手平击发球

（2）反手平击发球。左手托球向上抛起，同时右臂外旋，使拍面稍前倾，向身体的左后方引拍；当球从高点准备下落时，右臂从身体后方向右前方挥动；球落至稍高于球网时，击球的中上部向前方发力（图 5-5）。

2. 发急球

发急球时，挥拍的动作应快速有力，使击出的球呈上旋，且飞行速度快、弧线低、前进力强、落点长。

（1）正手发急球（也称奔球）。右脚稍后，身体稍向右转；左手托球向上抛起的同时，持拍手向右后上方引拍；当球落至与网同高时，前臂迅速由后向左前方挥动，拇指按压球拍，拍面略向左倾斜，沿球的右侧中部向中上部摩擦击球；击球后，前臂与手腕顺势向前挥动（图 5-6）。

图 5-6　正手发急球

（2）反手发急球。右脚稍前，身体稍向左转；左手托球向上抛起的同时，右手后摆引拍，拍面稍前倾；当球落至略低于网高时，前臂迅速向前挥摆，击球的中上部；击球后，前臂与手腕随着球拍向前挥动。

3. 正手发下旋球

（1）正手发下旋不转球。拍面后仰角度略小，触球瞬间前臂不外旋，用球拍的右侧偏上部推击球的下部，用力方向略向前（图 5-7）。

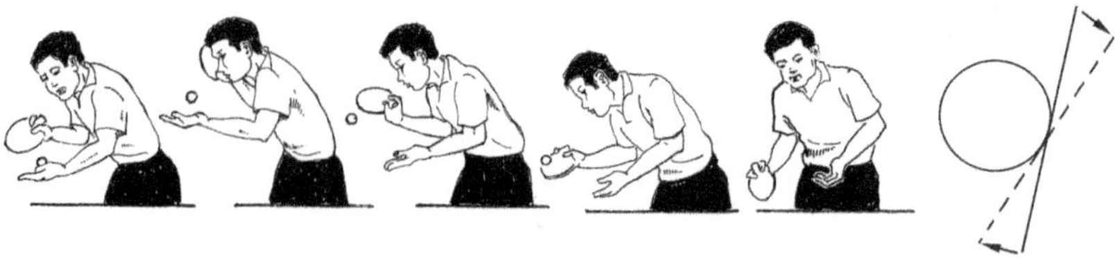

图 5-7　正手发下旋不转球

(2) 正手发下旋加转球。持拍手向后引拍，拍面后仰；当球开始下落时，前臂迅速由后向前下方做弧形挥摆，球落至比球网略高时，用球拍的左侧偏下部用力摩擦球的中下部(图 5-8)。

图 5-8　正手发下旋加转球

4. 正手高抛发球

站位偏于左半台，右脚稍后，身体侧对球台，离球台距离约 20 厘米；抛球时，持球一侧的肘部靠近体侧，手腕固定，以前臂发力为主；当球下落时，执拍手向右侧后上方引拍，手腕顺势外展，腰腹向右侧上稍挺起；球落至头与右胸之间的高度时开始挥臂，比网略高时击球(图 5-9)。

图 5-9　正手高抛发球

(二) 接发球技术

1. 基本要素

(1) 对来球的判断。判断对方发球的方向和旋转，主要根据对方球拍在接触球一瞬间挥动的方向和摩擦球的部位。判断来球的旋转强弱，根据对方球拍在触球瞬间手臂与手腕动作的快慢和动作幅度的大小，在摩擦击球瞬间，挥臂速度越快和动作幅度越大，产生的摩擦力越大，则球的旋转越强。

(2) 站位的选择。接发球站位是否合理，根据站位能否有效接到对方的任一落点来球，并能为本次进攻创造有利条件。一般情况下，对方站在球台左半台，本方也应站在球台左半台，若对方站在球台右半台，本方也相应站在球台中间偏右的位置。为了利于前后移动接长球和短球，一般离球台 30～40 厘米。

2. 常用的接发球技术

(1) 接正(反)手平击球。根据来球的方向和落点，一般采用正手推挡或击球技术接发球。

(2) 接下旋加转球与不转球。观察发球时球拍触球的部位和摩擦用力的大小,一般对加转球采用搓球技术,对不转球采用攻球或推挡技术。

(3) 接右侧上(下)旋转球。根据来球的方向和落点,一般采用推挡或快攻技术接发右侧上旋球,以拉攻或搓球技术接发右侧下旋球。

(4) 接左侧上(下)旋转球。以推挡球技术接左侧上旋球,以搓球技术接左侧下旋球。

四、击球技术

(一) 推挡球技术

推挡球是挡球和快推的总称,有正手推挡和反手推挡,是直拍快攻打法的重要技术之一。挡球是用球拍借助对方来球的反弹力进行还击的技术,快推是在反手位时借助对方来球的反弹力,结合本身的推击力进行还击的技术。推挡球的技术简单,易于掌握,是学习乒乓球的起步技术。

1. 挡球

击球前,两脚平行站立或持球拍的同侧脚稍后,两膝微屈,含胸收腹,身体靠近球台;击球时,球拍由后向前,拍触球时拍面与台面近乎垂直,在球的上升期,借助对方来球的反弹力,击球的中部(图 5-10)。

特点:球速慢,力量轻,动作简单。

图 5-10 挡球

2. 快推

击球前,站位近台,两脚平行站立或持球拍的同侧脚稍后,击球手臂自然弯曲并外旋,拍面角度稍前倾,肘关节内收自然靠近身体右侧,并将球拍引至身体前方;当来球跳至上升期时,手腕和前臂向前略向上推出去;拍触球一瞬间手腕外旋,拍面稍前倾击球的中上部;以手腕和前臂发力为主,并适当借力(图 5-11)。

特点:出手快,线路活,在相持和对攻中能起到突袭的作用。

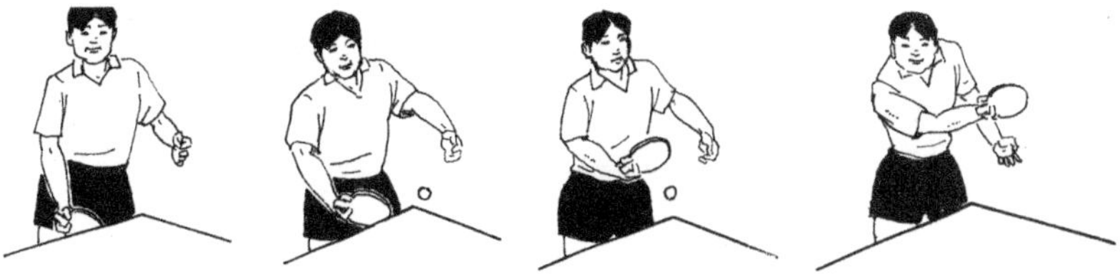

图 5-11 快推

(二) 攻球技术

攻球具有力量大、速度快、应用范围广等特点,使进攻变得有威胁性,有利于在比赛中获得主动权。它是乒乓球技术的重要组成部分。

1. 正手近台快攻

身体靠近球台中间偏右站位，站位时保持正确的“准备姿势”，右脚稍后；击球前，引拍至身体右侧后方成半横状，上臂与身体和前臂分别约成35°、120°，身体重心移至右脚；当来球弹至上升期或高点期时，食指放松，拇指下压，使拍面稍前倾，击球的中上部；拍面触球瞬间手臂由右侧向左前上方迅速挥动，以前臂发力为主（图5-12）。

特点：站位近，出手快，动作小，线路广。

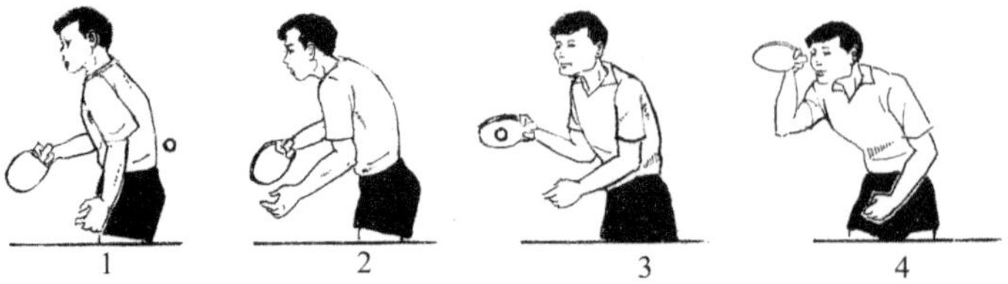

图5-12　正手近台快攻

2. 正手中远台攻球

身体离球台稍远，站位于球台中间偏右，站位时保持正确的“准备姿势”，右脚稍后；击球前，引拍至身体右侧后方成半横状，上臂与身体和前臂的角度比正手近台快攻略大；当来球弹至最高点时或下降期前，食指放松，拇指下压，使拍面稍前倾，击球的中部或中上部；拍面触球瞬间手臂由右侧向左前上方迅速挥动，动作幅度比正手近台快攻稍大（图5-13）。

特点：站位稍远，力量大，动作大，线路长，进攻范围大，带有上旋。

图5-13　正手中远台攻球

3. 反手快攻

站位近台偏左，两脚平行或左脚稍后；击球前，上体左转，引拍至腹前左侧，上臂贴近身体，前臂约与球台平行，球拍成半横状，拍面稍前倾；击球时，持拍手由身体左侧向右前上方挥动，以前臂发力为主；触球时，食指压拍，拇指放松，前臂旋外，使拍面前倾，在来球上升期击球的中上部。

特点：站位近，动作小，速度快，进攻性强，常用来为正手攻球创造机会。

4. 反手拉攻

站位和准备姿势与反手快攻相似。击球前，引拍至腹前偏左侧，球拍略下垂，肘关节略向前，拍与台面近乎垂直；击球时，上臂贴近身体，前臂向右方挥动，在来球的下降期前击球的中下部；触球瞬间，手腕向上转动，使拍面与球产生摩擦。

特点：站位近，动作小，速度快，变化多，常用来接左半台的下旋来球。

（三）弧圈球技术

弧圈球是一种上旋非常强的进攻性技术，能够制造出适当的弧线，回击球低并产生强烈的下旋，与攻球相比有更多的发力击球时机，同时又具有很强的攻击性。它的技术性强，不易掌握(图5-14)。

1　2　3　4　5

图5-14　弧圈球

1. 正手加转弧圈球

两脚开立，两膝微屈，右脚稍后，身体略向右转，重心放在右脚上。击球前，持拍手向右后方引拍至身后靠近臀部，右肩略低于左肩；当来球弹至下降期或下降前期时，拍面稍前倾，持拍手臂向前上方挥动并摩擦球的中部或中上部；击球时，前臂和手腕迅速内收，手指在拍触球瞬间要抓紧球拍。

特点：弧线较高，速度较快，上旋强烈。

2. 正手前冲弧圈球

两脚开立，两膝微屈，右脚稍后，身体略向右转，重心放在右脚上。击球前，拍面保持前倾，引拍至右下方与台面齐高处；当来球从台面弹起时，腰部由右向左转动，上臂带动前臂向前发力并摩擦球的中上部；击球时，前臂和手腕迅速内收，手指在拍触球瞬间要抓紧球拍。

特点：弧线较低，速度较快，落台后前冲力大。

(四) 搓球技术

搓球是近台还击下旋球的一种基本技术，也是削攻打法的入门技术。运动员在比赛中经常运用搓转球与不转球和搓慢球与快球的变化，为拉弧圈球和攻球创造进攻机会。

1. 正手搓球

两脚开立，两膝微屈，身体靠近球台；击球前，右手向右上方引拍，拍面稍后仰；当来球弹起接近高点时，前臂配合手腕转动向来球的左前下方切出，触球的中下部并用力摩擦将球搓出。

2. 反手搓球

两脚开立，两膝微屈，身体靠近球台；击球前，上体左转，右手向腹前左侧引拍，拍面稍后仰；当来球弹起接近高点时，前臂配合手腕转动向来球的左前下方切出，触球的中下部并用力摩擦将球搓出。

3. 搓转与不转球

搓转球时，前臂配合手腕转动向来球的前下方切出，用力摩擦球的中下部；搓不转球时，用拍面的偏上部位把球碰出即可，以减小球拍与球的摩擦力(图5-15)。

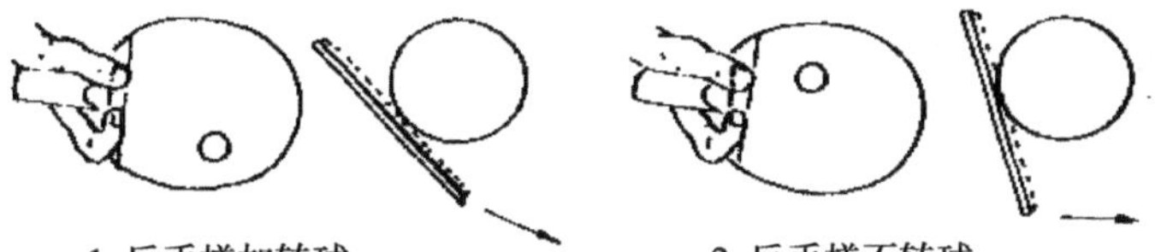

1. 反手搓加转球　　2. 反手搓不转球

图5-15　反手搓转与不转球

4. 搓快球与慢搓球

搓快球:在来球弹起的上升期,手腕转动向来球的前下方切出,击球的中上部。搓快球以手腕发力为主。特点是速度快,旋转稍弱,线路短,但角度大。

慢搓球:在来球弹起的高点期或下降期,前臂配合手腕转动向来球的前下方切出,用力摩擦球的中下部或中部偏下。特点是速度慢,旋转强,动作幅度大。

第三节　乒乓球基本战术

一、单打战术

单打战术是根据自己和对手的技术特点,有针对性地制订出正确的、切实可行的比赛方案。在比赛过程中,通过打各种不同落点的球试探对手的强、弱点,然后攻击其弱点。

(一) 发球抢攻战术

发球抢攻战术的运用,主要体现在发球的质量和第三板进攻的能力。发球抢攻战术因技术风格的不同而有所差异,常用的发球抢攻战术主要有以下几种:

(1) 正、反手发转与不转球,让对方判断失误,回球质量不高,易于进攻得分。

(2) 正、反手交替发左侧上、下旋球和右侧上、下旋球,容易造成对方接发球失误或回球质量不高,易于进攻得分。

(3) 正、反手结合不同力量和不同速度发多种线路和多落点的球,容易造成对方接发球失误或回球质量不高,易于进攻得分。

(二) 接发球抢攻战术

接发球实际上是处于被动状态,如果破坏了对方的技术、战术,能减弱对方抢攻的质量,则由被动变为主动。常用的接发球战术如下:

(1) 当对方发至右半台的来球呈上旋或弱旋时,且弧线较高时,以正手攻球直接回击。

(2) 当对方发至左半台或中路的来球呈上旋或弱旋时,以快速推挡或反手攻球回击对方空当。

(3) 当对方发至右半台或中路的来球呈出台下旋时,以正手拉攻或弧圈球回击。

(三) 搓球战术

搓球战术是利用搓球旋转的强弱和落点的变化为进攻创造机会,它是进攻型打法的辅助战术之一,这一战术在基层比赛中被普遍采用。常用的搓球战术如下:

(1) 快搓与慢搓结合搓对方反手位球,通过长、短落点变化,创造进攻机会。

(2) 以不同力量和拍面的不同区域搓球,使球转与不转、弱旋或强旋,迫使对方回高球易于抢攻。

(3) 搓变线球来改变落点,调动对方频频移动而影响回球质量,创造进攻机会。

(四) 对攻战术

对攻战术是进攻型打法在相持阶段常用的重要战术。对攻是选手在互相对抗时,利用球的速度、旋转、落点的变化和轻重力量来争取主动的重要多段。常用的对攻战术如下:

(1) 左推右攻,以推挡技术压对方反手,当对方回至正手位高球时,以正手攻球回击。

(2) 以正手攻球变线攻对方两大角,加大对方进攻或回球难度。

(3) 抢先攻对方追身球,使对方回球的难度增加。

二、双打战术

双打战术中的合理搭配是取胜的重要因素之一，原则是“扬长避短、优势互补”，将两位不同技术特点和技术风格的选手合理地组合，会取得良好的效果。因此，理想的搭配应是右手持拍与左手持拍的结合，近台快攻与中近台弧圈手的结合，近台快攻与远台削攻手的结合等。常用的双打战术如下：

（一）发球抢攻战术

在发球抢攻战术中，发近网下旋转与不转或侧上旋与下旋球抢攻，应特别注意落点。对方右手接发球，多发中路近网区；对方左手接发球，多发右方近网区。发右侧上旋急球抢攻，应注意：右手接发球，将球发至对方的中路底线区；左手接发球，发至右方底线区。发球时用手势告诉同伴发什么球，以便同伴做好抢攻准备。

（二）接发球抢攻战术

接发球时可利用来球落点范围小的特点，直接进行抢攻，控制落点，不给对方发球抢攻的机会，为同伴创造进攻条件。

（三）相持球战术

在相持时可连续攻一点，使对方两人挤在一起，然后变线进攻，造成对方因照顾不及而失误。进攻直拍与横拍搭配的战术，可攻击直拍的反手大角及横拍的中路追身，再交替攻两角；也可交叉打左、右两角，迫使对方不停地跑动，在对方移动中找出空当后突击。

第四节　乒乓球竞赛方法与主要规则

一、竞赛方法

乒乓球比赛分团体赛和单项比赛。比赛中采用淘汰赛、分组循环赛。在单打比赛中，除预选赛外，比赛应采用五局三胜制。团体赛形式分为：五局三胜制（五场单打）、五场三胜制（四场单打和一场双打）、七场四胜制（六场单打和一场双打）、九场五胜制（九场单打）。单项比赛一般应采用淘汰制进行，但团体赛和单项预选赛可以按淘汰制或分组循环制进行。

（一）淘汰赛

淘汰赛制分单淘汰赛和双淘汰赛。淘汰赛是在比赛中失败者就要退出比赛，胜者可继续下一轮次的比赛。淘汰赛的特点是节省时间，竞争性强。

1. 单淘汰赛

单淘汰赛时运动员按编排顺序由相邻的两个选手进行比赛，胜者进入下一轮比赛。

单淘汰比赛的场次计算：比赛总场次 = 参赛总人数 - 1。如由 8 人参赛，则总场次为 7 场（8 - 1 = 7）。

2. 双淘汰赛

双淘汰赛是将运动员编成一定顺序，每一轮的负者有第二次机会，即按其失败的轮次定位置到另一个淘汰赛中，输两场即被淘汰。

双淘汰赛的场次计算：总场次 = 2 × 参赛总人数 - 3。

双淘汰赛的轮数计算：轮次 = $3x - 2$（x 为参赛总人数相对于 2 的乘方数）。

（二）循环赛

循环赛分单循环和分组循环。循环赛是球类比赛的一种基本和常用的方法，参赛各队在整个比赛或小组比赛中都有相遇的机会,比较有利于对手之间的交流,偶然性及机遇性小,名次排列比较合理,能客观反映比赛结果。但相对而言比赛的场次多,消耗的时间多,因此在参赛人数(队)多而球台少、时间短的情况下不宜采用。

1. 单循环赛

单循环赛是所有参赛人或队都互相轮流比赛一次。比赛是采用"逆时针轮换法",即 1 号固定不动,其他位置相互之间每比赛一次,按逆时针方向轮转一个位置再排出下一轮的比赛顺序。

单循环比赛场次的计算:比赛总场数 = [人(队)数 - 1] × 人(队)数/2。

单循环比赛的计算方法是获胜次数多者名次列前,有两个或两个以上的运动员获胜次数相同时,则看他们之间场数胜负的比率、局数胜负的比率、分数胜负比率的顺序来决定。

2. 分组循环赛

在分组循环赛中,小组里每一成员应与组内所有其他成员进行比赛。胜一场得 2 分,输一场得 1 分,未出场比赛或未完成比赛输的场次得 0 分,小组名次应根据所获得的场次分数确定。如果小组的两个或更多的成员得分数相同,他们有关的名次应按他们相互之间比赛的成绩决定。首先计算他们之间获得的场次分数,再根据需要计算个人比赛场次(团体赛时)、局和分的胜负比率,直至算出名次为止。分组循环赛可采用蛇形排列法、抽签法、蛇形结合抽签法来分组。分组循环赛一般用于团体赛。

二、乒乓球比赛主要规则

(一) 球拍

(1) 球拍的大小、形状或重量没有限制,但球拍的底板应平整、坚硬,球拍的底板厚度至少为 85% 的天然木料,加强底板的黏合层可用诸如碳纤维、玻璃纤维或压缩纸等纤维材料,每层黏合层不超过底板总厚度的 7.5% 或为 0.35 毫米。

(2) 拍面不论是否用来击球,必须为无光泽,一面为鲜红色,另一面为黑色。用来击球的一面,必须粘贴总厚度不超过 4 毫米的海绵胶覆盖物;其中的颗粒胶皮厚度(含黏合剂)不超过 2 毫米。2009 年又采用了新的规则,拍子的胶由有机胶水转为无机胶水构成,用无机胶水拍子的弹性比用有机胶水的小,旋转要弱,拉球需要用更大的力。

(二) 球台、球网和球

球台长 274 厘米,宽 152.5 厘米,高 76 厘米。网高 15.25 厘米,网柱外缘离开边线 15.25 厘米。球的直径为 40 毫米,重 2.7 克,颜色呈白色或橙色且无光泽。

(三) 发球、接发球和方位的选择

(1) 赛前双方以抽签的方式选择发球权和方位,中签方优先选择或要求对方先选。

(2) 发球、接发球次序和方位的交换。

一局比赛中,双方共获 2 分后交换发球权,直至该局比赛结束。当双方比分为 10 平时实行轮换发球法,每得 1 分后即交换发球权,直至一方连得 2 分时,该局比赛结束。

新一局开始,双方交换方位。上一局开始时的发球方在下一局开始时为接发球方。决胜局中,当一方先得 5 分时,双方交换方位。如发现发球、接发球次序和方位有错误时,应立即中断比赛并纠正,发现错误前得分均有效。

(四) 一局比赛

在一局比赛中,先得 11 分的一方为胜方。比分为 10 平后,先多得 2 分的一方为胜方。

（五）一场比赛

通常一场比赛采用五局三胜制或三局二胜制。在世界大赛的单打比赛中也采用七局四胜制。

（六）比赛秩序

（1）在单打中，首先由发球员合法发球，再由接发球员合法还击，然后两者交替合法还击。

（2）在双打中，首先由发球员合法发球，再由接发球员合法还击，然后由发球员的同伴合法还击，再由接发球员的同伴合法还击，此后，运动员按此次序轮流合法还击。

（七）合法发球

发球时，球应放在不持拍并伸平的手掌中，抛球前手掌应静止并高于台面；垂直抛球时不得使球旋转，并不低于手掌 16 厘米；从抛球至击球时，不得以身体任何部位遮挡击球动作，必须让对方及裁判员看清发球动作，当球从最高点下降时才能击球；击球点应在台面端线及延长线之后；击球后，球应先触及发球方台面再落至对方台面。

（八）判失分

（1）当对方未能合法发球、合法还击，阻挡（发球擦网、阻挡判重发球除外），连击，两跳，判本方得一分。

（2）运动员在发球或还击后，对方运动员在击球前，球触及了除球网装置以外的任何东西。

（3）对方击球后，该球没有触及本方台区而越过本方端线。

（4）对方用不符合规定的拍面击球。

（5）对方运动员或他穿戴的任何东西使球台移动。

（6）对方运动员或他穿戴的任何东西触及球网装置。

（7）对方运动员不执拍手触及比赛台面。

（8）双打时，对方运动员击球次序错误。

（九）重发球

接发球方未准备好并无接球动作；发出的球触网及网柱后落至对方台面；比赛环境受到干扰并可能影响该回合的结果；裁判员或副裁判员要求暂停比赛，如警告、处罚运动员，实行轮换发球法，纠正发球、接发球或方位错误时。

思考题

1. 世界乒乓球主要赛事有哪些？
2. 乒乓球的握拍方法有哪几种？
3. 乒乓球基本发球技术有哪些？你最擅长的技术是什么？

第六章

羽 毛 球

第一节 羽毛球运动概述

羽毛球是深受大众喜爱的球类运动项目之一。羽毛球运动具有很强的观赏性、娱乐性和健身价值，在全国各地广泛开展。

一、羽毛球运动的起源

最早的羽毛球作为一种游戏，出现在 14～15 世纪的日本，球拍是木制的，球是樱桃核插上羽毛制成的。由于球托太重，击球时要过分发力，使球的飞行速度过快和羽毛极易损坏，加上造价过高，所以这项游戏仅流行一时，就很快消失了。到 18 世纪时，印度普那城里出现了一种与之极为相似的游戏，而且游戏开展得十分普遍，球是由直径约 6 厘米的圆形硬纸板中间插上羽毛制成的，球拍是木制的。到 19 世纪 60 年代，英国驻印度的军队里"普那"开展得尤为活跃，深受人们的欢迎。之后，一批退役的英国军官把"普那"带回了英国，随后在英国兴起，成为现代羽毛球的前身。1870 年，英国出现了用羽毛和软木制成的球和穿弦的球拍。1873 年，英国公爵鲍弗特在伯明顿镇的庄园里进行了一次羽毛球活动，由于下雨改在室内进行，游戏场地呈"葫芦"形，中间窄处挂一网。由于趣味性强，这项游戏迅速风靡整个英国，"伯明顿"(Badminton)也成了羽毛球的正式英文名称。

1893 年，在英国 14 家羽毛球俱乐部的倡议下，组成了第一个世界羽毛球协会，并统一场地标准和修订比赛规则。1899 年，英国羽协举办了首届"全英羽毛球锦标赛"，此后每年一届，沿袭至今。1934 年，由英国、丹麦、法国、荷兰等国家发起，成立了"国际羽毛球联合会"，总部设在伦敦，首任主席为英国人汤姆斯。1949 年，举行了第一个世界羽毛球比赛，名为"汤姆斯杯"，即世界男子羽毛球团体锦标赛。1957 年，举办了"尤伯杯"比赛，即世界女子羽毛球团体锦标赛。1977 年，国际羽毛球联合会为了适应世界羽毛球运动的发展需要，设立了以个人单项为竞赛项目的羽毛球锦标赛，名为"世界羽毛球锦标赛"，同年在瑞典马尔默举行。1978 年，一些国家在中国香港成立了"世界羽毛球联合会"，并于同年举办了同名的世界羽毛球锦标赛。1981 年，国际羽联和世界羽联在东京合并，成立了新的"国际羽联"，使世界羽毛球运动得到了极大的发展。

二、世界竞技羽毛球运动的发展

在 1949 年，第 1 届"汤姆斯杯"比赛中马来西亚运动员一鸣惊人，夺得首次比赛冠军，名震世界羽坛。其技术出众，领先于世界，连续三届夺得冠军。1958 年，印度尼西亚在第 4 届"汤姆斯杯"比赛中，迅速崛起，夺得冠军，其打法在欧洲技术特点上加快了球的速度和对球落点控制，以快、准和落点刁的技术统治世界羽坛近 10 年，夺得 7 届"汤姆斯杯"冠军。1957—1963 年，美国女子选手在第 1 届至第 3 届"尤伯杯"比赛中夺得冠军；之后，日本队取而代之，称霸世界女子羽坛，直至 20 世纪 80 年代初。

由于多种原因，中国队在20世纪80年代之前没有参加过正式的世界性羽毛球比赛，但技术、战术水平却是世界领先的，在1982年和1984年分别第一次参加“汤姆斯杯”和“尤伯杯”的比赛，就夺得了冠军。中国队技术特点充分体现了快攻打法，以脚步移动快、后场起跳扣杀后快速上网、高点击球和发球抢攻等技术独树一帜，并逐渐形成了快、准、狠、活的技术风格，为推动世界羽毛球运动的发展做出了巨大的贡献。在随后的比赛中，依然保持优异的成绩。

进入21世纪的世界羽坛格局，男子以印度尼西亚、马来西亚、韩国、中国四个国家为主，女子则以中国、韩国、印尼三国鼎立于世界女子羽坛。当前，世界羽毛球运动的技术和战术的发展趋势朝着更加“快速、全面、进攻多变，技术特点突出”的方向发展。现在，世界羽毛球优秀运动员必须具备在快速的运动中能全面掌握和运用各项基本技术。欧洲运动员利用身材高大有力，已从偏重控制底线的打法转向强调进攻、突出发球抢攻、以下压控制网前为主的打法。亚洲运动员更着重在快速灵活、技术全面的基础上发展变速突击，打法以拉开结合变速突击为主。在羽毛球的比赛中，对网前的争夺也越来越激烈，在抢高点击球外，更加重视网前技术的质量与变化。比赛中有效地控制网前，已成为羽毛球运动员获取进攻机会和得分的主要手段。

三、我国羽毛球运动的发展

羽毛球运动约于1910年传入中国，最早仅在上海、天津、北京、广州等城市的基督教青年会和学校中开展。1953年在天津举行的全国球类比赛中，羽毛球成为表演项目。虽然当时技术水平很低，但为今后的发展奠定了良好的基础。1954年，以王文教、陈福寿为代表的第一批印尼华侨回国，并带回了先进的羽毛球技术，推动了我国羽毛球运动的发展。

1956年，中国羽毛球协会成立，标志着我国羽毛球运动新纪元的到来。在羽毛球协会的组织下，我国每年都举办全国羽毛球比赛，使羽毛球比赛逐渐规范化。1956年2月，印尼队来我国访问，共比赛10场，结果印尼队全胜。但是，我国运动员不甘落后，认真分析了失败原因，奋发图强，刻苦训练。1957年4月，我国运动员在回访印尼时，情况有了很大好转，在9场比赛中，获得了7胜2负的好成绩。在1959年第1届全运会上，羽毛球作为正式比赛项目，共有21个省、市派选手参加比赛，这对羽毛球运动的普及和羽毛球技术水平的提高起到了促进作用。

1960年，第二批印尼华侨青年相继回国，如汤仙虎、侯加昌、陈玉娘等。在中国羽协的重点培养和精心指导下，我国运动员形成了快速、灵活、准确的技术特点。虽然中国羽毛球队没有参加过正式国际比赛，但通过与世界冠军球队的互访比赛，表明了我国羽毛球运动水平已达到世界先进水平。1963年，连获第4届、第5届“汤姆斯杯”冠军的印尼队来我国访问比赛，我国羽毛球队取得了6胜4负的战绩。1964年印尼队第二次访问我国，我国家队仍以4∶1取胜。同年11月，我国羽毛球队再次到印尼作访问比赛，取得了全胜的战绩。1965年、1966年，我国羽毛球队在与世界亚军、欧洲冠军丹麦队和欧洲劲旅瑞典队进行互访比赛时，又再次获全胜。当时，中国羽毛球队的战绩使世界羽坛为之震惊，外国舆论界称中国队是世界羽坛的“无冕之王”“真正的世界冠军”。在一片欢呼声和赞扬声中，中国羽毛球队没有陶醉，而是努力为攀登新的高峰打下坚实的基础。

1981年5月，国际羽联恢复了我国合法席位，中国运动员正式步入了世界羽毛球比赛的最高舞台。1982年，中国队第一次参加“汤姆斯杯”比赛，并夺得冠军。在随后的比赛中，中国队愈战愈勇，先后获得三次“汤姆斯杯”冠军，之后中国队转入低谷状态。随后在2004年的比赛中，再次夺得冠军宝座，并保持领先优势。2010年在第26届“汤姆斯杯”上再次捧起奖杯，实现了四连冠。1984年，中国队第一次参加“尤伯杯”比赛，并夺得冠军，至2014年在该赛场上共获得13次冠军。2011年伦敦羽毛球世锦赛，中国羽毛球队再次复制奇迹，成功包揽全部五枚金牌，重现了1987年和2010年世锦赛包揽五金的辉煌，实现了连续两届世锦赛包揽五金，巩固了羽坛第一强国的地位。2015年羽毛球世锦赛中国队夺得3项冠军。

四、羽毛球运动的特点

（一）广泛的普及性

任何人都可根据自己的年龄和身体状况，选择适量的羽毛球运动强度，羽毛球运动可满足不同年龄、不同训练层次的爱好者的需求。少年儿童进行羽毛球运动，通过在场上不停地奔跑、跳跃、击球，增强身体的协调能力，提高反应的灵敏度，促进身体生长发育；青少年进行羽毛球运动，能培养对体育的兴趣爱好，养成健康的生活意识和终身进行体育运动的习惯；成年人利用工作空余时间进行羽毛球运动，不但能加快身体的新陈代谢，保持匀称体形，还能缓解生活压力，提高工作效率；老年人和体弱者进行羽毛球运动时，应放慢运动节奏，进行一些活动量小的击球运动，能达到舒展筋骨的目的。

（二）活动方式的灵活性

1. 不受场地的限制

羽毛球运动对场地要求简单，在平整的空地就可以进行，因此，它不仅可以在正规的室内运动场进行，也可以在公园、生活小区等处广泛地开展。

2. 个人、集体皆宜

羽毛球运动既可单兵作战，二人对打，又可双打和男女混合对练。在多人对练中，有利于培养良好的集体主义和团队合作的精神。

五、世界羽毛球主要赛事

（一）全英羽毛球锦标赛

该赛事是由英格兰羽毛球协会于1899年创办的，它是世界上历史最悠久的羽毛球赛事。最初由英国和英联邦国家选手参加，现在已成为全球性的羽坛大会战。

（二）“汤姆斯杯”赛

即世界男子团体羽毛球锦标赛，1948年举行第1届比赛，现为两年一届，在偶数年举行。比赛采用五场三胜制，由三场单打、两场双打组成。

（三）“尤伯杯”赛

即世界女子团体羽毛球锦标赛，1956年举行第1届比赛，现为两年一届，在偶数年举行。比赛采用五场三胜制，由三场单打、二场双打组成。

（四）世界羽毛球锦标赛

即世界羽毛球单项锦标赛，设有男子单打、女子单打、男子双打、女子双打和混合双打五个比赛项目。1977年起开始为三年一届，1983年改为两年一届，在奇数年进行。

（五）苏迪曼杯

即世界羽毛球混合团体锦标赛，是代表国际最高羽毛球整体水平的重要赛事，与“汤姆斯杯”赛和“尤伯杯”赛齐名。1989年开始举办，两年一届，在奇数年举行，比赛由男子单打、女子单打、男子双打和女子双打组成。

（六）世界杯羽毛球赛

属于邀请性比赛，由国际羽联邀请同年世界排名男单前 16 名、女单前 12 名、男双前 8 名、女双和混双前 6 名的选手参赛。

（七）国际系列大奖赛

始于 1983 年，比赛分成若干区，由许多比赛组织成系列。根据运动员在各次比赛中的成绩积分排名，前 16 名进行总决赛。

第二节　羽毛球基本技术

在羽毛球比赛中，要求运动员准确地完成发球、接发球、击球等动作。所以，只有熟练地掌握羽毛球技术，才能在比赛中有目的地采取行动和合理击球。

一、握拍法（以右手为例）

正确的握拍方法有助于掌握和提高羽毛球的技术水平。羽毛球技术中的握拍法是多样的，回击不同角度的来球和击出不同路线的球都要采用不同的握拍法。基本的握拍方法可分为正手握拍法和反手握拍法两种。

（一）正手握拍法

握拍手的虎口对着拍柄窄面内侧的小棱边，中指、无名指和小指并拢握住拍柄，拇指和食指贴在拍柄的两个宽面上，食指和中指稍分开，掌心和拍柄之间留有空隙（图 6-1）。

图 6-1　正手握拍

图 6-2　反手握拍

（二）反手握拍法

在正手握拍的基础上，拇指和食指将拍柄稍向外转，中指、无名指和小指并拢握住拍柄，小指根部靠近柄端，使掌心和拍柄之间留有空隙，食指向中指收拢，拇指内侧顶在拍柄内侧的宽面上或小棱上，拍面稍后仰（图 6-2）。

（三）共同特点

1. 握拍要放松

击球前，握拍的手部肌肉要适当地放松，食指与中指之间保持一定的距离，手心到虎口与拍柄之间留有空隙；击球时，手指由放松到突然握紧拍柄，手心到虎口与拍柄之间不留空隙；击球后，很快地恢复到放松握拍的姿势。

2. 握拍要灵活

羽毛球运动的击球方法是多种多样的，不同的击球方法要求的握拍法也不同。因此，正确和灵活多变的握拍方法，是击球技术的基础。握拍要有利于手腕的发力，能控制击球力量的大小和击出球的飞行方向。

（四）注意事项

（1）握拍时，容易形成虎口对着拍柄的宽面，造成屈腕困难，影响击球时拍面角度的自由控制。所以，握拍时应将虎口对准拍柄窄面内侧的斜棱。

（2）反手击球时，容易形成用正手握拍法击反手球，造成击球时正、反手用同一种握拍法，影响反手击球时的发力和控制球的灵活性。所以，反手击球时应采用反手握拍法。

二、基本姿势与步法

（一）准备姿势

1. 接发球准备姿势

左脚在前，右脚在后，侧身对网，重心在前脚，右脚前脚掌内侧着地，双膝微屈，收腹含胸，持拍手臂放松屈举在胸前，两眼注视对方发球动作。

2. 双方相持阶段的准备姿势

一般右脚在前，左脚在后，两脚的前脚掌内侧着地，膝关节微屈，上体稍前倾，重心落在两脚之间，持拍于腹前。准备姿势要协调、放松，保持随时可以起动的姿态。

（二）步法

1. 基本步法

（1）垫步：当右（左）脚向身体前（后）方向迈出一步时，后脚跟进，同时前脚向同一方向再迈一步。一般在调整步距时运用。

（2）交叉步：左右脚交替向前、向侧、向后移动的步法为交叉步。向某一方向移动时，外侧脚从前面跨越另一只脚称为前交叉；外侧脚从后面跨越另一只脚称为后交叉。一般在后退打后场球时运用较多。

（3）小碎步：移动步幅较小和频率较快的交叉步称为小碎步。一般在启动、调整步法击球及击球后回位时运用。

（4）并步：左（右）脚向身体右（左）侧方向移动一步后，右（左）脚向同一方向再移动一步，称为并步。

（5）蹬跨步：在移动的最后一步，左脚用力向后蹬的同时，右脚向来球的方向跨出一大步，称为蹬跨步。一般在上网击球和在后场底线两角移动抽球时运用较多。

（6）蹬转步：以一只脚为轴，另一只脚作向前或向后移动的步法为蹬转步。

（7）腾跳步：起跳腾空击球的步法为腾跳步。它可分为两种：一种是对方击来高远球时，起跳到最高点时杀球；另一种是上网扑球或向两侧移动突击杀球时，以前脚或双脚起跳，进行扑球或突击杀球。

2. 综合步法

（1）上网步法。

右侧上网步法：如站位靠前，可采用两步交叉上网；如站位靠后，可采用三步交叉加蹬跨步的移动步法。为了快速上网，可采用垫步上网。

左侧上网步法：与向右侧上网步法相同，只是方向相反。

（2）左、右两侧移动步法。

向右侧移动步法：如离来球较近时，用蹬跨步到击球位；如离来球较远时，则垫一小步后，用蹬跨步到击球位。

向左侧移动步法：与向右侧移动步法相同，只是方向相反。

（3）后退步法。

正手击球后退步法：一般采用侧身的并步加跳步的后退步法，利于移动到正确的击球位置后击球，其用于击右半场的来球。

头顶击球步法：一般采用侧身的后交叉步加跳步的后退步法，利于移动到正确的击球位置后击球，其用于击左半场的来球。

三、发球与接发球技术

（一）发球技术

1. 正手发球

（1）正手发平高球。发球前，站在前发球线后 1 米左右处，左肩侧对球网，两脚开立，左脚在前，右脚在后，重心在右脚上；准备发球时，右手握拍向左后侧举起，肘部微屈，左手拇指、食指、中指握球，举在体前；发球时，左手将球落下，右肩带动臂，从右上方往左前上方挥动，在击球的一刹那，前臂加速带动手腕向前上方挥动，拍面要向前上方倾斜，以向前用力为主（图 6-3）。

图 6-3　正手发平高球

（2）正手发高远球。发高远球时，动作过程大致与正手发平高球相同，不同处是在击球的瞬间，紧握球拍，利用手腕屈伸的力量将球向前上方发力击球；击球后，球拍顺势向左上方挥动并缓冲，身体重心也由右脚移于左脚（图 6-4）。

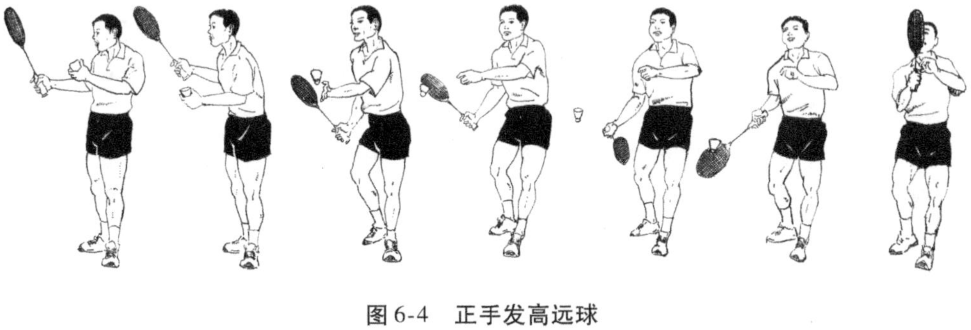

图 6-4　正手发高远球

（3）正手发平快球。发平快球时，动作过程大致与正手发高远球相同，不同处是在击球前的瞬间，在前臂的快速带动下，只靠手腕和手指突然向前发力将球击出。击球时，拍面稍后仰，在不“过手”的限度内尽量提高击球点，击球动作要小而快。

（4）正手发网前球。发网前球时，动作过程大致与正手发高远球相同，不同处在于前臂挥动的幅度和手腕后伸程度比发高远球小一些，手臂用力轻，在向斜前上方挥拍时，主要用前臂力量；击球时，拍面从右向左斜向切击球托后部，使球贴网而过，正好落在对方前发球线附近的发球区内(图6-5)。

图6-5　正手发网前球

2. 反手发球

(1) 反手发网前球。准备击球时,手腕内屈,击球瞬间利用小臂带动手腕、手指力量向前横切推送,将球击出;发球时,挥拍较慢,力量较轻,球的落点近网,当球“贴”网而过后即往下坠落在对方发球区前附近(图6-6)。

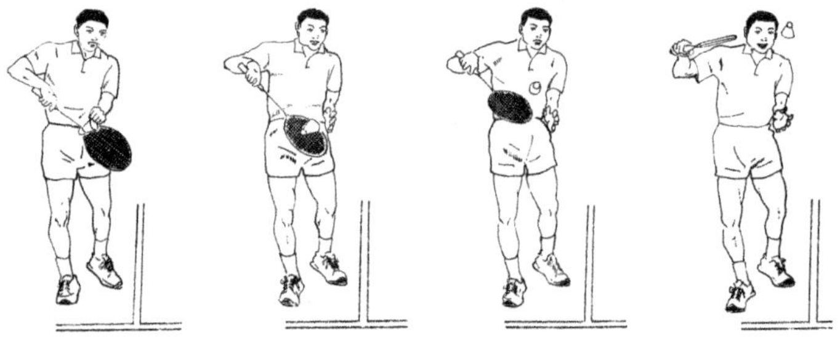

图6-6　反手发网前球

(2) 反手发平射球。发球时,球拍的挥动方向与反手发网前球一样,只是在击球一刹那,手腕有弹性地击球,拍面与地面的角度接近垂直,将球击到双打后发球线以内的区域。

(二) 接发球技术

1. 单打接发球

(1) 站位。在右发球区接发球时,站在靠中线离前发球线约1.5米处接发球,是为了防备对方利用发平快球直接进攻反手位,避免被动接发球;在左发球区接发球时,站在该发球区内的中间位置接发球。

(2) 准备姿势。两脚前后开立,一般左脚在前右脚在后,身体侧身对网,重心在前脚,后脚跟稍离地,双膝微屈,收腹含胸,左手自然抬起屈肘,右手持拍于右身前,两眼注视对方。

2. 双打接发球

(1) 站位。双打比赛中多采用发网前短球,所以接发球时可在接发球区内,离前边的发球线较近的位置,以利于快速上网击球和回击对方的网前球。

(2) 准备姿势。两脚前后开立,一般左脚在前右脚在后,身体侧身对网,重心可放在任何一只脚上,球拍举高以争取主动。右发球区接发球时,要注意防备对方采用发平快球突袭反手位。

四、击球技术

根据击球点与人体位置的不同,可将击球技术分为高手击球、低手击球和网前击球。常用的击球技术如下:

（一）高手击球

1. 正手击高远球

击球前，左脚在前，右脚在后，侧身对网，重心在右脚上，左手上举指向来球，右手持拍屈举于右肩上方；击球前，右臂后引，肘关节上抬明显高于肩部，将球拍后引至头部，自然伸腕；然后，后脚蹬地，在转体收腹的协调用力下以肩为轴，上臂带动前臂快速向前上方甩腕，在手臂伸直的最高点击球，击球点在自己头部的前上方；击球后，持拍手臂顺惯性往前下方挥动，并收拍至体前，同时右脚向前迈出和身体重心移到前脚上（图 6-7）。

图 6-7　正手击高远球

2. 反手击高远球

对方来球落向左后场区的时候，迅速把身体转向左后方，移动到适合的击球位置，背对球网，用反手握拍，最后一步右脚跨向左后方，球拍由身前举到左肩附近，以上臂带动前臂转动；击球时，前臂由左肩上方往下绕半弧形，最后一刹那手指紧握球拍；击球点在右肩上方，以手腕经右后方或者根据还击需要掌握好球拍的角度进行鞭打还击，把球击向上方；击球后转身，手臂回收到胸前。

3. 正手吊球

击球前期动作同正手高远球。只是吊球时，击球点比击高远球稍前，拍面正向内侧斜，手指和手腕发力，做快速切削压动作，击球托的后部和侧后部。

4. 正手杀球

击球前期动作同正手击高远球，只是发力要领不同，杀球要充分利用腰腹和肩关节的力量。发力前，身体稍后仰，成“满弓”；发力击球时，手臂以最大的速度挥摆，通过手腕的快速闪动，产生强大的向前下方的爆发力。所以，挥拍杀球时，手臂几乎是伸直的；杀球点应选择在右肩上方稍前一些的位置上，有利于发力；杀球时的拍面角度要比击高远球时小，拍面应前倾（图 6-8）。

图 6-8　正手杀球

5. 技术关键

正手击高远球是高手击球中的基础动作，应熟练掌握和应用。其技术关键是：以肩为轴，通过上臂带动前臂，最后“闪”动手腕击球，击球的一刹那产生爆发力，将球“弹”出。

（二）低手击球

1. 正手推球

站在右网前，球拍向右侧前上举。在肘关节微屈回收时，手腕稍向后侧，球拍往右下摆，拍面正对来球并后仰。推球时，身体前移，手腕和手指控制拍面角度，手腕伸直甩腕，拍子由右向前挥动推球，使球沿边线飞向对方后场底角。此技术使球飞行的弧线较低、速度较快，易调动对方。

2. 挡球

两脚屈膝平行站立，如杀过来的球在右侧，即用正手挡球，可右脚向右跨出一步，重心移向右脚，右臂放松握拍。若用反手挡球，动作同正手挡球，唯方向相反。

3. 抽球

当对方击来右后场低球时，快速移至适当位置上，重心在右脚上，用正手握拍法，右臂屈肘举拍于右肩上方，当右脚着地一刹那，靠前臂带动手腕做“抽鞭”式的挥拍，将球抽向对方。

4. 技术关键

抽球技术是接杀球低手击球中比较积极的一种手法。因此，在练习中一定要注意体会它的速度。

（三）网前击球

1. 正手放网前球

侧身对右边网前，右脚前跨成弓箭步，重心在右脚上；右手持拍于右侧体前，约同肩高，拍面右边稍高斜对球网，左臂自然后伸。击球前，前臂稍外旋，手腕外展引至右侧前；击球时，手腕稍内收，食指和拇指控制拍面和用力大小，轻切球托把球轻送过网（图 6-9）。

图 6-9　正手放网前球

2. 反手放网前球

侧身对左边网前，右手持拍于左侧体前，约同肩高，拍面左边稍高，斜对网，左臂自然后伸。击球前，前臂稍内旋，手腕外展引拍；击球时，手腕内收，拇指和食指分别贴在拍柄内、外侧的小棱边上，用拇指的推力轻托把球送过网。

3. 正手搓球

侧身对右边网前，正手握拍，球拍随着前臂伸向右前上方斜举。当球拍举至最高点时，前臂向外旋转，手腕由后伸出稍内收，握拍手的食指和拇指夹住拍柄，中指、无名指和小指轻握拍柄，使球拍在手腕和手指的用力下，搓击来球的右下底部，使球旋转翻身过网。

4. 反手搓球

击球前，前臂稍往上举，手腕前屈，手背约与网同高，而拍面低于网顶，反拍面迎球；搓球时，主要靠前臂的前伸外旋和手腕由内收至外展的合力，搓击球的右侧后底部，使球侧旋滚动过网。

5. 正手扑球

身体腾空跃起或右脚蹬跨的同时，前臂往前上方举起，球拍正对来球方向。击球时，随着手臂由屈至伸，手腕由后伸至向前闪动及手指的顶压将球扑下，其中手腕应控制力量，做到下拍动作小、速度快、爆发力强。

6. 正手勾球

以肘部回拉动作带动上臂内旋，手腕由伸腕至收腕发力和击球托的右后侧部位，击球力量不宜太大。击球时，应根据不同的来球位置调整好击球的拍面角度，使球齐网飞过，贴网下落。在来球离网较近、击球点又抢得高的情况下，用斜拍面向前下方切击球托的角度可大些；在来球离球网较远、击球点又低的情况下，拍面向前上方击球的力量要大些。

7. 技术关键

网前击球因和高、低手击球前期动作一致，击球一瞬间可发生变化，所以在回击球时动作要细腻，保持握拍时手指与手腕的灵活性，以控制好球的落点，确保击球的质量。

第三节　羽毛球基本战术

羽毛球战术是为了调动对方远离最佳的进攻和防守位置，迫使对方击中后场高球，使其重心失去控制，从而达到赢得比赛的目的。羽毛球的基本战术分为单打战术和双打战术。

一、单打战术

(一) 发球抢攻战术

以发网前球和平射球、平高球为主，限制对方的进攻，迫使对方挑球，然后用杀球和吊球进攻对方的空当和弱点，主要用于防守能力较差的对手。在比赛进入关键时，运用此战术可使临场经验不足的选手束手无策。

(二) 杀上网战术

当对手打来后场高球时，先以杀球配合吊球把球下压，落点要选择在场区的两边线附近，迫使对方被动回球；当对手还击网前球时，迅速上网搓、推、杀球，创造在中场大力扣杀的机会。

(三) 打四方球战术

以高球或吊球准确地将球打到对方场区的四个场角，调动对方前后、左右跑动，打乱其阵脚，在对方来不及回中心位置或回球质量较差时，向其空当部位发动攻击。这种战术要求运动员本身有较强的控制球的能力和快速灵活的步法。

(四) 快拉快吊战术

以平高球快压对方后场两底角，配合快吊网前两角，吸引对方上网，以网前搓球、勾对角球结合推后场底线，迫使对方被动回球，从而为自己创造中后场大力扣杀或上网扑杀的机会。它要求运动员有较全面的攻守技术，且手法准确熟练、步法快速灵活。

（五）逼反手战术

一般来说，后场反手击球的进攻性不强，球路也较简单。对于后场反手较差的对手加以攻击，先拉开对方位置，使对方反手区出现空当，然后把球打到反手区，迫使对方使用反拍击球。

（六）压后场战术

通过采用高远球或平高球反复压对方后场两底线，造成对方处于被动状态，一旦回球质量不高，便杀、吊对方空当。这种战术主要针对后场攻击力较弱，后场步法、手法较差的对手，在女子比赛及初级水平比赛中运用得较多。

二、双打战术

（一）攻人战术

无论哪一方，上场的两队员技术水平都不可能一样，总有强、弱之分，当一方取得进攻机会时，应专攻弱者；防守时，想方设法，把弱者调至后场，让其进攻，以减小进攻的威胁，伺机反攻。这种战术在对方两人技术水平有较大差异时使用效果最佳。

（二）推压底线进攻战术

以快速的平高球或长抽球压住对方底线两角，使在对方扣杀时也能以平抽反击或挑高球到对方两底角来调动对方，伺机进攻。这种打法具有硬压的特点，控制对方的中后场，并组织进攻。要求中前场的击球点高，击球动作小而有力，强调推、抽、压技术的运用。这种战术要求运动员具有较强的防守能力和较好的底线平抽球技术。

（三）发球与接发球战术

发球时，根据对方情况选择好站位，以球路变化为手段争取主动。一般以发网前球为主，争取球路变化的突然性。

（四）后攻前封战术

当本方取得主动攻势时，后场队员逢高必杀，前场队员积极移动，封网扑打。

（五）攻中路球战术

当对方左右站位防守时，可把进攻目标放在对方两人之间的空当，使对方两人互相争抢击球或两人都犹豫而漏接失误，这种战术主要用于两人配合较差的对手。

第四节　羽毛球竞赛方法与主要规则

通过学习羽毛球竞赛方法与主要规则，可以帮助我们提高对羽毛球比赛的欣赏水平，懂得如何欣赏比赛和组织比赛，为真正成为全民健身活动的参与者和组织者做好准备。

一、羽毛球竞赛方法

（一）球场和器材设备

1. 球场

球场为长方形，长 1340 厘米，宽 610 厘米。用宽 4 厘米的线画出，线的颜色一般使用白色、黄色或其他容易辨别的颜色。所有的线都是它所确定区域的组成部分。

2. 羽毛球网

全长 610 厘米，宽 76 厘米，球网的最上端 7.5 厘米的白色对折缝合，用细钢丝绳从中穿过，并悬挂在两端的网柱上（球网中心距离地面高度为 1.524 米，在网柱上的两端距地面

1.55米)，球网一般用深绿色或深褐色的优质绳子，以2厘米左右的小方孔编制而成。

3. 羽毛球

应有16根羽毛固定在球托部，羽毛顶端围成圆形，直径为58~68毫米，球托直径25~28毫米，底部为圆形，羽毛球重4.6~5.50克。

(二) 竞赛项目

羽毛球运动竞赛项目可以分为单项赛和团体赛两大类。若按运动员年龄分，有少年组、青年组和成年组；若以运动技术水平分，有专业组和业余组。

1. 单项赛

目前单项赛设有男子单打、女子单打、男子双打、女子双打和混合双打5项。

2. 团体赛

团体赛通常设有男子、女子和混合3项。一场羽毛球团体赛通常由数场比赛组成，常用的比赛方式有三场决胜制和五场决胜制两种。

(1) 三场制。每队2~4人参赛，两场单打、一场双打(单打运动员可兼)，共进行三场比赛；比赛顺序为单—双—单，或单—单—双；先胜两场者为胜队，但也可赛完三场以胜场数多者为胜。

(2) 五场制。每队4~9人参赛，三场单打、两场双打(单打运动员可兼)，混合团体赛为两场单打、三场双打(单打运动员可兼)，共进行五场比赛；比赛顺序为单—单—双—双—单，或单—单—单—双—双；混合团体顺序为男单—女单—男双—女双—混双；先胜三场者为胜队，也可赛完五场后以获胜场数多者为胜。

(三) 羽毛球竞赛制度

目前，国际、国内羽毛球竞赛大多数采用循环制、淘汰制和混合制等竞赛制度。

二、羽毛球主要规则

(一) 记分方法

每场比赛采取3局2胜制；先得21分的一方赢得当局比赛；如果双方比分打成20比20，领先得2分的一方胜该局；如果双方比分打成29比29，则先得到第30分的一方获胜；每局的胜方，在下一局比赛中首先发球。

(二) 交换场区

(1) 第一局结束，第三局开始前，第三局中或只进行一局的比赛中，当领先的一方(一局得分为21分)得11分，上述条件运动员应交换场区。

(2) 运动员未按规则的规定交换场区，一经发现立即在死球时交换场区，已得分数有效。

(三) 发球

(1) 开始发球时，任何一方都不容许非法延误发球。发球员和接发球员都必须站在斜对角发球区内发球和接发球，脚不能触及发球区内的界线。两脚必须都有一部分与地面接触，不得移动，直至将球发出。发球员的球拍必须先击中球托，与此同时整个球要低于发球员的腰部。

(2) 击球瞬间，球拍杆应指向下方，使拍框明显低于发球员的整个握拍手部。

(3) 发球开始后，发球员的球拍必须连续向前挥动，直至将球发出。发出的球必须向上飞行过网，如果不受拦截，应落入接发球员的发球区内。

（4）一旦双方运动员站好位置，发球员的球拍头第一次向前挥动，即为发球开始。

（5）发球员需在接发球员准备好后才能发球，如果接发球员已试图接发球，则被认为已做好准备。一旦发球开始，球被发球员的球拍触及或落地即为发球结束。

（6）双打比赛发球员和接球员的同伴站位不限，但不得阻挡对方发球员或接球员的视线。

（四）发球与接发球的方位

1. 单打

分数为零或偶数时，双方应在各自的右发球区发球和接发球；分数为奇数时，则在各自的左发球区发球和接发球。

2. 双打

每局比赛开始，双方每轮发球都只有一次发球机会。只有发球方得分后才交换发球方位。当发球员发球失误，则由接发球方发球。当发球方得分为零或偶数时，发球员应在右发球区发球；当发球方得分为奇数时，发球员应在左发球区发球。

（五）双打比赛特殊规则

（1）改双发球权为单发球权。

（2）后发球线保留，现行规则适用。

（3）比赛开始前，双方选手通过投掷硬币方式确定由哪一方来选择发球。

（六）违例

（1）发球不合法。

（2）发球员发球时未击中球。

（3）发球时，球过网后挂在网上或停在网顶。

（4）比赛时，球落在球场边线外、球从网孔或从网下穿过、球不过网；球碰屋顶、天花板或四周墙壁；球碰到运动员的身体或衣服，球碰到场地外其他人或物体。

（5）比赛时，球拍或球的最初接触点不在击球者网的这一方（击球者击球后，球拍可以随球过网）。

（6）运动员球拍、身体或衣服触及网或网的支持物；运动员的球拍或身体，以任何程度侵入对方场区、妨碍对手，如阻挡对方紧靠球网的合法击球。

（7）比赛时，运动员故意分散对方注意力的任何举动，如喊叫、故作姿态等。

（8）击球时，球夹在或停滞在拍上紧接着又被拖带；同一运动员两次挥拍连续击中球两次；同一方两名运动员连续各击中球一次；球碰球拍后继续向后场飞行。

思考题

1. 简述羽毛球运动的特点。
2. 世界羽毛球主要赛事有哪些？
3. 羽毛球的基本步法有哪几种？
4. 羽毛球双打有哪些基本战术？

第七章

网　　球

第一节　网球运动概述

网球是一项富有乐趣、深受人们喜爱的运动项目，具有较高的锻炼价值。它是进行娱乐和增进健康的一种健身方法，又是一种艺术追求和享受，还是一项极富观赏性的竞技体育项目。

一、网球运动的起源与发展

网球运动起源于12—13世纪法国传教士在教师回廊里用手掌击球的游戏。14世纪时，法国的诗人把网球游戏介绍到法国宫廷，作为皇室贵族的消遣活动。最初，这种游戏在大厅内进行，球以布裹头发，用绳子绑成，场地中间隔一条绳子，利用双手当球拍，打来打去。1358—1360年，这种室内活动传入英国，成为英国上层社会的一种娱乐活动。16—17世纪时，是法国和英国宫廷开展网球活动的盛行时期。

后来，人们厌倦了用手击球，板拍和球拍应运而生。最初，网球运动是戴着一种皮制手套进行相互击球；后来，手套逐渐演变成板拍，板拍又很快被蒙着羊皮的木制球拍代替。同时，场地中间拉的绳子增加了无数条垂向地面的短绳子。17世纪时，场地中间的绳帘改成小方格网子，球拍也改成了穿线的球拍。随着球拍的变化，球也随之不断发生改变。1845年，用鳔胶制成的网球出现，使网球运动得到了更快的发展。

1873年，美国人温菲尔德将网球变成夏天在草坪上进行的一种娱乐活动，并取名为“草地网球”。同年，他还出版了一本以《草地网球》为书名的小册子，对这项运动做了详细的介绍。从此，草地网球很快取代了板球而成为英国最流行的室外活动，温菲尔德也被称为“近代网球之父”。1874年，美国女运动员奥特布里奇建立了第一个网球场。1875年，英国的板球俱乐部制定了网球比赛规则。

1881年，美国成立全国草地网球协会，并举办了首次美国男子网球冠军锦标赛。后来，美国网球运动迅速发展，影响逐渐超过了最早展开网球运动的法国和英国。1896年，在雅典举行的第1届现代奥运会上，设置了网球项目，并连续7届作为奥运会正式比赛项目。1912年3月1日，澳大利亚、美国、法国等12个国家的网球协会代表在巴黎召开会议，成立了世界网球的最高组织“国际网球联合会”，总部设在伦敦。1946年至20世纪60年代，网球运动趋向职业化。1968年，首次实行了职业和业余运动员均可参加同一比赛的参赛制度。1972年，成立了国际男子职业网球协会，简称ATP。1973年，国际女子职业网球协会成立，简称WTA。

二、世界网球运动的发展现状

（一）世界体坛的热门

自1877年温布尔登网球锦标赛以来，网球运动一直以它特有的魅力吸引着越来越多的参加者,成为仅次于足球的一项运动。在美国、法国、德国、英国、瑞典、澳大利亚等网球强国中,人们对网球的热情与日俱增。近几年,随着网球运动的进一步普及,优秀网球选手不断涌现,他们在国际大赛中所产生的巨大影响,激发了人们对网球的热情。

（二）比赛频繁活跃

在世界体坛所有的比赛项目中,网球是最活跃的项目之一,设有锦标赛、大奖赛、巡回赛、挑战赛、卫星赛等。其中影响较大、水平较高的有温布尔登网球锦标赛、美国网球公开赛、法国网球公开赛、澳大利亚网球公开赛、“戴维斯杯”赛和“联合会杯”赛。前四项为单打,号称“四大网球赛”。比赛设男单、女单、男双、女双和混双,比赛均采用淘汰制,男双为五盘三胜制。如果有一名单打或两名双打选手在一年内连获“四大网球赛”的冠军,即为“大满贯”锦标得主,同时也是国际网坛最高荣誉。“戴维斯杯”和“联合会杯”为男女团体比赛,以国家和地区为单位参加,4 场单打加 1 场双打,在 5 场比赛中先赢 3 场为胜。

（三）群星争辉

在网球运动发展的 100 多年里,涌现出许多优秀的选手,他们凭借自己的天赋和勤奋,一次次地登上世界冠军的领奖台,并为网球技术和战术的发展做出了卓越的贡献。20 世纪 70 年代后期,瑞典选手博格以其冷静、顽强和独具一格的打法,六获法国公开赛冠军,温布尔登锦标赛上五次夺冠。美国女选手劳埃德以“深、快、准”的底线抽杀和双手反拍击球的绝招,创一年连赢 50 场比赛的记录,被称为“网球皇后”。

20 世纪 80—90 年代则出现了群星交相辉映的景象。男子有美国的桑普拉斯、阿加西、张德培,德国的贝克尔,瑞典的伦德尔、埃德博格、韦兰德,澳大利亚的卡什·拉夫特。女子有美国的纳夫拉蒂洛娃,德国的格拉夫,阿根廷的萨巴蒂妮,西班牙的桑切斯,南斯拉夫的赛莱斯。20 世纪 90 年代后期至今,网球比赛更加激烈,男子有号称天王的瑞士名将费德勒,西班牙新霸主纳达尔,塞尔维亚天才少年德约科维奇,苏格兰新星穆雷等。女子有塞尔维亚扬科维奇、伊万诺维奇,俄罗斯网球美女莎拉波娃等。这些人在网球场上的完美表现都使得网球比赛更加激烈,更加精彩。

三、我国网球运动的发展

我国网球运动是在 19 世纪后期,由英、美、法等国的商人、传教士和士兵传入的。他们在驻华机构、兵营、基督教青年会、燕京大学、辅仁大学以及汇文中学处修建网球场。当时的活动用球都是从国外带来的。随着人们对这项运动的不断了解,参加锻炼的人数不断增多,并在经济发展较好的城市,如上海、北京、广州等相继建立了网球场地,促使我国网球水平迅速提高。19 世纪 30 年代是中国网球水平发展的鼎盛时期,涌现出一批杰出的网球高手,如许承基在英国的网球公开赛上力挫群雄,击败了当时的世界网球名将奥斯丁,夺得男单冠军,而后他又参加了温布尔顿国际网球比赛,并进入了单打前十名。

目前,网球运动在世界各地得到了广泛的发展,我国的网球运动发展也有了较大的进步。近几年来,我国女子双打和单打都取得了突破性成就。在 2004 年雅典奥运会上,李婷、孙甜甜勇夺女子双打冠军。在 2006 年的澳大利亚网球公开赛上,郑洁、晏紫又一路过关斩将,战胜了许多对世界超一流水平的女双选手,包括多对跨国组合的运动员,一举摘取了澳网女子双打金牌。在 2008 年北京奥运会上,中国女将继续着她们的辉煌,在女双项目上郑洁和晏紫拿到了一块宝贵的铜牌,而在女子单打项目上李娜则获得了女单的第四名。在 2010 年广州亚运会上,中国的彭帅再次获得了女单冠军,中国女队也首次获得了团体赛冠军。2011 年李娜获得法网女单冠军，成为中国乃至亚洲在网球四大满贯赛事上夺得的第一个单打冠军，同时世界排名追至第 4 位，追平日本选手创造的前亚洲女子网球最高排名。2014 年 1 月，李娜再创历史，获得了自己第二个大满贯女单冠军，世界排名第二。

四、网球运动的特点

（一）浓厚的文明氛围

网球运动在发展过程中，起到了传承精神文明的作用，常被人们誉为一种文明、高雅的运动。网球运动兴起于贵族、流传于社会上层，在传承过程中，又吸取了人类文明的精华，是社会物质文明和精神文明水平的标志，是一项文明的运动。网球场上规定球员、教练、观众之间始终以礼相待，还要求观众观赏网球比赛中途不得随意走动，不得高声喧哗。看似很平常的规定，实质上体现了对运动员、裁判员、工作人员、观众的尊重，也体现了个人的尊严。网球运动中，一个举止文明、有礼节、有涵养的运动员，不管在任何地方都是受大家欢迎的。礼貌的言行，整洁的服饰，友好的态度使球场上充满优良的文化气息和高度文明的氛围，让投身其中的人们得到一种情操上的陶冶。这种气氛对精神文明得到提高的现代人来讲具有极大的吸引力。

（二）充满挑战性的体育竞技

网球运动是一项真正的强者体育运动。一场势均力敌的网球比赛，要求选手具有角斗士那样的斗志和体能，其竞争激烈程度可与任何运动项目媲美。在其他运动项目中，人的情绪和体能得以充分宣泄的感受，在网球运动中都能达到同样的效果。网球选手要想获取比赛的胜利，就必须具有坚强的意志和一拼到底的气概，在 1 ~ 2 小时甚至 3 ~ 4 小时中全力地奔跑、扑救、进攻、封杀。这种力量和耐力的考验，毅力和意志的对抗，机敏和智慧的较量，往往扣人心弦，让全场观众为之激动，为之喝彩。这也是网球运动与其他高雅运动项目的明显区别。像桌球、高尔夫球或保龄球，它们的运动量偏小，节奏舒缓，侧重于技巧，而缺少充分展示人的体能、意志、力量对抗的一面。网球运动最迷人的特点就在于它既是高尚文明、讲究礼仪的高雅运动，又是充满挑战性，有助于情感宣泄的一项剧烈对抗运动。

（三）良好的运动环境

网球场地宽敞而又有一定的封闭性，让人得以从容活动并少受干扰。场地上大面积的绿色视觉，如围网、地面（即使是泥土的自然颜色视觉效果也很舒适），配上蓝天白云，就像一幅色彩宜人的图画。加之清醒的空气和明媚的阳光，使人一踏入这种环境就会有一种心情舒畅、贴近自然的感觉。

五、世界网球比赛和组织简介

（一）奥运会网球赛

早在 1896 年雅典举行的第 1 届奥运会上，网球运动的男子单打与双打就被列为正式比赛项目。后来，由于国际奥委会和国际网球联合会在职业运动员和业余运动员的定义上有分歧，已经连续进行七届的奥运会网球比赛被取消。直到 1984 年的洛杉矶奥运会上，网球才被列为表演项目。1988 年的汉城奥运会上，网球重新被列为正式比赛项目。

（二）四大公开赛

1. 温布尔登网球公开赛

温布尔登网球公开赛是现代网球史上最早的比赛，于 1877 年由全英板球俱乐部和英国草地网球协会创办。首次正式比赛在该俱乐部位于伦敦西南郊的温布尔顿总部举行，名为

"全英草地网球锦标赛"。比赛只设男子单打,1901 年接受国外选手参赛,当时只限于英国自治领地的小国参加。1905 年开始扩大为国际性的球赛。该比赛于每年 6 月底至 7 月初定期举行。

2. 美国网球公开赛

美国网球公开赛首届比赛只有男子单打,于 1881 年在美国罗得岛新港举行,以后每年举行一届,通常在 8 月底至 9 月初。这项比赛开始被命名为"全美冠军赛",1915 年起移至纽约林山进行,1968 年被列为四大公开赛之一,1970 年改名为全美公开赛。由于美国网球的地位和高额奖金,以及中速硬地场地,吸引了众多优秀选手参加。

3. 法国网球公开赛

法国网球公开赛与温布尔登网球公开赛一样,是在世界网坛上享有盛名的传统比赛。它始于 1891 年,通常在每年 5 月底至 6 月初举行,比赛地点设在巴黎西部一座大型体育场内。该地自从 1927 年成了法国网球公开赛赛场后,一直成为世界著名网球运动员向往的圣地,而获得这个公开赛桂冠的选手,也与温布尔登冠军一样名震世界。在法国网球公开赛史上特别值得一提的是,1989 年,17 岁的美籍华裔选手张德培曾先后挫败伦德尔和埃德伯格等名将,成为这个公开赛最年轻的男单冠军,也是第一位获此殊荣的亚洲血统选手。

4. 澳大利亚网球公开赛

澳大利亚网球公开赛虽是四大公开赛中最晚创建的赛事,但从 1905 年创办至今,也已经有百余年的历史。赛地在墨尔本,远离欧美大陆,比赛安排在 1 月底至 2 月初举行,时值当地盛夏,天气炎热,因此,比赛创建初期欧美好手都不愿长途跋涉冒暑去参加比赛。然而到 1968 年,国际网球职业化,它被列为四大公开赛之一以后,得分和奖金均高于一般巡回赛事,其身价才有所抬高。

(三)世界著名网球组织机构

1. 国际网球联合会(ITF)

国际网球联合会成立于 1913 年 5 月 1 日。国际网联不但负责管理国际团体赛(戴维斯杯男子团体赛、联合会杯女子团体赛)的组织委员会,而且通过大满贯管理委员会对澳大利亚、法国、美国和英国的网球协会进行指导。国际网联还负责奥林匹克网球比赛最后阶段的比赛。青年网球运动同样是国际网联负责的一部分。国际网联还负责组织 16 岁以下的国际男、女青年团体赛,其名称是"世界青年杯赛",以及负责监督老年网球锦标赛。国际网联的努力方向是在世界各地举办更多的网球比赛,与此同时建立和贯彻网球培训计划。

2. 世界男子职业网球选手协会(ATP)

世界男子职业网球选手协会成立于 1972 年,它是世界男子职业网球选手的自治组织。其任务是协调职业运动员和赛事之间的伙伴关系,并负责组织和管理职业选手的积分、排名、奖金分配等,制定比赛规则,给予或取消选手的参赛资格等工作。

职业选手每年一般要参加 21 个比赛,才能保住或提高自己的 ATP 排名。ATP 巡回赛每年的奖金总额高达上亿美元,成绩好的选手能从他们所参加的比赛中挣到上百万美元的收入。

3. 国际女子网球协会(WTA)

国际女子网球协会成立于 1973 年,它是世界女子职业网球选手的自治组织。其主要任务是组织职业选手的各种比赛，主要是 WTA 巡回赛，管理职业选手的积分、排名、奖金分配等。WTA 的工作都是代表职业球员的利益，保证世界上几百位职业球员都能有机会参加比赛，并在比赛中打出水平，协调与赞助商、赛事主办者之间的关系，推动网球运动的发展。

第二节　网球基本技术

一、准备姿势

身体面对球网，双脚开立稍宽于肩，双膝微屈，身体略向前倾，脚掌着地，重心落在双脚的前脚掌上。以右手握拍为例：右手轻握拍柄，左手轻托拍颈，双肘微屈，球拍置于腹前，在胸、腹之间的高度，拍头指向对方，两眼注视对方来球，身体及肩部放松。握拍要放松，根据来球迅速地做出反应，随时做好击球准备。网球拍柄和握拍手各部位名称见图 7-1。

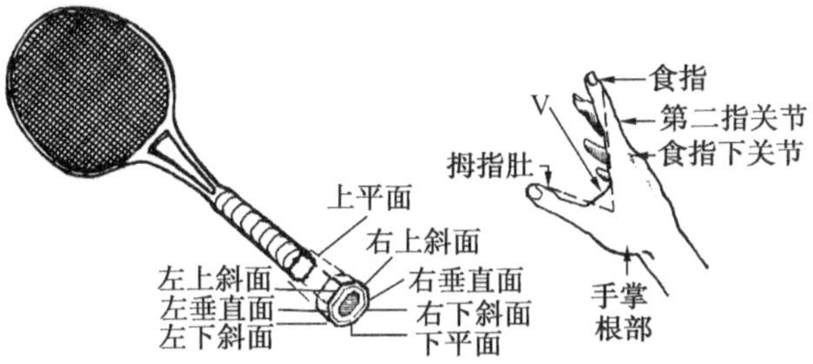

图 7-1　各部位名称

二、握拍方法

（一）东方式正手握拍法

大拇指与食指间虎口所形成的“V”字形对准拍柄上平面偏右的位置，手掌和第二掌指关节紧贴右垂直面，形同和球拍握手，食指与中指稍分开，掌根与拍柄底部齐平（图 7-2）。

（二）东方式反手握拍法

在正手握拍法的基础上，虎口的“V”字形向左转动，对准拍柄左上斜面，手掌根部贴住拍的左上斜面，与拍柄底部齐平（图 7-3）。

（三）西方式正手握拍法

虎口的“V”字形对准拍柄右上斜面的下缘，掌根贴住右下斜面，与拍柄底部平齐（图 7-4）。

（四）西方式反手握拍法

虎口的“V”字形向右转动，对准拍柄右垂直面，用与正手击球同一拍面击球（图 7-5）。

（五）大陆式握拍法

正、反手击球用同一种握法，虎口的“V”字形对准拍柄上平面与左上斜面的交界线上，掌根贴住上平面，与拍柄底部齐平（图 7-6）。

（六）双手反手握拍法

右手以大陆式或反手东方式握拍，左手以正手东方式或西方式握拍，左手紧贴右手上方（图 7-7）。

图 7-2　东方式正手握拍法

图 7-3　东方式反手握拍法

图 7-4　西方式正手握拍法

图 7-5　西方式反手握拍法

图 7-6　大陆式握拍法

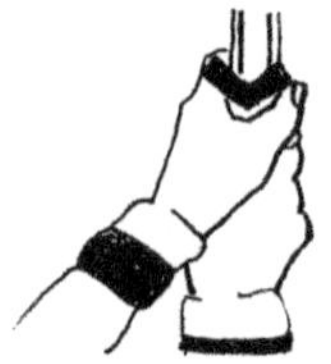
图 7-7　双手反手握拍法

三、基本站姿及步法

（一）站姿

1. 开放式击球站姿

两脚面对球网并排站立，双脚连线与来球方向垂直。击球前，应扭转上半身使左肩侧对球网，同时向后引拍；击球时，身体重心由右向左移动，右脚向后蹬地。

这是西方式、半西方式正手握拍选手采用较多的击球站姿，因双脚侧向自然分开，所以移动击球时速度较快。其引拍、挥拍时，腰和肩扭转的幅度大，使腰部的发力更加充分。

2. 关闭式击球站姿

两脚面对球网前后站立，双脚连线朝向来球方向。击球前，左脚向右前方上步，右脚向右转 90°与底线平行，同时转肩和髋，带动右手向后摆动引拍。

关闭式击球站姿多用于东方式和大陆式握拍的选手，因双脚前后方式站立，所以左肩直接侧对球网，向前挥拍。其挥拍送球时间较长，击出球的落点较深。

（二）基本步法

以右手握拍为例，常用的基本步法如下。

1. 正手击球步法

原地时，右脚右转 90°，同时转体，左脚向右前方跨，与端线约成 45°。左肩对网击球。

移动时，右脚向右侧跨出半步，同时右脚向右转，左脚则与击球方向成一定角度跨出，与端线约成 45°。左肩对网击球。

2. 反手击球步法

原地时，左脚左转 90°，同时转体，右脚向左前方跨出。右肩背侧对网击球。

3. 前进步法

正手击球时，左脚向前跨一步，右脚跟着向右前跨出，约成 45°，此时重心在右脚，击球后移至左脚。

反手击球时，左脚向前跨步，右脚滑步跟上，左脚向左前迈步，右脚大步跨到左脚前与球网约成 45°，此时重心在左脚，击球后移至右脚。

4. 反退步法

正手击球时，右脚后退，左脚随同后退，右脚向右转，左脚跟随向右转约 45°，重心在右脚,击球后重心移至左脚。反手击球时步法相反。

5. 侧移步法

向右移动时先开右脚再跟左脚,向左移动时先开左脚再跟右脚。

四、击球技术

(一)正手击球技术

从准备姿势开始,以右脚为轴,向右转肩转髋,同时左脚前跨一步使两脚与肩同宽;身体左侧对球网,重心移到右脚上,转体的同时带动球拍直接后引,将拍面引到与身体平行;球拍高度齐膝,拍头略高于手腕,左臂微前伸保持身体平衡。挥拍击球时,身体重心移至左脚,并以左脚为轴向左转髋转肩,带动右手臂向前迎击球的中部;击球点在左脚侧前方;球离弦后,球拍随惯性挥至左肩上方,并迅速还原到准备回击下一次来球的状态(图7-8)。

图7-8 正手击球

(二)反手击球技术

反手击球动作由准备姿势、转肩引拍、挥拍击球和随挥四个环节组成。

1. 单手反手击球

对于初学者在最初开始学习反拍时可采用东方式反手握拍法。准备姿势同正手击球;由转肩动作带动球拍后引,并在左手扶拍颈帮助下调整为反手握拍;协调运用腿、腰、肩和手臂的力量,以鞭打式的挥拍动作击球;击球后球拍继续自然向右前上方挥出,到达身体右侧上方(图7-9)。

图7-9 单手反手击球

2. 双手反手击球

当判断准来球是飞向反手方向时,在移动到位的最后一步应保持右脚在前,身体右侧朝向来球方向;双手握球拍向左后挥摆,右臂伸展较大,左臂弯曲。在迎球过程中,挥臂与转体动作配合,使球拍由低向高挥动;击球点在右脚侧前方,拍面垂直,触球的中部;击球后，双手随势挥至右侧头部高度，身体重心移向右脚。动作完成后，迅速恢复成准备姿势（图 7-10）。

图 7-10　双手反手击球

（三）共同特点

（1）引拍。它是迎球挥拍前的准备，决定着回球的力量、旋转的性质。及时的引拍为合理、有效地击球提供了条件。

（2）迎球挥拍。它是指从引拍开始向前挥动至击中来球的这段过程，它决定着回球的速度和方向。

（3）球拍触球。是指球拍击中球时的一刹那动作，它是击出好球和坏球的前提。球拍触球时，拍面朝的方向就是球的飞行方向。

（4）随挥动作。是指球拍击球后继续向前上方送出的一段技术动作。这一段的感觉是把球送向目标，只有这样才能够保持击球动作的稳健性，有利于整个击球动作的准确发挥。

五、发球技术

发球是比赛开始的第一个动作，应当把发球看成是进攻的开始。一个好的发球具有攻击性，并使发出的球在速度、力量、旋转和落点上有变化。发好球的重要因素是：动作连贯、动作简单、良好的平衡和准确的抛球、合理的正确握拍。发球基本上有切削发球、旋转发球和平击发球三种方法。

（一）动作要领

1. 握拍

初学者多采用东方式反手握拍法。

2. 准备姿势

全身放松，侧身站立在端线外中场标记线旁边（单打），左肩对着左边网柱，面向右边网柱，两脚分开约同肩宽，左脚与端线约成 45°，右脚约与端线平行，重心在左脚上；左手持球轻托球拍在腰部，拍头指向前方。呼吸均匀，精神集中。

3. 引拍抛球

动作是同步开始的，持球手拇指、食指和中指三指轻轻托住球，掌心向上。当向下、向后引拍时，持球手同时下降至右腿处，紧接着当球拍从身后向头上方做大弧度摆动，身体做转体、屈膝、展肩时，持球手柔和地左前上举，直至伸高及头顶，当球送至最高点再离开手指抛向空中。此时右肘向后外展约同肩高，拍头指向天空，左侧腰、胯成弓形，身体重心随着抛球开始先移向右脚，然后平稳地开始前移。

4. 击球动作

抛球后身体开始向前移动，球拍在身后做绕环动作，并最后向前挥拍击球，挥拍击球时，持拍手腕带动小臂有一个旋内的“鞭打”动作，这就是发球发力的关键动作，也是其他诸如重心前移、蹬腿、转体、挥拍等力量聚集的总和。在球拍触球过程中应该注意体会拍面向上、向前、向下三个运动过程。

5. 随挥动作

当球拍将球击出时，继续沿弧形挥出，收拍于身体左侧下方。

（二）常用的发球技术

1. 切削发球

使用东方式反手握拍，球拍拉至背后时，肘关节要抬起，向前挥动时加速明显。击球时，前臂、手腕和球拍柄几乎在一条直线上，并要用手腕向前扣击；击球后，球拍斜着挥动，落到身体的另一侧，两眼始终看球。比赛中常用做第二次发球。缺点是易被正拍攻击力强的对手抽杀。

2. 平击发球

发球时击球点在身体的右前上方，以拍面中心平直对准球，利用手腕的向前拌甩和前臂的“旋内鞭打”击球的后中上部。发球时，身体应充分向上向前伸，获得最高击球点，以提高发球命中率。这种发球的优点是发球力量大，速度快，落点深，极具威胁。一般做第一次发球用，常可直接得分。缺点是命中率低，因为对方回击快，上网有时来不及，并且消耗体力大。

3. 旋转发球

抛球离身体较近，可在上方；屈身体成背弓，重心在后；击球时，有明显的扣腕动作，使球拍头向上并翻越过球，身体重心随之跟进；击球后，球拍应横挥过身，在身体的另一侧。这种球适于对付反拍差的对手，也宜于发球后上网截击。多用于双打的发球和单打的第二发球。

六、接发球技术

接发球时，要根据对方发球的实际情况及球的线路、力量、速度和旋转，做出应有的判断，从而采取有效的击球方法。尽可能用正手击球，以便达到有效的结果。

（一）接发球站位

接第一发球时站位一般可靠后些，以便接对方发来的力量较大的球；接第二发球时，可向前移动些。总之，接发球的站位要根据自己击球特点和自己的反应、判断能力，来选择站在最有利的位置上。

（二）接发球的要领

（1）准备接发球时，身体重心稍高些。

（2）向前迎击球时，要主动进攻，不要被动应付。

（3）挥拍时后摆动作要小，把注意力集中在球上。

（4）击球时手腕要固定，拍头不能掉在手腕下面。

七、提高阶段的技术内容

（一）截击球技术

截击球是网前进行的一种回球方法，即当球在空中飞行、落地之前，把对方来球击回对方场区。正、反手均可使用大陆式握拍法。截击时，手腕要固定，手臂后拉动作尽量小，利用转肩完成后摆，以“碰”与“推”的动作击球。球在右前方，左脚向右前做交叉跨步击球；球在左前方，则右脚向左前做交叉跨步击球。

(二) 挑高球

1. 进攻性挑高球

进攻性挑高球又叫上旋高球。对付威力强大的网前截击型对手,使用强烈的上旋高球是“致命的武器”之一,它能打乱对手的网前战术。这种球能够强劲飞越网前对手,迅速落在后场,使对方既够不着又追不到,即使勉强打到高压球,也是软弱无力的,从而露出空当,给破网得分创造机会。

2. 防守性挑高球

防守性挑高球也称下旋高球。它飞行弧线高,比上旋高球更易控制,具有失误少的优点。在底线对打被对方打离场地时挑下旋高球,能赢得时间回到有利的位置。如果能掌握下旋高球,同样能不给对方在网前有扣杀的机会。

(三) 高压球

同截击球一样,属于上网击球动作,是当对方挑高球时进行扣杀的基本技术。当高球过来时,及时移动脚步,侧身对网,右手收拍,左手指向来球;击球前,球拍后摆比发球简短,但也须抬起肘部,垂下拍头;当高球飞近击球点时,迅速摆拍,在头顶前上方尽可能高处击球。

(四) 反弹球

是将刚刚跳起的球,用小臂带一点手腕动作将球借力挡过网。要判断好落点和反弹角度,拍面适当向前倾斜,尽可能在脚前击球。

(五) 放短球

当对方在底线附近跑动时,出其不意放一近网短球,使之在无准备或迟疑中失误。放短球时,更多是用手腕动作,利用小臂带动手腕的力量,使球拍沿球下部急剧滑动,以缓冲来球的前冲力,并使球随着球拍下切动作产生后旋。短球常以突袭制胜,但对善于上网的对手不可多用。

第三节　网球基本战术

网球战术是指运动员在比赛中通过观察、分析、判断,有目的地运用所掌握的技术,争取主动,控制比赛节奏和最后赢得比赛胜利的方法。因此,在比赛中要掌握以下几点原则:保持击球的连贯性,尽量保持不失误,攻击对方的弱点。网球战术可以分为单打和双打两大类。

一、单打战术

(一) 发球战术

第一发球可采用大力发球,在右区发球时,发向对方中线附近,迫使对方反手接球,第二发球可采用侧旋球,发向对方右侧,利用侧旋迫使对方离开场区接球。

在左区发球时,多数的球应发向对方左边线附近,即对方的反手位。当然,临场还必须根据对方接发球的位置和弱点,将球打到对方防守较差的区域。

(二) 接发球战术

接发球是由被动转变成主动的第一过渡阶段,是由守转攻的开始点。一般接发球首先考虑不失分,再考虑如何将球回到对方的弱手位或对方端线的两角。

(1) 右区接发球:右脚应靠近单打边线,因为对方发右区球时,球能够拉得较远。

（2）左区接发球：可往中间靠一点，由于右手握拍在左区发球时，难以将球拉出很远。

（三）底线球战术

底线对抽是网球双方在比赛或练习中自我调整时间最多的阶段，应采用不断变换击球的方法，击出不同力量、旋转、线路的球，使对方不能有规律地移动，打乱他的节奏，以掌握主动，争取最终胜利。

（四）上网战术

上网是积极、主动的打法。在发球或接发球后，冲到离网较近的位置，不等对方回击的球落地，便进行空中截击或高压。运用上网战术的关键是要掌握好上网的时机，多用于第一次发球。发上旋球后，借助球在空中飞行时间长，对方难以回击之机上网截击。若抽击球后上网，则出球要斜、要深、要重，或接近中央地带。上网时，要提防对方击直线球。

二、双打战术

（一）双打的站位

双打位置的站位一般应是正拍好的站在右面，反拍好的站在左面。一前一后、一左一右是最常见的站位。

（二）双打战术

1. 发球上网抢网战术

运用此战术首先网前同伴可以在背后做手势，告诉发球员应发什么落点，抢与不抢；采取此战术可以干扰对方接发球，为发球上网得分及抢网创造条件。

2. 破发球上网战术

为了抢占网前有利位置，当发球方发球时，特别是第二发的时候，接发球员要判断准确，然后随着发球上网。对付发球上网一般作如下处理：把球击向发球线附近，或直接击向跑动上网者脚下；加强上旋，把球斜线击向发球区边线附近；挑高球到对方上网队员身后；乘对方非发球队员站位偏中时，直线击球破网。

第四节　网球竞赛方法与主要规则

一、竞赛方法

（一）球场和器材

1. 球场

标准网球场是长方形的。单打标准场地长 23.77 米，宽 8.23 米；球场内两网柱之间距离 12.80 米，网柱顶端距地面 1.07 米，网柱中心距边线外沿 0.914 米，用球网将球场分为两等区，球网中央高 0.914 米；每一区距球网 6.40 米处划一条与球网平行的线叫发球线。双打标准场地长 23.77 米，宽 10.97 米。

2. 球

直径为 6.35 ~ 6.67 厘米，重量为 56.7 ~ 58.5 克，从 2.54 米的高度自由下落时，能在硬地平面弹起 1.35 ~ 1.47 米高。

3. 球拍

目前以铝合金和碳素纤维制成的球拍较多，球拍拍面有小型头拍、中型头拍、大型头拍；球拍重量有 L（轻型，312 ~ 369 克）、LM（中轻型，369 ~ 373 克）、M（中型，373 ~ 387 克）、H

(重型,387～406克)。职业比赛球拍总长度不超过73.66厘米。

(二) 局、盘及计分法

1. 胜一局

(1) 每胜1球得1分,先胜4分者胜一局。

(2) 双方各得3分时为"平分",平分后,净胜两分为胜1局。

2. 胜一盘

(1) 一方先胜6局为胜一盘。

(2) 双方各胜5局时,一方净胜两局为一盘。

(三) 决胜局计分制

决胜局如果先得7分且领先2分以上,获胜。如果比分为6∶6,则球员必须赢对方两分才能算胜利。

二、主要规则

(一) 选择场地或首先发球权

比赛前抽签决定选择场地或首先发球权、接发球权。中签者有权选择或要求对方选择。选择发球或接发球者,应由对方选择场区;选择场区者,应由对方选择发球或接发球。

(二) 发球员的位置

每当开始发球时,发球员应先在右区端线后,中点和边线的假定延长线之间区内发球,不可踩线。得一分后,应换到左区发球。这样每得(失)一分就轮换发球位置。如发球位置错误而未察觉,比分仍然有效,一旦察觉应立即纠正。每局终了,双方应交换发球权。

(三) 发球的规定

发出的球在对方还未还击前,应从网上越过,落到对角的对方发球区内或周围的线上。第一次发球失误后,可在原位置进行第二次发球。第二次发球再失误,即为双误,判失一分。发球擦网出界为一次失误。发球擦网后球落在发球区内可重发。

(四) 交换场地

双方应在每盘的第一、三、五等单数局结束时,交换场地。如一盘结束,双方局数之和为双数时,则不交换场地,应等下盘第一局结束后再行交换。

(五) 双打发球次序

每盘第一局,如果甲队首先发球,可由该队任何一队员来发;第二局由乙队任何一队员来发;第三局由甲队未发过球的队员来发;第四局由乙队未发过球的队员来发。以下各局均按此次序发球。

(六) 双打接球次序

每盘第一局开始时,先接球的队应规定接球次序(谁先接第一个发球)。第二局开始时,第一局中首先发球的队也应规定接球次序。接球次序和方法规定后,该盘比赛就按此顺序轮流接发球,不得更改。但在另一盘开始时,接发球次序可以重新排定。

(七) 压线球

落在线上的球都应该算压线球。

(八) 发球无效

发球触网后仍然落到对方发球区内,接球员未做好接球准备,则发球无效,应重发球。

（九）网球比赛失分的判断

（1）球落地两次后击球（两跳）。

（2）击空中球失败（站在场外击空中球失败也算失分）。

（3）“活球”期间运动员的身体、球拍（不论是否拍在手中）或穿戴的其他物件触及球网、网柱或对方区内地面。

（4）球尚未过网即在空中还击（过网击球）。

（5）比赛进行中，故意用球拍拖带或接住球，或故意用球拍触球超过一次。

（6）比赛进行中，运动员故意改变其球拍形状。

（7）抛拍击球。

（8）除握在手中的球拍外，运动员的身体或穿戴的物件触球。

（9）击球出界，即球触及对方场区界线以外的地面、固定物或其他物体。

（10）发球员发球两次失误。

三、常用几个英汉网球用语

Ace（发球直接得分）、Fault（发球失误）、Net（擦网）、Double fault（双误）、Out（出界）、Deuce（平分）、Advantage（占先）、Game point（局点）、Set point（盘点）、Match point（赛点）。

思考题

1. 网球的握拍方法有哪些？
2. 网球单打有哪些基本战术？
3. 网球击球技术中共同特点有哪些？
4. 简述网球比赛中失分的判断标准。

第八章

中华武术

第一节 武术运动概述

武术是人类在长期劳动、生活与斗争中逐步积累和发展而来的，有着悠久的历史和广泛的群众基础，是中华民族宝贵的文化遗产。中国武术以技击动作为主要内容，以套路和格斗为运动形式，注重内外兼修，其目的在于增强体质，提高搏击技巧，培养意志品质。武术的内容丰富，包括拳术、器械、太极、散打，具有强身健体、陶冶情操、竞技观赏、促进交流等功能，因此深受广大群众的喜爱。

一、武术的定义

武术是以中国传统文化为理论基础，以徒手和器械的攻防动作为主要锻炼内容，兼有功法运动、套路运动、格斗运动三种形式的体育项目。

二、武术的起源与发展

武术按其不同时期的发展特点可以分成三个阶段：古代武术，主要指明清以前的武术；近代武术，主要指明清及民国时期的武术；现代武术，主要指新中国成立后一直到现在的武术。

（一）古代武术

在原始社会恶劣的环境下，先民们为了生存和发展，一方面要猎取野兽，获得生存所必需的营养，另一方面又要抵御凶禽猛兽和其他人的侵袭。远古时期“猛兽食颛民，鸷鸟攫老弱”的描述道出了大型猛兽向人进攻、人被动自卫的情形。《诗·小雅·车攻》中也有“搏兽手敖”（手搏）之句。《史记·律书》：“夏桀、殷纣，手搏豺狼，足追四马，勇非微也。”也是讲人类搏斗之勇。随着部落间战争的发生，武术从生产活动中逐渐脱离出来，成为当时乃至今日体能训练的手段。在明代以前，武术以军阵格杀技术为主体，训练内容主要是兵械实用技法，而拳术（手搏）占的比例较少，军阵格杀中兵种的变化（车兵、骑兵或步兵）和兵器的形制、长短、轻重，都影响和制约着武术的发展。

（二）近代武术

明清时期是中国武术大发展的时期，主要表现在：各种拳种大量涌现，门派林立，中国武术逐渐发展成为一个庞大的体系，大量有关武术的论著相继问世，理论体系逐渐完善；武术开始借鉴并吸收气功的一些内容，促使其逐渐成为一门内外兼修之术；许多武术拳种开始运用中国传统哲学来阐释拳理，使得武术逐渐成为中国传统文化的一个子系统。

在明代，少林拳已享盛名，并出现了与少林拳风格特点不同的“内家拳”。明代已总结出了较为系统的武术基本理论，如戚继光的《纪效新书》、俞大猷的《剑经》等。同时，人们广泛吸取传统文化的精华，促进了武术发展，增强了武术文化色彩。例如，明万历年间相传的《易筋经》是武术功法与气功导引术相结合的产物；内家拳中的击穴法，是以中国医学中的经络学说为依据形成的技击法。在这个时期，人们逐渐意识到武术的健身价值，不再将其作为纯粹的军事技术。戚继光《纪效新书·拳经捷要》："拳法似无预于大战之技，然活动手足，惯勤肢体，此为初学入艺之门也。"指明了拳法作为武术运动的主体技术，虽然是参与军事战斗的技术，却不失为一种有助于强身健体的体育活动。像《武编》《纪效新书》《阵记》《武备志》等与武术有关的兵书，以及《耕余剩技》《手臂录》《内家拳法》《苌氏武技书》《太极拳论》《拳经拳法备要》等专门武术论著的大量出现，极大地丰富了武术理论，使其逐渐发展成为一项技、理完善的运动。

清朝时期，军队开始增加火药兵器等装备。同治年间，清政府进口了大量的洋枪，并开办工厂进行仿造，从此，传统军旅武术日趋衰弱，选拔军事人才的武举制，也于光绪二十七年(1901 年)废止。军旅武术衰退的过程，也就是民间武术不断发展，武术运动体育化的过程。清代的新生拳种，如太极拳、形意拳、八卦掌等，都明确了武术的体育本质。辛亥革命后，民间武术社团蔓生于各大城市，如上海精武体育会、天津中华武士会、北京体育研究社、成都四川武术会等。1928 年成立了中央国术馆，各地成立了下属馆社。1923 年，在上海举行了首次"中华全国武术运动大会"。此后，武术被列为全国运动会的竞赛项目之一，并逐渐步入现代体育运动竞赛的舞台。

（三）现代武术

新中国成立后，武术运动得到迅速发展，其社会功能得到了广泛的发挥和运用。1959 年出台的"武术竞赛规则"将武术分类，并按项目进行比赛，使武术成了真正的竞技体育运动项目。20 世纪 80 年代后，武术出现了空前的大规模的发展，人们挖掘整理传统武术的相关内容，使一些即将失传的拳技资料得到了继承和保存，群众性的习武活动遍及城乡。1999 年 6 月 20 日，在首尔举行的第 109 次国际奥委会会议，决定承认国际武术联合会，这是中国武术走向世界的一个重要里程碑。2008 年北京奥运会上，武术作为表演项目迈进了奥林匹克运动的神圣殿堂。

2012 年 4 月，全球首家武术博物院——嵩山少林武术博物院在河南登封举行开工奠基仪式。少林博物院建成之后，在展示中华武术的同时，还将承担起武术研究和高端人才的培养，对海内外失传或已濒临失传的"功夫"进行抢救性挖掘并深入研究的任务。而且，将会开设少林武术研究生院，通过培养海内外高端武术人才，进一步发扬和光大中华武术。在中国武术协会和武术研究院的倡导下，武术界人士通过几十年来的不懈努力，使武术运动在我国普遍开展，并传向世界各个角落，武术运动逐步走向世界。

三、武术的分类

（一）功法运动

武术功法是为掌握和提高武术套路和格斗技术，诱发武术必需的人体潜能，围绕提高身体某一运动素质或锻炼某一特殊技能而编排的专门练习。它包括提高肢体关节活动幅度及肌肉舒缩性能的"柔功"，锻炼意、气、劲、形完整一体的"内功"，增强肢体攻击力度和抗击打能力的"硬功"，发展人体平衡能力和翻腾、奔跑能力的"轻功"等。柔、硬功法是相对而言的，它们相互联系，相互促进，不能把它们绝对分开。

（二）套路运动

套路运动是以踢、打、摔、拿、击、刺等攻防动作为素材，遵守攻守进退、动静疾徐、刚柔虚实等矛盾运动的变化规律编成的整套练习形式。套路运动按练习形式分为单练、对练、集体演练等项目。

1. 单练

单练包括徒手拳术和器械。

徒手拳术以长拳、太极拳、南拳为主,还有形意拳、八卦掌、八极拳、劈挂拳、翻子拳、通背拳、地躺拳、象形拳等其他拳种。

器械以刀、枪、剑、棍为主,还有大刀、仆刀、双鞭、单鞭、三节棍、双刀、双剑、双钩、绳镖等其他器械。

2. 对练

是指两人或两人以上,按照一定的程式进行的攻防假设性练习形式,它又包括徒手对练、器械对练、徒手与器械对练三种形式。

3. 集体演练

是多人集体进行的徒手、器械、徒手与器械的演练,可以变换队形、图案,也可用音乐伴奏,在竞赛中通常要求六人以上,要求队形整齐,动作协调一致。

(三) 搏(格)斗运动

格斗运动是两人或多人在一定条件下,按一定的规则进行斗智较力的攻防性练习形式。现在武术竞赛中开展的主要是两人之间的对抗性活动,包括散打、太极推手、短兵、长兵等。

四、武术的特点

(一) 鲜明的中国传统文化特色

武术是人类自创的一种活动形式,也是一种文化,是中华民族传统文化的瑰宝。武术产生于中国,中国传统文化孕育它成形,养育它成长,促进它不断发展、完善。首先,武术理论深受中国哲学思想的影响,如太极拳的“以静制动”“重柔主静”的拳理,来源于太极学说;八卦掌合于《周易》中“刚柔相济,八卦相荡,运动不息,变化不止”之理,形成“以动为本,以变为法”的基本拳理;少林拳强调的是“拳禅一体”,如拳理中讲“处于心安气敛,就能保持攻防的主动地位”,这正是禅法“安心入定”的体现。其次,在练拳过程中讲究的“动中求静”“静中求动”,劲力上要求的“刚柔相济”,搏斗中讲究的“攻中寓防”“防中寓攻”等都体现了中国古代的哲学思想。其次,武术的防身制敌法则深受中国兵学的影响。另外,武术健身法深受中医和养生术的影响,武术表演艺术则受古代武舞的影响。

(二) 鲜明的民族技击特性

武术最初作为军事训练手段,与古代军事斗争紧密相连,其技击的特性是显而易见的。在实用中,其目的在于杀伤、制服对方,它常常以最有效的技击方法,迫使对方失去反抗能力。这些技击术至今仍在军队、公安中应用。武术作为体育运动,技术上仍不失攻防技击的特性,而且将技击寓于搏斗运动与套路运动之中。

搏斗运动集中体现了武术攻防格斗的特点,在技术上与实用技击基本上是一致的。但是,从体育的观念出发,它受到竞赛规则的制约,以不伤害对方为原则,如在散打中对武术传统的实用技击方法作了限制,而且严格规定了击打部位和保护护具;短兵中使用的器具也作了相应的变化;而推手则是在特殊的技术规定下进行竞技对抗。因此,可以说武术的搏斗运动具有很强的攻防技击性,但又与实用技击有所区别。

套路运动是中国武术特有的表现形式,不少动作在技术规格、运动幅度等方面与技击的原形动作有所变化,但是动作方法仍然保留了技击的特性。因联结贯穿及演练技巧上的需要，套路运动穿插了一些不具有攻防技击意义的动作，然而就整套技术而言，仍然是以踢、打、摔、拿、击、刺等动作为主，攻防是套路运动的技术核心。套路运动的技击方法是极其丰富的，在散打、短兵中不宜采用的技术方法，在套路运动中都能够有所体现。

（三）内外合一、形神兼备的民族风格

讲究形体规范，追求精神传意、内外合一整体观的同时融入民族文化精髓，是中国武术的一大特色。所谓内，指心、神、意等心志活动和气息的运行；所谓外，即手、眼、身、步等形体活动。内与外、形与神是相互联系和统一的整体。

武术运动“内外合一，形神兼备”的特点主要通过功法和技法来体现。“内练精气神，外练筋骨皮”是各家各派练功的准则，如太极拳主张身心合修，要求“以心行气，以气运身”，形意讲究“内三合，外三合”，少林拳也要求精、力、气、骨、神兼修。此外，武术套路在技术上往往要求内在精气神与外部形体动作紧密相合，完整一气，做到“心动形随”“形断意连”“势断气连”，以“手眼身法步，精神气力功”八法的变化来锻炼身心。中国武术的以上特点，反映出其作为一种文化形式，在长期的历史演进中受到中国古代哲学、医学等方面的渗透和影响，因而形成了独具民族风格的练功方法和运动形式。

（四）运动形式的多样性和广泛的适应性

武术的练习形式与内容丰富多样，有竞技对抗的散打、推手、短兵，有适应演练的各种拳术、器械、对练，还有与之相适应的各种功法。不同的拳种和器械有不同的动作结构、技术要求、运动风格和运动量，适合不同年龄、性别、体质的群众的需要，人们可以根据自己的条件和兴趣爱好进行选择性练习。同时，它对场地器材的要求较低，练习者可以根据场地的大小变化练习内容和方式，即使没有器械也可以徒手练拳、练功。此外，武术运动受时间、季节的限制也很小，与其他体育运动项目相比，具有更为广泛的适应性，这是中华武术运动能在民间经久不衰的重要因素。

五、武术的作用及价值

（一）壮外强内的健身价值

武术运动具有强身健体的作用，有助于身心全面发展。对外能利关节、强筋骨、壮体魄，对内能理脏腑、通经脉、调精神。武术运动的许多功法都注重调息行气和意念活动，这对调节人体内环境的平衡，调养气血，改善人体机能，增强体质是十分有益的。

（二）提高防身自卫能力

武术以技击动作为主要内容，通过练习，不仅可以增强体质，还可以学习一定的攻防格斗技术，掌握防身自卫的知识和方法，提高人体的灵活性和对意外情况的应变能力。攻防技击术作为武术运动的要素之一，也是人们自卫抗暴的防身术。

（三）培养道德情操的教育作用

武术在长期的发展中，继承和发扬了中华民族重礼仪、讲道德的优良传统。“习武以德为先”，说明武术练习历来十分重视武德教育。尚武崇德的精神可以培养青少年尊师重道、讲礼守信、宽以待人和严于律己等高尚的道德情操。武术运动需要习武者具有吃苦耐劳、坚持不懈的精神，武术的学练过程，有助于培养他们坚韧不拔、自强不息的意志品质，是修身养性的重要手段，有益于人的全面发展。

（四）娱乐观赏，丰富文化生活

武术运动具有很高的观赏价值，如套路运动动迅静定的节奏美，踢、打、摔、拿、跌的巧妙结合美,内外合一、形神兼备的和谐美等。习武者之间可以切磋技艺,扩大交往,交流思想,增进友谊,丰富业余文化生活。

第二节　武术基本技术

一、武术的基本手型和手法

(一) 武术的基本手型

武术的基本手型主要有拳、掌、勾三种。

(1) 拳:四指并拢卷握,拇指紧扣食指和中指的第二指节(图 8-1)。

要点:拳握紧,拳面平,直腕。

(2) 掌:四指并拢伸直,拇指紧扣于虎口处(图 8-2)。

要点:手指并拢,掌心展开,竖指。

(3) 勾:五指第一指节捏拢在一起,屈腕(图 8-3)。

要点:五指齐平,腕屈紧。

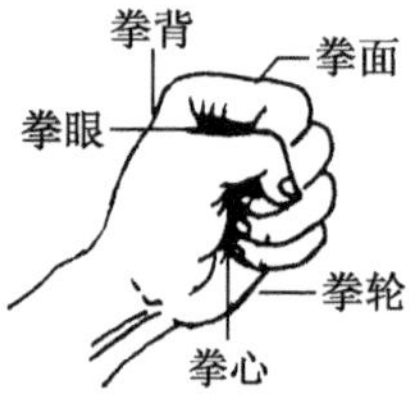

图 8-1　拳

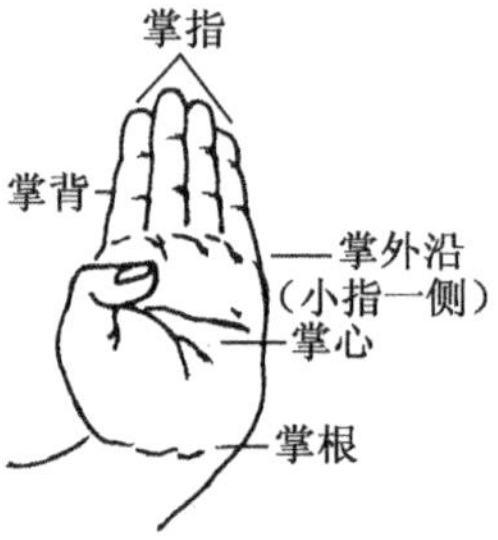

图 8-2　掌

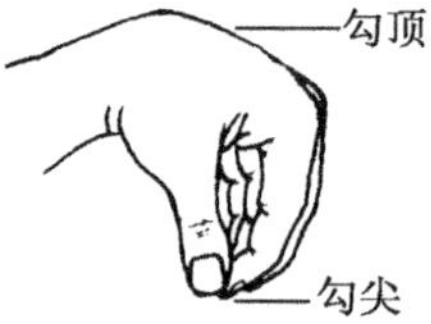

图 8-3　勾

(二) 武术的手法

手法练习是在运动中规范拳、掌、勾三种手型,并结合上肢冲、架、推、亮等方法,按上肢手法的基本规律反复操练的一种练习。

1. 冲拳练习

冲拳分为平拳与立拳两种。平拳拳心向下,立拳拳眼向上。

(1) 预备姿势:两脚左右开立,与肩同宽,两拳抱于腰间,肘尖向后,拳心向上。

(2) 动作要领:挺胸、收腹、立腰,右拳从腰间向前猛力冲出,转腰、顺肩,在肘关节过腰后右前臂内旋,力达拳面;臂要伸直,高与肩平,同时左肘向后牵拉,如图 8-4 所示。练习时左右可交替进行。

图 8-4　冲拳

(3) 要点:转腰、顺肩,力达拳面,出拳迅速,要有爆发力。

(4) 练习步骤:

① 先慢做,不要用全力,注意动作的准确性。

② 结合各种步型、步法和腿法做冲拳练习。

2. 架拳练习

(1) 预备姿势:与冲拳相同。

(2) 动作要领:右拳向下、向右、向上经头前向右上方划弧并在右前上方架起,拳心向下,眼看左方,如图 8-5 所示。练习时左右交替进行。

(3) 要点:旋臂、沉肩、拳上撑。

(4) 练习步骤:

① 先慢做,不要用全力,着重体会动作路线,然后再逐渐加力。

② 结合步型、步法与手法练习(如做马步架打)。

图 8-5 架拳

3. 推掌练习

(1) 预备姿势:与冲拳同。

(2) 动作要领:右拳变掌,前臂内旋,并以掌根为力点,向前猛力推出。推击时要转腰、顺肩,臂要伸直,高与肩平。同时左肘向后牵拉,如图 8-6 所示。练习时,左右可以交替进行。

(3) 要点:挺胸、收腹、直腰。出掌要快速有力,有"寸劲",同时还要做好拧腰、顺肩、沉腕、翘掌等动作。

(4) 练习步骤、易犯错误和纠正方法均与冲拳同。

图 8-6 推掌

4. 亮掌练习

(1) 预备姿势:与冲拳同。

(2) 动作要领:右拳变掌,经体侧向右上方划弧,至头部右前上方时,抖腕亮掌,臂成弧形。掌心向前,虎口朝下,眼随右手动作转动,亮掌时,注视左方,如图 8-7 所示。练习时,左右手交替进行。

(3) 要点:抖腕、亮掌与转头要同时完成。

(4) 练习步骤:

① 开始练习时,可用信号或语言提示,使抖腕、亮掌与转头一致。

② 结合手法与步型进行练习(如"仆步亮掌"等)。

图 8-7 亮掌

二、武术的基本步型

1. 弓步

左脚向前一大步,脚尖微内扣,左腿屈膝半蹲(大腿接近水平),膝与脚尖垂直。右腿挺膝伸直,脚尖内扣(斜向前方),两脚全脚掌着地。上体正对前方,眼向前平视,两手抱拳于腰间。弓右腿为右弓步,弓左腿为左弓步(图 8-8)。

2. 马步

两脚平行开立(约为本人脚长的三倍),脚尖正对前方,屈膝半蹲,膝部不超过脚尖,大腿接近水平,全脚着地,身体重心落于两脚之间,两手抱拳于腰间(图 8-9)。

3. 虚步

两脚前后开立,右脚外展 45°,屈膝半蹲,左脚脚跟离地,脚面绷平,脚尖稍内扣,虚点地面,膝微屈,重心落于后腿上。两手叉腰,眼向前平视。左脚在前为左虚步,右脚在前为右虚步(图 8-10)。

图 8-8 弓步

图 8-9 马步

图 8-10 虚步

图 8-11 仆步

图 8-12 歇步

4. 仆步

两脚左右开立，右腿屈膝全蹲，大腿和小腿靠紧，臀部接近小腿，右脚全脚掌着地，脚尖和膝关节外展。左腿伸直平仆，脚尖里扣，全脚掌着地。两手抱拳于腰间，眼向左方平视。仆左腿为左仆步，仆右腿为右仆步（图 8-11）。

5. 歇步

两腿交叉靠拢全蹲。左脚全脚掌着地，脚尖外展；右脚全脚掌着地，膝部贴近左腿外侧；臀部坐于右腿接近脚跟处。两手抱拳于腰间，眼向左前方平视。左脚在前为左歇步，右脚在前为右歇步（图 8-12）。

三、武术的基本步法

1. 击步

（1）预备姿势：两脚前后开立，同肩宽。两手叉腰。

（2）动作要领：上体前倾，后脚离地提起，前脚随即蹬地前纵；在空中时，后脚向前碰击前脚，落地时，后脚先落，前脚后落，眼向前平视（图 8-13）。

（3）练习要点：跳起至空中时，要保持上体正直并侧对前方。

2. 垫步

（1）预备姿势：与击步同。

（2）动作要领：后脚离地提起，脚掌向前脚处落步，前脚立即以脚掌蹬地向前上方跳起，将位置让于后脚，然后屈膝、提腿向前落步，眼向前平视（图 8-14）。

（3）练习要点与击步相同。

图 8-13 击步

图 8-14 垫步

图 8-15 弧形步

3. 弧形步

（1）预备姿势与击步同。

（2）动作要领：两腿略屈，两腿迅速连续向侧前方行步，每步大小略比肩宽，走弧形路线，眼向前平视（图 8-15）。

（3）练习要点：挺胸、塌腰，保持半蹲姿势，身体重心要平稳，不要有起伏现象。落地时，由前脚掌迅速过渡到全脚掌，并注意转腰。

四、武术的腿法

一腿支撑，用另一腿攻击对手和阻截对手进攻的一类技法，称为腿法。腿法练习主要是增进腿部屈伸、摆动、扫转等运动能力。腿法可分为直摆型腿法、扫转型腿法、伸屈型腿法等。

1. 直摆型腿法

它包括正踢腿、侧踢腿、里合腿、外摆腿等。

（1）正踢腿（图 8-16）。

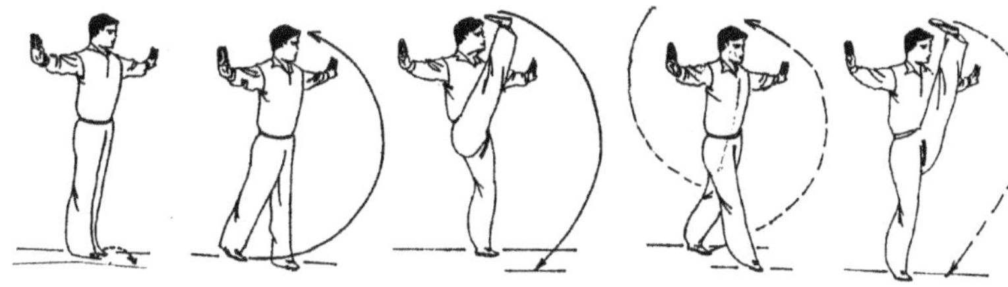

图 8-16　正踢腿

（2）侧踢腿（图 8-17）。

图 8-17　侧踢腿

（3）里合腿（图 8-18）。

图 8-18　里合腿

（4）外摆腿（图 8-19）。

图 8-19　外摆腿

2. 屈伸型腿法

它包括弹腿、蹬腿、踹腿等。

(1) 弹腿(图 8-20)。

(2) 蹬腿(图 8-21)。

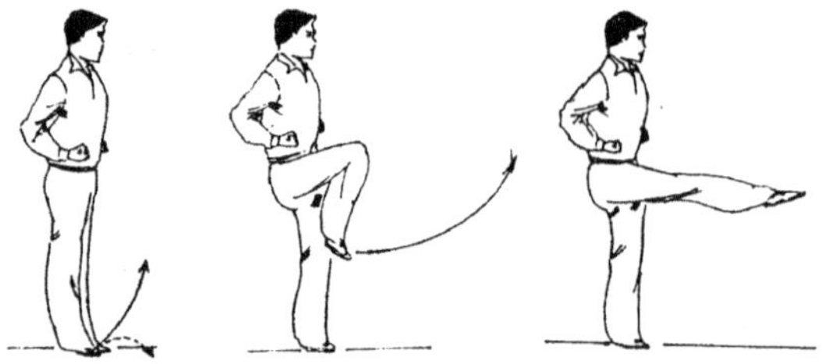

图 8-20　弹腿

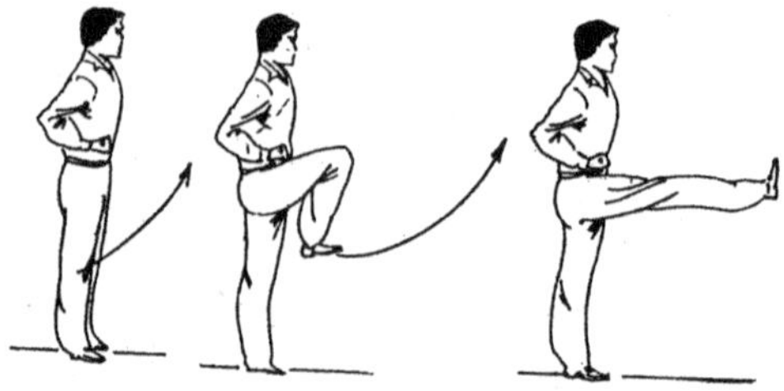

图 8-21　蹬腿

(3) 踹腿(图 8-22)。

3. 扫转型腿法

它包括前扫腿、后扫腿等。

(1) 前扫腿(图 8-23)。

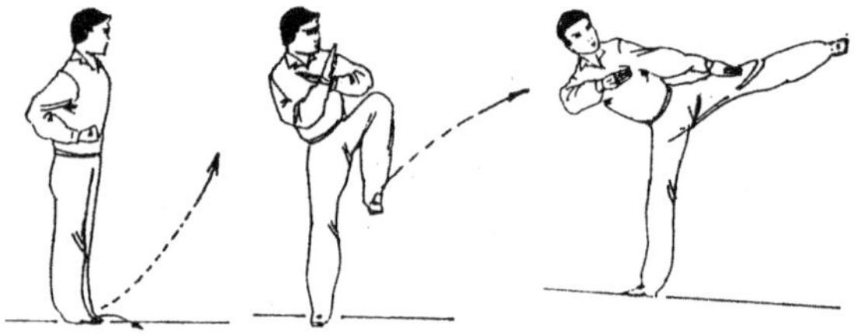

图 8-22　踹腿

图 8-23　前扫腿

(2) 后扫腿(图 8-24)。

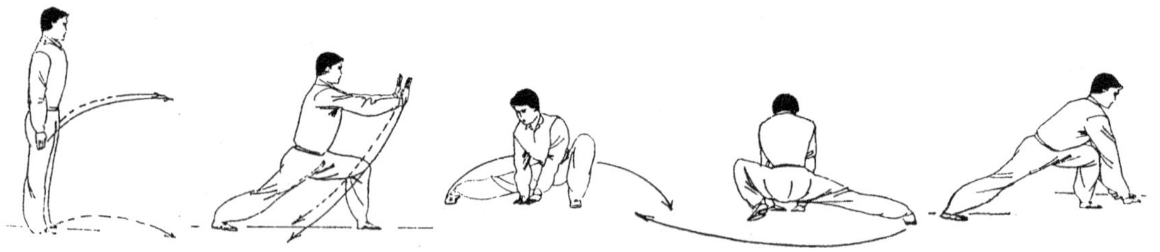

图 8-24　后扫腿

五、跳跃练习

预备姿势:并步站立。

动作要领:右脚上步,左腿向前,向上摆踢,右脚蹬地跃起,身体腾空,两臂由下向前、向头上摆起,右手背迎击左手掌。在空中,右腿向前上方弹踢,脚面绷直,右手迎击右脚面;同时左腿屈膝,左脚收控于右腿侧,脚面绷直,脚尖向下。左手在击响的同时摆至左侧方变勾手,勾尖向下,略高于肩。上体微前倾,两眼平视前方(图 8-25)。

练习要点:起跳腿要充分蹬伸,上体后倾要伴随向前送髋,同时提气、立腰、头上顶,两臂和摆动腿快速上摆；空中动作要注意收髋、收腹，上体稍前压；落地动作要用前脚掌先着地，然后过渡到全脚掌，随之屈膝、屈髋加以缓冲，并保持适度紧张。

图 8-25　跳跃练习

第三节　武术套路介绍

一、长拳

长拳以拳、掌、勾为基本手型，以弓步、马步、仆步、虚步、歇步为基本步型，并由蹿蹦跳跃、闪展腾挪、起伏转折和跌扑滚翻等动作和技术组成。其特点是动作舒展大方、快速有力、节奏明显，起伏转折较多，强调主动出击、长击速打、以快制慢、以刚为主，如初级长拳、中级长拳、自选长拳和少林长拳等。

（一）长拳套路范例

这里介绍初级长拳第三路的动作及名称。

预备动作（图 8-26）。

图 8-26　　图 8-27

（1）虚步亮掌（图 8-27）。

（2）并步对拳（图 8-28）。

图 8-28

（3）弓步冲拳（图 8-29）。

（4）弹腿冲拳（图 8-30）。

图 8-29

图 8-30

（5）马步冲拳（图 8-31）。

（6）弓步冲拳（图 8-32）。

图 8-31

图 8-32

（7）弹腿冲拳（图 8-33）。

（8）大跃步前穿（图 8-34）。

图 8-33

图 8-34

（9）弓步击掌（图 8-35）。

图 8-35

（10）马步架掌（图 8-36）。

图 8-36

（11）虚步栽拳（图 8-37）。

（12）提膝穿掌（图 8-38）。

图 8-37

图 8-38

（13）仆步穿掌（图 8-39）。

（14）虚步挑掌（图 8-40）。

图 8-39

图 8-40

（15）马步击掌（图 8-41）。

（16）插步双击掌（图 8-42）。

图 8-41

图 8-42

（17）弓步击掌（图 8-43）。

图 8-43

（18）转身踢腿马步盘肘（图 8-44）。

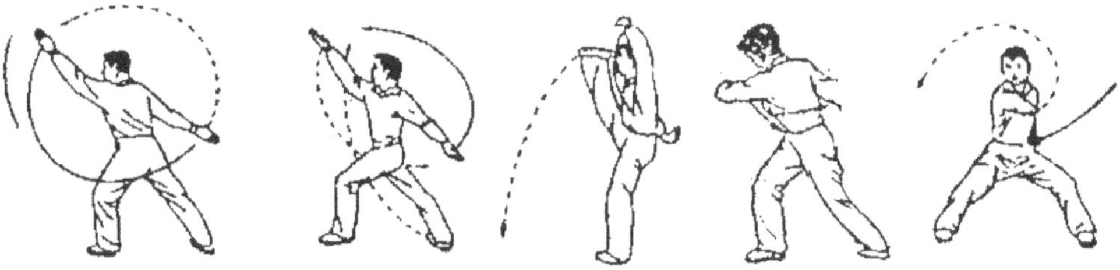

图 8-44

（19）歇步抡砸拳（图 8-45）。

图 8-45

（20）仆步穿掌（图 8-46）。

图 8-46

（21）弓步劈拳（图 8-47）。

图 8-47

（22）换跳步弓步冲拳（图 8-48）。

图 8-48

（23）弓步冲拳（图 8-49）。

图 8-49

图 8-50

（24）弓步下冲拳（图 8-50）。

（25）插步亮掌侧踹腿（图 8-51）。

图 8-51

图 8-52

（26）虚步挑掌（图 8-52）。

（27）弓步顶肘（图 8-53）。

图 8-53

（28）转身左拍脚（图 8-54）。

（29）右拍脚（图 8-55）。

图 8-54

图 8-55

（30）腾空飞脚（图 8-56）。

（31）歇步下冲拳（图 8-57）。

图 8-56

图 8-57

（32）仆步抡劈拳（图 8-58）。

（33）提膝挑掌（图 8-59）。

图 8-58

图 8-59

（34）提膝劈掌弓步冲拳（图 8-60）。

（35）虚步亮掌（图 8-61）。

图 8-60

图 8-61

（36）并步对拳（图 8-62）。

（37）还原（图 8-63）。

图 8-62

图 8-63

（二）长拳的技法与要求

长拳的技法与要求有传统的“二十四要”之说，也就是常指的“四击”“八法”“十二型”。

1. 四击

“四击”是指武术中的踢、打、摔、拿四种技击法则，这四种法则各有各的具体内容与运动方法。所谓“踢”是指腿法而言，主要包括：蹬、踹、弹、点、缠、摆、扫、挂等；“打”是指上肢的手法而言，主要包括冲、撞、挤、靠、崩、劈、挑、砸、撑、采、拦等；“摔”是指摔法，主要包括崩、揣、捣、勾等；“拿”是指擒拿而言，主要包括刁、拿、锁、封、错、截等。

2. 八法

所谓“八法”是指手法、眼法、身法、步法（外四法），精神、气（呼吸）、力（劲力）、功夫（内四法）。在运动中对上肢手法的要求是“拳如流星”，也就是说，上肢手法在运动时，要迅速、敏捷、有力。在运动中对眼的要求为“眼似闪电”，眼要锐利、明快，并且要“跟随手动”“目随势注”，随着手法如流星般地快速有力，而眼光也要像闪电一样地明快锐利才行。在运动中对身法的要求是腰如蛇行，躯干要灵活、柔韧、自如。对步法的要求是步要黏，包括步要轻快，步要稳固，脚就像黏在地上一样，不能掀脚，不能拔跟。在运动中，手、眼、身法、步是紧密相连、不可分割的整体，必须协调一致，合二为一。在运动中对精神的要求是：精神要充沛，要求在练武时精力集中，精神饱满。而对呼吸的要求是“气宜沉”，呼吸应自然、深沉，根据跳跃、快慢、动作的不同，运用不同的呼吸方法。对动作的发力要求是“力要顺达”，如果发力不顺，动作就僵硬、呆板、不协调。所谓“功夫”是指力量、速度、耐力、灵敏、协调等素质技巧的综合概括，要求功宜纯，纯就是指“纯一不杂”“炉火纯青”，要想使技术达到炉火纯青，就要强调“拳练千遍，手法自然”，只有实践才能练出真功。

3. 十二型

“十二型”是以型喻势，来达到对长拳运动时的技术要求，传统的说法是：

（1）动如涛。活动之势，要使运动气势像江海的浪涛那样激荡，滔滔不绝，在万马奔腾中仍有明朗感和稳定感，做到“动要有韵”“动中有静”。

（2）静如岳。静止之势，要像大山那样巍峨，似乎任何强大的力量都推它不动似的。

（3）起如猿。指武术的跳起动作要像猿猴纵身时那样机灵、矫健、敏捷。

（4）落如鹊。指武术跳起下落的动作要轻巧、稳定得像喜鹊往树枝上落一样。

（5）立如鹤。指武术单腿支撑的动作，特别是由活动转入到静止性的独立动作时，要像鹤在行走中突然听到声音，立刻停止，蜷曲起一只脚来那样安逸稳固。

（6）折如弓。指武术中人体弯曲折叠时要保持像弯弓一样优美有劲。

（7）站如松。指武术动作里两脚站立之势，要像苍松那样刚健、挺拔、富有生气，体现出

“静中有动”之感。

（8）转如轮。指转身之势，在扭身拧腰转身的运动中，要像车轮那样迅捷有力。

（9）轻如叶。指有些武术动作在练习时要做到像树叶那样轻飘。

（10）重如铁。指有些武术动作应该做到沉重有力，但重而忌狠，不能从脸上表现出咬牙切齿的神情。

（11）缓如鹰。指有些武术动作的缓慢之势，要像鹰在空中盘旋那样，全神贯注，缓中有快而无松懈之感。

（12）快如风。指有些武术动作应快速有力，像风一样迅速，但“快易生爆”，火爆可以藏拙，就会产生不准确的动作，所以，“快而忌毛”。

二、太极拳

太极拳是武术拳种之一，清初始见传于河南温县陈家沟，至九世陈王庭基本定谱，套路名称有“十三势”“长拳”“炮捶”等七个套路，现仅流传第一路和第二路。陈氏十四世陈长兴（1771—1853 年）时，始传外姓杨露禅。此后，太极拳从陈家沟逐步传遍全国，并形成了与陈氏太极拳特点有异的杨氏、武氏、吴氏、孙氏等多种太极拳流派。

太极拳动作徐缓、轻灵、刚柔相济，有掤、捋、挤、按、采、列、肘、靠、前进、后退、左顾、右盼、中定十三势技法。其特点为体松心静，缓慢柔和，动作、呼吸和意念相配合，协调完整。太极拳的价值是多方面的，包括武术价值、哲学价值和良好的健身价值。太极拳的健身价值是多方面的，它不是简单的活动，而是在意念的支配下，使人的神经系统、运动机能和呼吸系统、循环系统、消化系统、免疫系统等得到全面的改善。因此，它的健身价值是全面的、自然的、科学的。

这里介绍简化太极拳（二十四式）动作及名称。

（1）起势（图 8-64 至图 8-67）。

图 8-64

图 8-65

图 8-66

图 8-67

（2）左右野马分鬃（图 8-68 至图 8-82）。

图 8-68

图 8-69

图 8-70

图 8-71

图 8-72

图 8-73

图 8-74

图 8-75　图 8-76　图 8-77　图 8-78　图 8-79　图 8-80　图 8-81　图 8-82

（3）白鹤亮翅(图 8-83 至图 8-85)。

图 8-83　图 8-84　图 8-85

（4）左右搂膝拗步(图 8-86 至图 8-100)。

图 8-86　图 8-87　图 8-88　图 8-89　图 8-90　图 8-91　图 8-92　图 8-93

图 8-94　图 8-95　图 8-96　图 8-97　图 8-98　图 8-99　图 8-100

（5）手挥琵琶(图 8-101 至图 8-103)。

图 8-101　图 8-102　图 8-103

（6）左右倒卷肱(图 8-104 至图 8-116)。

图 8-104 图 8-105 图 8-106 图 8-107 图 8-108 图 8-109 图 8-110

图 8-111 图 8-112 图 8-113 图 8-114 图 8-115 图 8-116

（7）左揽雀尾(图 8-117 至图 8-129)。

图 8-117 图 8-118 图 8-119 图 8-120 图 8-121 图 8-122 图 8-123

图 8-124 图 8-125 图 8-126 图 8-127 图 8-128 图 8-129

（8）右揽雀尾(图 8-130 至图 8-143)。

图 8-130 图 8-131 图 8-132 图 8-133 图 8-134 图 8-135 图 8-136

图 8-137

图 8-138

图 8-139

图 8-140

图 8-141

图 8-142

图 8-143

（9）单鞭（图 8-144 至图 8-149）。

图 8-144

图 8-145

图 8-146

图 8-147

图 8-148

图 8-149

（10）云手（图 8-150 至图 8-164）。

图 8-150

图 8-151

图 8-152

图 8-153

图 8-154

图 8-155

图 8-156

图 8-157

图 8-158

图 8-159

图 8-160

图 8-161

图 8-162

图 8-163

图 8-164

（11）单鞭（图 8-165 至图 8-169）。

图 8-165

图 8-166

图 8-167

图 8-168

图 8-169

（12）高探马（图 8-170 至图 8-171）。

（13）右蹬脚（图 8-172 至图 8-177）。

图 8-170

图 8-171

图 8-172

图 8-173

图 8-174

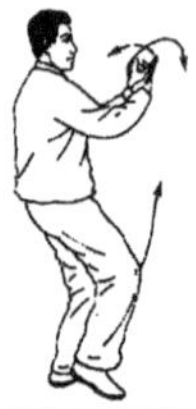
图 8-175

图 8-176

图 8-177

（14）双峰贯耳（图 8-178 至图 8-181）。

图 8-178

图 8-179

图 8-180

图 8-181

（15）转身左蹬脚（图 8-182 至图 8-187）。

图 8-182

图 8-183

图 8-184

图 8-185

图 8-186

图 8-187

（16）左下势独立（图 8-188 至图 8-194）。

图 8-188

图 8-189

图 8-190

图 8-191

图 8-192

图 8-193

图 8-194

（17）右下势独立(图 8-195 至图 8-201)。

图 8-195

图 8-196

图 8-197

图 8-198

图 8-199

图 8-200

图 8-201

（18）左右穿梭(图 8-202 至图 8-212)。

图 8-202

图 8-203

图 8-204

图 8-205

图 8-206

图 8-207

图 8-208

图 8-209

图 8-210

图 8-211

图 8-212

（19）海底针(图 8-213 至图 8-214)。

（20）闪通臂(图 8-215 至图 8-217)。

图 8-213

图 8-214

图 8-215

图 8-216

图 8-217

（21）转身搬拦捶(图 8-218 至图 8-226)。

图 8-218

图 8-219

图 8-220

图 8-221

图 8-222

图 8-223

图 8-224

图 8-225

图 8-226

（22）如封似闭(图 8-227 至图 8-232)。

图 8-227

图 8-228

图 8-229

图 8-230

图 8-231

图 8-232

（23）十字手(图 8-233 至图 8-236)。
（24）收势(图 8-237 至图 8-239)。

图 8-233

图 8-234

图 8-235

图 8-236

图 8-237

图 8-238

图 8-239

第四节　散打与防身术

一、散打介绍

散打也叫散手，古时称之为相搏、手搏、技击等。简单而言就是两人徒手面对面地打斗。散打是中国武术一个主要的表现形式，以踢、打、摔、拿四大技法为主要进攻手段。散打也是现代竞技体育运动项目之一，双方按照规则，利用踢、打、摔等攻防战术进行徒手搏击、对抗。

散打竞赛规则严格规定了不准向对方后脑、颈部、裆部进行攻击，也不允许使用反关节动作及肘、膝的技法，但可以运用武术各种流派的技法。散打起源较早，宋朝时就有“岳家散手”。散手只是在民间传播、发展，民国时期也举办过散手比赛，但这项运动没有发展起来，直至 1978 年后才逐渐在全国推广起来。从 1998 年开始在中国武术协会倡导下，在正式的比赛和交往中，推广使用“散打”一词，并逐步规范统一。

散打运动的技术性要求很高，其主要技法以打、踢、摔为主，拿法已很少运用。散打中的“打”，与拳击中的拳法相似，以直拳、摆拳、勾拳为主；散打中的“摔”，有抱腿摔、抱腿别摔、勾踢等；散打中的“踢”，也就是腿法，有摆腿、蹬腿、弹腿、铲腿等。

二、散打基本技术

（一）拳法

1. 左摆拳

上体微向右拧转，同时左拳向左斜前、向前、向右前方弧线横摆，摆出后左臂微屈，接近目标时手腕内旋，使拳面击向目标，击中时拳头骤然握紧，右拳自然收护于下颌前。拳击打后，迅速恢复成实战姿势（图 8-240）。

图 8-240　左摆拳

要点：摆拳时不能向后引臂，肘尖与肩平齐，不可掀肘。击打要借助身体向右拧转的力量。

用途：左摆拳是一种横向进攻型动作，可结合身体的高势或低势打击对手的身体侧面。上盘可打太阳穴、下颌骨侧面，中盘可打腰、肋等部位。

2. 右摆拳

动作方法同“左摆拳”，只是左右相反（图 8-241）。

图 8-241　右摆拳

要点：蹬地内扣，身体拧转，摆拳发力要协调一致；击打要借助身体向左拧转的力量。

用途：右摆拳运动路线较长，是一种力量大、打击狠的重拳。它的作用与“左摆拳”基本相同。

3. 左直拳

以右实战姿势开始，右脚蹬地，身体重心微向左脚移动，同时，上体略向右拧，左肩前顶，左拳边内旋边向前直线冲出。在击打目标的一瞬间，拳头突然握紧，力达拳面；右拳自然收护于下颌前（图 8-242）。

图 8-242　左直拳

打直拳的用力顺序为：后脚蹬地→转腰→送肩→伸肘→力达

拳面。

要点:出拳不能向后引臂,劲力以蹬地、拧体、顶肩直达拳面;快击快攻(切勿停顿),迅速还原。

用途:左直拳是进攻技术中最主要的动作之一,它可以结合身体的高、低姿势或左右闪躲,击打对手的头、胸等腰以上的要害部位。

4. 右直拳

从基本姿势开始,利用右脚的蹬地力量,通过转腰、送肩、伸肘,让右拳直接从腮旁向鼻前正方击出,力达拳面。

要点:同左直拳。此外,在击打过程中身体不可过分前俯,注意保持身体平衡。

用途:右直拳是一种力量大、打击狠的重拳,运用得当,常可取得“一拳定乾坤”的效果。它的作用与左直拳基本相同。

5. 左勾拳

由基本姿势开始,重心略下沉,左脚蹬地,缩胸、收腹并上身向右拧转;同时左拳边外旋边由下向前上方勾击目标,力达拳面。击出时,左上臂与前臂弯曲成小于90°的夹角,右拳自然收护于下颌前(图8-243)。拳击打后,迅速恢复成实战姿势。

图8-243 左勾拳

要点:重心下沉,左脚蹬地,上体向右拧转是为了加大勾拳的打击力量,这三个环节的动作要连贯流畅,劲力由下至上。

用途:左勾拳适用于近距离的攻击。与对手短兵相接时,攻击对手的胸、腹部或下颌部。

6. 右勾拳

由基本姿势开始,右脚蹬地、扣膝、合胯、身体向左拧转;其他动作方法同左勾拳,但左右相反。

要点:要借助右脚蹬地、扣膝、合胯、身体拧转的助力击打目标,用力要顺达。

用途:右勾拳是近距离作战的重武器之一,作用与左勾拳基本相同。

(二) 散打腿法实例

拳谚云:“手是两扇门,全凭腿打人。”腿的攻击幅度大,动作猛,具有强大的攻击力。腿法一般在中、远距离的情况下运用,常用于打击对手的头部、躯干和下肢。

(1) 横摆腿(图8-244)。

图8-244

(2) 正弹腿(图8-245)。

图 8-245

（3）蹬腿(图 8-246)。

图 8-246

（4）侧踹腿(图 8-247)。

图 8-247

（三）散打摔法范例

（1）勾踢(图 8-248)。

图 8-248

（2）抱腿摔(图 8-249)。

图 8-249

(3) 别摔(图 8-250)。

图 8-250

三、防身术的攻击部位与实用技法

(一) 攻击部位

防身术常用的攻击部位是人体的关节和人体薄弱环节,也是人体的易控关节与要害部位。

1. 人体易控关节

人体中骨与骨相连接能活动的部位叫关节。人体关节受到超过生理限度的打击或压迫时,就会造成脱臼或韧带撕裂,从而失去正常功能。在进行自我防卫的过程中,要想做到控制一名歹徒的关节,完整实施防卫动作,实属不易,需要通过系统训练,使身体素质达到一定的条件和掌握必要技能后,才能达到很好的效果。

易控关节主要有颈部关节、肩关节、肘关节、腕关节、指关节、膝关节、踝关节等(图 8-251)。

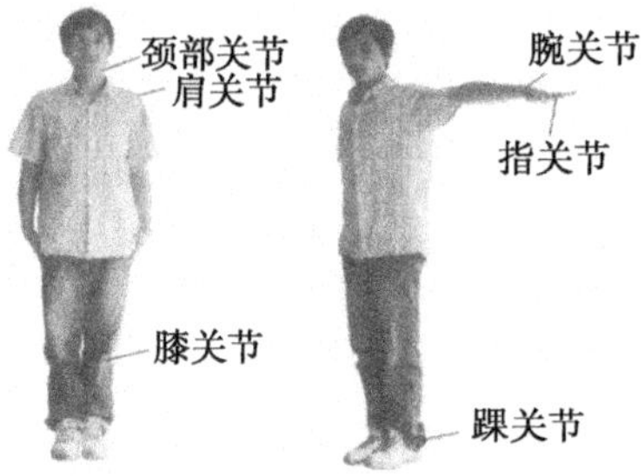

图 8-251 人体易控关节

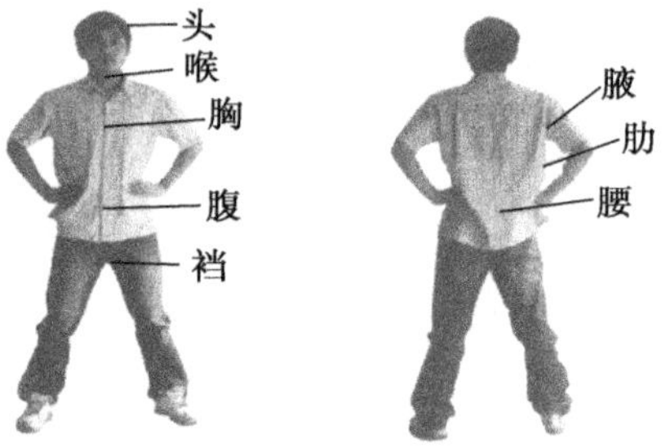

图 8-252 人体要害部位

2. 人体要害部位

人体要害部位是指人体遭受外力打击或挤压和强烈振动时,最容易造成昏迷、伤残、休克、致死,以及使某些组织器官、神经或肌肉发生功能性障碍的部位。根据承受打击的能力,人体要害部位是裆部、头部(眼睛、后脑)、腋下、咽喉(颈部动脉)、肋部、腹部、腰部、胸腔(图 8-252)。这些部位是防卫者常用的最佳攻击目标。有的要害部位若被击可达到一招制胜的效果,有的可使人暂时失去抵抗能力。所以攻击对手时,要有击打要害的意识。如果击不中要害,攻击就不易奏效;如果能击中要害,即使是轻轻一点也会收到事半功倍的效果。

(1) 头部。头部是人体的主宰,有听、视、嗅觉功能以及大脑、小脑等重要器官。其要害部位有眼睛、后脑、太阳穴、耳后穴等,这些部位若受到拳脚、外物等重力打击,会使人昏迷甚至死亡。这其中眼睛为"明穴",眼睛更为身之主,宜精神贯注,破敌全凭之。它是公开暴露的,又是要害,若受到点、戳等打击,轻者会流泪不止、怕光而睁不开,重者会眼内大量出血或发生水肿,甚至失明。

(2) 喉部。喉部通常称为咽喉,这一部位面积较大,包括呼吸道和食道,两侧附有颈动脉血管。若用力卡压、锁喉,以掌、指、拳等重力击打,就会使呼吸和血流受阻,使人头昏、休克甚至死亡。

（3）胸腔。胸腔内有心肺等重要器官。胸腔受到拳、掌、肘、膝等重力击打或压迫时,就会使心肺受到损伤,失去正常功能(尤其是我们俗称的“心窝”三角部位)。

（4）腹部。腹腔内有肝、脾、胃、肾、膀胱等重要器官,壁腹膜神经末梢丰富,感觉非常灵敏。若受到拳、膝、脚等重力打击或压迫,可导致剧痛昏迷或损伤,失去正常功能。

（5）腰部。腰部是连接上体与下体,维持身体正常姿态的重要部位,起着传导重力的作用,若受到拳、脚、膝的猛力打击,腰椎、肾脏会失去正常功能。

（6）肋部。人体共有十二对肋骨。由于肋骨细长,若受到拳、脚、肘等重力打击或压迫,可导致疼痛、骨折,甚至使内脏器官损伤,呼吸困难,失去正常功能。

（7）裆部。裆部是指生殖器官,也是人体神经末梢最丰富的地方。若受到顶、撞、抓、踢、撩等打击,会造成剧痛或昏迷。在防卫技术中对裆部的动作俗称为“击裆术”,它也是女子防卫的惯用招法。

（8）腋下。腋窝下有丰富的神经组织,又紧靠人体重要的内脏器官——肺脏。人体背骨、胸骨的防护,在这里恰巧形成交接空缺。腋下遭遇打击,轻则疼痛憋闷难忍,重则吐血窒息。

（二）实用技法

防身术的实用技法按受敌方位分为正面迎敌、侧面迎敌、背面迎敌和综合技艺四种类型。

1. 正面迎敌

受敌正面攻击时,可采用以下招式。

（1）头撞。以额头为武器攻击对手,在武术中被称为头锋。头部虽然要害薄弱部位最多,但也有坚实的区域,就是额。有人做过试验,人的前额能承受1000千克的压力。徒手对前额的攻击,若无特殊功力,一般都是攻击一方受伤。而以头锋击人,却颇见威力。头锋攻击,主要用于撞击对手面部和胸部(图8-253),一般而言,撞击面部效果较好。撞击面部要瞄准鼻梁处三角区,千万不能撞在对方前额上,形成互伤。

动作要点:注意用发际以下、眉弓以上的前额撞击对方的面部或胸腹部,用力要狠,力点要准。

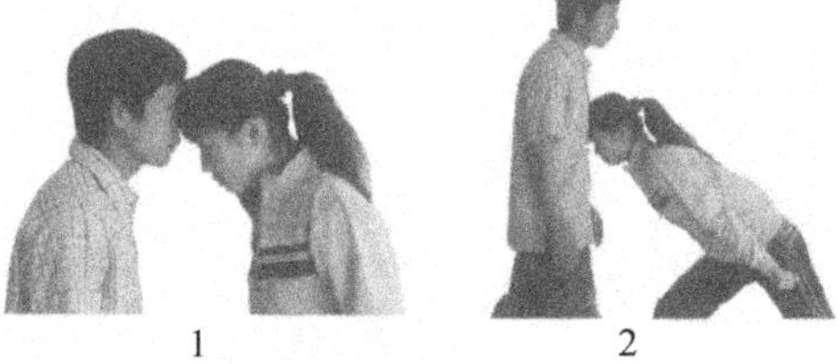

1　　2

图8-253　头撞

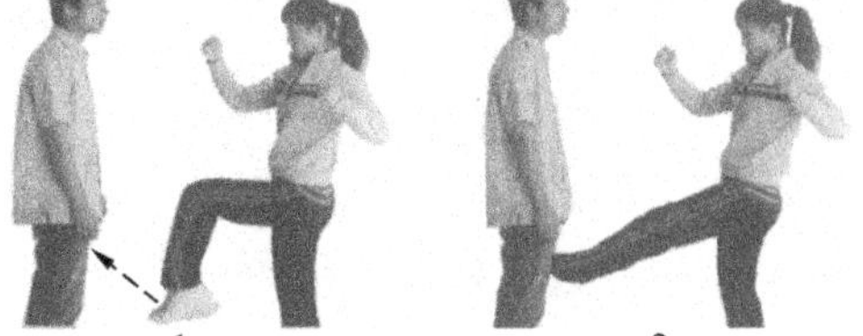

1　　2

图8-254　弹踢裆部

（2）弹踢裆部。歹徒正面攻击,我即成站立实战姿势,一腿支撑,一腿屈膝抬腿,脚背绷直,力达脚背,向歹徒裆部弹踢(图8-254)。

动作要点:绷脚尖,用踝关节和脚背踢击裆部。

（3）正侧踢:先转体,一腿上抬,屈膝,勾脚尖,由屈到伸向前端击,力达脚跟;低踹腿可踹胫骨和膝(图8-255),中端腿可踹歹徒腹部。

动作要点：迎击在对方胫骨上的瞬间，注意把踝关节勾紧，保持自身的平衡。

（4）压腕撞头。歹徒单手抓胸，我即双手紧压其腕，重心下沉，上体前倾，同时用前额撞其面部（图 8-256）。

动作要点：压腕要紧，撞头要狠，压腕与撞头要同时进行。

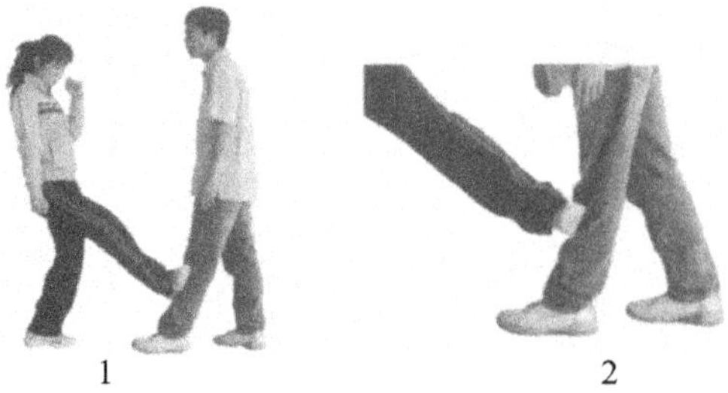

图 8-255　低踹腿

图 8-256　压腕撞头

（5）锁腕踢头。歹徒正面抓腕，我即用另一手按压其手，同侧手外旋，擒拿其腕，再踢其头部（图 8-257）。

动作要点：锁腕以后，要注意将对方手拉直，用低边腿弹踢其面部。

（6）开山震虎。歹徒双手搭在我肩，我即双臂向上向外撑架、格挡，同时，用头撞其面部（鼻梁）（图 8-258）。

动作要点：两臂撑架要快速、准确，头撞要猛，力点要准。

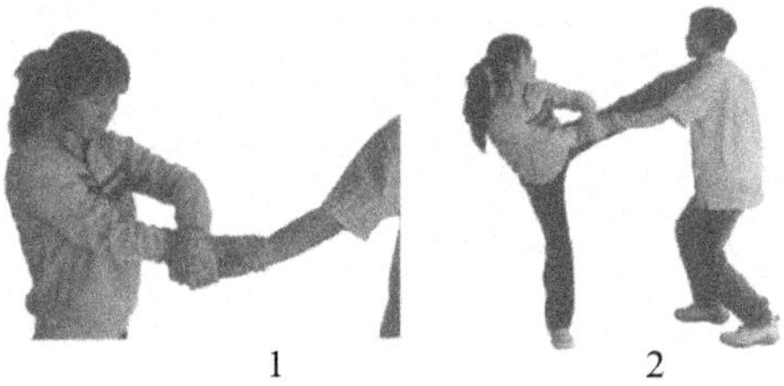

图 8-257　锁腕踢头

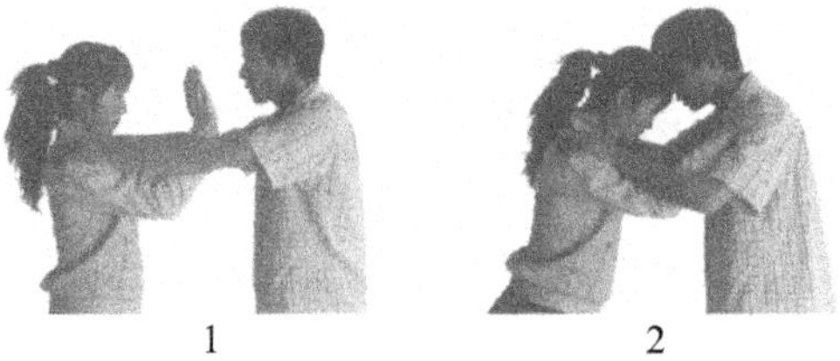

图 8-258　开山震虎

（7）挟臂抱摔。歹徒直拳击我面部，我即用双手格挡挟住其臂，再上步用肘击其面部，同时用腿绊踢其重心脚跟部，将其摔倒在地（图 8-259）。

动作要点：挟臂、肘击和绊踢要同时进行，协调一致。

图 8-259　挟臂抱摔

（8）侧闪撞膝。歹徒直拳击我面部，我即向侧闪躲，两手按压其肩臂，用膝撞击其肋间或胸腹部（图 8-260）。

动作要点：闪躲要及时，按压要与撞膝动作协调配合。

（9）踢胫击面。歹徒单手抓胸挑衅，我即一手格挡，一腿踢敌胫骨，同时用另一手掌击其面部(图 8-261)。

动作要点:格挡、脚踢和掌击要同时进行。

图 8-260 侧闪撞膝

图 8-261 踢胫击面

(10) 狮子摇头。歹徒正面抓肩,我即上前一步,同时一手按压其手腕,同侧手外旋托其肘部,像狮子摇头般地擒住其手臂(图 8-262)。

动作要点:压腕与托肘要配合用力(反向用力),不容对方屈臂松脱。

(11) 前上翻。歹徒击我胸部,我即用同侧手前臂先格挡,后抓腕,一脚上步,另一手下穿反压其手腕,将其擒住(图 8-263)。

动作要点:压腕和下穿之手相交,握住其手腕,反关节,使其前臂外上翻。

(12) 抱腰摔。歹徒出拳袭击或伸手挑衅,我即向外格挡抓握其手腕,上前一步紧抱其腰,身体贴紧敌髋部,用力将歹徒摔倒在地,倒地的同时将其手臂缠绕其颈部,我单腿跪压在其背部,将其擒住(图 8-264)。

动作要点:格挡、上步要同时完成,抱摔用力要快。

图 8-262 狮子摇头

图 8-263 上前翻

图 8-264 抱腰摔

(13) 英雄跨虎。歹徒左直拳击我,我即右手格挡、抓腕,左手抓其上臂,两手一起用力向下、向后拉,同时,用左腿向后绊踢其前腿,迫使其倒地,我即跨骑在歹徒左肩上,同时压其手腕(图 8-265)。

动作要点:向斜下用力,使其手臂保持伸直状态,同时绊踢对方的支撑腿。

(14) 上步挎篮。歹徒抓我手臂,我即上前一步,用同侧手格挡、握其腕,用另一手臂击其肘部,反绕抓住其肩,握腕之手使其屈臂,同时用力上推,侧跨一步成弓步,如挎篮动作将其擒住(图 8-266)。

动作要点:抓肩要快,推臂要狠。

图 8-265 英雄跨虎

图 8-266 上步挎蓝

(15) 拉臂别肘。歹徒正面摆拳击我头部,我用同侧手格挡、抓腕,另一手穿插在其臂下,抓拉其肘部,向前推压,将其擒住(图 8-267)。

图 8-267　拉臂别肘

动作要点:拉臂动作与推肘动作要同时用力。

2. 侧面迎敌

(1) 侧面抱腰。歹徒侧面双手抱腰,我即屈肘用力向上挑肘,击打歹徒下颌(图8-268)。

动作要点:要在歹徒未抱紧时快速掀肘击之。

(2) 侧面搂脖。歹徒侧面单手搂脖,我即屈肘用力向后击肘,击打歹徒腹部(图8-269)。

动作要点:击打腹部时,要猛用力,向击打方向拧腰。

图 8-268　挑肘击颌

图 8-269　屈肘击腹

图 8-270　拉腕踢摔

(3) 侧拉手腕。歹徒侧面拉我手腕,我急反手握住其手,向内旋转,向下、向后拉其手臂,同时用低踹腿踢其胫骨,将其摔倒(图 8-270)。

动作要点:往后拉臂的同时,用力踢击。

(4) 别翅压肘。歹徒侧面拍我肩部,我即按压其手掌,同侧手屈臂滚压其肘部(图 8-271)。

动作要点:压手掌要紧,不能松,屈臂、滚压要快。

(5) 压腕击面。歹徒侧面拍我肩部,我即拍压其前臂,同侧手屈臂握拳,鞭拳击其面部(图 8-272)。

动作要点:用拳面击其鼻梁。

(6) 弓步顶肘。歹徒侧面拉我衣袖,我即拍击其前臂,同侧手屈臂握拳,用肘击其肋间(图 8-273)。

动作要点:拍击、顶肘要一气呵成。

图 8-271　别翅压肘

图 8-272　压腕击面

图 8-273　弓步顶肘

3. 背面迎敌

(1) 后面抱腰。

① 仙人摘桃。歹徒后面双手抱腰,我即上体前俯,一手从两腿之间向后伸出,反手抓、握其生殖器(图 8-274)。

动作要点:前俯腰要快,保持身体平衡,撩阴掌要快而准。

② 折其手指。歹徒从后面双手抱腰,我即抓住其手指,向相反方向折其手指(图

8-275)。

动作要点:折手指时,最好是折一个手指。

③ 下蹲拉腿。歹徒从后面双手抱腰,我即下蹲成马步,两手握住其腿,向前、向上拉,将其摔倒(图 8-276)。

动作要点:应确定歹徒一腿在我裆下时才能运用此招,并注意保持自身平衡,拉腿要快而有力。

④ 压腕撞头。歹徒从后面双手抱腰,我即一手抓其手腕反其关节,另一臂屈肘,回身用肘尖撞其头部(图 8-277)。

动作要点:转身要快,发力要猛。

图 8-274　仙人摘桃

图 8-275　折指解围

图 8-276　下蹲拉腿

图 8-277　压腕撞头

⑤ 吸气撞肘。歹徒从后面将我搂抱,我即吸气外展,再呼气缩身下沉,用肘后击其腹部(图 8-278)。

动作要点:此招是被歹徒抱紧以后,采用吸气使胸腔扩大,再呼气缩小胸腔,利用瞬间空隙差距,下沉、撞肘。

⑥ 震脚撞头。歹徒从后面将我搂抱,我即提膝震脚,用脚后跟踩其脚背,同时抬头撞击其面部(图 8-279)。

动作要点:震脚、撞头要同时进行。

图 8-278　吸气撞肘

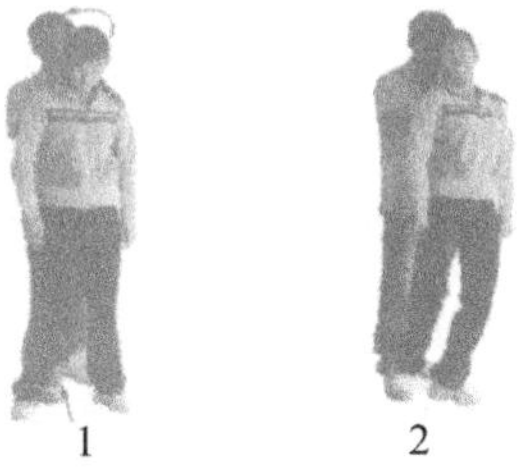

图 8-279　震脚撞头

(2) 后面搂脖、抓肩。

① 仰头撞击。歹徒从后面单手搂脖,我即仰头撞击其面部(图 8-280)。

动作要点:用心感受其呼吸,用力向后撞击其头部。

② 屈肘撞腹。歹徒从后面双手抓肩,我即屈肘回身,用肘撞击其腹部(图 8-281)。

动作要点:回身要快,用力要猛。

③ 回头擒猿。歹徒从后面单手抓肩,我即回身用异侧手按压其手掌,同侧手内旋缠绕其手臂,按压在敌胸前(图 8-282)。

动作要点:按压手掌的手要紧,缠绕要快。

图 8-280　仰头撞面

图 8-281　屈肘撞腹

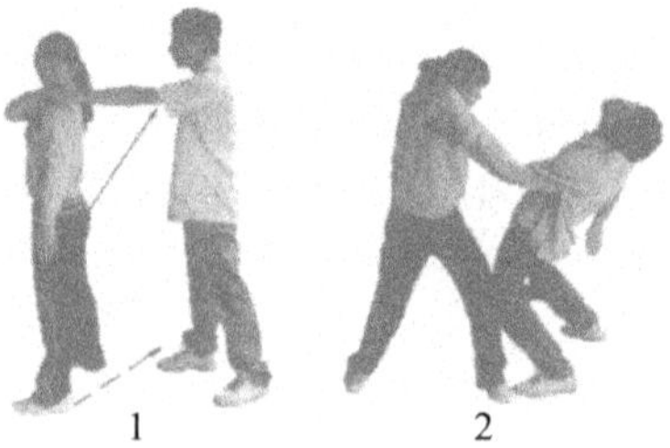

1　2

图 8-282　回头擒猿

(3) 后面抓头。

① 回身踢裆。歹徒从后面抓头，我即用双手按压其手腕，反其腕关节，回身脚踢其裆(图 8-283)。

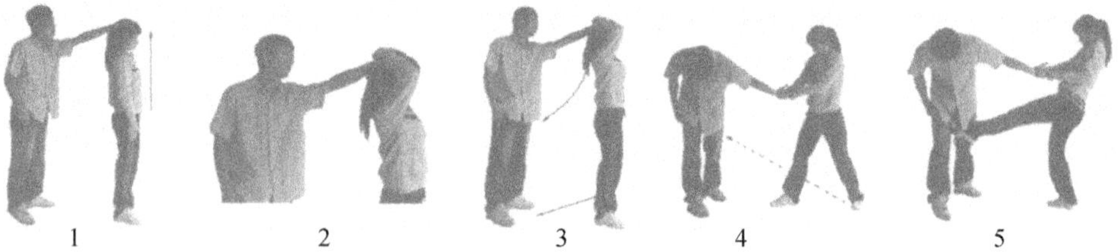

1　2　3　4　5

图 8-283　回身踢裆

动作要点：按压、反其关节和回身要一致，踢裆要狠。

② 退步撞肘。歹徒手抓我头发或辫子，我即后退两步用肘撞击其胸部(图 8-284)。

1　2　3

图 8-284　退步撞肘

动作要点：退步与撞肘要同时完成。

4. 综合技艺

(1) 仰卧被按压倒地后成仰卧姿势，被歹徒按压，这时歹徒可能站着、跪着、坐着、趴着、骑在仰卧者身上，也可能卧靠在旁边，或仅以上身压着仰卧者，另外，也可能抓领、抓肩、搂脖或掐喉。但是，不管其处于上述哪种情况，都要尽可能地采取攻其要害、一招制敌的方法。

① 仰卧踢裆。歹徒站立，两腿分跨于仰卧者上体左右，俯身抓、掐、压制仰卧者，这时，仰卧者腰部上抬、举腿，用力蹬击其裆部，将其踢倒在地(图 8-285)。

动作要点：用脚踢击小腹，两手推其上体。

② 插击腋窝：若对方手肘抬起，露出腋下，可用掌夹、凤眼捶、勾手等猛击其腋窝(图 8-286)。

动作要点：插击时机是歹徒向前伸臂之时，用指尖插向歹徒腋窝。

③ 二龙戏珠。直接戳击对方眼睛或戳击对方咽喉，有意想不到的效果，因为这时距离很近(图 8-287)。

动作要点：瞄准眼球，指尖对准插击。

图 8-285　**仰卧踢裆**

图 8-286　**插击腋窝**

图 8-287　**二龙戏珠**

④ 肘击头部。如果手臂未被压住，对方的手臂又未形成阻隔（多在抱胸腰时），可用肘尖横击其太阳穴（图 8-288）。

动作要点：用腰腹之力、旋臂之力，向内猛击其头。

⑤ 口咬鼻舌。如歹徒强行亲吻仰卧者，可抓住机会咬掉其鼻尖或舌尖。但要注意的是，被咬伤后的歹徒可能更丧心病狂。因此要在狠咬之后，趁其负痛一时失智的机会，连续进攻，再对其要害部位实施攻击（图 8-289）。

动作要点：口咬要果断，趁歹徒慌乱之时，继续击打其要害部位。

图 8-288　**肘击头部**

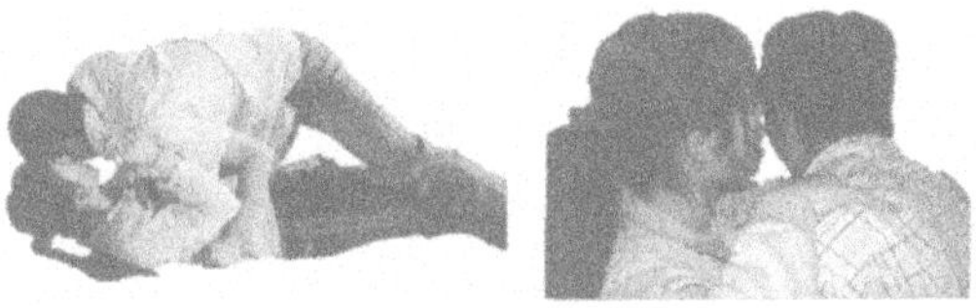

图 8-289　**口咬鼻舌**

⑥ 撞击鼻梁。双手托住歹徒双肩，以头锋撞其鼻梁，撞击要猛（图 8-290）。

动作要点：用前额部位，对准鼻梁撞击。

⑦ 膝撞腹部。两手扶地或抓住歹徒肩部，屈膝，用膝撞击歹徒腹部（图 8-291）。

动作要点：要找到支点，发力要狠。

（2）侧卧被按压。被歹徒搂抱成侧位时，可采用的防卫方法有头撞、脚踢、肘击等多种方法。

① 侧踹踢裆。倒地后成侧卧姿势，被歹徒按压，这时，最好的解脱方法是屈腿，用侧踹腿踢其裆部（图 8-292）。

动作要点：屈腿要快，发力要猛。

图 8-290　**撞击鼻梁**

图 8-291　**膝撞腹部**

图 8-292　**侧踹踢裆**

② 后脑撞面。如果被歹徒侧位抱住欲强吻，则退后一步，背对歹徒，再用后脑撞击歹徒面部（图 8-293）。

动作要点：用后脑撞击歹徒鼻梁。

③ 肘击肋间：如果歹徒侧位搂抱，则可回身用肘尖向后撞击其肋间（图 8-294）。

图 8-293　**后脑撞面**

动作要点:转身与撞击动作要连贯。

(3) 处于俯卧被按压时,是一种非常被动的位置,所以要尽一切可能变成侧位或仰卧位,这样就可以用前面介绍的方法进行自救。如果不行,可以尝试下面的方法抗暴。

① 肘击头部。俯卧在地时,如果歹徒头靠你很近,你可以用一手撑住地面,使上体向上抬高一点,另一手屈臂,用肘向后击打歹徒太阳穴或面部(图 8-295)。

动作要点:撑地之手要稳,肘击头部要狠。

图 8-294　肘击肋间

图 8-295　肘击头部

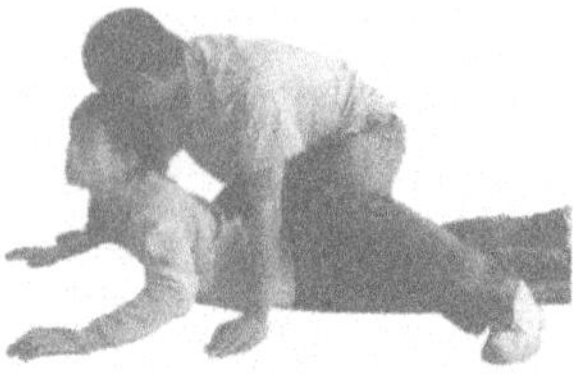

图 8-296　仰头击面

② 仰头击面。俯卧在地时,如果能够感觉到歹徒靠近你的气息,也可以两手扶地,直接向后抬头撞击歹徒面部(图 8-296)。

动作要点:沉着冷静,先低头再抬头。

③ 缩身拱猪。如果歹徒骑坐在你背上,你可两手撑地,后缩上体,弓背撅臀,把歹徒摔倒在地上(图 8-297)。

动作要点:缩身向后,弓背抬臀。

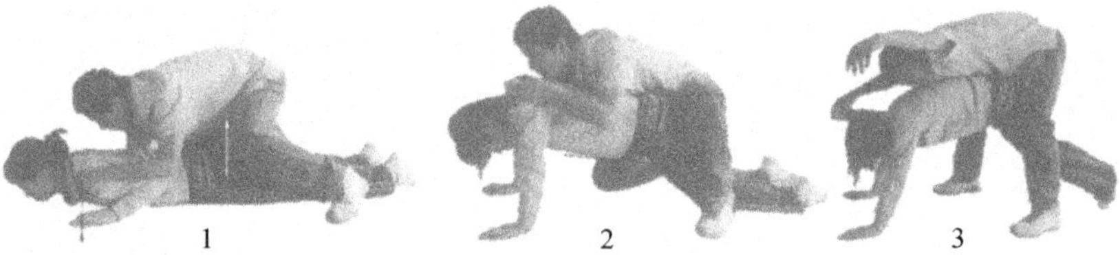

1　2　3

图 8-297　缩身拱猪

思考题

1. 简述太极拳的技术要求。
2. 散打的拳法包括哪些内容?
3. 何谓“十二型”?
4. 简述防身术实用技法的四种类型,并各举两例加以说明。

第九章

跆 拳 道

第一节　跆拳道运动概述

跆拳道源于朝鲜半岛的民间技击术，是一项运用手、脚技术进行格斗的韩国民族传统体育项目，它由品势（套路）、搏击、功力检验三部分内容组成。跆拳道既是一项强身健体、防身自卫的传统搏击术，又是集竞技和娱乐为一体的现代竞技体育运动项目，具有内外兼修、方法独特、以功力验水平等特点。经常参加跆拳道运动能够健体防身，强壮筋骨，提高各关节的灵活性及肌肉的伸展性和收缩能力，增强人体的击打和抗击打能力。跆拳道不仅仅强调身体运动，更强调道德品质和心灵的发展，所以它也是一套精神训练体系。它所提倡的“礼仪、廉耻、忍耐、克己、百折不挠”的武道精神，有助于练习者在增强体质、掌握技术的同时，树立坚韧不拔的意志品质。跆拳道作为韩国的“国技”，也是增强青少年体质、培养爱国意识的重要手段。

一、跆拳道的含义

所谓跆拳道，跆（TAE），意为以脚踢、摔撞；拳（KWON），以拳头打击；道（DO），是一种艺术方法。跆拳道是一种利用拳和脚进行格斗的艺术方法，运动中以脚法为主，其脚法占70%。跆拳道的套路共有 24 套，另外还有兵器、擒拿、摔锁、对拆自卫术及 10 余种基本功夫等。

从字面含义可以看出，跆拳道是一种手脚并用的武术搏击，但在有些竞技比赛中，部分技术，特别是手技，出于保护运动选手、增强比赛观赏性等原因而被限制。例如，奥运会上规定，手的攻击动作只可使用正击拳（直拳），且只能攻击躯干被护具保护的位置。

二、跆拳道的起源与发展

大约公元前 1 世纪，朝鲜最古老的三个国家先后兴起，为了对抗外侵，武士们把民间盛行的各种武艺活动引入军队，作为强身健体、保家卫国的搏斗技术进行严格的训练，之后这种活动逐步演化为有目的、有意识的斗技活动，这就是跆拳道的雏形。后来，跆拳道在世界广泛流传，吸收各国的武艺精华，如中国的武术、日本的空手道等，从而得到进一步丰富和改善。

现代的跆拳道被韩国人视为国技。1961 年，韩国成立了唐手道协会，后更名为跆拳道协会。1966 年成立了国际跆拳道联盟（ITF），崔泓熙任首届联盟主席。1973 年 5 月世界跆拳道联盟在韩国首尔成立（WTF），金云龙当选为主席。1975 年世界跆拳道联盟被正式接纳为国际体育联盟的会员。1980 年国际奥委会正式承认了世界跆拳道联盟。1986 年，跆拳道被列为亚运会正式比赛项目。1988 年第 24 届奥运会在韩国首尔拉开帷幕，主办国经不懈努力，使跆拳道被列为第 24 届、第 25 届和第 26 届奥运会的表演项目。1994 年在法国巴黎召开的国际奥委会第 103 届会议决议，将跆拳道列入 2000 年奥运会正式比赛项目，设男女各四个级别。目前，跆拳道运动已经成为完全正规的比赛项目。

三、我国跆拳道的发展

1992年10月7日，中国跆拳道协会筹备小组成立，标志着我国跆拳道运动的正式开始。1995年8月，中国跆拳道协会正式成立，从此跆拳道在中国迅速发展。同年11月，中国跆拳道协会被世界跆拳道联盟接纳为正式会员。1998年5月，在越南举办的第13届亚洲跆拳道锦标赛上，贺璐敏为中国赢得了第一枚亚洲比赛金牌，实现了我国跆拳道在国际正式比赛中金牌零的突破。1999年世界跆拳道锦标赛上，我国女选手王朔战胜多名世界跆拳道高手，获得女子55公斤级冠军，这是我国跆拳道运动员获得的第一个世界冠军。2000年9月，在悉尼奥运会上，中国女选手陈中为我国获得第一块奥运会跆拳道金牌。

2002年8月，国家体委首次试行跆拳道专业运动员非职业化，以此向世界跆拳道运动靠拢。同年11月，中国跆拳道精英挑战赛竞赛规则出台，从此中国跆拳道正式迈入商业化。2004年雅典奥运会上，陈中蝉联冠军，罗薇为我国赢得了女子67公斤级的金牌。2007年5月北京世界跆拳道锦标赛，世界冠军陈中完成自己职业生涯的大满贯，吴静钰在47公斤级决赛中以绝对优势夺金。在2008北京奥运会上，吴静钰战胜泰国名将布特蕾·贝德蓬，再次夺取金牌。2011年5月，在韩国庆州的跆拳道世锦赛上，吴静钰赢得女子49公斤级决赛的冠军。2012年伦敦奥运会上，吴静钰卫冕金牌成功。2014年7月吴静钰夺得世界跆拳道大奖赛49公斤级金牌。

近些年以来，这项被称为韩国国技的运动，在中国得到蓬勃发展，不仅成为时尚和实用的休闲方式，而且还培养出一大批具有夺金实力的运动员，大有动摇韩国国际霸主地位之势。

四、跆拳道的特点与作用

（一）跆拳道的特点

1. 以腿为主，拳脚并用

跆拳道在进攻时主要运用腿法攻击对方头部（以面部为主，不允许攻击后脑）以及被护具所保护的胸腹部，注重送髋，力求出腿的力度和击打的效果。在比赛中虽然可以使用手法，但大多数情况下，手臂只起到防守、格挡的作用。

2. 以刚制刚，方法简洁

跆拳道比赛中，练习者使用的技术多是以刚制刚，以直接接触为主，方法硬朗简练。进攻时多采用直线的连续进攻，以快速连贯的腿法组合打击对手；而防守也是以直接的格挡为主，讲究以硬抗硬，以快制快。

3. 动声结合，强调气势

跆拳道练习中，要求在气势上给人以威严，多以发出洪亮并带有威慑力的声音来显示自己的威力。尤其在跆拳道比赛中，双方运动员都以规则允许的发声来提高自己的斗志，借以在气势上压倒对手，或者在出击时配合声音，营造击打效果以获得裁判认可，争取先在心理上战胜对手。

4. 注重礼仪，内外兼修

“礼仪”是跆拳道基本精神的具体体现。跆拳道练习虽然以双方格斗的形式进行，但其目的在于提高技艺和磨炼意志品质，因此不管比赛怎样激烈，双方始终都要以礼相待。跆拳道是对练习者身体和精神的综合磨炼，练习者往往能够在艰苦的训练中培养出理想的人格和体魄，并养成恭敬谦虚、友好忍让的态度和互助互学的作风。

（二）跆拳道的作用

1. 有利于练习者智力水平的提高

通过跆拳道基本知识的教授，不仅可以使练习者掌握运动技术、科学锻炼身体的方法，还可以在技能形成过程中对其进行智能教育，培养练习者的求知欲望，丰富练习者的体育文化知识，领悟东方传统文化，拓宽知识面。从跆拳道实战的步法、手法来看，它要求运动者灵活、快速、敏捷、多变。因此，运动者必须集中注意力，仔细观察，认真思考对方的一举一动，这样才能够“知己知彼，百战百胜”。通过不同手段的跆拳道练习，有利于改善练习者大脑的物质结构和技能状况，全面发展观察力，广泛训练记忆力，启发诱导想象力，帮助提高思维力。

2. 促进练习者道德素质的提高

跆拳道继承和发扬了讲礼仪、讲道德的优秀传统，十分重视礼仪的教育。这种礼仪的教育使练习者充分认识到学习跆拳道的目的并非逞强斗狠，而是磨炼意志、振奋精神。跆拳道注重对礼仪、道德修养的学习和遵从，每一次练习都要求“以礼始，以礼终”，要求练习者养成谦虚、礼让的品德和尊师重道、讲理守信的情操。跆拳道的理论认为：一个跆拳道练习者，他的言行举止体现着他本人的道德素质和人格品性，而跆拳道教育的实质是对一个人道德品质的完善。

3. 促进练习者意志品质的形成

跆拳道是对练习者意志品质的全面锻炼和培养。跆拳道倡导“以礼始，以礼终”的尚武精神，贯穿礼义廉耻、忍耐克己、百折不屈的根本宗旨。通过跆拳道的艰苦训练，可以使练习者克服自身软弱，培养其坚韧不拔、顽强坚毅的意志品质。

第二节　跆拳道基本技术

对初学者来讲，了解并学习跆拳道的基本技术是很有必要的，它是练习者完成连贯动作的基础，也是熟练运用所有技术动作的保证。因此，在跆拳道学习的过程中，必须经常复习巩固，以便提高水平。

一、跆拳道的使用部位

（一）手

手的使用包括拳、掌、指三部分。

1. 拳

拳是跆拳道中使用最广泛的部位之一。拳的作用是攻击对方面部、胸部、腹部和防守。

拳的握法：四指并拢，回屈握紧，将拇指内屈贴紧食指和中指的第二关节处［图 9-1（a）］，拳面要平。

拳面：即握紧的拳的峰面［图 9-1（b）］。利用拳峰直接攻击对方，力点是拳的峰面。

拳背：握紧的拳背部，中指和食指的掌指关节突出部分［图 9-1（c）］。用于抖腕和伸肘向外侧摆动击打。

锤拳：拳握紧后，小手指以下、腕关节以上的小鱼际肌的外侧［图 9-1（d）］。用锤拳由上向下直接锤击最有效。

平拳：手指第二指关节弯曲，四指尖贴紧手掌，拇指扣于虎口处[图9-1(e)]。实战可用平拳冲击对方的上唇、眼睛和颈部，动作短促有力。

指节拳：拳握紧后，将食指第二指关节特别突出形成食指节拳[图9-1(f)]。将中指第二关节特别突出形成中指节拳[图9-1(g)]。实战中用指节拳攻击对方上唇、眼睛、太阳穴、两肋、腹腔，效果极佳。

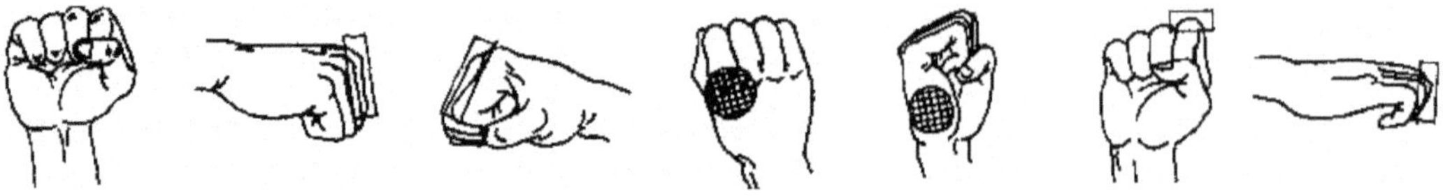

(a) 握拳　(b) 拳峰　(c) 拳背　(d) 锤拳　(e) 平拳　(f) 食指节拳　(g) 中指节拳

图9-1　拳

2. 掌

掌即所谓的刀。手刀，也叫空手刀。将四指并拢伸直，拇指弯曲贴紧食指，小指的外侧沿即形成手刀[图9-2(a)]，拇指的内侧形成背刀[图9-2(b)]。手刀和背刀在实战中用于砍击或截击。

掌根：也称熊掌。将四指并拢，从第二指关节处全部弯曲扣紧，拇指扣紧虎口处[图9-2(c)]。实战时用掌根击打对方的头部、下颌和锁骨。

底掌：也称弧形掌。四指并拢，指关节微屈，拇指外展屈，掌成弧形[图9-2(d)]。可用掌根底部攻击，也可用拇指和食指之间掐击颈部。

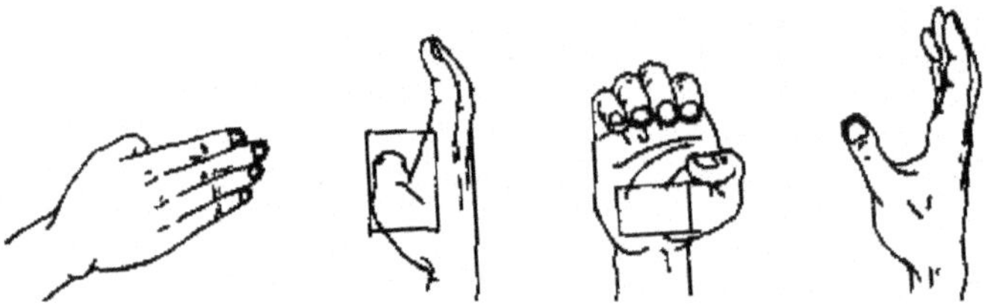

(a) 手刀　(b) 背刀　(c) 掌根　(d) 底掌

图9-2　掌

3. 指

贯手：手形和手刀相似，中指和食指微屈，基本保持四指尖平齐，大拇指向掌内贴紧[图9-3(a)]。实战时用来戳中对方的主要器官。

二指贯手：伸展食指和中指成“V”形，拇指压紧无名指第二指关节处，小指内扣[图9-3(b)]。主要用来插击对方的眼睛。

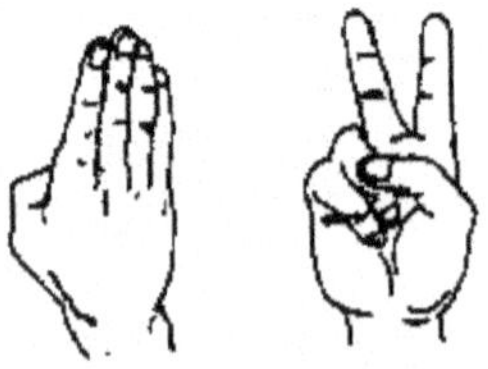

(a)贯手　(b)二指贯手

图9-3　指

(二) 臂

臂的使用包括腕部和肘部。

(1) 腕部：是指腕关节的四周部位。利用腕关节的内、外、上、下四个部位进行格挡防守。

(2) 肘部：是指上臂、前臂之间的骨联结——肘关节部分(图9-4)。由于肘关节距身体中心近、运动灵活，属较大肌群工作

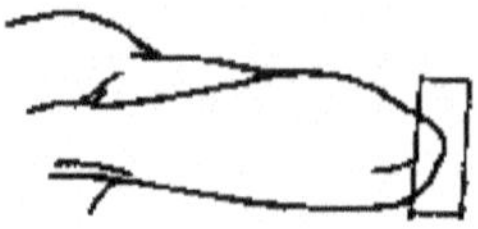

图9-4　肘

关节,因而肘的进攻威力极大,也可用于格挡防守。

(三) 腿

腿部主要使用的是膝关节。

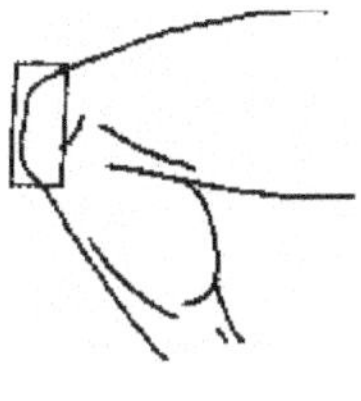

图 9-5 膝

膝部:是指股骨和胫、腓骨之间的骨联结——膝关节(图 9-5)。膝关节是人体最典型的骨关节,其组成骨骼大而粗壮,股肌和腓胫肌直接作用于膝关节,因而该关节动作既灵活又有力量,杀伤力极大,既可进攻又可防守。

(四) 足

是指脚的踝关节及以下的各部位。

(1) 脚前掌:指脚底前部的骨和肌肉部分[图 9-6(a)]。进攻时主要用于前踢、旋踢和抡踢。

(2) 脚后掌:指脚底后部的跟骨下缘和肌肉部分[图 9-6(b)]。进攻时主要用于转踢和蹬踢。

(3) 正脚背:指脚的正面,踝关节以下至第一趾关节以上部位[图 9-6(c)]。正脚背进攻时常用于横踢、摆踢、跳踢和飞踢。其作用距离远,力量大。

(4) 足刀:指脚底和脚背相联结的脚外侧边缘部位[图 9-6(d)]。主要用于侧踹或侧铲。

(5) 脚后跟:指脚后部踝关节以下的部位[图 9-6(e)]。脚后跟进攻时主要用于后蹬、劈腿和转身后摆动作。

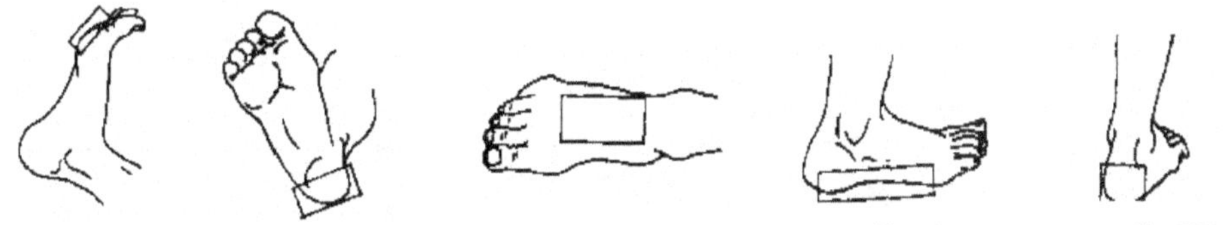

(a) 脚前掌　(b) 脚后掌　(c) 正脚背　(d) 足 刀　(e) 脚后跟

图 9-6 足

(五) 额

跆拳道中可用自己的额部顶撞对方的脸部。

二、跆拳道的基本步型

(一) 准备势

两脚开立与肩同宽,两手握拳置于腹前[图 9-7(a)]。

(二) 开立步

身体直立,两脚开立与肩同宽,两膝微屈,脚尖正对前方,两手握拳置于体侧[图 9-7(b)]。

(三) 马步

两脚开立,较肩宽,两脚尖向前或略内扣,挺胸直背,两腿屈膝半蹲,重心落在两脚之间[图 9-7(c)]。

(四) 弓步

两脚前后分立,相距约一步半,前腿屈膝、后腿伸直,前腿膝关节与脚尖垂直,重心大部分落在前脚上。左脚在前称左弓步,右脚在前称右弓步[图 9-7(d)]。

(五) 后弓步

两脚前后分立,相距约一步,后脚脚尖外展约 90°,屈膝如同骑马状,前腿膝关节略屈,重心大部分落在后脚上。左脚在前称右后弓步，右脚在前称左后弓步[图 9-7(e)]。

(六) 前探步

如走路姿势，两脚前后分立，距离小于弓步，上体略前倾，前腿膝关节略屈，重心大部分落在前脚上。左脚在前称左前探步，右脚在前称右前探步[图 9-7(f)]。

(七) 虚步

与后弓步相似，前脚掌点地，脚跟提起，重心落在后脚。左脚在前称左虚步，右脚在前称右虚步[图 9-7(g)]。

(八) 交叉步

一脚向另一脚的前侧(前交叉步)或后侧(后交叉步)落步，脚尖着地，两腿屈膝交叉[图 9-7(h)]。

(九) 并步

两腿直立，两脚跟并拢[图 9-7(i)]。

(十) 单脚立

提起一条腿并将脚置于另一腿的膝关节处，只用一条腿站[图 9-7(j)]。

图 9-7 基本步型

三、跆拳道的基本步法

在跆拳道运动中，是否能够合理运用腿法准确和强有力地击打对方，是影响比赛胜负的重要因素。腿法的运用是以机动、灵活、稳固的步法作为纽带来实现的，因此步法训练在跆拳道练习中非常重要。

(一) 进步

动作特点：主要用于快速进攻，使自己处于有利的进攻位置。

动作方法：实战姿势(左势)。后脚朝前跨一步，换为实战姿势(右势)。

要点：以前脚为轴，后脚掌蹬地，拧腰转髋迅速，上步时上体保持平稳。

易犯错误：上步时步子过大或过小，重心起伏不稳，动作脱节，有跳步的现象。

纠正方法：上步时两脚间距离约为本人两个脚掌长，上步脚接近地面，使身体保持平稳，进步快、连贯、自然，不可跳步。

（二）退步

动作特点：主要用以快速退防，从而使自己处在防守的最佳位置，从被动变为主动。

动作方法：实战姿势（左势）。右脚向后退一步，换为实战姿势（右势）。

要点：以后脚为轴，前脚掌蹬地，拧腰转髋迅速，退步时重心保持平稳。

易犯错误：退步速度慢，重心不稳，动作脱节，有跳步现象。

纠正方法：快速拧腰退步，两脚间距约为本人两个脚掌长，重心平稳，不可起伏；动作连贯，退步脚接近地面，避免跳步。

四、跆拳道实战基本姿势

（一）准备姿势

准备姿势也称实战姿势或预备姿势，是跆拳道比赛双方开始时的基本站立姿势。准备姿势应便于进攻、防守、反击以及步法的移动。

1. 动作过程

（1）两脚开立与肩同宽，两臂垂于体侧。

（2）左脚或右脚向另一脚的前方迈出，两脚相距一步距离前后站立，使身体侧对对方，同时两手半握拳，沉肩，两臂屈肘自然垂放（左脚在后是左架准备姿势，右脚在后是右架准备姿势）。重心落在两脚之间，膝部略弯曲，眼睛平视对方面部，下颌微收（图 9-8）。

图 9-8　准备姿势

2. 动作要领

（1）两臂所放位置可以是固定的，也可以一臂垂下或两臂都垂下。

（2）两脚之间的距离和重心的高低可根据具体情况进行调整，原则上是在移动时能最快调整好身体重心。

（3）若重心下降，大、小腿之间的夹角几乎等于 90°时，则为低位准备姿势。

（二）与对手相关的站位

1. 开式站位

指和对方体前相对应的站位，即自己的身体前面相对对方的身体前面，包括左势对右势［图 9-9（a）］和右势对左势［图 9-9（b）］两种形式。

(a)　(b)

图 9-9　开式站位

(a)　(b)

图 9-10　闭式站位

2. 闭式站位

指和对方的体前侧不相对应的站位，即自己的体前对应对方的体后，包括左势对左势［图 9-10(a)］和右势对右势［图 9-10(b)］两种站位形式。

五、跆拳道实战的基本进攻技术

跆拳道实战的基本进攻技术主要包括拳法、掌法、肘法、膝法和脚踢法。

（一）拳的基本进攻技术

拳法是跆拳道比赛中较为常用的动作之一，但往往很难得点，不是运动员得分的主要技术，它主要用来防守或配合腿的进攻。出拳的基本原则是从腰间发力将拳击出，抱拳于腰间时拳心向上，拳击出的过程中手臂要做内旋的动作，拳击至最远端时手臂伸直，击打目标后放松收回。拳的基本进攻技术有冲拳、挑拳、劈拳、后手拳等。

下面介绍后手拳。

（1）右架站立，右脚向后蹬地，腰部与上体快速有力地向左方扭转，借以增加出掌的速度和力量［图 9-11(a)］。

（2）在右脚蹬地的同时，右臂快速前伸，肘关节抬起，前臂内旋，拳心向下方转动，使拳面、前臂、肘关节与肩成一条直线并处在一个水平面上［图 9-11(b)］。

图 9-11　拳的基本进攻技术

（3）同时身体重心移至左腿上，用拳击打对方胸腹部。

（4）在击打中目标后，有一个制动的过程，然后手臂迅速放松，并借左腿的支撑力量将手臂收回，恢复成右架准备姿势。

（二）掌的基本进攻技术

掌法在跆拳道实战中是非常多见的。虽然正式的跆拳道比赛不准使用掌法，但是掌法在跆拳道品势练习、实战格斗以及防身自卫中，具有非同寻常的攻击效果，轻者致伤，重者致残致命，因而练好掌法对增强实战格斗和防身自卫能力有着重大的意义。掌的基本进攻技术有砍掌（手刀砍）、插掌（贯手）、底掌掐击、掌根推击、双插掌等。

（三）肘的基本进攻技术

基于肘关节骨结构本身的特点，使用肘的骨尖部击打的力度和威胁都很大，尤其是在贴身的近距离攻击中，更能充分发挥肘的威力，给对方以强有力的打击。肘关节灵活性大，进攻时可以向不同方向击出。肘的基本进攻技术有顶肘、挑肘、摆肘、砸肘等。

（四）腿的基本进攻技术

膝关节在跆拳道实战格斗中是近距离攻击对方的主要武器之一。膝关节是人体关节武器化中最具力量的一种，而且使用简单，一旦击中会置敌于死地。膝关节的主要使用技术是顶膝和撞膝技术。

（五）脚踢的基本进攻技术

跆拳道以其变幻莫测、优美潇洒的腿法著称于世，被世人称为“踢的艺术”，这也是跆拳道区别于其他格斗术的一个重要特点。跆拳道实战中脚踢进攻时一般使用的部位包括脚前掌、脚趾、脚背、足刀、脚后跟、脚后掌（脚跟底部）。利用这些部位可以进行站立踢、跳动踢、助跑踢、转身踢和飞踢等不同形式的进攻，而且每种踢法踢击的部位各有不同。实战过程中，运用脚踢时要根据具体情况，选择不同的踢法。

1. 前踢

(1) 动作要领(图 9-12):提起右腿时,两大腿内侧之间的距离应尽量小,即右腿尽量直线出腿;为保持重心,躯干可稍向后倾,尽量将髋部向前送出;击打时脚面绷直;小腿弹出后,在弹直的一刹那,要有一个制动的过程,使脚产生鞭打的效果;脚尖朝向前上方。

前踢主要用来攻击对方的面部、下颌。

图 9-12　前踢

图 9-13　横踢练习

(2) 练习步骤与方法:

① 采用分解练习法,先练习提后腿,同时向前送髋。

② 再练弹出小腿。

③ 完整练习前踢动作并能熟练使用。

④ 左、右架交替练习。

⑤ 用脚靶配合练习(图 9-13)。

2. 横踢

这是跆拳道比赛中最为常用的动作,也是运动员得分的主要技术。

(1) 动作要领(图 9-14):横踢腿的膝盖方向在击打的前一时刻,瞬间转髋朝向对方的腹部;提膝应尽量随着转髋同时进行,不能完全转髋后再提膝,这样会造成膝盖过早偏向左侧;左脚应积极配合髋部的转动,转动时可稍有一点跃起。

横踢主要用来攻击对方腰腹部和面部及两肋部。

图 9-14　横踢

(2) 练习步骤与方法:

① 先练前踢,待熟练后再开始练横踢。

② 提后腿(提膝),同时转髋。

③ 弹出小腿。

④ 熟练后可练习横踢击打头部(高横踢)[图 9-15(a)]。

⑤ 左、右架交替练习,使两腿都能熟练横踢。

(a) 高横踢　　(b) 脚靶配合练习

图 9-15　横踢练习

⑥ 脚靶配合练习[图 9-15(b)]。

3. 后踢

后踢是跆拳道比赛中最为常用的动作之一,也是运动员反击对方进攻的主要技术。

(1) 动作要领(图 9-16):身体向右后方转动时,快速提起右膝;身体转到背朝对方时要制动,同时右脚后提,膝盖此时的方向应与左腿膝盖方向一致;在提起右腿时,两大腿内侧之间的距离应尽量小;身体转动时,头部配合同向转动;左脚应积极配合髋部的转动,调整好身体重心。

后踢主要攻击对方的胸腹部、头部和两肋部。

图 9-16 后踢

(2) 练习步骤与方法:

① 开始练习时可手扶支撑物,体会后蹬的感觉。

② 练习转身的同时提膝。

③ 练习平伸后蹬。

④ 进行完整的后踢动作练习,采用固定靶练习。

⑤ 同伴手持脚靶进行反应靶练习[图 9-17(a)、(b)]。

⑥ 左、右架都可以同时练习。

⑦ 熟练后可练习后踢击头部(高后踢)[图 9-17(c)]。

(a) (b) (c)

图 9-17 后踢练习

4. 后旋踢(简称后旋)

后旋踢是跆拳道比赛中运动员反击对方进攻的主要技术。

(1) 动作要领(图 9-18):右腿并不是抡圆了去划弧,在开始时有一个向斜后方向蹬伸的动作;身体向右后方向转动的同时,要快速提起右腿;身体转动时,头部配合同向转动;小腿在开始时要自然放松,在接触对方头部前再瞬时绷紧脚面,脚掌呈水平弧线鞭打;左脚应积极配合髋部的转动,在完成整个动作之前重心一直落在左脚掌前半部分。

后旋踢主要用来攻击对方的面部。

图 9-18 后旋踢

(2) 练习步骤与方法:

① 支撑脚前脚掌着地转动,转身同时向后蹬伸腿。

② 右腿向后摆动。

③ 先练习身体原地转 360°,熟练后再逐渐升高摆动高度。

④ 进行完整的后旋踢动作练习。

⑤ 熟练后可练习左架的后旋踢。

5. 劈腿

也称下劈,是跆拳道比赛中进攻和反击对方进攻的主要技术。

(1) 动作要领(图 9-19):劈腿稍有一点转髋,并且提腿向上时,积极向上送髋,大、小腿之间也可有一定的弯曲度;在下劈时,身体重心向前移;上提右腿时,右脚脚面不需要绷直,应自然放松,而下劈腿时要稍绷直;也可直接用前腿(左腿)使用劈腿,右脚进行跟步(即随着身体重心向前移动而向前跳动);左脚应积极配合身体的向前移动,调整好身体重心。

劈腿主要用来攻击对方面部。

图 9-19 劈腿

(2) 练习步骤与方法:

① 开始练习时可依靠支撑物先练提腿、提膝和上举腿。

② 练习下劈腿的动作。

③ 完整练习劈腿动作。

④ 练习外摆腿和内摆腿的劈腿动作。

⑤ 用脚靶进行劈腿的固定靶和反应靶的练习(图 9-20)。

图 9-20 劈腿练习

6. 双飞踢(简称"双飞")

双飞踢是跆拳道比赛中常用的技术方法之一,也是运动员得分的主要手段。

(1) 动作要领(图 9-21):使用双飞踢的较好时机是对手处于中远距离时;击打第一个横踢时,身体可稍后倾,以利于第二个横踢;两腿交换之间,髋部要快速扭转;小腿弹出后,在弹直的一刹那,要有一个制动的过程,使脚产生鞭打的效果。

用双飞踢主要攻击对方的胸腹部、两肋部和面部。

图 9-21 双飞踢

(2) 练习步骤与方法:

① 熟悉左架横踢和右架横踢。

② 利用交叉脚靶完整学习双飞踢动作(图 9-22)。

③ 利用护具练习双飞踢,配合者原地快速换位。

④ 熟练双飞踢后可练习三飞踢(连续三个横踢,前两个横踢是凑距离,主要是第三个横踢击打得点)。

⑤ 熟练双飞踢后再练习第二个横踢击打头部(高横踢)。

图 9-22 双飞踢练习

第三节 跆拳道组合技术

组合技术,就是根据比赛中攻、防情况的变化,将两个以上的动作组合在一起的连接技术。按攻防性质来划分,组合技术概括起来大致有进攻 + 防守(即先进攻再防守)、进攻 + 进攻(即连续进攻)、进攻 + 防守 + 进攻(即主动进攻后立即防守反击)、进攻 + 进攻 + 防守(即连续进攻后再防守)、防守 + 进攻(先防守再反击)五种类型。下面就每个组合类型介绍几种方法。

一、进攻技术 + 进攻技术

(1) 左(腿)横踢 + 右(腿)横踢(图 9-23)。

图 9-23

（2）左前横踢 + 右高横踢(图 9-24)。

图 9-24

二、进攻技术 + 防守技术

（1）右横踢 + 左后踢(图 9-25)。

图 9-25

（2）左横踢 + 右后旋(图 9-26)。

图 9-26

三、防守技术 + 进攻技术

（1）左后旋踢 + 右横踢(图 9-27)。

图 9-27

（2）左劈腿 + 右劈腿(图 9-28)。

图 9-28

四、进攻技术＋进攻技术＋防守技术

（1）右横踢＋左高横踢＋右后踢(图 9-29)。

图 9-29

（2）左右双飞＋左横踢＋右后踢(图 9-30)。

图 9-30

五、进攻技术＋防守技术＋进攻技术

（1）右横踢＋右劈腿＋左横踢(图 9-31)。

图 9-31

（2）左右双飞＋左后旋踢＋左横踢(图 9-32)。

图 9-32

第四节　跆拳道竞赛主要规则

一、比赛场地

跆拳道的比赛场地是 10 米×10 米的正方形区域，建在离地面约 1 米高的平台上，上面铺有弹性的垫子，为安全起见，平台的两侧面略微向地面倾斜。场地正中是一个 8 米×8 米的蓝色正方形区域，其外边为红色的警告区，提醒选手正接近边线或平台的边缘。一旦选手的脚踏入警告区则裁判自动暂停比赛。故意进入警告区可判为警告，而故意跨过边线将判为扣分。

二、运动员

（一）选手资格

（1）属于某个在中国跆协注册的团体会员。

（2）当年度登记注册的运动员。

（3）必须持有中国跆协颁发的段位证书，或根据比赛要求持有相应的段位、级位证书。

（二）选手的服装

（1）选手必须穿戴联盟所指定的跆拳道服装及防护用具。

（2）选手上衣的背后须绣上号码。

（3）选手不能穿其他任何衣服以及佩带附属品（如眼镜及装饰品）。

三、比赛方法

跆拳道比赛的种类分为个人赛和团体赛两种，比赛采用单败淘汰和循环赛两种形式。

跆拳道比赛分为 3 局，每局比赛时间为 3 分钟，局间休息 1 分钟。女子和世界青年锦标赛每场比赛为 3 局，每局比赛时间为 2 分钟，局间休息 1 分钟。经世界跆拳道联盟批准，男子比赛时间也可设为每局两分钟。

四、跆拳道比赛允许的技术和攻击的部位

（1）跆拳道比赛可用拳或脚的技术攻击髋骨以上至锁骨以下及两肋部，但背部没有被护具保护的部位禁止攻击；从两耳向前的头颈的前部，只允许用脚的技术攻击。

（2）使用拳的技术必须紧握拳，用拳正面的食指和中指部分击打；使用脚的技术必须用踝关节以下脚的前部击打。

五、得分

（1）有效得分部位为躯干（包括腹部和两肋部）和面部允许被攻击的部位。用脚踢击对手躯干部位一次只能得 1 分；后踢、双飞踢、后旋踢、旋风踢、下劈等高难度技术动作击中躯干部位得 2 分；而用脚击打到对手头部则可以得 3 分；如果击倒对手，裁判员读秒后再加分。

（2）使用允许的技术，攻击被护具保护的非有效得分部位，击倒对方时，按得分计。

（3）比分为三局比赛得分总计。

六、跆拳道比赛的犯规行为

（1）任何犯规行为将由主裁判判罚。

（2）如属于多重犯规时，选择严重的一项处罚。

（3）处罚分为警告（Kyong-go）和扣分（Gam-jeom）。警告（Kyong-go）两次扣 1 分（－1），警告次数为奇数时，最后一次不计；扣分（Gam-jeom）一次扣 1 分（－1）。

（4）判罚警告的犯规行为。

接触行为：包括抓住对手，搂抱对手，推对手，用躯干贴靠对手。

消极行为：包括故意越出警戒线，转身背向对手逃避进攻，故意倒地，伪装受伤。

攻击行为：用膝部顶撞对手，故意攻击对手裆部，故意蹬踏对手的腿部和脚，用掌或拳击打对手面部。

不当行为：教练员或运动员示意得分或扣分，教练员或运动员有不文明语言或不得体行为，比赛中教练员离开规定位置。

（5）判罚扣分的犯规行为。

接触行为：抱摔对手，抓住对手进攻的脚故意将其摔倒。

消极行为：超出边界线，故意拖延比赛时间。

攻击行为：攻击倒地的对手，故意击打对手后脑或后背，用手重击对手面部。

不当行为：教练员或运动员有严重的过激表示或行为。

七、犯规败

（1）运动员违背竞赛规则和故意不服从裁判员时，主裁判有权直接判其“犯规败”。

（2）犯规累计扣 4 分（－4）者，判其“犯规败”（警告和扣分按 3 局累计）。

八、跆拳道比赛结果的判定

（1）击倒胜（KO 胜）。

（2）主裁判终止比赛胜（胜）。

（3）比分或优势胜（判定胜）。

（4）对方弃权胜（弃权胜）。

（5）对方失去资格胜（失格胜）。

（6）主裁判判罚犯规胜（犯规胜）。

（7）加时赛，在一场比赛中，如果双方打满 3 局而出现平分的情况时，要进行加时赛。加时赛实行“突然死亡法”，即先得到 1 分的一方获胜。

思考题

1. 简述跆拳道的含义。
2. 跆拳道运动有哪些特点？

第十章

形体健身

第一节 健 美 操

一、健美操的起源与发展

健美操是在音乐伴奏下，运用各种不同类型的操化动作，融体操、舞蹈、音乐为一体的身体练习，既是健身美体、陶冶情操的大众健身方式，又是一种竞技运动项目。随着社会进步，科学技术的飞速发展，人们物质生活条件得到改善，为了抵御现代社会引发的健康危机，人们采用各种手段和方法进行身体锻炼，以增进健康、塑造形体，实现对美的追求。

现代健美操是在欧洲体操流派的基础上，吸收了东方体操的基本动作和非洲舞蹈的优美、具有节奏感等特点而产生和发展起来的。健美操简单易学，不受场地、气候、年龄的限制，因此备受人们的青睐。20 世纪 70 年代中期，美国著名影星简·方达创编的健美操大大促进了有氧体操的普及。《简·方达健美操》自 1981 年公之于世后，很快被译成 19 种文字，畅销 20 多个国家，引起了世界的轰动。20 世纪 80 年代以来，健美操以它的强大生命力，在世界范围内广泛开展起来。1985 年，美国正式举办一年一度的健美操锦标赛，并确定了竞赛项目和规则，使健美操逐步发展成为竞技性运动项目。

健美操于 20 世纪 70 年代末传入我国。随着健美操运动的普及和发展，相关赛事日益增多，全国大中小城市也相继举办各种形式的健美操比赛，使该运动得到迅速发展。为了有组织、有计划地推动全国大学生健美操运动的发展，1992 年 2 月，在北京成立了中国大学生体育健美操、艺术体操协会。1992 年 9 月，中国健美操协会在北京正式成立，标志着我国健美操运动进入一个崭新的发展阶段。

2006 年在南京举行的第 9 届健美操世界锦标赛中，我国选手获得单人操冠军和六人操冠军。2008 年第 10 届世锦赛上，我国健美操健儿们在六人操项目上卫冕成功。在美国 2010 年度世界健美操冠军赛赛场上，中国队的谈欢、寿昱超获得成人组混合双人冠军，这是我国在这一项目中获得的最好成绩。2011 年在中国深圳举行的第 26 届世界大学生夏季运动会，将健美操首次列为正式比赛项目，此次比赛中，中国队获得四个单项冠军、团体冠军共五枚金牌的优异成绩，成为此次比赛的最大赢家。2014 年第 13 届世界健美操锦标赛中国队获得团体铜牌。

二、健美操的特点

健美操内容丰富，形式多样，配上不同节奏的音乐，可表现出多种风格，但它们具有以下几方面的共同特点：

（一）强烈的时代感与动律性

健美操把基本体操、现代舞蹈和音乐巧妙地融于一体，是具有鲜明特色和强烈时代感的新型体育项目。其动作素材多为富有时代感的现代舞蹈、时尚体操，其音乐多取材于迪斯科、爵士、摇滚等现代音乐。与艺术体操、花样游泳等具有音乐伴奏的体育项目相比，健美操的配乐更强调旋律的激扬振奋，节奏的鲜明强劲，从而体现出一种鲜明的动律感，充满着青春活力。健美操的特点满足了当代青年自娱自乐的精神享受和情绪宣泄的需求，所以深受青年学生的喜爱。

（二）健身美体的实效性

健美操是以人体解剖学、人体生理学、体育美学、体育心理学等多门学科理论为基础，以健身美体为目的而创立的健身运动。与其他体育项目相比，健美操动作讲究健美大方，强调力度和弹性，采用不停顿地走、跳、跑的连贯动作，使练习者消耗过剩的脂肪，增强肌肉力量，提高协调、灵活性，表现健美的体姿。健美操对塑造健美的体形，培养健美体态，提高人的协调性和弹跳能力，以及培养人的审美意识具有较大作用。

（三）高度的艺术性

健美操是一项追求健与美的运动项目，属健美体育的范畴，强调艺术性。与同样具有艺术性的体育项目相比，健美操比起健美运动更具动感和弹性，比艺术体操更强调健美和力度，比基本体操更讲究多变与活力。经常参加健美操锻炼，有利于练习者锻炼身体，增强体质，并从中得到美的享受，提高审美意识和艺术修养。

（四）广泛的适应性

健美操能够健身美体，符合现代人追求健美身心的需要。在激昂振奋的音乐声中，舒活筋骨、自娱自乐，能给人们带来欢快奔放的情感体验。健身健美操的动作套路形式多样，节奏有快有慢，套路有长有短，动作有难有易，运动负荷和运动强度的大小可任意调节，适合于不同行业、不同年龄、不同性别、不同体质的人锻炼，各种人群都能从健美操练习中找到适合自己的方式，并产生兴趣。此外，健美操锻炼对场地、器材条件要求不高，练习起来简便安全，适合在不同地区、不同条件的人群中开展，具有广泛的适应性。

三、健美操的功能

（一）增进健康

“健康美”是一种积极的健康观念和现代意识。有研究表明，“健康美”是机体最有效发挥其机能的状态。一个具有“健康美”的人除了自我感觉良好、可轻松应付日常工作与生活外，还有充沛的精力参加各种社交、娱乐及闲暇活动，身体也能自发地进入应激状态。

健美操作为一项有氧运动，其健身功效已基本达成共识。有研究认为，有氧运动能增强人体的心肺功能，而健美操不仅具有有氧运动的功效，且兼备发挥身体柔韧性和灵敏性的作用。健美操是全面发展身体素质的较为理想的运动。

（二）塑造形体

良好的身体姿态是影响一个人气质风度的重要因素。健美操练习对动作和身体姿态的要求与我们日常生活中的状态要求基本一致，长期的健美操练习可改善不良的身体状态，形成优美的体态，从而在日常生活中表现出良好的气质与修养，给人以朝气蓬勃、健康向上的感觉。

“形体”分为姿态和体型。姿态即我们平时的一举一动表现出来的行为习惯，受后天因素的影响较大。而体型则是我们身体的外形，虽然体育锻炼可适当改善体型外貌，但相对来说遗传因素起决定性作用。健美操运动可以塑造健美的体型。健美操练习，尤其是力量练习，可使骨骼粗壮、肌肉围度增大，从而弥补先天的体型缺陷，使身材变得匀称健美。健美操练习还可消除体内和体表多余的脂肪，维持人体吸收与消耗的平衡，降低体重，保持健美的体型。

（三）缓解精神压力，娱乐身心

研究证明，长期的精神压力不仅会引起各种心理疾病，而且许多躯体疾病也与精神压力有关，如高血压、心脏病、癌症等。健美操作为一项体育运动，以其动作优美、协调，全面锻炼身体，同时有节奏强烈的音乐伴奏而著称，是缓解精神压力的一剂良方。在轻松优美的健美操锻炼中，练习者的注意力从烦恼的事情上转移开，忘掉失意与压抑，尽情享受健美操运动所带来的欢乐，得到内心的安宁，从而缓解精神压力，使人具有更强的活力和最佳的心态。

另外，健美操运动增加了人们的社会交往。目前，无论是国外还是国内，人们参加健美操锻炼的主要方式是去健身房，在健美操教练的带领和指导下集体练习，而参与健美操锻炼的人来自社会的各阶层。这种形式扩大了人们的社会交往面，把人们从工作和家庭的单一环境中解脱出来，可接触和认识更多的人，开阔眼界，从而为生活开辟了另一个天地。因此，健美操锻炼不仅能强身健体，同时还具有娱乐功能，可使人在锻炼中得到一种精神享受，满足人们的心理需要。

四、健美操的科学锻炼原则

（一）循序渐进，持之以恒

健美操锻炼可以强身健体，健美减肥。这个质的变化不是一朝一夕可以达到的，需要一个由量变到质变的过程。人体结构的改变，运动能力的提高，内脏循环功能的改善，都是通过神经系统对运动系统及其他内脏循环系统反复多次调节而形成的适应性反应。这种适应性不是靠几次锻炼可以实现的，要经过一个相当复杂的协调过程。只有长期坚持，才能收到良好的效果。因此参加健美操运动，首先应该坚定信念，有持之以恒的精神，尤其是初学者和减肥者，切忌心急，应遵守科学的锻炼方法及循序渐进的原则，避免半途而废或造成不良的身体反应。

（二）灵活掌握，及时调整

我们知道，当身体状况不好时，人的中枢神经系统对身体的控制能力大大下降，机体对外界环境的适应能力出现失调现象。如果此时勉强锻炼，不仅不利于健身，反而会给身体健康带来不良影响。若出现较轻的疲劳症状，可以适当地休息，调整锻炼负荷或缩短锻炼时间等方法进行缓冲。此外，要注意区分疾病性和运动性的疼痛，若是肌肉的酸疼、胀疼，则不必停止锻炼，应尽量坚持，作适当的调整与放松，通过超量恢复，使机体得到进一步的改善和提高。若是疾病性的疼痛，应及时到医院进行检查治疗。

（三）热身与放松

健美操锻炼之前，应先进行热身运动，然后才能进入正式锻炼。一般热身运动以伸、拉动作为主，运动负荷不宜过大，避免做跳跃运动。热身时间的长短、活动量的大小应根据天气情况而定。夏天机体新陈代谢旺盛，身体容易活动开，热身运动的时间可以短些；冬天血液循环比较缓慢，肌肉、韧带和关节均较僵硬，活动时间要稍长些。

放松运动是健美操的内容之一，通过放松运动可使静脉血液较快地回到心脏，使心脏较快地恢复到正常工作状态，使神经系统和其他内脏器官由紧张的工作状态逐步转入正常状态从而促进整个机体能较快地得到恢复。另外，放松运动能加速乳酸的消除，可避免肌肉充血、僵硬。

五、健美操基本动作

健美操的动作是根据人体各个结构的活动特点而确定的，常见的基本动作如下：

（一）头颈动作

形式：有头颈的屈、头颈的转、头颈的平移、头颈的绕及绕环。

方向：有向前、向后、向左、向右的屈和平移；向左、向右的转、绕和绕环。

要求：做各种形式的头颈动作时，节奏一定要慢，上体保持正直。

（二）肩部动作

形式：有单肩及双肩的提肩和沉肩、收肩和展肩；单肩及双肩的绕和绕环，振肩。

方向：有向前的、向后的绕及绕环。

要求：提肩、沉肩时两肩在一额状面尽量上下运动；收肩、展肩幅度要大，肩部要平；振肩动作要有速度、力度和弹性。

（三）上肢动作

1. 手型

健美操中手型有多种，它是从爵士舞、芭蕾舞、西班牙舞、迪斯科、武术等体育运动的动作中吸收和发展而来的。手型的选用可以使动作更加生动活泼。常见的手型如下：

（1）五指并拢式：五指伸直并拢[图 10-1(a)]。

（2）五指分开式：五指用力伸直张开[图 10-1(b)]。

（3）推掌式：手掌用力上翘，五指略弯曲[图 10-1(c)]。

（4）拳式：握拳，拇指在外[图 10-1(d)]。

（5）响指式：拇指与中指摩擦后与食指打响，无名指、小指屈指[图 10-1(e)]。

（6）西班牙舞式：五指用力，小指、无名指、中指自掌指关节处依次屈，拇指稍内扣[图 10-1(f)]。

（7）芭蕾舞式：后三指并拢，稍内收，拇指内扣[图 10-1(g)]。

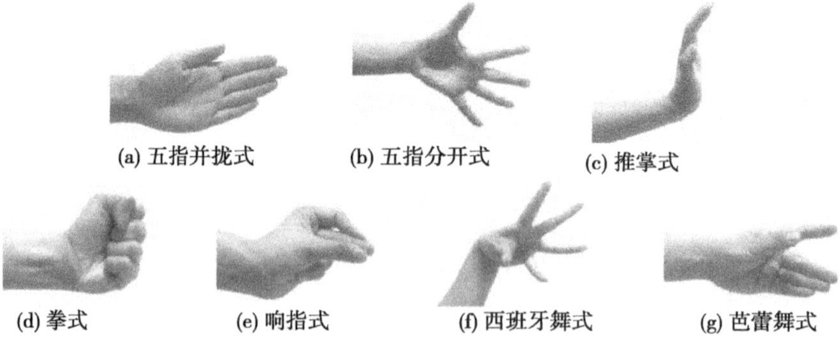

图 10-1　手型

2. 手臂动作

形式：有臂的举、屈伸、摆动、绕及绕环和振臂等。

方向：有向前、向后、向左、向右、向上、向下等。

要求：做臂的举、屈伸时，肩下沉；做臂的摆动、绕及绕环时，肩拉开用力。

（四）胸部动作

形式：有含胸、展胸、振胸。

要求：练习时收腹、立腰。

（五）腰部动作

形式：有腰的屈、腰的转、腰的绕和绕环。

方向：有向前、向后、向左、向右。

要求：腰前屈、转时，上体立直；腰绕和绕环时，速度放慢。

（六）髋部动作

形式：有顶髋、提髋、摆髋、绕和绕环髋、行进间正髋和反髋走。

方向：有向前、向后、向左、向右。

要求：髋部练习时，上体放松。

六、健美操基本步伐

健美操基本步伐是体现健美操练习者下肢动作基本姿态的主要练习手段，根据动作的特点及运动强度差异，健美操的基本步伐分为两大类：踏步类和跑步类。

（一）踏步类

1. 踏步

动作描述：两腿原地依次抬起，依次落地（图 10-2）。

种类：有脚尖不离地的踏步、脚离地的踏步、高抬脚的大幅度踏步。

形式：有原位踏步、移动踏步及转体的踏步。

方向：有向前、后、左、右走的踏步。

技术要点：落地时，由脚尖过渡到脚跟着地；屈膝时，胯微收，两臂自然前后摆动。

图 10-2　踏步

2. 点地

动作描述：一腿稍屈膝站立，另一腿伸出，脚尖或脚跟点地，然后还原到并腿姿势（图 10-3）。

种类：有脚尖点地、脚跟点地。

形式：有原位点地、移动点地及转体的点地。

方向：有脚尖向前、侧、后、斜方向的点地；脚跟向前、侧、斜方向的点地。

技术要点：点地时脚伸直。

图 10-3　点地

3. 移重心

动作描述：由两腿开立，屈膝下蹲，身体重心向右侧移动，然后两腿伸直，右脚全脚掌着地,左腿脚尖点地。反之亦然。

种类:有双腿、单腿的移重心。

形式:有原位的移重心、移动的移重心、转体的移重心、跳的移重心。

方向:有向前、后、左、右的移重心。

技术要点:身体重心从一端移向另一端时,必须经两腿之间。

4. 弓步

动作描述:两脚前后分开,平行站立,下蹲。前腿膝关节弯曲,后腿膝关节向下,重心在两脚之间。

种类:有静力性的弓步、动力性的弓步。

形式:有原位的弓步、移动的弓步、转体的弓步、跳的弓步。

方向:有上步弓步、后撤弓步、向侧伸弓步。

技术要点:一腿屈膝,脚尖与膝垂直,另一腿伸直,重心落于两腿之间。由于弓步的形式很多,因此在做法上有所不同。

5. 并步

动作描述:一脚迈出,另一脚随之并拢屈膝点地;再向反方向迈步(图 10-4)。

图 10-4 并步

种类:有两腿同时屈的和一直一屈的并步。

形式:原位的并步、移动的并步("之"字步)、转体的并步。

方向:有向前、后、左、右的并步。

技术要点:一脚并于另一脚,重心要随之移动,两膝自然屈伸。

6. 交叉步

动作描述:一脚向侧迈一步,另一脚在其后交叉,随之再向侧迈一步,另一脚并拢,屈膝点地(图 10-5)。

图 10-5 交叉步

形式:有平移的交叉步、转方向的交叉步、小幅度跳的交叉步。

方向:有向前、向后、向侧的交叉步。

技术要点:一脚迈出,另一脚在前或后交叉,重心随之移动,落于两腿之间。

7. "V"字步

动作方法:一脚向前侧方迈一步,另一脚随之向另一方迈一步,成两脚开立,屈膝,然后再依次退回原位(图 10-6)。

图 10-6 "V"字步

种类:有正"V"字步、倒"V"字步。

形式:有平移的、转体的和小幅度跳的正"V"字步和倒"V"字步。

方向:有左、右腿的正和倒"V"字步。

技术要点：一脚迈出，另一脚随之迈出成一条平线，两脚距离略比肩宽，两膝自然弯曲，然后依次收回。

（二）跑跳类

1. 踢腿跳

图 10-7　踢腿跳

动作描述：一腿稍屈膝起跳，另一腿伸直快速向上踢起，然后落地还原（图 10-7）。

种类：有小幅度的踢腿跳、大幅度的踢腿跳。

形式：有原位的踢腿跳、移动的踢腿跳和转体的踢腿跳。

方向：有向前、向侧、向后、向斜前的踢腿跳。

技术要点：腿上踢时，须加速用力；立腰，上体保持不动。

2. 后踢腿跳

动作描述：一腿直立跳起，另一腿向后屈膝，之后放下腿还原（图 10-8）。

形式：有原位的后踢腿跳、移动的后踢腿跳、转体的后踢腿跳。

方向：向后的后踢腿跳。

技术要点：髋和膝在一条线上，小腿叠于大腿。

图 10-8　后踢腿跳

图 10-9　摆腿跳

3. 摆腿跳

动作描述：一腿稍屈膝起跳，另一腿做摆动（图 10-9）。

形式：有原位的摆腿跳、移动的摆腿跳和转体的摆腿跳。

方向：有向侧、向前、向后的摆腿跳。

技术要点：摆腿时上体顺势前倾或后倒或侧倾。

4. 吸腿跳

动作描述：一腿屈膝抬起，同时另一条腿直立向上跳起，之后落下还原（图 10-10）。

形式：有原位的吸腿跳、移动的吸腿跳和转体的吸腿跳。

方向：有向侧、向前、向后的吸腿跳。

技术要点：大腿用力上提，小腿自然下垂。

5. 弹踢腿跳

动作描述：一腿跳起，另一腿先向后屈，再向前下方弹踢，还原（图 10-11）。

形式：有原位的弹踢腿跳、移动的弹踢腿跳和转体的弹踢腿跳。

方向：有向前、向侧、向斜前的弹踢腿跳。

图 10-10　吸腿跳

图 10-11　弹踢腿跳

技术要点：大腿抬起至一定角度后，小腿自然弹直。

6. 开合跳

动作描述：由并腿跳起，分腿落地，再由分腿跳起，并腿落地（图 10-12）。

种类：有单起双落的开合跳、双起双落的开合跳。

形式：有原位的开合跳、移动的开合跳和转体的开合跳。

方向：向前的开合跳。

技术要点：分腿时，两腿自然外开，膝关节沿脚尖方向弯曲；跳起与落地时，注意屈膝缓冲。

图 10-12　开合跳

图 10-13　弓步跳

7. 弓步跳

动作描述：跳起下落时，两脚前后分开，平行站立，下蹲（图 10-13）。

种类：有单跳双落的弓步跳、双跳双落的弓步跳。

形式：有原位的弓步跳、移动的弓步跳和转体的弓步跳。

方向：有向前、向侧、向后的弓步跳。

技术要点：跳成弓步时，身体重心在两腿之间。

七、健美操成套动作与练习方法

成套健美操的学习有利于练习者熟练掌握多种健美操动作，进而提高整套动作的艺术性和表现力，有利于身体协调能力和身体机能及运动素质的改善和运动技术水平的提高，同时也为练习者今后进行健美操动作的创编提供动作素材和参考模型。

为推动健美操运动在全国的普及，适应健美操市场发展的需求，给全体国民提供更多的科学健身方法，从国家体育总局 1998 年 9 月颁布《全国健美操大众锻炼标准》到 2009 年 8 月，10 年左右共推出三套《全国健美操大众锻炼标准》。

第三套《全国健美操大众锻炼标准》在动作的创编中遵循健身性、时尚性、娱乐性、艺术性原则，并结合我国大众健身和学校体育的具体要求，时间适合，符合四个层次、六个级别的梯度，运动负荷与级别相符，音乐节奏鲜明、强劲规整，动作美观，艺术性强，其时尚的风格越来越受到大家的喜爱，使练习者兴趣不断提高，达到全民健身、健心的目的。下面介绍第三套第二级大众健美操规定动作。

（一）组合一（4×8×2 拍）

第一个八拍（图 10-14）。

1~4：右脚“十”字步；1 右臂经胸前平屈至侧举；2 左臂经胸前平屈至侧举（拳心向下）；3 两臂上举开掌（掌心向前）；4 两臂还原体侧。

5~8：向后踏四步，两臂自然摆动。

1　2　3　4　5　6　7　8

图 10-14

第二个八拍。

1~8：1~4 同第一个八拍 1~4，5~8 向前踏四步。

第三个八拍（图 10-15）。

1~6：右脚开始漫步；1~2 右臂前举，开掌（掌心向内），左手叉腰；3 叉腰；4~5 左臂前举，开掌（掌心向内），右手叉腰；6 两臂胸前交叉，握拳（拳心向外）。

7~8：右脚向左后 1/2 步后漫步；两臂侧下举，开掌，掌心向前。

1~2　3　4~5　6　7~8

图 10-15

第四个八拍（图 10-16）。

1~2：右脚向前并步跳；左臂胸前屈，右臂侧下举，握拳。

3~8：左脚向右前方做前、侧、后漫步。3~4 两臂前举屈伸两次；5~6 侧平举，握拳，拳心向下；7~8 后斜下举，拳心向内。

第五至第八个八拍，动作相同，但方向相反。

图 10-16

（二）组合二(4×8×2 拍)

第一个八拍(图 10-17)。

1～2:右脚向右侧滑步;右臂侧上举,左臂侧平举,并掌,掌心向外。

3～4:左脚向左后 1/2 步后漫步,屈臂后摆握拳。

5～6:左脚向左前方做并步,击掌三次。

7～8:右脚向右后方做并步,叉腰。

图 10-17

第二个八拍(图 10-18)。

1～2:左脚向左后方做并步,两手胸前击掌三次。

3～4:右脚向右前方做并步,叉腰。

5～6:左脚向左侧滑步,左臂侧上举,右臂侧举,并掌,掌心向外。

7～8:右脚 1/2 步后漫步,两臂屈臂后摆。

图 10-18

第三个八拍(图 10-19)。

1～4:右转 90°,右脚上步吸腿两次;两臂向前冲拳、向下冲拳两次。

5～8:左脚“V”字步左转 90°;两臂由左臂前举,右臂侧举,向左水平摆动至右臂前举,左臂侧举,再还原,并掌,掌心向下。

图 10-19

第四个八拍(图 10-20)。

1 ~4:1 左吸腿,两臂胸前平屈,握拳,拳心向下;2 侧点地,左臂上举,右臂下举,并掌,掌心向内;3 同 1 动作;4 还原。

5 ~8:同 1 ~4 动作,但方向相反。

第五至第八个八拍,动作相同,但方向相反。

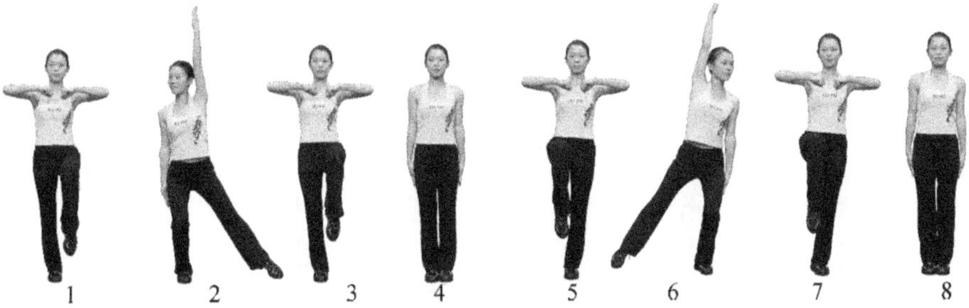

图 10-20

(三) 组合三(4 ×8 ×2 拍)

第一个八拍(图 10-21)。

1 ~4:右脚向侧并步跳,第 4 拍时右转 90°,两臂经胸前屈至上举,并掌,掌心向前;下拉,握拳,拳心向上。

5 ~8:左侧交叉步,两臂屈臂前后摆动,8 拍时,上体向左扭转 90°,两臂侧下举开掌,掌心向后。

图 10-21

第二个八拍(图 10-22)。

1 ~4:右脚侧并步跳,第 4 拍时左转 90°。1 ~2 两臂经胸前屈至上举,并掌,掌心向前;3 ~4 两臂下拉至腰间,握拳,拳心向上。

5 ~8:左、右侧并步各一次。5 ~6 右臂前下举,并掌,左臂叉腰;7 ~8 同 5 ~6,但方向相反。

1 2 3 4 5 6 7 8

图 10-22

第三个八拍(图 10-23)。

1 ~4:左脚向前“一”字步。1 两臂肩上屈,握拳,拳心相对;2 两臂下举,握拳;3 两臂胸前屈,握拳,拳心向后;4 还原。

5 ~8:左、右依次分并腿一次。5 ~6 两臂上举,掌心向前;7 ~8 两手放膝上,指尖相对。

1 2 3 4 5 6

图 10-23

第四个八拍(图 10-24)。

1 ~4:左脚向后“一”字步。1 ~2 两臂侧下举,握拳,拳心向内;3 ~4 两臂胸前交叉,握拳,拳心向内。

5 ~8:左、右依次分并腿两次。5 两臂侧上举,并掌,掌心向外;6 两臂胸前交叉,握拳,拳心向内;7 两臂侧下举,并掌,掌心向外;8 还原。

第五至第八个八拍,动作相同,但方向相反。

1 2 3 4 5 6 7 8

图 10-24

1 2

图 10-25

(四) 组合四(4 ×8 ×2 拍)

第一个八拍(图 10-25)。

1 ~8:右脚开始小马跳 4 次,向侧向前成梯形。1 ~2 右臂体侧向内绕环两次,左手叉腰;3 ~4 同 1 ~2,手臂相反;5 ~8 同 1 ~4 动作。

第二个八拍(图10-26)。

1～4:右脚开始后踢腿弧形跑,右转270°,两臂自然摆动。

5～8:开合跳1次。5～6两手扶大腿;7击掌;8放于体侧。

图10-26

第三个八拍(图10-27)。

1～4:右脚向右前上步后屈腿。1两臂胸前交叉,握拳,拳心向外;2右臂侧举,左臂上举,花掌,掌心向内;3同1动作;4叉腰。

5～8:右转90°,动作同1～4,但方向相反。

图10-27

第四个八拍(图略)。

1～4:右、左侧点地各1次。1右手左前下举,左手叉腰,握拳;2叉腰;3～4同1～2,但方向相反。

5～8:5右脚上步,双臂胸前平屈;6向前顶髋,两臂向前冲拳;7还原成5的姿势;8放于体侧,握拳。

第五至第八个八拍,动作相同,但方向相反。

八、健美操竞赛规则

(一)比赛项目和年龄

1. 竞赛项目

女子单人、男子单人、混合双人、三人和集体六人。

2. 年龄

全国性比赛可不分年龄组,普及性比赛可按年龄或运动水平分甲、乙、丙组。

(二)运动员着装与仪容

参赛运动员必须着纯白色健美操鞋和袜。女运动员着一件套带有肉色袜的比赛服,不允许穿两件套服装,头发必须固定在头上,可以化淡妆。男装不允许有长袖,服装上禁止使用松散或附加的饰物。禁止佩戴首饰。

（三）比赛场地要求

混合六人竞赛场地为 10 米 ×10 米，男子单人、女子单人、混合双人、三人的竞赛场地为 7 米 ×7 米的地板或地毯，并用 5 厘米宽的白色标志带做边线（该带宽度包括在场地内）。

竞赛台高 80 ~ 140 厘米，不得小于 14 米 ×14 米，帷幕要有会徽，帷幕及比赛台光照不得有阴影。光照度标准为 4000 ~ 5000 勒（要有顶光和底光）。

（四）比赛时间

成套动作时间是从运动员做动作开始至动作结束止；音乐时间是从音乐起到音乐止；成套动作时间不足或超过相应减分。健身健美操成套动作时间为 2 分 30 秒至 3 分，竞技健美操成套动作时间为 1 分 45 秒，可有加减 5 秒的宽容度。

第二节　拉拉操基础套路

这里介绍拉拉操基础套路“神采飞扬”，共分为 10 个组合、40 个节拍。本套操以拉拉队的基本动作和基本元素为主要动作语汇，融合了现代舞、爵士舞和街舞等一些基本动作，突出动作的规范、活泼欢快和团队配合的特点。这套操能够丰富校园文化生活，展现新世纪中国青年积极乐观、勇于拼搏、奋发向上的精神面貌。

一、动作组合一

第一个八拍

预备姿势：直立。

1~2 左脚侧迈一步，同时顶左髋，左臂经胸前屈至侧前下举，拳心向内。

3~4 右脚侧迈一步，同时顶右髋，右臂经胸前屈至侧前下举（两臂成倒“V”）字，拳心向内。

5~6 左转90°，重心左移成弓步(左)，左臂前上举、右臂前下举(两臂成“K”字)，拳心相对，头向1点。

7 右转90°，右脚前迈，同时向前顶右髋，双手扶右髋。

8 左脚前并成直立。

第二个八拍

1~2 左转180°，面向5点，同时右脚迈成弓步，两臂侧前上举(成高“V”字)，拳心向前。

3~4 左转180°，面向1点成弓步(左)，两臂握拳胸前交叉，拳心向外。

5 右脚右上侧点地，同时两臂经上依次向右抡臂(先右后左)。

6 左转90°，左脚右并、脚尖点地，同时屈膝半蹲，两臂绕至前下举，含胸低头。

7 右脚向右侧蹬地跳，同时左转90°，抬上体，右脚落地，右脚侧点地，同时两臂侧前平举（成“T”字），拳心向下。

8 平腿跳成直立。

第三个八拍动作同第一个八拍动作，方向相反。

第四个八拍动作同第二个八拍动作，方向相反。

二、动作组合二

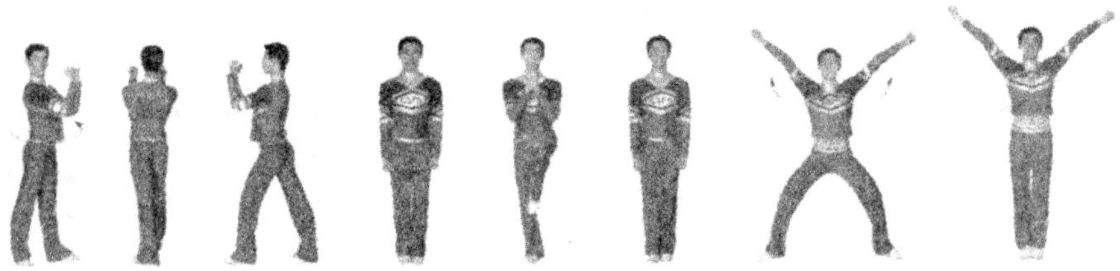

第一个八拍

1~3 左脚开始向左侧，左、右脚依次迈步，同时向左转体360°，两臂胸前屈，握拳，拳心向后。

4 右脚左并还原成直立。

5 吸腿跳(左)，两臂胸前击掌。

6 并腿跳成直立。

7 分腿跳，两臂侧前上举(成高“V”字)，拳心向外。

8 并腿跳成直立。

第二个八拍

1 右脚迈一步，左脚侧点地，上体右转45°成弓步(右),左臂体前向下冲拳。

2 上体左转45°,左脚右并屈膝点地,右臂体前下冲拳,两臂体前交叉,拳心向后。

3 左脚侧迈一步成弓步(左)，右脚侧点地，两臂经体侧至侧前上举(成高“V”字),拳心向外。

4 并腿跳成直立，两臂胸前交叉，拳心向外。

5 前跳成弓步(左),左臂侧举，拳心向下，左臂前下举，拳心向内(两臂成左“L”)。

6 动作同4。

7 动作同5，方向相反。

8 并腿跳成直立。

第三个八拍动作同第一个八拍动作，方向相反。

第四个八拍动作同第二个八拍动作，方向相反。

三、动作组合三

第一个八拍

1~2 向左跳转90°,面向7点，右腿前踢，同时左臂放于右侧腹，右臂肩侧屈，拳变掌，右手扶头后，头向1点。

3~4 右脚后撤一步成弓步(左)，右臂前下伸，拳变掌，左臂腰间握拳，头向7点。

5~6 右转90°成开立，左手握拳叉腰，右臂侧上举，单指。

7 两腿屈膝半蹲，两手握拳于头上交叉，拳心向外，头左侧倒。

8 并腿跳成直立。

第二个八拍

1 右转90°,同时左脚侧迈一步，面向3点，两臂侧前下举（成倒“V”字）。

2 并腿跳，右臂肩侧上屈。

3 左脚侧迈一步，头向5点，上体稍右转，右臂侧下举。

4 上体左转45°,头向1点,右脚侧并,右腿屈膝脚点地，同时向左顶髋。

5 面向3点，右脚后撤一步成弓步（左），同时左臂后下举，右臂屈于体后，头向1点。

6 并腿跳成直立。

7 右脚前迈一步成弓步（右），两臂胸前上屈，拳心向后。

8 左脚侧迈一步成弓步（左），右脚侧点地，两臂肩侧上屈，拳心相对。

第三个八拍动作同第一个八拍动作，方向相反。

第四个八拍动作同第二个八拍动作，方向相反。

四、动作组合四

第一个八拍

1~2 并腿跳成直立。

3~4 分腿跳成开立，同时两臂侧前平举（成“T”字），拳心向下。

5~6 左转90°，右腿左并，屈膝脚点地，两手经体侧至上举击掌相握。

7~8 分腿跳成开立，上体前屈，右手叉腰，左手分掌触地，头向1点。

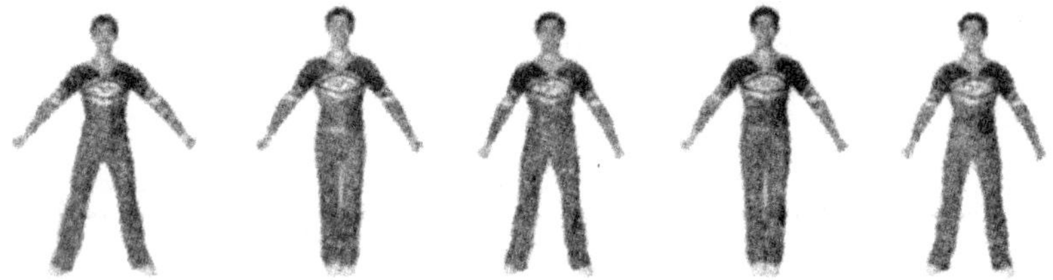

第二个八拍

1~2 右转90°，左脚右并屈膝点地，两臂经胸前平屈至体前交叉握拳。

3~4 左、右脚依次分腿跳成开立，两臂侧前下举（成倒“V”字）。

5 左、右脚依次并腿跳成直立。

6 左、右脚依次分腿跳成开立。

7 动作同5。

8 动作同6。

第三个八拍动作同第一个八拍动作，方向相反。
第四个八拍动作同第二个八拍动作，方向相反。

五、动作组合五

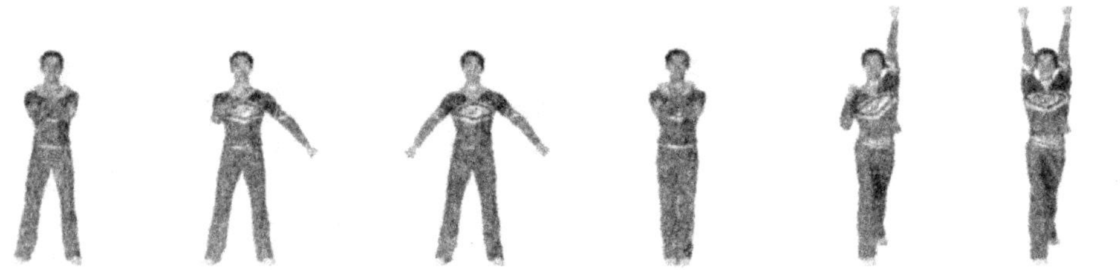

第一个八拍

1~2 分腿跳成开立，两臂胸前交叉，拳心向外。

3 左臂侧前下举。

4 右臂侧前下举（两臂成倒“V”字）。

5~6 左脚并成直立，两臂胸前交叉，拳心向外。

7 右脚前迈一步成弓步，左臂冲拳上举，右臂胸前屈，拳心均向内。

8 右臂冲拳上举，拳心相对。

第二个八拍

1~2 两臂经前至前下举。

3~4 右脚后并成直立，两臂胸前屈，拳心相对。

5~6 分腿跳成半蹲，两臂侧前下举（成倒“V”字）。

7~8 并腿跳成直立，两臂一侧成侧前上举（成高“V”字）。

第三个八拍

1	2	3	4	5~6	7	8
左脚前迈一步成弓步（左），头向7点，两臂经胸前平屈至左侧下举。	右脚前迈一步成弓步（右），头向1点，两臂经胸前平屈至右侧下举。	左脚侧迈一步成开立，左臂经胸前平屈至侧举，拳心向下，右臂放于体侧。	右臂上举，拳心向内，头向2点。	头向1点。	两臂胸前屈，两手击掌相握。	左脚右并成直立。

第四个八拍

1~4	5~6	7~8
右脚侧迈一步成开立，两臂体前交叉，拳心向下。	左脚前迈一步成弓步，两臂前举，拳心相对。	右脚前并成直立,两臂侧前上举（成高“V”字），拳心向外。

六、动作组合六

第一个八拍

1	~	2	3	~	4	5	6	7	8
弹踢腿(右)，两臂放于体侧，拳心向内。	左腿经吸腿侧迈一步，两脚依次落地成开立（先左后右）。		分腿半蹲，左臂经胸前屈伸至右前下举，拳心向后，稍低头。	右臂经胸前屈伸至左前下举，两臂体前交叉,拳心向后，低头。	并腿跳成直立，两臂放于体侧。	左脚右撤一步成弓步（右），同时向前顶右膝，两臂经胸前平屈至前举，拳心向下。	重心后移，右腿屈膝点地,两臂侧前下举（成倒“V”字)，头向6点。	向右前顶膝，两臂侧上举(成高“V”字)，单指，头向1点。	左脚前并直立。

第二个八拍

1	2	3	4	5	6	7	8
右脚侧迈一步，同时顶右髋，左脚侧点地，右手扶髋，左臂侧上举，打响指。	左脚右后撤一步，两腿微屈膝，两臂经体前屈膝下摆至右侧下举，打响指，头向下点。	动作同1，方向相反。	动作同2，方向相反。	5~8动作同1~4。			

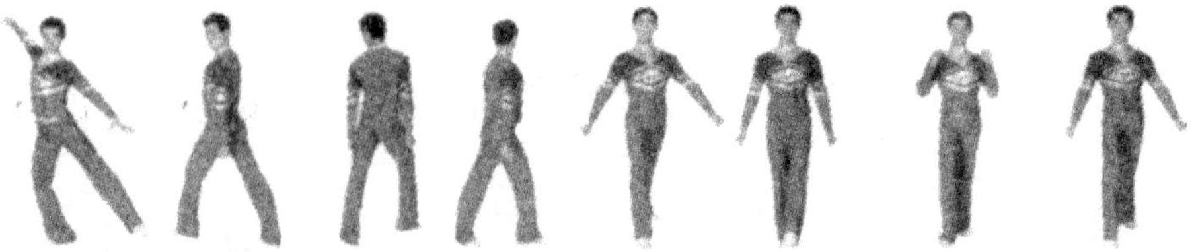

第三个八拍

1	2	3	4	5~6	7	~	8
右脚向右后侧踏跳，左腿侧摆，面向2点，两臂经胸前交叉至右臂侧上举，左臂侧下举，五指张开，掌心向下。	右转270°，扭头，左脚开始踏步三次，手臂放于体侧，两手握拳。			右转45°，面向1点，右脚前迈一步成弓步，两臂经胸前屈成侧前下举（成倒“V”字）。	踢腿跳（左），两臂侧前下举（成倒“V”字）。	左脚后撤一步，两臂胸前屈，拳心相对。	左脚落地成弓步跳（右），两臂成侧前下举（成倒“V”字）。

第四个八拍

1	~	2	~	3	~	4	~	
吸腿内扣(左)，同时右腿屈膝弹动一次，两臂胸前屈握拳，举心向内。	还原成直立。	动作同1，方向相反。	还原成直立。	动作同1。	还原成直立。	下肢动作同1，左臂侧举，右臂胸前屈，拳心向下，头右侧倒。	还原成直立。	5~8动作同1~4，方向相反。

七、动作组合七

第一个八拍

1	2	3	4	5~6	7	~	8	~
左脚前迈一步成弓步，两臂侧前下举（成倒“V”字）。	右脚前并成起踵立，两臂经体侧成侧前上举（成高“V”字）。	分腿跳成半蹲，两臂胸前上屈，拳心向后。	左转90°，同时重心前移成弓步（左），面向8点，左臂前上举，右臂前下举（成“K”字），头向1点。	面向1点，分腿半蹲，左臂侧下举，右臂侧上举（成右斜线）。	并腿跳，右臂握拳叉腰，左臂经胸前屈至上举。		动作同7。	

第二个八拍

1~2	3~4	5-6	7	8
右转180°，左右脚各前迈一步，两臂放于体侧。	左脚前迈一步成弓步，左臂侧举，右臂上举。	右转180°，左腿屈膝，吸腿（右），两臂经胸前平屈至前下举，含胸低头。	弓步跳（右），同时挺直上体，两臂上举，拳心相对，面向1点。	左脚前并成直立。

第三个八拍

节拍	动作
1~2	左脚侧迈一步成开立，上体面向7点，左手叉腰，右臂向内绕环。
3~4	面向1点，右臂侧上举。
5~6	重心右移成弓步（右），面向2点，头向1点，左臂前下举，右臂前上举（成“K”字）。
7	并腿跳，两臂侧前上举（成高“V”字）。
8	动作同7。

第四个八拍

节拍	动作
1	右脚前迈一步成弓步，两臂放于体侧。
2	右转180°成弓步（左）。面向5点。
3	右脚前迈一步成弓步。
4	右转180°，面向1点，右脚前并成直立。
5	右脚侧迈一步成分腿半蹲，头右侧倒，右臂侧举，拳心向下，左臂放于体侧。
6	左腿右并成直立，两臂放于体侧。
7~8	动作同5~6，方向相反。

八、动作组合八

第一个八拍

节拍	动作
1	左脚前迈一步成弓步，两臂侧前下举（成倒“V”字）
2	右脚前并成起踵立，两臂经体侧成侧前上举(成高“V”字)。
3	分腿跳成半蹲，两臂胸前上屈，拳心向后。
4	左转90°，同时重心前移成弓步（左），面向8点，左臂上举(成“K”字），头向1点。
5-6	面向1点，分腿半蹲，左臂侧下举、右臂侧上举（成右斜线）。
7 ~	并腿跳，右臂握拳叉腰，左臂经胸前屈至上举。
8 ~	动作同7。

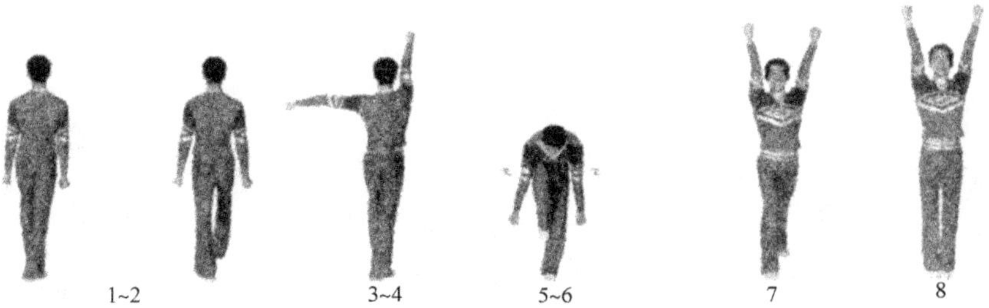

第二个八拍

节拍	动作
1~2	左转180°，左右脚各前迈一步，两臂放于体侧。
3~4	左脚前迈一步成弓步，左臂侧举，右臂上举。
5~6	右转180°，左腿屈膝，吸腿（右），两臂经胸前平屈至前下举，含胸低头。
7	弓步跳（右）同时抬上体，两臂上举，拳心相对，面向1点。
8	左脚前并成直立。

第三个八拍

1~2 左脚侧迈一步成开立，上体面向7点，左手叉腰，右臂向内绕环。

3~4 面向1点，右臂侧上举

5~6 重心右移成弓步（右），面向2点，头向1点，左臂前下举，右臂前上举（成“K”字）。

7 并腿跳，两臂侧前上举（成高“V”字）。

8 动作同7。

第四个八拍

1 右脚前迈一步成弓步，两臂放于体侧。

2 左转180°成弓步（左）。面向5点。

3 右脚前迈一步成弓步。

4 左转180°，面向1点，右脚前并成直立。

5 右脚侧迈一步成分腿半蹲，头右侧倒，右臂侧举，拳心向下，左臂放于体侧。

6 右腿左并成直立，两臂放于体侧。

7 8 动作同5~6，方向相反。

九、动作组合九

第一个八拍

1 左脚踏步，左手握拳叉腰，右臂左侧下举，握拳，拳心向下，头向7点。

2 右脚踏步，右臂经体前至侧上举，拳心向外，头向1点。

3 左脚踏步，两臂向内绕环。

4 右脚踏步，两臂经体侧上举，击掌相握。

5 左脚前迈一步成弓步，两臂侧前上举（成高“V”字），拳心向外。

6 左脚后并，两臂胸前屈击掌。

7 右脚前迈一步成弓步，两臂侧前下举（成倒“V”字）。

8 右脚后并还原成直立。

第二个八拍

1 右脚踏步，右臂胸前屈，握拳，拳心向内。

2 左脚踏步，左臂胸前屈，握拳，拳心相对。

3 右脚踏步，右臂经胸前平屈到侧上举，拳心向外。

4 左脚踏步，左臂经胸前平屈到侧前上举（成高“V”字）。

5 左脚侧迈一步成分腿半蹲，左臂侧举，右臂前下举（成左“L”字）。

6 左脚右并成直立，两臂胸前屈，拳心相对。

7 8 动作同5~6，方向相反。

第三个八拍

拍	动作
1~2	分腿跳,同时上体前屈,两手扶地。
3~4	并腿跳成直立，两臂经体前成侧前上举(成高“V”字)，两手握拳，拳心向外。
5	左腿侧迈一步，左手叉腰，右臂向内绕环，头向7点。
6	右臂经体前至上举，头向1点。
7	左脚前迈一步成弓步，右臂下拉至胸前上屈，拳心向后。
8	右脚前并成直立。

第四个八拍

拍	动作
1	左脚侧迈一步成分腿半蹲，左臂上举，右臂侧平举（成右“L”）。
2	右转90°，面向3点，右脚后并成直立，两臂经体侧收于体侧。
3	右脚侧迈一步成屈膝开立，左臂侧举，右臂上举（成左“L”）。
4	头向2点，右脚立踵，左脚屈膝后抬，两臂经体侧
5	左脚向3点前迈一步成弓步。
6	右脚前迈一步。
7-8	左转90°，左脚前迈一步成弓步，两臂经体侧成侧前下举（成倒“V”字）。

十、动作组合十

第一个八拍

拍	动作
1	左脚踏步，左手握拳叉腰，右臂左侧下举，握拳,拳心向下，头向7点。
2	右脚踏步，右臂经体前至侧上举，拳心向外，头向1点。
3	左脚踏步，右臂向内绕环。
4	右脚踏步，两臂经体侧上举击掌相握。
5	左脚前迈一步成弓步，两臂侧前上举（成高“V”字),拳心向外。
6	左脚后并，两臂胸前屈击掌。
7	右脚前迈一步成弓步，两臂侧前下举（成倒“V”字）。
8	右脚后并还原成直立。

第二个八拍

拍	动作
1	右脚踏步，右臂胸前屈，握拳,拳心向内。
2	左脚踏步，左臂胸前屈，握拳，拳心相对。
3	右脚踏步，右臂经胸前平屈到侧上举，拳心向外。
4	左脚踏步，左臂经胸前平屈到侧前上举（成高“V”字）。
5	左脚侧迈一步成分腿半蹲，左臂侧举，右臂前下举（成左“L”字）。
6	左脚右并成直立，两臂胸前屈，拳心相对。
7	动作同5~6，方向相反。
8	

第三个八拍

1~2 分腿跳，同时上体前屈，两手扶地。

3~4 并腿跳成直立，两臂经体前成侧前上举（成高“V”字），两手握拳，拳心向外。

5 左腿侧迈一步，左手叉腰，右臂向内绕环，头向7点。

6 右臂经体前至上举，头向1点。

7 左脚前迈一步成弓步，右臂下拉至胸前上屈，拳心向后。

8 右脚前并成直立。

第四个八拍

1 左脚侧迈一步成分腿半蹲，左臂上举、右臂侧平举（成右“L”）。

2 右转90°，面向3点，右脚后并成直立，两臂经体侧收于体侧。

3 右脚侧迈一步成屈膝开立，左臂侧举，右臂上举（成左“L”）。

4 头向2点，右脚立踵，左腿屈膝后抬，两臂经体侧收于体侧。

5 左脚向3点前迈一步成弓步。

6 右脚前迈一步。

7~8 左转90°，左脚前迈一步成弓步，两臂经体侧成侧前下举（成倒“V”字）。

第三节 健美运动

健美运动是一项增强体格、塑造形体的体育项目。该项运动主要依靠健身器械，通过长年系统的训练，使全身肌肉粗壮发达、比例匀称。通俗地讲，它是雕琢人体的运动项目。

健美运动源于公元前的古希腊，著名的雕塑“掷铁饼者”就是反映健美运动的代表作。现代健美运动的创始人是德国的欧琴·山道。他在 1901 年 9 月举办了世界上第一次健美比赛。1902 年以后，山道先后到美国、英国、新西兰、澳大利亚等地进行健美技艺表演，并设立体育学院，传授健美锻炼的方法。山道因此被世人尊称为“健美运动鼻祖”。

中国健美运动的创始人是赵竹光先生。1930 年他成立了我国第一个健美组织——沪江大学健美会，并亲自担任会长。1940 年，赵竹光和曾维祺先生共同创办上海健美院，为健美运动在我国的开展打下了良好的基础。1985 年 11 月，我国正式加入国际健美协会，成为该协会的第 128 个成员。20 世纪 90 年代后，全国各地健美俱乐部纷纷成立，形成了新阶段、高层次的健美热潮。

2005 年中国健美队第一次捧起了世界健美冠军的奖杯，也第一次拿到了亚洲健美锦标赛的金、银、铜牌，取得了历史性的突破，在中国的健美史上写下了浓墨重彩的一笔。2011 年泰国曼谷的亚洲健美锦标赛上，中国选手孙丹燕获得亚洲女子形体 165 厘米级冠军，李琳获得亚洲女子形体 165 厘米以上级季军。健美运动在中国正逐步受到各界人士的关注，同时，各种媒体宣传对推动我国健美运动的开展也起到了积极的促进作用。我国的健美运动今后必将得到更大的发展，健美运动水平也必将获得更大的提高。

一、健美运动基础知识

(一) 人体主要肌肉及其功能

健美运动,从表面看是一种以力量练习为主要手段的简单身体活动,实质是对肌肉的塑造。只有掌握有关肌肉的常识,才能更有效地炼成发达肌肉群,增大肌肉体积,使肌肉隆起,线条明显、清晰。

人体运动系统由骨、骨关节和骨骼肌共同组成,以骨为杠杆,关节为枢纽,肌肉收缩为动力进行运动。健美运动主要是通过锻炼使骨骼肌的形态发生改变,从而展现运动带来的健康美。

人体的骨骼肌约有434块,重量占成年人体重的35%~40%。四肢肌肉占全身肌肉总重量的80%,其中下肢肌占50%,上肢肌占30%。身体运动的特性决定了肌肉往往成对出现,运动中常用到的肌肉约有75对,以收缩与伸展、伸肌和屈肌的形式完成动作,表现为主动肌、协同肌、对抗肌的特征。例如,胸大肌、肱二头肌为主动肌,它要积极收缩;而肱三头肌为对抗肌,它要充分伸展。

(二) 健美锻炼的基本技术与四个结合

健美锻炼所采取的动作,都是根据人体生理结构的特点而设计的,每个练习都有其特定的技术要领,每个动作和身体姿态的正确与否都与肌肉的收缩和伸展密切相关,直接影响锻炼效果。因此,健美锻炼想要达到一定的效果,必须依据人体生理特点和肌肉的功能,掌握和运用正确的基本技术,通过一定动作方式和重量刺激使受力肌获得最佳的"肌肉酸胀"反应。

1. 健美锻炼中常采用的基本技术

(1) 站位:有两脚平行、自然分开、两脚内扣和并拢站位等。

(2) 站距:有两脚窄站距、正常站距和两脚宽站距等。

(3) 蹲法:有两腿全蹲、半蹲、稍蹲、跨蹲和侧蹲及两腿前后剪蹲等。

(4) 握法:有两手正常握法、空握法、锁握法和两手正、反握法等。

(5) 握距:有两手窄握距、正常握距和宽握距等。

(6) 预备姿势:有坐姿、俯坐姿、斜坐姿、托臂坐姿、俯立姿、直立姿、俯跪姿、俯卧姿、平卧姿、上斜卧姿、下斜卧姿和斜卧姿等。

2. 健美活动中的四个结合

在健美锻炼中,上举器械动作速度应稍快,作退让复位时一定要控制速度完成,以增加肌肉负担。为让肌肉更有弹性,在锻炼过程中应做到以下几个结合:

(1) 速度掌握要快与慢结合。

(2) 每组所做次数要多与少结合。

(3) 试举重量要轻与重结合。

(4) 动力练习要与静力练习结合。

二、身体各部位主要肌肉练习方法

(一) 肩部肌肉练习方法

肩部肌肉主要为三角肌,它包括前束、中束、后束三部分,围绕肩部形成一个半球形。

1. 胸前提举

(1) 作用:主要锻炼三角肌、肱肌、肱二头肌、斜方肌等。

(2) 动作要求:两脚左右开立与肩同宽,两手握持杠铃(手背朝前)成直立,两臂自然下垂,杠铃置于大腿前,然后两手臂上提将杠铃贴身上移至下颌处,或继续提举至头上方,稍停后再缓缓下降,杠铃顺原路线还原成开始姿势(图 10-28)。练习过程中上体应固定不动,抬头、挺胸、紧腰,不得翻转手腕和借力,用力要均匀、缓慢。

图 10-28　胸前提举

(3) 呼吸:上提时吸气、屏气,下落还原时呼气。

(4) 易犯错误:上提时,借助摆动发力。纠正方法:呈半蹲位进行练习,保持双腿姿势。

2. 俯身飞鸟

(1) 作用:主要锻炼三角肌后束、中束和大圆肌、小圆肌、冈下肌、斜方肌等。

(2) 动作要求:两脚左右开立稍宽于肩,腿伸直,上体前弓与地面平行,两手拳眼朝前持握哑铃自然下垂于腿前,然后两臂伸直分别向两侧举起哑铃至略高于肩的极限处,稍停后按举起路线还原成开始姿势(图 10-29)。上体尽量保持平稳,不要上下起伏摆动,动作速度均匀、缓慢,肘关节允许稍弯曲。

图 10-29　俯身飞鸟

(3) 呼吸:上举时吸气、屏气,下落还原时呼气。

(4) 易犯错误:上体起伏摆动,借助背部肌肉用力,使三角肌锻炼效果不够。纠正方法:选择适当的哑铃重量,使自己能在稳定的情况下完成,然后逐渐增加重量。

3. 颈后推举

(1) 作用:主要锻炼三角肌中束、肱三头肌、胸大肌、前锯肌等。

(2) 动作要求:两脚左右开立,两手采用宽握距(一肩半宽)握持杠铃置于肩上,然后挺胸、紧腰将杠铃向头后上方推举,直至两臂伸直,稍停后再按推起路线缓缓回落至颈后肩上。要求上体正直固定,头可适当前收。

(3) 呼吸:上推时吸气,下落还原时呼气。

(4) 易犯错误:上推时借腿发力。纠正方法:起始位可成高蹲姿势,并保持整个练习过程。

4. 哑铃侧平举

(1) 作用:主要锻炼三角肌中束。

(2) 动作要求:两脚左右开立,两手拳眼朝前提握哑铃分别置于大腿两侧,挺胸收腹,两手臂提铃侧平举至与肩同高,稍停后按上举路线还原(图 10-30)。动作速度尽量均匀而慢,特别是下落时要控制速度,充分进行退让性练习。

图 10-30　哑铃侧平举

(3) 呼吸:向上侧平举时吸气,下落还原时呼气。

(4) 易犯错误:练习速度太快。纠正方法:注意肌肉始终用力,以退让性练习为主。

（二）上臂肌肉练习方法

上臂肌肉分前、后群，前群（屈肌群）有肱二头肌、喙肱肌、肱肌；后群（伸肌群）有肱三头肌、肘肌等。

1. 胸前弯举

（1）作用：主要锻炼肱肌、肱二头肌、胸大肌上缘。

（2）动作要求：两脚开立与肩同宽，两手握杠铃自然下垂，手心向前，置于大腿两侧。然后两臂同时用力屈肘，将杠铃向上弯举至胸前（图 10-31），稍停后按上举路线还原至两臂伸直下垂。身体应基本固定，不得前后摆动借力，要慢举慢落，上臂紧贴身体。

（3）呼吸：向上弯举用力时吸气，杠铃下落还原时呼气。

（4）易犯错误：上臂前后摆动。纠正方法：上臂紧靠上体进行练习。

图 10-31　胸前弯举

2. 俯卧弯举

（1）作用：主要锻炼肱肌、肱二头肌中下部。

（2）动作要求：身体俯卧在高长凳上，两肩探出高长凳一端，两手手心向前提握杠铃自然下垂，然后双臂屈肘用力向前、向上弯举，将杠铃举至颈前，稍停后沿原路线还原。注意肘关节固定，肘尖始终保持与肩和地面垂直。

（3）呼吸：向上弯举时吸气，下落还原时呼气。

（4）易犯错误：上臂前后摆动。纠正方法：做动作时应注意肘尖始终垂直于地面。

3. 颈后臂屈伸

（1）作用：主要锻炼肱三头肌。

（2）动作要求：两脚左右开立与肩同宽，两手握杠铃（正、反握均可）高举于头，然后屈肘将杠铃慢慢向颈后放落至最低处（图 10-32），这时两肘尖朝上，两上臂与地面垂直。稍停后两臂肱三头肌用力收缩将杠铃慢慢拉举还原成上举。

（3）呼吸：下落时吸气，上举时先屏气，后再呼气。

（4）易犯错误：上臂前后摆动，不能垂直向上。纠正方法：依靠同伴扶住上臂进行练习。

图 10-32　颈后臂屈伸

（三）背部肌肉练习方法

背部肌肉主要有：斜方肌、菱形肌、背阔肌、大圆肌、小圆肌、冈上肌、冈下肌、背长肌和背短肌等。

1. 哑铃扩胸

（1）作用：主要锻炼斜方肌、冈上肌、冈下肌、大圆肌、小圆肌、三角肌等。

（2）动作要求：两腿左右开立，两手持铃于体前成前平举（拳眼向上），后两手臂同时向两侧做侧平举扩胸，稍停后再沿原路线还原成前平举，重复。练习时，肘关节可略微弯曲，扩胸时要向外、向后用力并胸向前挺。

（3）呼吸：持铃向外扩胸时吸气，顺原路线还原时呼气。

（4）易犯错误：呼吸方法不正确。纠正方法：严格按照外扩吸气、并拢呼气的要求，逐步适应。

2. 俯身划船

（1）作用：主要锻炼背阔肌、斜方肌、大圆肌、小圆肌、冈下肌以及背部深层肌肉。

（2）动作要求：两脚左右开立，上体前倾与地面平行，两手握杠铃（手背朝前）下垂，同伴在体前用手扶头。臀部稍后移，然后用力向上提肘，将杠铃横杠提至胸腹间，稍停后再缓缓向前下方放下杠铃还原。

（3）呼吸：俯身提铃时吸气，向前下方放下杠铃时呼气。

（4）易犯错误：上体起伏不定，速度过快。纠正方法：在同伴帮助下保持上体稳定。

3. 负重体前屈

（1）作用：主要锻炼背长肌、背短肌、臀大肌、股二头肌等。

（2）动作要求：两手扶持置于颈后的杠铃，两脚开立与肩同宽，身体正直，腰腿绷紧，上体慢慢前屈与地面平行（图 10-33），稍停后上体再慢慢抬起还原成直立姿势。动作要慢，要注意预防受伤。做练习时腰背肌一定要收紧，上体前屈时臀部可稍向后移，两腿可微弯曲。

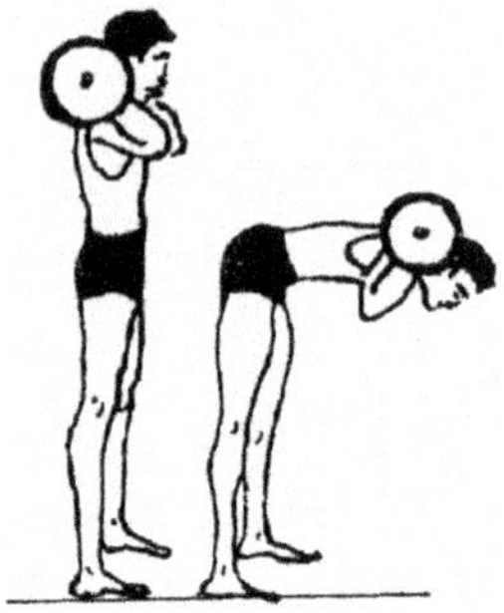
图 10-33　负重体前屈

（3）呼吸：上体抬起时吸气，前屈时呼气、屏气。

（4）易犯错误：前屈时速度过快。纠正方法：适当减轻杠铃重量。

4. 颈后引体向上

（1）作用：主要锻炼背阔肌、大圆肌、小圆肌、菱形肌。

（2）动作要求：两手宽握（约一个半肩宽）单杠，手心朝前，背阔肌用力收缩将身体向上拉起，直至颈后触及单杠（图 10-34），稍停后慢慢降落身体直至两臂完全伸直。注意力集中于背阔肌，颈后部位尽量触及单杠。

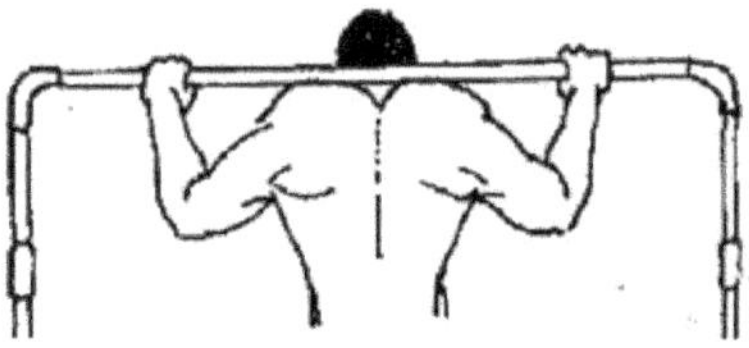
图 10-34　颈后引体向上

（3）呼吸：引体向上时吸气，身体下降时呼气。

（4）易犯错误：握距太窄，肱二头肌紧张。纠正方法：加宽握距，注意力集中于背阔肌。

（四）胸部肌肉练习方法

胸部肌肉主要有：胸大肌、胸小肌、前锯肌等。

1. 平板卧推

（1）作用：主要锻炼胸大肌、胸小肌、前锯肌、三角肌前束、肱三头肌等。

（2）动作要求：仰卧在平板卧推架上，两手握住横杠，将杠铃推举至胸前上方，两臂伸直（图 10-35），然后屈臂有节奏地将横杠放在胸部乳头以上（女子触胸即可），稍停后再用力将杠铃向垂直方向推起，直至两臂伸直。将杠铃放置胸部时，胸要挺起，用力上推时，胸肌要发力，头、背不可离开卧推架。

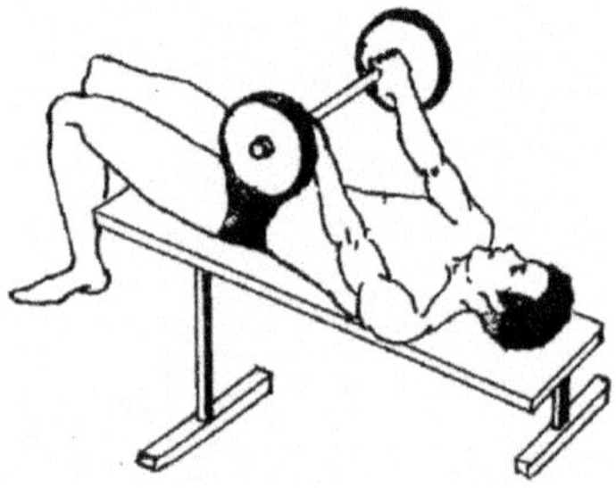
图 10-35　平板卧推

（3）呼吸：放杠铃至胸和上推时要吸气，两臂伸直时呼气。

（4）易犯错误：上推时左右不平衡及前后不平衡。纠正方法：准确握住杠铃的平衡点，头、背位置要正，注意加强弱侧肌肉力量。

2. 仰卧飞鸟

（1）作用：主要锻炼胸肌中部、前锯机、三角肌前束。

（2）动作要求：两手握手铃置于胸前（手心相对），仰卧于凳上，然后两臂向上伸直与身体垂直，肘微屈，用胸肌伸展力将手铃向两侧尽可能外展下放（图 10-36），到达最低点后稍停，然后再用胸肌收缩力沿原路线将手铃内收上举成开始姿势。向两侧分臂时，肘关节可微屈，但必须缓缓下落至低于体侧。在整个动作过程中，要求肩、肘、腕始终在同一垂直面上。

图 10-36　仰卧飞鸟

（3）呼吸：内收上举时吸气，外展下放时呼气。

（4）易犯错误：分臂时左右两侧速度不一致。纠正方法：加强弱侧肌肉练习，可单臂进行弱侧练习。

3. 俯卧撑

（1）作用：主要锻炼胸大肌、三角肌、肱三头肌、前锯肌、前臂肌群。

（2）动作要求：两臂伸直，两手撑地，手指向前，两手撑距与肩同宽，双腿并拢伸直，脚趾支地，身体伸直，臀部、腰部既不能弓起，也不能下塌，然后两臂同时弯曲，身体下降至接近地面并与地面平行，随后胸肌绷紧，两臂用力撑起身体至充分伸直，稍停，重复进行练习。肩部的垂直线应在手支撑点之前，屈臂时应尽量拉长胸大肌。意念集中在胸肌收缩用力上，不得低头、塌腰，动作要慢。

（3）呼吸：撑起身体时吸气，下降屈臂时呼气。

（4）易犯错误：撑起身体时臀部上弓。纠正方法：注意腹肌、背阔肌收缩。

4. 双杠臂屈伸

（1）作用：主要锻炼胸大肌、肱三头肌、前锯肌和三角肌前束。

（2）动作要求：两手分别握两杠，两臂伸直撑于杠上，身体自然下垂（图 10-37），然后屈双臂缓慢下降身体至不能再降低为止，稍停后以胸大肌和肱三头肌收缩用力撑起身体至两臂伸直，稍停再重复练习。撑起身体时，应挺腰、收腹、抬头、下巴前伸，胸大肌极力绷紧。动作要慢，即慢慢屈臂下降和缓缓伸臂撑起。

（3）呼吸：用力撑起时吸气，屈臂下降时呼气。

（4）易犯错误：借下肢摆动撑起身体。纠正方法：可双腿并拢，略微后伸，使臀大肌微微用力。

图 10-37　双杠臂屈伸

（五）腹部肌肉练习方法

腹部肌肉有腹前壁的腹直肌、腹外斜肌、深层的腹内斜肌、腹横肌等。

1. 两头起

（1）作用：主要锻炼腹直肌。

（2）动作要求：仰卧在垫子上，腹部肌肉收缩，上体抬起，两臂向上、向前伸举，同时，两腿伸直向上举起，使手脚在肚脐上方汇合（图 10-38），然后各按原路线还原。

图 10-38　两头起

(3) 呼吸:举腿与上抬上体时吸气,落下还原时呼气。

(4) 易犯错误:腿、手、上体不协调。纠正方法:先不让手脚汇合,动作协调后再加大幅度。

2. 负重转体俯身

(1) 作用:主要锻炼腹外斜肌、腹内斜肌、腰方肌、髂腰肌等。

(2) 动作要求:两脚开立稍大于肩宽,两手宽握杠铃置于颈后肩上,然后上体向左转并随即俯身与地面接近平行,稍停后抬上体同时转体复原,接着向右转体并随即复原。

(3) 呼吸:向侧转体和向侧下俯身时吸气,抬上体还原时呼气。

(4) 易犯错误:重心不稳。纠正方法:两脚开立,重心落在两脚中间,转体时重心适当跟着移动。

(六) 腿部肌肉练习方法

腿部肌肉主要有:臀大肌、大腿后肌群(股二头肌、半腱肌、半膜肌)、大腿前外侧肌群(股四头肌、缝匠肌、阔筋膜张肌等)、大腿内侧肌群(大收肌、短收肌、长收肌、耻骨肌、股薄肌等)、小腿前群肌(胫骨前肌、趾长伸肌、拇长伸肌等)、小腿后群肌(腓肠肌、比目鱼肌等)。

1. 负重深蹲

(1) 作用:主要锻炼臀大肌、肱四头肌、缝匠肌、阔筋膜张肌及腰肌等。

(2) 动作要求:将杠铃置于颈后肩上,两手正握扶持杠铃,两脚平行开立略宽于肩,然后抬头、挺胸、紧腰,慢慢屈膝下蹲至大小腿夹角小于90°,再起立呈直立姿势(图10-39)。

(3) 呼吸:下蹲时吸气,起立时稍屏气再呼气。

(4) 易犯错误:腰、背不紧,低头收胸。纠正方法:加强背阔肌用力,挺胸抬头。

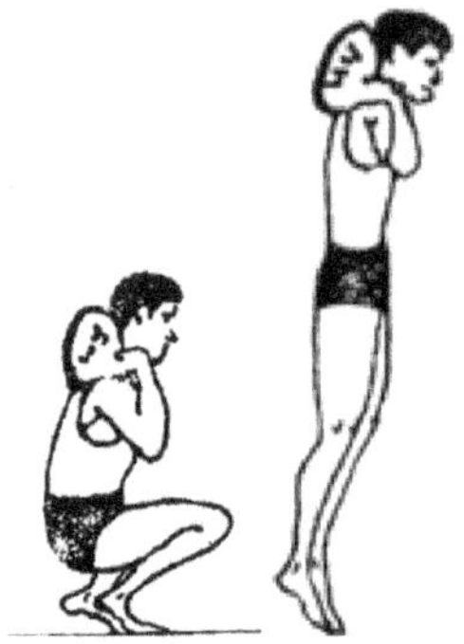

图10-39　负重深蹲

2. 腿后弯举

(1) 作用:主要锻炼股二头肌、半腱肌、半膜肌等。

(2) 动作要求:俯卧在腿弯举架上,屈小腿将弯举支架杆向上拉起至极限,稍停,还原。

(3) 呼吸:向上屈腿时吸气,还原时呼气。

(4) 易犯错误:臀部高抬。纠正方法:注意背部肌肉放松。

3. 负重提踵

(1) 作用:主要锻炼小腿后群肌。

(2) 动作要求:两手正握杠铃置于颈后肩上,两脚前脚掌踏在5~7厘米厚的木板上,脚跟微着地后尽力提起脚跟至最高位置,略顿,慢降至着地。

(3) 呼吸:向上提踵时吸气,下落时呼气。

(4) 易犯错误:重心不稳,不能连续做动作。纠正方法:适当降低木板高度。

三、健美锻炼的基本方法与要求

(一) 健美锻炼的基本方法

1. 保护与帮助法

(1) 单人保护。保护者根据练习的动作特点,站在练习者的身前或背后的正中部位,需要帮助时,迅速以双手抓杠。

（2）双人保护。帮助者站在杠铃的两端，实施保护与帮助时，两人动作、用力一定要协调、一致。

（3）自我保护。主要借助身体其他部位的力量，将杠铃抛、推离身体位置。

2. 肌肉力量、体积练习法

（1）肌肉力量增长方法。

① 采用大重量、多组数、少次数的肌肉练习法。

② 局部肌肉练习每周安排不超过 3 次，一次安排 2 ~ 3 个动作，组数和次数不宜过多，以 8 次为限。

③ 强度应从 70% 开始，直至助力下完成 105% 的强度，次数为 1 ~ 3 次。

④ 每组重量练习间歇时间为 120 ~ 180 秒。

（2）肌肉体积练习法。

① 循环练习法。它要求把多个练习动作按照顺序编排起来，练习者依次完成每个动作为一个循环，周而复始。

② 塔式练习法。某动作练习若干组时，练习重量逐组增加，完成次数逐组减少，直至最大重量完成最少次数。然后逐组减重，逐组增加次数。

③ 固定练习法。选用若干动作，采用固定的重量、次数、组间间歇等做若干组，可提高肌肉耐力，快速增大肌肉体积。

④ 慢速动力练习法。有意识地缓慢完成动作，在做动作时不要使用爆发力收缩，不论收缩或还原都要缓慢进行，使神经、肌肉始终处于高度紧张状态，可使肌肉高度膨胀，线条明显。

⑤ 集中练习法。把锻炼某部位肌肉的若干作用相同的动作集中进行练习。通过多动作练习，使被练部位的深浅、屈伸、大小肌群都得到充分锻炼。

⑥ 重点训练法。在多肌群参加工作的练习中，大小肌群所出现的疲劳时间是不相同的，往往小肌群疲劳出现早，大肌群疲劳出现晚。若单用一个动作来锻炼某大肌群，会由于小肌群无力继续工作，大肌群又无法达到足够的刺激，而影响大肌群锻炼效果。因此，要使被练大肌群获得足够的刺激强度，就必须突出重点，选用多个对某大肌群作用相同而小肌群不同的动作进行练习，使大肌群得到充分的锻炼。

（二）健美锻炼的基本要求

1. 做好准备活动

在健美锻炼的初期就应重视准备活动，以逐步养成习惯，避免锻炼过程中伤害的出现。受天气的影响，准备活动只是在量和动作幅度上有所区别，但都以克服内脏器官的惰性和肌肉的黏滞性，使神经兴奋，让机体进入工作状态为目的。由于结缔组织的温度低于身体其他部位，为了让血液中的氧能正常畅通地向肌肉输送，提高肌肉的温度和收缩力，减少锻炼过程中可能出现的伤害，准备活动必不可少。

2. 掌握正确的动作要领

开始练习时必须用适当的重量，反复体会所做动作的着力点。肘关节的内收和外展，两腿并拢与分开站位，含胸与挺胸等都会对锻炼肌群起着质的变化，但在大重量练习时，往往会破坏动作的正确性。

3. 掌握正确的呼吸方式、方法

在锻炼过程中,体内需要的氧气量及产生的二氧化碳量大大增加,只用鼻子或嘴来进行呼吸是满足不了的。必须采用短促而有力的口鼻兼用的呼吸方法才行,还要根据不同练习动作运用不同的呼吸方式,以摄取更多的氧并排出二氧化碳。否则,轻则过早感到疲劳,重则出现恶心并伴有呕吐感,严重者会因脑供血不足而出现暂时休克状态。

锻炼中常用的呼吸方法主要有以下几种:

(1) 同步式呼吸法:一次动作一次呼吸,多数练习动作皆用此方式,即在完成一次练习动作后再及时换气。

(2) 非同步式呼吸法:呼吸频率与动作次数不相等,呼吸是在动作间隙时进行的。

在练习动作较快或负重很轻时,如双杠臂屈伸、单杠引体向上、斜板腰腹练习等,多采用几次动作一次呼吸。而在重量较大的练习时,为了给脑部提供充足的氧,如仰卧推举的最后几次练习及前后深蹲练习,多采用一次动作几次呼吸。

(3) 自由调节式呼吸法:在进行有氧训练时采用,如连续纵跳、连续蛙跳、上山跑和下山跑。

4. 控制动作幅度和动作速度

在健美锻炼中,动作幅度是健美对象最容易忽视的问题,其实这点很重要。动作幅度的大小影响的不仅是肌纤维的长度,还有肌肉包块。同时,不论是为了发达肌肉还是为了减少脂肪,动作速度都不宜过快,以匀速为好。动作频率要根据动作的幅度来定,通常频率不超过每分钟 15 次。动作速度快,对发展爆发力有帮助。

5. 强度逐步加大

健美运动是对身体肌群和局部肌肉连续不断地进行刺激,以达到增粗各部位肌肉和减少脂肪的目的。初学者的刺激应由轻到重、由少到多、由小到大、由简单到复杂,循序渐进。增大肌肉体积和力量的关键是强度,肌肉接受刺激的强度越大、持续时间越长、大脑皮层兴奋性就越高,收到的效果也就越好。

应该提醒的一点是,在对待锻炼强度问题上,千万不能理解为单纯地增加练习次数或是把锻炼时间延长可作为补偿。在锻炼中只有科学地处理好强度、密度、组数、次数和间歇时间的关系,才是有效进行健美锻炼的唯一正确的途径。

6. 锻炼时意念要集中

意念集中是要使精神和身体和谐统一,求得更好的效果,真正让各有关肌群和谐、有效地工作,把内在的能量和力量集中到同一点上。也只有意念集中,才能恰当地掌握用力的强度、动作的频率、受力的重点以及练习重量、组数和次数的多少,获得最佳效果。

7. 要整体发展

健美教学器械训练是重要手段,但要是缺乏跑及球类项目补充,柔韧、灵巧和协调等素质就难以改善和提高,尤其要重视腿部肌群的练习。

8. 合理运用锻炼时间、强度、密度、组数及次数

(1) 锻炼时须掌握的原则:要根据训练者自身的状况,要考虑营养摄取和休息手段,要注意锻炼后的身体反应。

(2) 每周锻炼次数与时间:初学班为 3 次,每次 90 分钟;中级班为 3 ~4 次,每次 120 分钟;提高班为 4 ~6 次,每次 150 分钟。

(3) 动作数量与组数:初学班为 4 ~5 个动作,30 组左右;中级班为 4 ~5 个动作,35 组左右;提高班为 5 ~6 个动作,45 组左右。

(4) 密度(即组与组之间的间歇时间):初学班为 1.5 ~2 分钟;中级班为不超过 1.5 分钟;提高班为 1 分钟之内。

(5) 每组次数:1 ~5 次为低次数,是为增长力量时采用;6 ~10 次为中次数,是专为发达肌肉块采用;15 ~20 次为高次数,是为发展小肌肉群和增强肌肉弹性时采用;30 次以上为超高次数,有助于削减脂肪。

9. 做好训练后的放松

放松的目的在于促进体内代谢,疏散淤积在肌肉中能引起肿胀和疼痛的物质,让紧张的肌肉松弛下来,以加快消除疲劳和恢复机能。

除上述几点外,参加健美锻炼者要想取得良好的效果,还应注意营养、休息等,因为这些方面对锻炼效果也有很大的影响。

第四节 瑜 伽

瑜伽(yoga)来自梵文,起源于 5000 多年前的古印度。瑜伽是东方最古老的强身术之一,是人类智慧的结晶,也是印度先贤在最深沉的思想和静定状态下,直觉了悟生命的认知。

如今,"瑜伽"一词已家喻户晓,流行于世界,成为养生与健身的同义词。从欧美到东南亚,年轻一代都把它奉为都市生活的最佳减压之道。练习瑜伽,不仅可以消除紧张,缓解压力,使人的精神与身体进入纯净的境界,还能有效地完美体形、体态,焕发生命潜能。

一、瑜伽的传播

瑜伽是印度人民从实践中总结出的科学的人体修炼法,目前瑜伽作为一种健身方法已在全世界范围内传播。张蕙兰是华人中瑜伽练习较早的一位,也是把瑜伽带到现代中国的女性,被称为"当代中国瑜伽之母"。1985 年,通过中央电视台的直播,张蕙兰带着瑜伽走进千家万户,并受到观众喜爱。直至 2000 年,瑜伽开始在中国普及,之后,受到社会各界的大力宣传,瑜伽在国内迅速传播。2005 年 5 月份在中国北京举办的"首届国际瑜伽健身博览会"更是掀起了中国瑜伽的发展高潮,使瑜伽成为都市女性最宠爱的健身娱乐项目之一。近几年,随着现代生活节奏的加快,人们精神压力逐渐加大,更加向往心灵的平静和精神的健康,瑜伽运动以其温和的练习方法和良好功效吸引了大众的参与。

瑜伽有多个门派,当今世界最盛行的是以呼吸与体位法为中心的健身瑜伽。健身瑜伽是由呼吸法、体位法、冥想法所构成的协调身心平衡的养生法则,通过深层呼吸、伸展筋骨及平静心态来探索自己的内心世界,以达到身心平衡协调的发展。

二、瑜伽体位法

瑜伽体位法利用一些扭转、弯曲、伸展的静态动作及动作间的止息时间,刺激腺体,按摩内脏,有松弛神经、伸展肌肉、强化身体、镇静心灵的功效。

瑜伽体位法命名的形式有以下四种:依动物的姿势模仿得来的体位法,如蛇式;依该动作的功效命名的体位法,如美臂式;依姿势架构特性来命名的体位法,如扭转式;依该动作的形态命名的体位法,如桥式。

三、练习健身瑜伽的益处

瑜伽是一套从肉体到精神极其完备的锻炼方法。它超越了哲学和宗教的范畴,具有更广泛的含义,是一项集健身、美容和健心于一体的时尚运动。瑜伽修炼首先要着眼于身体的强健,然后要求身心融合为一,在此基础上,引导修持者进入无上完美的境界。在瑜伽修炼过程中,修持者逐渐深化自己的内在精神,从外到内,从感觉到精神、理性,而后到意识,最后使自我同内在的精神融合为一,达到天人合一。

瑜伽练习可以使肌肉放松,帮助舒展肌肉线条;可以使练习者体形匀称、线条优美;同时还有安静神经的功效,有利于疲劳的恢复。以锻炼内脏器官为主的练习方式,可以平衡体内各种腺体的分泌,使练习者的身心得到舒缓。瑜伽动作中大量的前弯、后仰、扭动、斜腹、挤压等动作,可以按摩人的内脏器官,有利于促进体内各种腺体的分泌。有些瑜伽姿势还可以治疗胆结石、腰肌劳损等疾病,对人的肌肉、神经、内分泌系统、消化系统都非常有益。

瑜伽对提高身体的柔韧性有很大帮助。不同年龄、性别的人只要常做瑜伽伸展,将它当成一种生活方式,一段时间后就会发现身体的变化。除修身之外,瑜伽还讲究修心,对平和心境也颇有帮助。

四、身体不同部位的塑身瑜伽体位法

(一) 纤细手臂的塑身瑜伽体位法

1. 单手勾式

(1) 双腿跪坐。慢慢将左手放在背部,左肘弯曲,左手背沿着背部向颈部上伸,将手背紧紧贴着脊柱,左手指朝上。做这个动作时,左手要用力。

(2) 自右肘部弯曲右臂,向上抬起右肘,右手掌放在右肩上。然后,努力用左手手指触到右手手指,把两手伸到最大限度,并且停留在这个位置上。两手手指要略微弯曲相扣,勾紧牵拉在一起。

(3) 两手扣合之后,努力使右肘向上抬起。脊柱要保持正直、稳固,目视前方,正常呼吸。保持这一姿势5秒。

(4) 放松紧扣的手指,慢慢松开双手扣合的状态,然后逐渐把两手放在大腿上,做两次正常的呼吸,休息之后按照上述方法,双手交替再练习几遍(右手改放在背后,再抬起左手肘)。

2. 美臂式

(1) 跪坐,腰背挺直,做深呼吸。

(2) 吸气,双手合十往头上方伸直,同时慢慢将气体呼出,双手互握。

(3) 再次吸气,上体慢慢后仰,吐气,停留数秒钟。

(4) 缓慢还原成原姿势,调整好呼吸。

美臂式的重点是在练习时将注意力集中在双臂上,当尽力伸直手臂时,可将注意力集中到后背。

(二) 健美胸部的塑身瑜伽体位法

1. 吉祥骆驼式

(1) 双腿跪在地上,两大腿与双脚略分开,脚趾朝向后方。

(2) 吸气,按左、右手先后抓住脚跟,伸出下巴,尽量挺胸。呼气同时,上体重心移至两臂,头部尽量后屈,颈部拉伸,双眼仰视后方,胸部高高挺起,当后仰到最大限度时,把气全部呼出，要感受到颈部、胸部和腹部慢慢地在伸展，腰部最大限度地在后弯。

（3）保持30秒后，头慢慢还原，调息5秒左右。以上动作重复三次。

2. 猫式

（1）跪撑于地面，慢慢吸气，同时慢慢拱背，腹部向内缩起，下巴尽量靠近胸部。

（2）维持上述动作，闭气8～16秒后放松。

（3）慢慢将气呼出，同时将头慢慢抬起到后仰，腰背慢慢下沉，尽量将全部气体呼出来。

3. 鱼式

（1）身体坐正，双脚并拢。上身慢慢平躺下来，调整好呼吸。

（2）吸气，用双手的肘部顶住地板，上体离开地面，头尽量后仰，呼出气体，保持姿势做3～5次全腹式呼吸。

（3）将上体缓慢还原成平躺姿势，然后调整好气息。

（4）重复以上动作数次。

当完成此式时，意念力可完全集中在颈部，由下巴开始直到胸前肌肉有被拉紧的现象，或将意识集中于头顶处，感受头顶有被压迫按摩之感觉。练习过程中同时要注意保持顺畅的呼吸。

（三）纤细腰部的塑身瑜伽体位法

1. 扭转式

（1）身体正坐，背部挺直，两脚向前伸直，弯曲右膝，将右脚跟放在左大腿根部。

（2）左脚交叉跨过右腿成山形，置于右大腿外侧，脚掌着地。

（3）右臂越过左脚膝盖外侧，并用右手握住左脚大拇指，同时左手绕过背尽量往远伸。

（4）头部尽量往左转，向左后方看。调整呼吸，保持姿势30秒。

（5）将头慢慢回转，身体放松，四肢恢复到起始动作。

（6）左右交换，步骤同前，重复数次。

2. 三角伸展式

（1）身体站立，两脚分开，略比肩宽，脚尖应略朝外。

（2）两臂侧平举，与地面平行，调整好呼吸，

（3）慢慢呼气，同时慢慢向右侧弯腰，在弯腰过程中要保持两臂与躯干成90°，两臂形成一条直线。

（4）尽量向右侧弯曲，然后保持姿势15秒以上，自然地呼吸。

（5）吸气，慢慢回到正中。然后在左边重复同样姿势。

（四）平坦腹部的塑身瑜伽体位法（船式）

（1）身体仰卧平躺，两腿伸直，两臂平放体侧，掌心向下。

（2）吸气时，上体与下肢同时上抬45°，同时要求头部、颈部、上身躯干在一条直线上，双臂前平举。屏住呼吸，尽量长久地保持这个姿势。

（3）一边逐渐把双腿和躯干放回地面，一边慢慢呼气，调整呼吸，放松全身。重复做这个练习数次。

（五）美化臀部的塑身瑜伽体位法

1. 反弓式（弓式）

（1）身体俯卧，腹部贴地平躺，双臂在身体两侧伸直，一侧面颊贴地，两腿和脚踝放松。

（2）慢慢吸气，同时将两腿弯曲，脚跟接近臀部，左、右两手分别向后抓住同侧脚踝。

（3）双手尽量拉动双脚，使之靠近头部。同时要求胸部、颈部和头部向上抬起。目视天空，膝盖可以分开，屏住呼吸保持上述姿势10秒。

（4）呼气，与此同时，头和胸部向地面放下。

（5）头部接触地面，用一侧面颊贴地，放开脚踝，使其慢慢地还原到地面。调整呼吸，全身放松。

2. 桥式

（1）身体仰卧，双手放在体侧，做深呼吸。

（2）吸气，双膝弯曲，双手靠近脚跟，吐气。

（3）吸气，将臀部慢慢向上推高，推到极限，吐气，同时将臀部肌肉紧缩。停留数秒，调整呼吸，缓慢还原。

当姿势完成时，要将注意力完全集中在臀部肌肉处，体会臀肌因受力而产生的酸痛感。

（六）修长双腿的塑身瑜伽体位法

1. 半月式

（1）身体保持正直站立，目视前方，双手侧平举。

（2）慢慢呼气，同时将重心移到右脚，上体缓慢向右侧弯曲，与右腿成90°。同时慢慢抬起左脚，使左腿尽量和地面水平，手指着地，注意保持平衡。

（3）头尽量往左手方向看，屏住呼吸，保持6～8秒。

（4）慢慢恢复站立姿势，调整好呼吸。

（5）反方向重复上面的动作。

2. 平衡式

（1）右腿保持站立，左腿自膝盖处弯曲，后抬左脚跟贴靠到臀部。

（2）左手抓住左脚脚趾，右手侧平举至缓慢向上举，上举时掌心朝向前方，身体保持正直。

（3）保持平衡姿势10秒，按照下列步骤恢复到预备姿势：将抬起的手臂慢慢放下，手掌始终保持绷紧；然后放下左腿，着地。

（4）调整呼吸，换腿练习，重复数次。

思考题

1. 简述健美操的特点与作用。
2. 健美锻炼的基本要求有哪些？
3. 练习健身瑜伽有哪些益处？

第十一章

游　　泳

第一节　游泳运动概述

一、游泳运动的起源与发展

游泳是人类在与大自然斗争中产生和发展而来的。约在5000年前远古时代陶器的雕绘图案上，就可以看到我们的祖先潜在水中猎取水鸟的姿势。随着社会的发展，游泳从作为人们生产、生活的一种手段，到满足军事需要，逐步演变为增强体质、休闲娱乐的方式，并发展成为现代竞技体育的比赛项目。

19世纪中期和20世纪初期，在英国和澳大利亚等国出现了近代游泳运动，并逐渐发展起来。1828年在利物浦乔治码头修建了世界上第一个室内游泳池。1837年在英国伦敦成立了第一个游泳协会。1869年1月，大城市游泳俱乐部联合会（现英国业余游泳协会前身）在伦敦成立，并将游泳确定为专门的运动项目，游泳运动随之传入各英国殖民地，继而传遍全世界。1896年，在希腊雅典举行第1届现代奥林匹克运动会上，游泳被列为竞赛项目之一。1908年，成立了国际业余游泳联合会，并制定了国际游泳比赛规则。1952年第15届奥运会后，国际规则中把蛙泳和蝶泳分为两个单项进行比赛，从此，竞技游泳发展成四种游泳姿势和32个竞赛项目。1971年世界游泳锦标赛正式进行，比赛项目包括游泳、跳水、水球、花样游泳等。1979年9月初在日本东京举行了第1届世界杯游泳比赛。各种世界大型游泳赛事的广泛开展，使游泳运动在世界范围内的传播更加迅速，发展更为普及，人们对游泳运动的了解更加具体化。

二、我国游泳运动的发展简况

我国的游泳运动源远流长，早在约2500年前，我国史料中就已经有了关于游泳活动的记载。19世纪后期和20世纪初期，近代游泳运动从我国沿海地区，如广东、福建、上海、青岛、大连等城市传入，并快速发展起来。

1913年，中国游泳运动员开始参加国际性游泳比赛。新中国成立后，我国游泳运动技术水平迅速提高，在1953年第4届世界青年学生联欢节的游泳比赛中，我国选手吴传玉获得男子100米仰泳冠军，新中国的五星红旗第一次在国际运动场上空飘扬。1957年至1960年间，我国著名游泳运动员戚烈云、穆祥雄、莫国雄3人，先后5次打破男子100米蛙泳世界纪录。之后，多个项目也跻身世界前列。在1983年第5届全运会上，我国游泳运动队有16人30次打破14项全国最高纪录。

1986年在韩国首尔举行的第10届亚运会上，我国游泳运动员创下三项亚洲最好成绩。1988年在广州举行的第3届亚洲游泳锦标赛中，我国共获24枚金牌，女子选手杨文意刷新了50米自由泳世界纪录，另有7人刷新6项亚洲最好成绩。第25届奥运会上，我国游泳女队一举夺得4枚金牌和5枚银牌，奖牌和积分跃居世界四强之列，震撼世界。2005年在加拿大蒙特利尔举行的第11届世界游泳锦标赛上,高畅在女子50米仰泳半决赛中,打破该项目的世锦赛纪录。2006年短池世锦赛上,齐晖独得3枚金牌,吴鹏夺得男子200米蝶泳金牌并打破了赛会纪录。2009年世锦赛上,中国队的张琳获得男子800米自由泳冠军,赵菁获得女子50米仰泳冠军,此外还获得两项女子游泳接力的团体冠军。2011年世界游泳锦标赛上,中国队在金牌榜上仅次于美国排在第二位,孙杨夺得男子1500米自由泳冠军并且打破了澳大利亚名将哈克特的世界纪录。2015年世界游泳锦标赛上,中国队夺得14金,位于金牌榜第一,宁泽涛在男子100米自由泳中以47秒84的成绩成为夺得这个项目冠军的首个亚洲选手。

三、游泳运动的健身价值

(一)提高呼吸系统功能

由于水的密度较大,在游进过程中,人体既要克服水的阻力,又要克服压力,因此常常通过加大呼吸幅度来满足机体需要。经常进行游泳运动,能够使呼吸肌、膈肌得到锻炼,从而增大肺活量。游泳运动员的肺活量可达6000~7000毫升,呼吸差可达14~17厘米,而一般人的肺活量为3000~4000毫升。

(二)增强心血管系统功能

游泳时人体处于平卧姿势,在水的压力作用下,肢体的血液易于回流心脏,加上游进时心跳加快,心输出量大大增加,长期从事游泳锻炼,心脏体积明显增大,收缩更加有力,每搏输出量达90~120毫升,而安静时心率徐缓,可达40~45次/分。另外,在游泳时,皮肤血管从收缩到舒张,反复进行,促进了血液循环,使心脑兴奋点增加,改善了心肌供血,防止动脉硬化,成为延缓衰老的独特有效的方法。

(三)增强神经系统功能

游泳时,水流对全身起到"针刺"和"按摩"作用,使大脑皮质的兴奋和抑制更加集中,兴奋性增强,抑制加深,神经过程的灵活性提高,使神经系统各器官得到全面锻炼。

(四)塑造健美体型

在游泳过程中,身体强有力的协调运动,使相关肌群得到充分发展。同时,由于水中运动比在同样强度和运动量的陆上运动所消耗的能量要大得多,因此能消耗人体过多的体脂,使体型保持健美。另外,游泳又是一种交替运动,使人体头位由高位改为低位或水平位,脊柱由垂直轴运动改为横轴运动,长期坚持,可以矫正驼背、脊柱弯曲等不良体形。

(五)防病治病的有效手段

游泳能提高人体对疾病的抵抗力和免疫力,对神经衰弱、肩周炎、慢性肠胃炎、胃下垂、气管炎、肺气肿等疾病,具有较好的疗效。

第二节　游泳基本技术

一、熟悉水性

熟悉水性是学习游泳的一个重要环节,目的是了解和适应水的特性,掌握呼吸、漂浮、滑行、站立、走动等基本动作。重点是呼吸和滑行两个动作,练习时最好站在水齐腰深处进行。

(一)水中行走练习

(1)侧对池壁,手扶池边,向前、后行走,或者面向池壁,手扶池边,向左、右行走。

(2)扶壁或者5~6人手拉手向前、后、左、右走动。

（3）与同伴手拉手地走、跑或者相互推水、戏水。

（二）呼吸练习

（1）面向池壁站立，两手扶池或拉住同伴双手，在水面上吸气后蹲下，将头部浸入水中憋气，坚持片刻，头部出水后先呼气后吸气（图 11-1）。

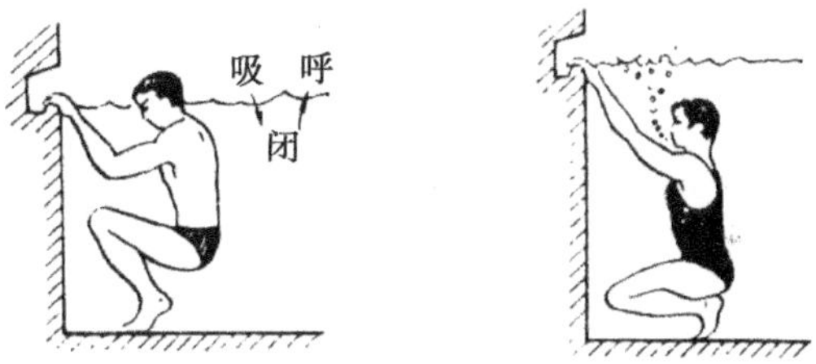

图 11-1　两手扶池呼吸练习

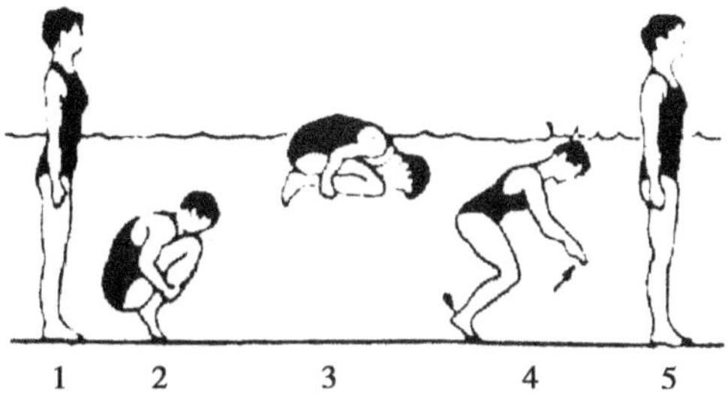

图 11-2　团身呼吸练习

（2）原地站立，深吸气后闭气，低头团身双手抱膝，背部露出水面，停留片刻；站立时，两臂前伸，手掌向下压水并抬头，同时两脚向正下方伸展（图 11-2）。

图 11-3　使身体浮起练习

（3）站立方法同上，两臂自然前伸，深吸气后身体前倾并低头，同时两脚向后下方蹬池底，使身体浮于水面（图 11-3）。

二、蛙泳

（一）身体姿势

由于蛙泳技术动作的特点，在游进时身体会上下起伏，所以应该注意控制身体的起伏幅度，保持身体流线型并充分伸展。在完成蛙泳的一个周期动作中，头部有一次露出水面即可。完成一次吸气后，头部重潜入水，头顶向前，蹬夹水动作结束后两脚并拢滑行时，应让下肢更接近水面，使身体呈流线型姿势。

（二）腿部动作

1. 腿部动作

（1）滑行：当身体借助惯性向前滑行时，两腿并拢向后伸直，身体成水平姿势，下肢放松，只靠腿部肌肉的适当收缩，把脚跟稍稍提出水面，为收腿做好准备。

（2）收腿：收腿时，两腿稍微内旋，两脚跟分开，之后脚跟向臀部靠拢，两膝逐渐自然分开；收腿结束时，大腿和躯干之间成 130°～140°。要求收腿的路线要短，阻力要小，为蹬水创造有利条件。

（3）翻脚：收腿动作即将结束时，两脚继续向臀部收紧，这时膝关节稍向内扣，两脚向外侧翻开，接着脚尖也向两侧外翻，使脚掌和小腿内侧对着蹬水方向，加大蹬水面积，为大腿发挥更大力量做好准备。

（4）蹬水：蹬水方向向后，由髋部发力，带动膝关节和踝关节相继伸直。利用小腿内侧、脚掌内侧的合力蹬水，产生向前的推进作用力，使两腿逐渐并拢，略向下压，以形成最后鞭状打水动作。

2. 练习方法

（1）陆上练习。

① 坐撑模仿蛙泳腿：坐在板凳或者池边，上体稍后仰，两手支撑于身体后侧，两腿伸直

并拢，髋关节展开，身体成一条直线，做蛙泳腿的收、翻、蹬夹、停的动作练习。

② 俯卧模仿蛙泳腿：俯卧凳上或者出发台上，按三拍节奏进行蛙泳的收、翻、蹬夹练习。同伴站在后面，两手抓住练习者双脚，帮助其体会翻脚和蹬夹方向。

（2）水中练习。

① 固定支撑做蛙泳腿的练习：手扶池边或者同伴的手，也可以支撑在浅水的池底，身体俯卧于水中，髋关节展开，两腿放松伸直并拢，做收、翻、蹬夹、停的动作。

② 蛙泳腿和呼吸的练习：腿部动作基本掌握之后，就开始做腿和呼吸的配合练习。边收边抬头，翻脚时已吸气完毕；边蹬边低头，用鼻或者口鼻慢慢呼气。在抬头吸气前，迅速用嘴将体内的余气吐光。

③ 滑行做蛙泳腿的练习：蹬池边或者蹬池底滑行后做蛙泳腿的练习。身体自然放松，两腿蹬水后漂浮的时间稍长，注意体会蹬腿的效果以及动作的节奏。

④ 扶板做蛙泳腿的练习：两腿伸直，肩放松，两掌心相对，扶住扶板的边缘，小臂置于板上，肘关节正好处在扶板的末端。肩与水平面差不多齐平，眼睛向前看，身体保持平衡姿势。

（三）臂部动作和呼吸

1. 臂部动作

（1）滑行：两臂自然向前伸直，掌心向下，手指自然并拢，两手尽量接近水面，使身体成流线型，并在较高的位置上保持稳定。

（2）抓水：手臂向前伸，使重心向前，上臂立即内旋，使两臂和掌心转向外斜，同时屈腕，两手分开向斜下方压水，当手掌和前臂感到有压力时，开始划水（图 11-4①②）。

（3）划水：划水路线向后偏外下方。划水前，肩部向前伸展，肘部保持高抬的姿势；划水时，用手掌加速内拨，带动前臂收至超过垂直部位，并开始降低肘部，掌心从外后转向内，急

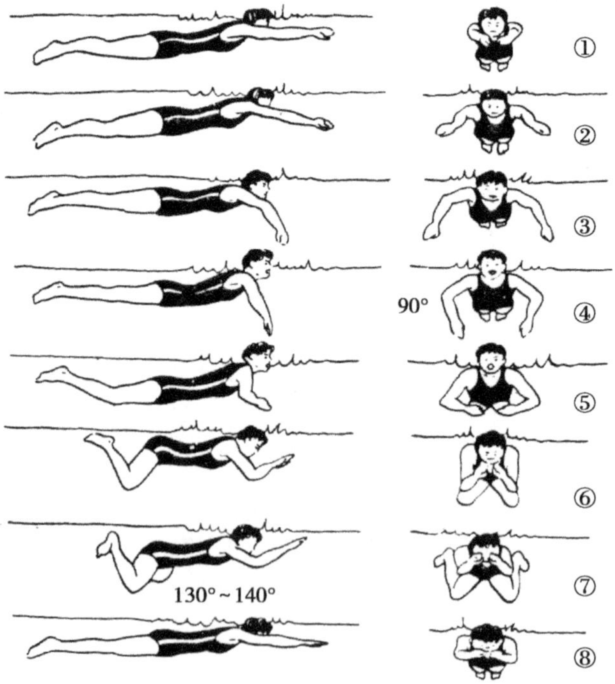

图 11-4　臂部动作

促拨水后结束划水。整个动作过程中,肘部高于手,并在肩的前方。在手带动前臂和上臂向后划水的过程时,肘关节的角度约为90°(图11-4③④)。

(4) 收手:收手是划水阶段的继续,收手过程也能产生较大的上升力和前进力。两臂向内、向上快速收到下颌的前下方,掌心由后转向内。肘部低于手,上臂不超过两肩的延长线,尽量把臂收在身体的投影之中,使其发挥划水造成的推进惯性作用,减少水对伸臂时的阻力(图11-4④⑤⑥)。

(5) 伸臂:伸臂动作由伸直肘关节和肩关节来完成,掌心的方向由上方逐渐转向下方,同时向前伸出(图11-4⑥⑦⑧)。

2. 呼吸

早呼吸的方法比较容易掌握,即两臂开始划水时抬头吸气,至两臂收手前伸时结束;而晚呼吸技术是在收手后身体位置达到最高点时下颌前伸吸气。

3. 臂与呼吸的配合练习

(1) 陆上练习:两脚开立,上体前倾,两臂伸直,掌心向下做蛙泳臂的动作,基本掌握之后,配合呼吸练习,即划臂抬头吸气。

(2) 水中练习:

① 站立水中做划臂练习。

② 在水中边走边做划臂和呼吸的练习。

③ 仰卧滑行做划臂练习。

④ 仰卧滑行做划臂和呼吸的练习。

(四) 完整配合练习

蛙泳的完整配合技术一般采用划臂、蹬水各一次,中间进行一次呼吸的配合技术。在两臂抱水和开始划水时抬头吸气,收腿结束,做完翻脚动作,手臂接近伸直时,开始向后蹬夹水,伸臂蹬腿结束后身体保持良好的流线型姿势向前滑行。

(1) 单腿站立,两臂上举伸直,然后向两侧划水,屈臂划水后收手。另一腿边收边翻,臂向上将伸直时,收起的一腿做弧形蹬夹动作。

(2) 水中滑行,完成一次划臂后,再做一次蹬腿。划臂时配合一次呼吸。

(3) 在上述练习的基础上,过渡到"划水腿不动,收手又收腿,先伸手臂再蹬腿,臂腿伸直漂一会儿"的动作配合技术。

三、自由泳

(一) 身体姿势

游自由泳(爬泳)时要保持水平俯卧姿势,身体自然伸展,头部保持平稳,微收下颌,使水面高于发际,尽量减小迎面阻力。游进时,转肩与转头动作协调配合,使身体绕纵轴做有节奏的转动。

(二) 腿部动作和练习

1. 腿部动作

打水时,以髋关节为轴,大腿发力带动小腿和脚,做上下交替鞭打水动作。两腿上下距离为30~40厘米,向下打水时膝关节弯曲成160°左右,然后直腿,放松还原(图11-5)。

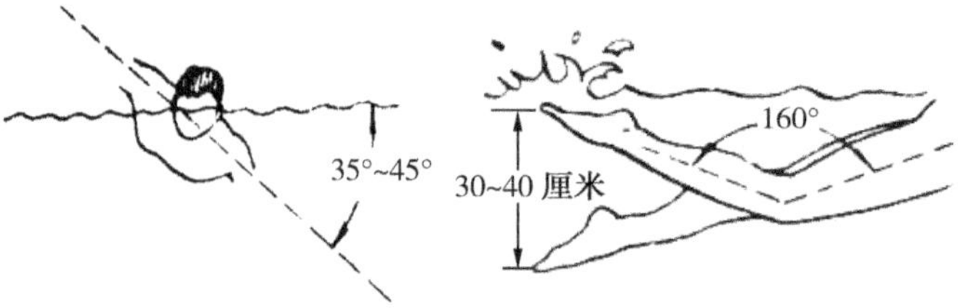

图 11-5　腿部动作

2. 练习方法

(1) 陆地模仿练习。

① 坐姿打水:坐在池边或地上,两手后撑,两腿伸直,腿内旋使脚尖相对,脚跟分开成“八”字形,两腿放松,以髋为轴,大腿带动小腿,上下交替打水。

② 卧姿打水:俯卧在凳上,两腿上下交替打水,要求同上。

(2) 水中练习。

① 俯卧打水:手抓池槽,或者由同伴托其腹部,成水平姿势,两腿伸直,做直腿或者屈腿打水。

② 仰卧打水:仰卧姿势,手抓池槽,或者由同伴帮助托其背部,做两腿交替打水,注意膝盖不要露出水面。

③ 滑行打水:练习时要求闭气,两臂伸直并拢,头夹于两臂之间,两腿交替打水。

④ 扶板打水:练习时两臂伸直,放松扶板,肩浸水中,手不要用力压板,呼吸自然,两腿交替打水。

(三) 臂与呼吸动作

1. 臂与呼吸配合

自由泳时,一般采用两侧轮流转头呼吸的方法。通常划水三次进行一次呼吸,以向右侧吸气为例:当右手入水后,用嘴、鼻慢慢呼气,右臂划水至肩的下方时,开始加大呼气量并向右侧转头,右臂推水将至结束时,嘴露出水面开始张嘴吸气,在空中移臂过肩时吸气结束,同时头转入水,闭气。右臂再次入水后,开始下一次的呼吸动作周期。

2. 练习方法

(1) 陆地模仿练习。

① 两脚开立,上体前倾,做直臂划水的模仿练习。

② 同上练习,结合呼吸配合。

(2) 水中练习。

① 站立浅水中,上体前倾,肩浸入水,臂划水,边做动作边走,同时转头呼吸。

② 蹬边滑行后闭气,做两臂配合动作。

③ 腿夹扶板,蹬边滑行后,做两臂划水动作,结合转头呼吸。

(四) 完整配合

通常采用最多的是 6 次打水、2 次划臂、1 次呼吸配合的 6 : 2 : 1 式配合。

(1) 蹬壁滑行打腿,一臂前伸,一臂划水。每划水 3 次进行 1 次换气,然后做前交叉换臂划水。

(2) 滑行打水,做前交叉划臂练习。

(3) 在上述练习的基础上,按 6 : 2 : 1 配合方式,反复练习,逐渐增加游距。

第三节　游泳安全与救护技术

一、游泳的安全知识

游泳是一项具有实用和健身价值的运动，但同时也存在很大的危险性。所以在游泳过程中要小心谨慎，以防事故发生。游泳的不安全因素主要有以下几个方面。

（一）抽筋

抽筋大多数是忽视准备活动、疲劳、冷刺激、过分紧张、动作不协调或用力过猛等因素引起的。因此，游泳前可用水冲淋身体，以防止温度骤变而引起机体不适。当人体抽筋时，切莫惊慌失措，可自救或呼救，用痉挛腿对侧的手拉住痉挛腿的脚趾，用力向身体方向扳拉，另一手压痉挛腿膝盖，使小腿伸直。大腿痉挛，可用两手用力抱住小腿贴近大腿，反复振压直至解脱为止。

（二）疲劳和空腹情况下进行游泳

这种情况下容易引起人体活动能力暂时下降，从而引起某些不良生理反应或其他症状。空腹时游泳，由于血糖浓度降低，反应迟钝，四肢乏力，容易引起“低血糖”症，从而导致活动能力下降。因此，在下水之前应确保体力充沛。

（三）水情不熟

游泳前应首先了解水域的情况，包括水深、水质，水中或水底的障碍等。应选择水底平坦，无淤泥、水草，无急流、旋涡等水域，并结伴进行，以便相互照顾，防止发生意外事故。

（四）对自己的技术和能力估计不足

当游泳下水遇到突发情况，如水温太低、水太深或风浪加大时，游泳者心理上易产生恐惧感，造成动作变形，呼吸困难。因此，游泳者决不能盲目自信，锻炼时一定要量力而行。一旦出现因心慌造成呛水现象时，首先要保持镇定，放松漂游，力争自由呼吸，必要时寻求救助。

二、救护常识

（一）游泳自救

1. 游泳时抽筋的自救

停止游动，仰面浮在水面上，拉伸抽筋部位的肌肉，如脚背、腿的正面抽筋，把腿、踝、趾伸成直线；如小腿、大腿背面抽筋，伸直脚，跷起脚趾，必要时将脚掌扳近身体。过度抽筋，须改变游泳姿势，尽快上岸，或向他人求救。

2. 筋疲力尽的自救

当觉得寒冷或疲倦，应立刻游回岸。如离岸过远，或过度疲乏，就仰浮在水上保留体力，或者向岸上救生员或同伴挥手、呼叫求救，若有人前来救援，应放松身体，切勿紧抱救援者；如没有救援者，应放松漂浮在水面上，待体力恢复后再游回岸。

（二）救护他人

救护者入水前，应观察周围环境，选择最近的入水地点。当游到离溺水者 3 ~ 5 米处，深吸气潜入水中，从溺水者背后进行拖带。如游到溺水者前面时，为防止被溺水者抓住，可在水下扶住其髋部，将其转为背向自己，然后进行拖带。拖带时，必须让溺水者口鼻露出水面，一手拉（拖）溺水者，另一手划水，两腿做蛙泳或侧泳动作，将溺水者拖运上岸。

若被溺水者抓住、抱住时，应设法解脱，可深吸气做翻滚动作，将溺水者压没水中，溺水者为了向上吸气容易松手。侧泳拖带可用一手托其后脑，另一手在体侧划水，两腿蹬夹水；另一种是从背后沿其左肩上方至其右腋下斜抱住溺水者，另一手在体侧划水。

若被溺水者正面搂住，应把头低下潜入水中，并将溺水者的双臂向上推过头顶，迅速脱身到其够不着的水域；若被溺水者抓住一只脚，用另一只脚踹溺水者肩膀，将其踹开，迅速脱身到其够不着的水域；若溺水者从后面搂住你的头颈部，马上低下头保护咽喉，然后抓住其上面一只手腕往下拉，同时用另一只手托起其肘部，这样既能脱身，又能抓住溺水者。若以上方法都无法脱身，千万不要慌张，此时，深深吸一口气，然后将溺水者按下水中。由于溺水者一心想浮出水面，此举使之往下沉，势必放手，趁势迅速脱身到其够不着的水域。若体力尚可，在脱身后从后面接近溺水者进行施救。

（三）岸上紧急救护

一般情况下应经过以下几个过程：

1. 清理溺水者口鼻中的脏物

如淤泥、杂物、呕吐物及活动假牙等，保持呼吸道的通畅。

2. 及时排除溺水者胃腹中的水

一般有两种方法：一种为屈膝压腹排水法，即救护者一腿跪地，另一腿弯曲，将溺水者的腹部贴于弯曲的大腿上，一手扶住其头部使其颈部伸直，食道张开，另一手压（拍）其背部，尽快排水；另一种为提腹排水法，即让溺水者俯卧在地上，救生员两手相交，托住其腹部将溺水者头朝下提起，并有节奏地上下用力抖动，排出其腹中的水。

3. 进行人工呼吸

（1）口对口呼吸法：这是效果最佳的方法。让溺者仰卧，头部抬高，稍向后仰，使气道开放，右手托其下颌，左手捏住鼻子，用嘴直接对口吹气，然后松开左手并压其胸部，帮助溺水者呼气。反复进行，每分钟做12~15次。

（2）举臂压胸法：救护者跪于溺水者头部上方，握其两手腕，将溺水者双臂弯曲，用其前臂压迫双肋处以压出肺部空气，帮其呼气。频率与前法相同。

（3）体外心脏按压法：救护者立或跪在溺水者的胸侧，另一手压在该手的手背上，以利加压；用掌根部置于溺水者胸骨的1/3处，手指放松，手臂伸直，上体前倾，掌根用力下压，下压时要慢，放松时要快，一压一松反复进行，节律为每分钟60~80次。

思考题

1. 游泳运动有何健身价值？
2. 游泳主要有哪几种姿势？
3. 如何救助溺水者？

第十二章

休闲体育

第一节　休闲体育概述

休闲体育作为现代社会一种积极、文明、健康的生活方式，以其独特的魅力吸引着人们投身其中，成为人类生活的重要组成部分。作为人类社会的一种文化形态和社会实践，其意义在于维系人类的健康，满足人类享受和发展的需要。

一、休闲体育的概念与特性

休闲是一种以恢复身心健康、丰富和创造生活、完善自我为目的的闲暇活动。休闲体育是人们在闲暇时间自主宽松地参与，以身体活动为媒介，追求放松、消遣、愉悦身心和追求生命价值而参与的一类体育活动。休闲体育不同于其他休闲方式，它因为自身所具有的特性而使得参与者从中获得多种活动的感受。

（一）活动性

人们参与休闲体育活动不仅是一种心灵的需求和享受，更是一种对工作、生活压力的释放和调节，需要以体育活动为载体，增进人与人的交往互动，增进与大自然的融合与回归。因此，休闲体育实际上就是以闲暇、休闲为目的的各种身体形态的体育活动的集合。即使是下棋、练气功等也是包含心理活动在内的一种休闲体育活动。

（二）娱乐性

人们参与休闲体育活动的前提和条件是：必须拥有闲暇时间和必要的经济基础。没有闲暇时间也就没有所谓休闲体育。同时，人们参与休闲体育活动是一种自主、自觉、愉悦的行为，是人们在工作之余对生活的另一种追求。因此，轻松、快乐、健康是人们参与休闲体育活动的特征。

（三）消遣性

人们参与休闲体育活动，一般都是出于自己的兴趣去选择活动内容，并自由安排活动的时间和数量，目的在于通过这种体育活动去强身健体，寻求娱乐和消遣、休息，由此达到心理上的满足和精神上的享受，因此具有明显的消遣性。

二、休闲体育的分类与功能

（一）休闲体育的分类

休闲体育有多种分类方法，如健身健美类、康乐游戏类、竞赛对抗类、养生保健类活动等。按参加者在活动中的身体状态，休闲体育可分为以下三类：

1. 观赏性活动（间接参与）

主要指观赏各种竞赛和表演。

2. 相对安静状态的活动

主要指棋牌类休闲活动。这类活动，参与者身体活动量较小，脑力支出较大，是智慧与心理素质的竞争。

3. 运动性活动

这是休闲体育的主体。根据各种休闲活动的特性,运动性活动通常分为以下几种类型:

(1) 眩晕类运动,如过山车、蹦极等。

(2) 命中类运动,如打靶、射箭、飞镖、保龄球、台球等。

(3) 冒险类运动,如攀岩、探险、漂流、横渡、滑翔、定向运动等。

(4) 技巧类运动,如滑板、山地车等。

(5) 游戏竞赛类运动,如沙滩排球、三人制篮球、毽球等。

(6) 水上、冰雪类运动,如水上项目有游泳、潜水、滑水、摩托艇、帆板、冲浪等;冰雪类项目有滑雪、雪橇、滑冰等。

(二) 休闲体育的功能

1. 健身功能

作为保持与提高健康水平的体育活动,休闲体育使人们以最积极、最有益和最愉快的方式去参与。

2. 教育功能

休闲体育是很好的寓教于乐的教育形式,在参与的过程中,可以汲取相关学科的知识,使身心得到充分自由的均衡发展,从而完善自我。

3. 娱乐功能

休闲体育项目极为丰富,使人们在直接或间接地参加体育休闲活动,充分享受体育运动的乐趣,表现自身的能力、施展个人的才能的同时,获得身心的满足和愉悦。

4. 文化功能

休闲体育可以提高人们的精神素养,增进文化知识,增强审美意识,全面提高人的整体素质。

第二节　台　　球

一、台球运动的特点与健身价值

台球也称桌球、弹子球,14～15 世纪起源于欧洲,是一项在国际上广泛流行的高雅室内体育运动。台球是一种用球杆在台上击球,依靠计算得分确定比赛胜负的室内娱乐体育项目。

台球运动是一项体力和智力、心理和技艺相结合的体育活动,有广泛的群众性、浓厚的趣味性、深刻的科学性和激烈的竞争性。其活动占地面积小,不受天气和时间的影响,既能强壮身体,又能锻炼思维和陶冶情操。

二、台球运动的形式与种类

台球的种类很多,就地区而言,可分为三大类:英式台球、法式台球和美式台球。英式台球和美式台球属于落袋式台球,法式台球属于传统的撞击式台球。以所用球的数量来分,又有 3 球台球、4 球台球、16 彩球台球和 22 彩球台球等。

三、台球运动的器材与设备

台球运动的器材与设备主要包括球台、球杆、球、杆架和一些辅助设备,如巧克粉、球筐及采光装置等。

(一) 球台

英式球台的台面规格一般为 350 厘米 × 175 厘米，美式球台的台面规格一般为 254 厘米 × 127 厘米，球台高度由地面至边框上缘约为 80 厘米。

(二) 球杆

球杆前端稍细，尾端稍粗，重量和长度各不相同，也无严格的规定和要求，一般球杆长 140 ~ 170 厘米，重 450 ~ 650 克。

(三) 球

台球的大小规格有多种，不同的台球打法规定的台球大小、重量也不同，彩色号码球的直径为 5.7 厘米，重 155.9 ~ 170.1 克；斯诺克球直径为 5.2 厘米，重 141.8 ~ 155.9 克。

(四) 杆架

杆架是用来支撑球杆击球的辅助工具。常用的杆架有十字式和多槽式两种，也有长短之分。

(五) 巧克粉

击球时，为了防止滑杆现象，在杆头的皮头上涂擦的涩粉即巧克粉，以增加杆头与球之间的摩擦力。

四、台球运动的基本技术

(一) 握杆和身体姿势

握杆方法的正确与否直接影响到出杆的好坏。正确的握杆方法是：拇指和食指在虎口处用轻力握住球杆，其余三个手指虚握(球杆重心至杆尾 40 厘米)。手腕位置要自然垂下，既不外翻，也不内收，但这个要求不是绝对的，而是有一个限定的范围。

身体姿势与击球效果密切相关。如右手持杆，站立时左脚在前，右脚稍后一点，两脚之间成“八”字形，也可站成“丁”字形，尽量使身体平衡以及自己觉得自然舒适。当摆臂运杆的时候，身体静止不要晃动，集中精神使球杆和视线在同一直线上。

(二) 击球的技术动作

1. 运杆

身体自然下伏，球杆轻轻蹭到下巴。运杆时身体尽量保持稳定，匀速运杆并专注地瞄球。

2. 杆触球

杆触球是球杆在后摆、停顿后完成的动作。以肘关节为轴，前臂向前送出，击球瞬间，动作要果断清晰，手腕力量根据击球目的加以控制。

3. 随势跟进

击球后球杆要顺势跟进。该动作是为了保证击球力量充分作用在主球上和保持击球动作的协调性和连贯性。

(三) 基本杆法与应用

台球运动中，杆法的应用十分丰富，基本的杆法应用有如下几种：

1. 推进球技术

做好击球准备，握杆手保持水平，击球的中心点，力量不可太大、太猛，主球在撞击目标球后，目标球向预定的方向前进，主球也随之徐缓地行进到下一个目标球最好的位置。

2. 跟进球技术

做好击球准备，握杆手保持水平，击球的中上点，出杆的力量根据主球的走位距离长短而定。主球跟进的距离比主球推进的距离明显要长。为了获得一个较长距离的主球走位位置，需要用高杆来使主球随击球方向跟进。

3. 定位球技术

做好击球准备，球杆保持水平，击球的中上点，使杆平衡滑行前进。出杆时要有爆发力、有弹性、短促有力，如目标球较远，可击打主球的中心点稍偏下，以确保主球的定位。当主球撞击目标球后，目标球向前滚动，主球停在撞击目标球的位置上。

4. 缩杆球技术

做好击球准备，击球时架杆手尽量放低平些，球杆保持水平，击球的中下点，出杆时要果断、迅速，进杆后要保持击杆的姿势，不可回撤或转动球杆。在同一力度下，由于主球和目标球的距离不同，缩杆的效果也不同。

5. 侧旋球技术

击侧旋球时，球杆要保持水平，击球点要准确，出杆时要略向前送，击球时球杆呈水平状态，主球直线前进；击球时随握杆手的提高，主球前进路线的弧度增加。侧旋球技术比较复杂，应用时要注意击球的速度、力量、球杆顶端的硬度等因素。

五、台球的基本规则

（一）斯诺克台球

斯诺克台球共有22个球，其中15个红色球（各1分），黄色（2分）、绿色（3分）、褐色（4分）、蓝色（5分）、粉红色（6分）和黑色球（7分）各一个，另外还有一个白色球即主球。斯诺克台球是计分式台球，击球落袋即可得分。

1. 基本规则

（1）开球：主球必须第一目标击中红色球，主球不能落袋，否则，按规则罚分，由对方获得击球权。

（2）击球次序：第一杆必须击打红色球，落袋后可击打其他任一色球，红色球留在袋内，色球放回原置球点，红色球全部击落后，剩下的6个色球必须按分值从低分球到高分球依次击打。

（3）计分方法：击落红色球得一分，击落色球按其分值得分，犯规罚分，将所罚分数加给对方，最后累计积分高者获胜。

（4）手中球与自由球：主球被击出界或自落，都是下一个击球者的手中球，手中球摆在开球区任一点上，可击任何方向的球。当击球者犯规后，主球变成死角球或障碍球时，应判为自由球。改由对方击球时，可以指定任何非活球代替目标球，这个非活球就是自由球。例如，红色球为目标球，选择了蓝色球为自由球，将其击落，等于击落了一个红色球，下一击应选择色球为目标球。

2. 犯规及处罚

一切犯规都要罚分。罚分多少由球的分值决定，最多7分，最少4分（不足4分的球按4分处罚）。

（1）球未停稳即开杆击球。

（2）击球时杆头击球两次以上。

(3) 击球时双脚离地或服饰、身体、球杆等触动球。

(4) 用自由球做成障碍球。

(5) 手中球未放在开球区开球。

(6) 击球时推杆或击成空杆。

(7) 击成跳球或击球出台,包括主球出台。

(8) 使非活球被击中或落袋。

(9) 主球同时撞击两个球(同时击两个红色球或一个自由球或一个活球除外)。

(10) 连续两次都击中红色球。

(二) 美式(抢 8 号)台球

美式(抢 8 号)台球共有 16 个球,其中包括 1 个白色球为主球,15 个彩球为目标球,1 ~ 7 号为全色球(或为全红色球),9 ~ 15 号为半色球(或为全黄色球),8 号球为全黑色球。

1. 置球与开球

15 个目标球摆成等边三角形,顶角放在置球点上,对边与顶岸平行,8 号球放在第三排中央,其他两种颜色球岔开摆放。

主球可放在开球区内任何位置开球。开球后必须有 1 球落袋或 4 球碰台,否则开球无效;二杆运动员有权选择接受或要求重新开球。开球击落两个不同组别的目标球,首杆运动员有权选择有利于自己的目标球组;开球后主球自落、有球出界、8 号球落袋或出界及出现其他犯规行为,应摆球重开。

2. 抢 8 号条件

只有把分属自己的目标球全部击落以后,才能击打 8 号球。

3. 犯规与失机

如出现主球自落、连击、界外球、错击主球、球未停稳就击球、击球时双脚离地等应判犯规。在指球定袋玩法中,空杆、错击目标球等也属犯规。出现犯规的同时击落己方的目标球无效,取出摆在置球点上。将对方的目标球带入就不再取出,并判给对方手中球(可以将主球放在任何一点,向任何方向击球)。

击中但未击落目标球,判失机;在指球定袋玩法中,没有明确指报目标球和球袋,判失机;将指定的目标球击落到未指定的球袋内,应将其摆在置球点上;己方目标球落袋无效,带入对方的目标球有效,并判失机。

4. 输局

当出现未将分属自己的目标球全部击落袋内时,就将 8 号球击落;击打 8 号球时,主球自落、同落及主球或 8 号球出界,均判输局。

第三节 轮 滑

一、轮滑运动的特点及健身价值

轮滑是由溜冰演变形成的运动项目,就是大家熟悉的“溜旱冰”。18 世纪,荷兰一名滑冰运动员为了在不结冰的季节继续进行训练,尝试把木线轴安在皮鞋下,试图在平坦的地面上滑行,发明了最初的轮滑鞋。后经欧美人多次改造,到了 21 世纪已成为一种时尚的休闲运动,风靡世界各地。轮滑运动精彩、刺激,简单易学,是一项可以普遍开展的群众性健身运动。

轮滑运动有助于改善运动者中枢神经系统功能，提高呼吸、消化、血液循环等系统功能，全面协调人体的速度、力量、耐力、灵敏等各方面的素质，对青少年的身心发展具有积极作用。

二、轮滑运动的形式及种类

轮滑运动随着不断发展和完善，形成了多项轮滑竞技项目。

（一）速度轮滑

以单排、双排轮滑鞋为比赛工具的竞赛项目，可分为场地赛和公路赛。

（二）轮滑球

轮滑球看上去像是冰球和曲棍球的结合体，双方各出 5 人在 44 米 ×22 米的场地上进行比赛，规则类似冰球，但不允许身体冲撞或阻挡，进球多者为胜方。

（三）花样轮滑

花样轮滑分为单人、双人轮滑舞和圆形轮滑舞（规定动作），竞赛中根据动作的难易程度、舞姿的优美程度打分，确定胜方。

（四）极限运动和技巧

利用 U 形台做各种各样惊险、复杂的技巧表演动作，也是轮滑竞技项目中最吸引人的一项。

三、基本技术练习

（一）平衡练习

首先进行原地站立与踏步，练习静平衡；然后手扶栏杆或同伴，前后左右移动，练习平衡技术；最后通过别人用力将自己推动或抓住正在移动的人或物体前进或后退。

（二）滑行练习

首先进行模仿练习，不穿轮滑鞋在地上模仿蹲姿、侧蹬、侧倒、直道滑行、速滑弯道完整技术。接着进行滑行技术诱导性练习，助跑几步，借助惯性直线前滑，同时配合身体、手臂及双腿的动作加速滑成小圆周，使身体迅速向圆周内倾倒，配合重心的移动，进行弯道滑跑诱导练习。最后加强滑跑实践练习，采用匀速、低姿长滑；惯性、变速滑跑；尾随、追逐、轮流领先滑跑；小圆周匀速滑和加速滑等方法。

（三）止滑练习

以内“八”字脚放慢速度直至滑行停止，双手置于身体两侧保持平衡，同时，重心置在两脚尖内侧，以轮内侧柔和地压紧地面，身体重心稍向左移。

第四节　舞龙舞狮和龙舟

一、舞龙运动

舞龙是指运动员在龙珠的引导下，手持龙具，随鼓乐或音乐伴奏，通过人体运动和姿势的变化，完成龙的游、穿、腾、跃、翻、滚、戏、缠、组图造型等动作和套式，充分展示龙的精、气、神、韵等内容的一项民族传统体育项目，反映了龙所象征的中华民族不屈不挠、奔腾争跃、喜庆祥和的精神风貌。

舞龙运动的发展有悠久的历史。最初舞龙是古代劳动人民为了祈求风调雨顺、五谷丰登的仪式。龙是中华民族的图腾,有资料显示舞龙活动的兴起与古老的图腾崇拜、宗教祭祀活动有关。经过漫长时间的发展,舞龙活动的宗教、神话色彩逐渐被淡化,其娱乐、喜庆、健身等功能得以强化。近年来,舞龙运动迅速发展起来,并被列为全国正式比赛(四类)项目,民间民俗传统舞龙活动走向了现代竞技舞龙运动发展的道路。舞龙运动突出的社会价值和文化功能,极大地迎合了高校的需求,被很多大中专院校引入体育实践中,成为高校体育教育的重要内容。2003 年,中国大学生体育协会舞龙舞狮分会挂牌成立,随后便推出"百校龙狮进课堂"推广计划,十年来加盟高校已逾百所。两年一届的全国大学生舞龙舞狮锦标赛,竞赛规模不断壮大,竞赛水平不断提高,竞赛内容和形式也不断丰富。

（一）舞龙的基本技术

1. 基本握法

（1）正常位。双手持龙具把,左(或右)臂肘微弯曲。手握于龙具把位末端,与胸同高,右(或左)臂伸直,手握把的上端。

（2）滑把。一手握龙具把端不动,另一手握龙具把上下滑动。

（3）换把。结合滑把动作,当滑动手接近固定手位时,双手转换,滑动手握把成固定手,固定手变成滑动手。

2. 基本步形和步法

（1）步形。

① 正步:两脚靠拢,脚尖对前方;重心在双脚上。

② 小"八"字步:两脚跟靠拢,脚尖分开,对左、右前角。

③ 大"八"字步:两脚跟间相距一脚半,其他同小"八"字步。

④ "丁"字步:右(左)脚跟靠拢左(右)脚足弓处,脚尖方向同小"八"字步。

⑤ 虚"丁"步:(前点步)站"丁"字步,右(左)脚顺脚尖方向伸出,绷脚点地,大腿外旋。

⑥ 虚步:站虚"丁"步,左(右)腿半蹲。

⑦ 弓箭步:右(左)脚向前迈出,屈膝,小腿垂直,脚尖朝前,左腿(或右腿)挺直,脚尖稍内扣:重心在两腿中间,上身与右(左)脚尖同一方向。

⑧ 横弓步:将弓步的上身左(右)转成与左(右)脚尖同一方向。

（2）步法。

① 圆场步:沿圆线行进,左脚上一步,脚跟靠在右脚尖前,脚跟先着地,再移至前脚掌,同时右脚跟提起。右脚做法同左脚,两脚动作保持在一条线上。

② 矮步:两腿半屈,勾脚尖,迅速、连续地以脚跟到脚尖滚动向前行进;每步大小约为本人的一脚长。

③ 弧形步:两腿微屈,两脚迅速、连续向前行进;每步大小略比肩宽,走弧形路线;眼注视龙体。

④ 单碾步:预备势脚站小"八"字步,手握把位成上举姿势,右脚以脚掌为轴,脚跟微提起,左脚以脚跟为轴,脚掌微提起,两脚同时向右旁碾动,由正小"八"字步碾成反小"八"字步,然后右脚以脚跟为轴,左脚以脚掌为轴,同时向右旁碾动,成正小"八"字步,反复按此进行。

⑤ 双碾步:预备势站正步,以双脚跟为轴,双脚尖同时向右(左)碾动,然后再以双脚尖为轴,双脚跟同时向右(左)碾动,反复按此进行。

⑥ 腾空箭弹：右脚向前上步，膝关节伸直，以脚后跟着地；右臂前摆，持龙珠后摆；眼视前方；接着右脚踏实蹬地向上跳起，左脚随之向前、向上摆起，同时右脚蹬地向上跳起，使身体腾起；右腿迅速挺膝向前上方弹踢，脚面绷平，左腿屈膝回收。

3. 舞龙基本动作

舞龙所用龙具有5把一珠和9把一珠之分，以下以9把一珠用龙为例。执龙珠者为0号队员，龙头者为1号队员，龙身队员按序向龙尾依次为2、3、4、5、6、7、8号队员，执龙尾者为9号队员。

（1）“8”字舞龙动作。

① 跪步舞龙。

动作要领：全体队员大“八”字步前后一臂距离成一列纵队站立，龙体在队员两侧做“8”字形环绕舞龙1次后，除龙头队员外其他队员降低重心，单膝着地成跪步，龙体不停顿，继续在队员两侧做“8”字形环绕舞龙4次以上。

要求：跪步要整齐，跪步舞龙时队员挺胸立腰，加大向上和左右的舞动幅度。

② 靠背舞龙。

动作要领：全体队员大“八”字步前后一臂距离成一列纵队站立，3、5、7、9号队员向后180°转身分别与2、4、6、8号队员背对背成“人”字形造型，同时龙体不停，继续在队员身体两侧做“8”字舞龙4次以上。

要求：队员转身动作连贯顺畅，龙形饱满，不停顿。

③ “8”字舞龙磨转。

动作要领：全体队员大“八”字步前后一臂距离成一列纵队站立做“8”字舞龙动作不停，同时以5号队员为圆心，逆时针方向磨转一周。

要求：磨转过程中全体队员要始终保持好前后一臂距离的直线队形不变，磨转一周完成6～8次的“8”字舞龙动作。

④ 站腿舞龙。站腿舞龙时，双数号队员马步站立，上体前倾，双臂尽力前伸，在以手为中心的大立圆内“8”字舞龙，双手以拧把为主，龙杆运行前后的幅度一定要小；单数号队员双脚紧扣其下队员的腰腿部，屈膝内扣贴紧其肩背部，上体尽力弯曲前倾。“8”字舞龙的上下幅度要大。

要求：队员站腿要稳，马步与站腿队员舞龙动作配合要顺畅，不塌肚，不扯龙，完成4次“8”字舞龙动作。

（2）游龙动作。

① 单侧起伏跑小圆场。

动作要领：龙珠引龙体逆时针方向走小圆场，同时龙体在队员右侧快速大幅度上下起伏。

要求：队员互相靠近，身体重心随龙形变化而变化，龙体上下起伏如波浪般流畅，不塌肚，不扯龙。

② 快速跑斜圆场。

动作要领：龙头起伏一次后正向跑斜圆场。动作的掌握可以先分两步进行：第一步，龙体成圆，龙头要内扣咬住龙尾，为保持龙形饱满各节要尽量将龙杆向外撑开；第二步，成一斜圆。要达到此目的，首先要把握好一个最低点和最高点，在最低点每把都要放到最低，同时身体重心也要降到最低；在最高点，每把都要将龙杆上滑，双手持龙杆举至最高点，同时脚尖踮起，身体重心升至最高点。在最高点和最低点之间的转化要匀速均衡，每把龙杆在两点之间的转化是始终处在上升和下降的运动过程中的，绝不可出现“拖龙”现象。

要求：龙头、龙珠、龙尾相接成斜圆盘，斜圆场跑动时圆心要相对固定，尽量减少前后和左右的偏移。

③ “S”形游龙。

动作要领：龙珠引龙体快速左右曲线起伏，成“S”形行进，改变3个以上方向。

要求：龙体圆顺，队员改变方向时要沿切线向外走，不要向内切，以保持龙形饱满，不塌肚。

④ 骑肩双杆起伏行进。

动作要领：龙珠引龙体行进成圆后向内聚拢，3、5、7、9号队员分别接2、4、6、8号队员龙把后持双杆分别骑在2、4、6、8号队员肩上，在龙珠引导下，龙头带领龙体上下起伏行进。

要求：聚拢成形动作要快，一气呵成，不拖沓，双杆舞龙配合协调，龙体运行流畅。

（3）穿腾动作。

① 龙穿身。

动作要领：龙头沿弧线由右侧穿第5节龙身，在穿过之前，6号队员引身后龙体左右摆动，保持龙形活跃，在龙头穿过之后，6号队员顺龙体先下运行之势下滑龙把，7、8、9号队员换把矮步依次从6号队员身前穿过。

要求：6号队员和龙头配合协调，穿过与滑把衔接紧凑。

② 穿八、五节。

动作要领：龙珠引龙体逆时针跑圆场，成圆后，龙头带龙身穿越龙尾，之后换把反向顺时针跑弧线，依次穿越第八、五节龙身，当3号队员穿过第八节龙身后，6、7、8号队员分别跳越第一、二、三节龙身，随龙头行进。

要求：龙头穿越后内扣行进，使龙体向中心聚合，不松散。

③ 快腾进。

动作要领：龙珠引龙体弧线行进成半圆后，龙头左后急转弯走直线穿越第五节龙身，6、7、8、9号队员分别腾越第一、二、三、四节龙身后随龙头弧线行进成半圆，反复三次以上。

要求：龙体一环扣一环始终保持一个半环。

④ 慢腾进。

动作要领：龙珠引龙体弧线行进成半圆，龙珠左后急转弯举珠带领龙头腾越第四节龙身，龙头腾越第五节龙身随珠而行，第2、3、4号队员分别交叉越过第六、七、八节龙身。龙珠右转弯引龙体反复重复以上腾越动作。

要求：龙体一环扣一环始终保持一个半环。

（4）翻滚动作。

① 快速逆向跳龙行进。

动作要领：龙头带领龙身在龙珠的引导下举龙快速行进中逆时针方向连续舞两次立圆行进。各龙节迅速依次跳跃，龙身随龙头行进。

要求：队员在跳龙时要高举龙把至最高点，为了进一步加大立圆的饱满度，队员在跳龙时做“S”形曲线行进，跳龙后恢复直线行进。

② 大立圆螺旋行进。

动作要领：龙头在内侧，身体重心随龙体起伏，顺时针方向舞大立圆三次，使龙体连续螺旋状翻滚行进。

要求：龙形旋转立圆一致，队员腾越龙身轻松利索不碰踩龙体，不拖地。

③ 360°斜圆盘跳龙。

动作要领：龙头引龙体做原地“8”字舞龙 2 次后，高抛龙头逆时针转体 360°舞斜圆扫 2 号队员脚下，当龙杆运行到 2 号队员脚下的时候，2 号队员起跳空中转体 180°从第一节龙杆上跳过，随即下蹲将龙杆扫向第三节，落地后不停顺势转回原来方向……以此类推。注意不同的只是以后每节从龙身上跳过，而不是从龙杆上跳过。

要求：龙体运行连贯顺畅，不打地。

④ 连续螺旋跳龙。

动作要领：龙头逆时针方向舞立圆，队员迅速从龙身上依次跳过，如此反复四次以上，使龙体连续螺旋翻转。

要求：连续跳龙要圆顺，速度要均匀，幅度要统一。

（5）组图造型动作。

① 龙门造型。

动作要领：“8”字舞龙，龙头高抛从 5 号队员前穿过，然后自打一结，同时，龙尾从 5 号队员后穿过再从 8 号队员前穿过打一结。第四、五、六节成一直线。接着 4、6 号队员跪步扶龙杆撑地，5 号队员蹲下放龙身时第四、五、六节龙体成一“V”字造型。7、9 号队员靠拢弓步相对，8 号立于其腿上，1、2、3 号队员动作同 7、8、9 号队员动作。然后，龙珠空翻从第五节跳进，成龙门造型。

要求：龙门造型规范，左右对称。

② 蝴蝶盘花造型。

龙头高抛换把，端龙内扣，龙头、龙尾相接成一圆场，高擎龙之后，9 号队员换把下滑龙杆端，龙反向内扣走弧线，5 号队员不动，然后 4、6 号队员与 5 号队员靠拢成一直线，单跪步龙杆撑地，龙头、龙尾队员高擎龙相接，其余各节向内龙珠靠拢，成一团身龙舟造型。然后龙珠从内跳出，1 号队员骑 3 号队员肩，9 号队员骑 7 号队员肩，2、8 号队员将龙杆向外撑出，其余各节动作基本不变，接着 1 号、9 号队员跳出龙身，同时，其余各节内扣靠拢，成蝴蝶盘造型。

要求：造型规范，左右对称，形象逼真。

③ 高塔盘造型。

动作要领：龙体在龙珠引导下走圆，向内两周螺旋收缩，到位后龙头迅速站上 2 号队员肩上组成高塔盘螺旋造型，接着顺时针方向自转一周。

要求：螺旋造型协调、稳定，龙头站肩迅速、稳定。

④ 大横“8”字花慢行进。

动作要领：龙珠引龙体左右上下起伏缓慢行进，整个龙体组成明显的大横“8”字花图案造型，重复四次以上。

要求：首尾相连成一完整“8”字形，两边对称，行进过程慢而不断，柔中带刚。

（二）舞龙运动的竞赛规则

1. 竞赛人员及其有关规定

参加人员包括领队、教练员、运动员。为确保比赛顺利，须遵守以下规定。

（1）每支运动队人数不超过 16 人，其中领队 1 人，教练 1 人，运动员 14 人（包括替换队员兼鼓手 4 人）。

（2）每名运动员每次只能代表一支队伍参赛，违者取消比赛资格。

（3）比赛套路完成时间为 7 ~8 分钟。

（4）比赛时，运动员应穿具有特色的表演服装。要求穿戴整洁，服饰的款式、色彩须与舞龙器材相协调，执龙珠队员的服饰与其他队员应有区别。运动员上场比赛须佩戴号码，执龙珠者为“0”号，执龙头者为“1”号，其余依次顺延，替换队员、伴奏队员均应佩戴号码。

2. 竞赛场地

竞赛场地为边长 20 米的正方形场地（特殊情况除外），最小面积为不得小于边长为 18 米的正方形，要求地面平整、清洁，场地边线宽 0.05 米，边线内沿为比赛场地。边线周围至少有 1 米宽的无障碍区。上空从地面量起，至少有 8 米的无障碍空间。

3. 比赛器材

（1）龙珠：球体直径不少于 0.33 米，杆高（含珠）不低于 1.7 米。

（2）龙头：重量不得少于 2.5 千克，杆高（含龙头）不低于 1.85 米。

（3）龙身：以九节布龙参赛，龙身为封闭式圆筒形，直径不少于 0.33 米，全长不少于 18 米，龙身杆高（含龙身直径）不低于 1.6 米，两杆之间间距大致相等。

（4）龙体、龙尾、龙珠的重量不受限制。

（5）凡器材不符合规定者，不准参加比赛。

二、舞狮运动

舞狮在我国历史悠久，流传地域广阔，每逢喜庆佳节，都有舞狮的风俗，它由民俗活动逐渐发展成为一种具有独特民族风格的传统体育运动，并以它绚丽的色彩和千姿百态的动作吸引着人们参与、观赏并发出赞誉，使舞狮运动发展成为一项体育竞赛活动。

1985 年 3 月，福建省体委等 7 个单位联合举办了首届舞龙、舞狮表演赛。来自全国 8 个地区的 16 支代表队，共派出了 13 条龙、9 头狮，约 300 名运动员参赛，显现了这项民间欢庆活动走向竞技体育的趋势。与此同时，东南亚及中国香港地区的华人舞狮活动也日益兴盛。国际性的舞狮比赛也逐年增多，并于 1995 年 1 月 23 日在香港成立了国际龙狮总会。1995 年 7 月，中国龙狮运动协会成立。1995 年底，调集广东的南狮、京津地区的北狮专家起草了舞狮竞赛规则。1996 年协会又两次组织研讨会对规则进行修改，并于 1997 年 3 月和 1997 年 10 月举办了舞龙、舞狮教练员和裁判员的培训班。在同年底，举行了首届全国舞狮锦标赛，来自全国各地的 20 支舞狮队参加了角逐。

1998 年 10 月，在以狮子为主题的苏州乐园举行了第 2 届全国舞狮锦标赛。2005 年 5 月在湖南长沙举办了第 3 届全国舞狮锦标赛。此后我国又分别在广州、上海、深圳成功地举办了第 1、2、3 届国际龙狮邀请赛。另外，首届中国大学生舞龙舞狮锦标赛于 2003 年 12 月在中南大学成功举行。如今两年一届的全国大学生舞龙舞狮锦标赛已成功举办了 6 届，参赛队伍、竞赛规模和竞赛水平不断提高。这些促进了“龙狮运动”在我国高校的发展。

(一)北狮运动

1. 表演欣赏

北狮表演不拘形式,多种多样,一般分为对狮或群狮表演。狮子舞最大的特点就是喜庆、活跃,单狮动作讲究轻巧,以跳跃、翻腾和一些技艺造型动作为主体,群狮则讲究集体造型和队形变化。表演的场地器材也不受限制,场地有广场、舞台等,器材有高台、梅花桩、跳板、大球等。表演时间没有限制,一般为30分钟左右。音乐伴奏可以用京鼓、京锣、京钹,也可以播放现代的民族吹打乐伴奏。总之,有舞狮的出现就标志着有喜庆节日或庆典活动的到来。

2. 竞赛欣赏

北狮竞赛是指在严格遵守竞赛规则要求的前提下所进行的北狮表演活动。有关规则规定,北狮竞赛上场队员10人,其中包括鼓乐5人、引狮员1人、舞狮员4人,比赛场地为20米×20米的正方形,比赛时间为10~15分钟。器材按规则要求自行设计。比赛有规定套路比赛和自选套路比赛。现在舞狮比赛基本采取自选套路比赛。

自选套路编排要求内容丰富、构思巧妙、结构新颖、风格别致。舞狮技巧难度、创新动作借助器材的设计来演绎,表达山、岭、岩、谷、溪、间、水、桥、洞等意境,展现狮子喜、怒、醉、睡、醒、动、静、惊、疑、怕、寻、探、望和翻、滚、卧、闪、腾、扑、跃、戏、跳等情态和动作。其动作与鼓乐伴奏和谐一致,既有观赏价值,又有健身价值。

欣赏北狮竞赛,应从整套动作的编排、音乐的配合及动作的完成情况三个方面去进行。

(二)南狮运动

1. 南狮的起源与发展

南狮在唐朝时开始盛行,在1000多年的发展过程中,狮舞形成了南、北两种不同的表演风格。南派狮舞在表演时讲究表情细腻、柔和而稳重,有搔痒、舔毛、抖毛、打滚、飞跃等动作,惟妙惟肖,逗人喜爱,着重刻画狮子温顺可爱及雄伟、俊武、勇猛的性格。南狮以广东为中心,并风行于港澳、东南亚以及海外华人、华侨居住的地方。南狮由一人舞狮头,一人舞狮尾。舞狮者穿各种灯笼裤,上身穿密纽扣的唐装灯笼袖衫或短文化衫。狮背用五彩布条或绸布做成。"狮子郎"头戴大头佛面具,身穿长袍,腰束彩带,手握葵扇以逗引狮子,以此舞出各种优美的招式,动作滑稽风趣,雄壮威武。南狮流派众多,有广州、佛山的"大头狮",高鹤、中山的"鸭嘴狮",东莞的"麒麟狮",等等。南狮除外形与北狮不同外,尚有性格不同。黄头狮舞法沉着刚健,威严有力,民间称为"刘备狮";红头狮舞姿勇猛雄伟,气概非凡,人称"关公狮";黑头狮动作粗犷好战,俗称"张飞狮"。

2. 南狮的形神表现

南狮表演,注重形象的表现,要求表现出狮子生动活泼、威武稳重、刚健、勇猛、多疑、贪玩、贪食等特征。如狮子睡醒后懒惰的动作,探洞时的多疑的性格,登山时的昂首阔步,过桥时看到水中影子的惊愕,戏水时欢愉的情绪,采食灵芝时贪馋的表情,吞食时的得意,呕吐时的沮丧,月夜吐球时的谨慎等各种形神,都要生动传神地表现出来。形神表现主要由喜、怒、醉、乐、醒、动、静、惊、疑、猛等组成,舞狮者在鼓乐的伴奏下,须将其各种神态淋漓尽致地表现出来,配合生动的步形、步法,才可给予观众美的享受。各种形神的表演要求如下。

喜——狮子为了采青,不惜千辛万苦,排除万难,当采到青时兴高采烈的神态。

怒——狮子遇到物体阻断或外物骚扰时愤恨发怒的状态。

醉——狮子采青后自我陶醉的神态。

乐——狮子在桩上自由跳跃，落脚抓水时活泼畅快的动态。

醒——狮子清醒时威武雄壮的形态。

动——狮子行走时活泼好动的体态。

静——狮子休息时稳重安定的定态。

惊——狮子遇到危险时恐惧、抖颤的心态。

疑——狮子对周围事物的猜测或焦虑的神态。

猛——狮子跳跃或飞桩的动态。

形神表现，务求形似神似，切忌有骆驼狮（狮背凹凸不平）的出现。

3. 南狮的演练与欣赏

南狮比赛套路分传统南狮与高桩狮两类。根据故事内容，以采青为主题，分开始部分、发展部分、主体部分、结束部分。

（1）开始部分。主要表现狮子睡醒饥饿外出觅食的情景。主要套路动作有平地直线行跑，平地左右行进，醒狮惊望、擦、舔、抹、平地行拜，平地各种步形、步法等表演动作。鼓法配以擂鼓、平鼓、步鼓、快鼓。

（2）发展部分。主要表现狮子游山玩水过程中发现崇山峻岭，危机重重，疑惑四起，经过试探，仍左右徘徊的状态。主要套路动作有平地360°环回快走，平地180°回头跳，平地腾起，平地上双腿站立，卧地惊望等连接和动态表现动作。鼓法配以震鼓、三星鼓、平鼓、快鼓等。

（3）主体部分。主要表现狮子发现山上有仙草一把，一时性起，以百兽之王的英雄气概，不怕艰险，不顾一切勇敢冲向山上。经过几番跋山涉水，险象环生，终于排除万难，成功采得仙草。主要套路动作有2.8米高桩坐头造型，180°回头跳接坐头，桩上飞跃，台上飞跃，观青、探青、采青、吃青、吞青、吐青以及洗、舔、擦脚等动态、静态连接表现动作。鼓法配以击鼓边、震鼓、平鼓、快鼓、擂鼓、七星鼓等。

（4）结束部分。主要表现狮子饱食一顿，睡醒后愉快而归。主要套路动作有连续飞跃、桩上跳下、地上接滚翻、醒狮舔、擦、抹、平地行拜等动态动作。鼓法配以擂鼓、快鼓、三鼓、七鼓、平鼓等。

三、龙舟运动

（一）龙舟运动的起源

关于龙舟竞渡的起源，传说纷纭，流传最广的是源于纪念楚国爱国诗人屈原。公元前278年农历五月初五，爱国诗人屈原因政治主张不被采纳，反被小人诬陷，含恨抱石自沉汨罗江。楚人怜之，纷纷驾船争逐江上相救。以后这种说法流传越来越广，为各种传说中影响最大者。随着历史的推移，龙舟竞渡逐渐从民间地方习俗演变成具有官方色彩的专业竞技活动，形成有章法、有规范的龙舟体育文化，并蔓延到世界很多国家和地区，在浩瀚的世界体育大观园中占有一席之地。

（二）龙舟运动的定义

龙舟运动是一项集众多划手以单片桨叶的划桨作为推进方式，运用肌肉力量向船后划水，推动舟船前进的运动。中国龙舟协会的标准比赛龙舟配备有龙头、龙尾、鼓（鼓手）、舵（舵手），以此保持中国民俗传统。在传统的龙舟比赛中，可考虑设立锣（锣手）。

根据区域民俗特点不同，龙舟造型在头尾设计方面包括凤舟、象牙舟、龟舟、虎头舟、牛头舟、天鹅舟、蛇舟等形状均可保留原有规格和名称，只要有类似划龙舟的动作，都称为龙舟运动。

（三）龙舟运动的基本技术

1. 划手技术

（1）坐姿。髋关节紧贴船舷，外侧腿紧蹬前隔舱板底部，内侧腿弯曲后收于坐板的前沿上。

（2）握桨。以右手为例。右手握桨即为拉桨手，或称为低位手。通常低位手握于桨颈处上一个把位，大拇指与食指紧握桨杆，中指、无名指、小指放松。左手或称为高位手，正握桨柄，大拇指顶住桨柄。双手不要握得太死，稍稍放松。

（3）插桨。双手松弛握桨，桨从前方队员腋下伸出，低位手尽量地向前伸直，向左转体送肩，高位手屈肘握桨于头正前靠右上方，外侧腿弯曲。身体成这种姿势时，有助于抓水，增加划水距离。桨入水要感觉像从洞中插入一样，水至桨颈处即可，身体重心通过高位手往下压在桨柄上，使桨稳稳抓住水，避免划漂浆，同时也可使船略微上抬。

（4）拉桨。发力应从腰开始，高位手应保持稳定支撑，用适度的力往下压，使桨稳稳抓住水。低位手的中指、无名指、小指开始紧握桨杆，直臂拉桨。腿要同时配合发力，用力大小与拉桨用力的大小应协调一致。拉桨紧靠船舷，与前进方向一致。弯曲的高位手随着躯干的抬起往后走，而不是向前下方推，低位手拉至膝盖后即可。

（5）出桨。桨拉至膝盖后结束出水，不应再往后拉。双手向上提桨出水的同时，高位手向上、向内、向前随着身体转动提桨出水。

（6）回桨。出桨之后，双手松弛握桨，腿、腰、背、肩、臂都要放松，桨下缘贴近水面，桨叶外侧边朝侧前方，向前呈小弧形到达桨位置。双手在空中运行路线和桨叶在水面运行路线都应以最短路线到达插桨位置。

2. 鼓手技术

鼓手是全队最重要的人。比赛时，一个队的实力是否能够正常发挥，在很大程度上取决于鼓手。有一个好鼓手，全队就有希望划出好成绩。鼓手技术主要注意以下两种情况。

（1）鼓声节奏。一声重，一声轻，重声桨入水，轻声桨出水。双槌同时击鼓，或只敲一声，桨入水。

鼓声可以变化出许多敲法，不论鼓手怎样敲、划手怎样跟，目的只有一个，就是将插桨动作入水那一瞬间恰好落在鼓声节奏中的强拍上，使全队划桨动作整齐划一，节奏一致。

（2）鼓声力度大小与节奏快慢。鼓手鼓声力度大小和节奏快慢的变化有效地控制船速，鼓声力度大、节奏快能有效刺激划手中枢神经兴奋性，调动情绪，奋力划进，反之船速则降下来。

3. 舵手技术

舵手技术是龙舟技术的重要组成部分。船是否走得直，船速是否快，与舵手都有关系。舵手技术主要有点式技术、拨式技术和拖式技术三种。

（1）点式技术。舵入水中很快提出水面称为点式。这种技术在龙舟行进过程中方向改变较小时采用。

（2）拨式技术。船偏航较大时，选中水中一个点，迅速下桨朝相反方向横向拨桨打舵称为拨式。此技术主要应用于在风平浪静情况下的龙舟掉头、靠岸，以及龙舟进入航道时摆正航向。在有风浪的情况下，此技术一般不宜采用。

（3）拖式技术。船在行驶中，舵叶始终在水中控制方向称为拖式。当船体方向改变较大时就采用此技术。此技术为民间龙舟普遍采用。龙舟的掉头靠岸，或者需要大幅度的、急速的改变方向时，可先采用拨式技术，当船的运行状况快要达到要求时，就应采用拖式技术，这样可保持平稳。

4. 配合技术

（1）划手间的整体配合技术。

① 从上往下看，所有桨手均应紧靠船舷发力，每个划手要像一个人发力一样，要求在同一瞬间发力，力求减少分力。

② 从侧面看，下桨同时，出桨同时；下桨角度一致不拍水，出桨一致不带水花。

③ 从前往后看，插桨时，全体队员重心在船舷边；回桨时，全体队员重心在舱内。

（2）鼓手与划手的配合技术。鼓手击鼓信息的传递，事先与划手应有约定。鼓手与划手应随时保持信息的传递与沟通，鼓手与划手是否配合得好，划手是否能跟齐划桨，决定着这个队的成绩。每个划手心里要有鼓点声，下桨抓水，要恰好落在鼓点上。

（3）舵手与划手的配合技术。舵手与划手之间的配合采用何种技术（点式技术、拖式技术、拨式技术）应根据比赛时的情况而定。

5. 起航技术

（1）无风浪时的起航技术。由1、2号划手控制进入航道的速度，1、2、3号划手和8、9、10号划手与舵手控制好方向，使龙舟置于航道正中。起航时前5桨划距要大，拉全桨。

（2）有风浪时的起航技术。

① 顺风时。起航时如果是顺风顺水，船会越过起点线。因此，要让船漂到起点，并划倒桨停住船，后面的队员和舵手抓好裁判船。

② 逆风时。起航时如果是逆风逆水，船会退至起点线外。如果在后退时起航，将遇到比顺风时更大的阻力，船更难起动。因此，逆风起航取齐时，船千万不要越过起点，可由1、2、3号划手严格控制速度。

③ 侧风时。侧风的情况下使船对直航泊船最为困难。所以，在遇到有侧风的情况下的起航，与顺风和逆风情况下的起航和泊船技术是不同的。例如，在遇有左前侧风或右后侧风的情况下，泊船应把船向右摆，8、9、10号三个桨手控制泊船角度和方向。侧风情况下起航时舵手应尽量少下桨打舵，否则将使起航速度受到极大影响，泊船的倾斜角度应视风力大小而定。

（四）龙舟运动比赛的场地、器材及参赛队员

1. 场地

根据河道条件，设男女400米、500米、600米、800米、1 000米直道竞速（可按当地条件变更距离）。

比赛应设在静水水域，航道是直的，起航线与终点线必须平行并与航道线垂直。

根据参赛队数及场地条件，设2或4、6、8条航道，每条航道宽度可按9米、11米、13.5米布置。航道最浅处水深不得小于2.50米，航道内不得有水草、暗礁和木桩，航道外5米内应无障碍物。

2. 器材

（1）龙舟。

总长:18.40 米(含龙头、龙尾),允许误差 ±5 厘米。

舟长:15.50 米,允许误差 ±3 厘米。

舟宽:1.10 米(中舱最宽处),允许误差 ±1 厘米。

重量:因龙舟制作材料不受限制,龙舟本身重量不设统一标准,但要求同一次赛事使用的所有比赛龙舟最重与最轻的差距不得超过 5 千克(含龙头、龙尾和舵桨)。

（2）舵桨。舵桨采用固定式,固定装置设在尾舱左侧船体上。舵桨总长 2.50 米,其中桨叶长 75 厘米,桨叶前沿宽 20 厘米,上端宽 16 厘米,弧形斜口延伸 15 厘米,允许误差 ±3 厘米。桨叶的边缘厚度为 0.7 ~1 厘米。桨杆直径下端 5 厘米,上端 3.5 厘米,桨柄长 15 厘米,直径 3.5 厘米。

（3）划桨。划桨长度为 105 ~130 厘米,其中桨叶长 48 厘米,弧形斜口延伸 12 厘米,其中距末端 36 ~48 厘米是桨叶的肩。桨叶前沿最大宽度为 18 厘米,长 12 厘米处宽 16.75 厘米,长 24 厘米处宽 15.4 厘米,长 36 厘米处宽 14.05 厘米,允许误差 ±1 毫米。桨叶的边缘厚度为 0.4 ~1 厘米。桨杆直径 2.5 ~3.5 厘米,桨柄长 57 ~82 厘米。

龙舟(含龙头、龙尾)、舵桨、划桨的制造材料不受限制,但在同一次赛事中竞赛规程规定由大会统一提供的器材必须用同样材料和相同工艺制造。

按国家体育总局审定的最新龙舟竞赛规则举办的龙舟赛,由承办单位提供统一规格的标准龙舟和其他配套装置。划桨可由参赛队自备,但赛前须经器材检查裁判检查验收,贴上合格字样(防水)标志后方可在比赛中使用。

全国比赛和国际比赛使用的比赛器材,必须向中国龙舟协会认可的生产厂家订制。

（4）龙头、龙尾、鼓和鼓架。每条龙舟必须配有规格一致的龙头、龙尾、鼓和鼓架。龙头、龙尾的造型可自行设计,但必须与龙舟接口严合。鼓面直径 48 厘米,宽 45 厘米,设在第一划手前面,面对舵手。

3. 参赛队员

队员必须身体健康,会游泳,熟悉水性。

龙舟参赛队员为 25 人,每队设队长一名(运动员兼),比赛时必须佩戴标志。每队登舟比赛队员为 23 人,包括舵手、锣手、鼓手各 1 人,划手 20 人。每队替补队员 2 人,替换时须经裁判员验明资格,并于检录登舟前替换完毕,登舟后不得替换。

第五节　攀　　岩

一、攀岩运动的特点及健身价值

攀岩是人类利用原始的攀爬能力,借助各种装备进行安全保护,攀登岩石所构成的峭壁、裂缝、大圆石以及人工岩壁的运动。攀岩运动是从登山运动中派生出来的一项新兴、时尚的极限运动项目,起源于苏联,在军队中作为一项军事训练项目。20 世纪 80 年代,以难度攀登的现代竞技攀登比赛开始兴起,并引起广泛的兴趣。世界杯攀岩比赛每年举行一次。攀岩运动是一项锻炼综合素质的运动,不仅可以获得惊人的勇气、过人的力量、极好的柔韧性,更可以提高耐力和判断力。

二、攀岩运动的形式及种类

攀岩运动从不同的角度可进行不同的分类。按组织形式可分为竞技攀登和自由攀登；按运动场所可分为人工场地攀登和自然场地攀登。竞技攀登有难度攀登、速度攀登及攀石赛三种比赛项目。按比赛形式又可分为国际赛、洲际赛及国家级比赛等。

（一）难度攀岩

难度攀岩的比赛结果是以在规定时间里选手到达的岩壁高度来判定的。

（二）速度攀岩

按照指定的路线，以时间长短区分优劣。

（三）室内攀岩

在室内设置不同角度、不同难度的人工岩壁，供人用四肢借助岩点的位置，手攀脚登。室内攀岩的难易程度可由人直接控制，岩壁也分为人工岩壁和天然岩壁。

三、攀岩运动的装备

攀岩基本装备包括：安全带、主绳、铁索、防滑粉袋、绳套、攀岩鞋、下降器及上升器等，一般有国际攀登委员会（UIAA）认证标记和欧洲标准（CE）标记的都能保证安全。

四、基本技术要点

（一）尽量节省手的力量

由于手臂力量相对很有限，在攀登过程中，应尽量用腿部力量，而节省手的力量。

（二）控制好重心

控制重心平衡是攀岩过程中最关键的问题，重心控制得好就省力，反之，就会消耗许多不必要的力量。

（三）有效地休息

一般是到达一个比较容易的位置，以最省力的姿势，边休息边观察下一段要攀爬的线路。

（四）主动调节呼吸

攀爬一条路线是一个连续的过程，从一开始就应该主动调节呼吸，而不应等快要坚持不住了再去调整。另外，要强调的是，攀岩运动中的保护是每个参与者都应该时刻注意的问题，不管是初学者还是有经验的老手。

五、室内攀岩

作为攀岩爱好者，无论任何年龄，只要有面对艰难的勇气，都可以尝试不同难度的室内攀岩运动。初练者可以选择大一些的岩点，而掌握了一定的技巧后，就可以选择那些小岩点以增加难度，锻炼臂力。活动的岩点还可以改变攀登的路线，当然无论是选择岩壁、岩点还是路线，一定要遵循“循序渐进”的原则。

室内攀岩是在装有人工支点的岩石场地举行的，按国际登联要求，岩面高小于路线长的四分之三，如岩面高为 15 米，则攀登路线长不得少于 20 米。攀岩比赛采用封闭式，比赛路线由定线员制定。攀登者使用场地提供的比赛器材（如安全带、安全帽、粉袋等），若使用自己的器具时，必须经认可。比赛采用单人攀登、下方保护的方法。攀登者必须将保护绳扣入路线上所有规定的保护铁锁中，铁锁开口必须向下，而且攀登者在身体腰部（以安全腰带为准）超过铁锁前，必须先把绳子扣上，否则，按脱落犯规处理。

攀登者在攀登开始之前，可在路线底部作短暂准备，时间为 30 秒，当攀登者第二只脚离开地面或准备时间完毕时,即开始计时。攀登者在路线上,在双脚不接触地面的前提下,可上下、左右移动,攀登方式不限。

遇下列情况时可作如下处理:

(1) 中途脱落者只计高度和时间。

(2) 攀登者返回地面或出界,只计高度和时间。

(3) 身体任何部分触摸到线外(包含标志线)时为出界,活动超出标志线空间者不算出界。

(4) 超出限定时间,只计高度。

(5) 攀登者借助规定人工支点以外器材(如保护铁锁),只计高度和时间;攀登者身体超过保护点,而未将保护绳扣入铁锁作自我保护者,只计高度和时间。

思考题

1. 休闲体育的概念与特性是什么?
2. 休闲体育具有哪些功能?
3. 你了解的休闲体育项目有哪些?你最喜欢并经常参与的是什么项目?